ACCESO GRATIS ***a la Lectura en la Nube + Actualizaciones***

Para visualizar el libro electrónico en la nube de lectura envíe junto a su nombre y apellidos una fotografía del código de barras situado en la contraportada del libro y otra del ticket de compra a la dirección:

ebooktirant@tirant.com

En un máximo de 72 horas laborables le enviaremos el código de acceso con sus instrucciones.

Código Penal para el Estado de Puebla
Código Nacional de Procedimientos Penales

Código Penal para el Estado de Puebla
Código Nacional de Procedimientos Penales

2ª Edición

Edición y prólogo de

MIGUEL CARBONELL

tirant lo blanch
Ciudad de México, 2024

© EDITA: TIRANT LO BLANCH
DISTRIBUYE: TIRANT LO BLANCH MÉXICO
Av. Tamaulipas 150, Oficina 502
Hipódromo, Cuauhtémoc, 06100, Ciudad de México
Telf: +52 1 55 65502317
infomex@tirant.com
www.tirant.com/mex/
www.tirant.es
ISBN: 978-84-1197-624-4

ÍNDICE

CÓDIGO NACIONAL DE PROCEDIMIENTOS PENALES

Prólogo

Miguel Carbonell
Director del Centro de Estudios Jurídicos Carbonell AC

Mediante una reforma constitucional al artículo 73 fracción XXI de nuestra Carta Magna, publicada en el Diario Oficial de la Federación el 8 de octubre de 2013, se facultó al Congreso de la Unión para legislar en materia de legislación única de procedimientos penales. La fracción en cuestión quedó con el siguiente texto:

> Artículo 73. El Congreso tiene facultad:
> I. a XX....
> XXI. Para expedir:
> a) Las leyes generales en materias de secuestro y trata de personas, que establezcan como mínimo, los tipos penales y sus sanciones.
> Las leyes generales contemplarán también la distribución de competencias y las formas de coordinación entre la Federación, las entidades federativas, el Distrito Federal y los municipios;
> b) La legislación que establezca los delitos y las faltas contra la Federación y las penas y sanciones que por ellos deban imponerse; así como legislar en materia de delincuencia organizada;
> c) La **legislación única en materia procedimental penal,** de mecanismos alternativos de solución de controversias y de ejecución de penas que regirá en la República en el orden federal y en el fuero común.
> Las autoridades federales podrán conocer de los delitos del fuero común, cuando éstos tengan conexidad con delitos federales o delitos contra periodistas, personas o instalaciones que afecten, limiten o menoscaben el derecho a la información o las libertades de expresión o imprenta.
> En las materias concurrentes previstas en esta Constitución, las leyes federales establecerán los supuestos en que las autoridades del fuero común podrán conocer y resolver sobre delitos federales;
> XXII. a XXX....

Contando con esa base constitucional, el Congreso de la Unión expidió el Código Nacional de Procedimientos Penales cuyo contenido el lector podrá encontrar en las páginas siguientes, junto con comentarios a su articulado que buscan el objetivo general de servir como herramienta para su correcta interpretación.

El origen remoto de dicho Código se encuentra en la reforma constitucional del 18 de junio de 2008, que incorpora a diversos artículos de nuestra ley fundamental los principios del procedimiento penal de corte acusatorio y oral.

Dicha reforma constitucional nos suministra la base para realizar una profunda transformación del sistema penal mexicano. Sus disposiciones tocan varios de los ámbitos sustantivos de dicho sistema, dado que abarcan temas como la seguridad pública (cuerpos policiacos y prevención del delito), la procuración de justicia (el trabajo del ministerio público, el monopolio de la acción penal que desaparece al menos en parte), la administración de justicia (a través de la incorporación de elementos del debido proceso legal y del paradigma de las audiencias orales) y la ejecución de las penas privativas de la libertad.

Cualquier análisis garantista de nuestros ordenamientos jurídicos no debería dejar de preguntarse una y otra vez cuándo y cómo se deben llevar a cabo los procesos judiciales, especialmente aquellos en materia penal, que suelen ser muy gravosos para los involucrados.

En esta materia no se debería dar nada, o casi nada por hecho, si tomamos en consideración al menos dos factores:

a) el procedimiento penal mexicano presenta graves fallas, por lo cual siempre es bueno mantener una actitud de duda constante que incentive una aproximación crítica en los estudiosos y en los actores principales del sistema; y

b) incluso en aquellos países en donde se cuenta con procedimientos penales más satisfactorios en términos de los resultados que producen, se están llevando a cabo importantes procesos en los que se discute acerca de las posibilidades de mejoras; algunas veces tales discusiones quedan solamente en el terreno académico y en otras se llevan adelante reformas legislativas; lo importante es no perder nunca la capacidad de preguntarse sobre el cuándo y el cómo del enjuiciamiento penal, o incluso mejor: sobre la pertinencia, idoneidad y necesidad del sistema penal en su conjunto.

No hace falta subrayar el vínculo estrecho que existe entre el modelo de derecho penal sustantivo que se siga en un determinado ordenamiento, y su correspondiente modelo de procedimiento penal[1]. Las garantías penales sustantivas cobran sentido y se hacen realidad cuando cuentan con un contexto procesal adecuado, en el que se aseguren a niveles aceptables ciertas pautas normativas postuladas ya por el pensamiento penal de la Ilustración[2]. Para decirlo con las palabras de Luigi Ferrajoli, "tanto las garantías penales como las procesales valen no sólo por sí mismas, sino también unas y otras como garantía recíproca de su efectividad"[3].

Las garantías adjetivas en materia penal pueden ser divididas en dos distintas categorías: orgánicas por un lado y procesales por otro. Las orgánicas se refieren a la colocación institucional del poder judicial respecto a los otros poderes del Estado y respecto a los sujetos del proceso; son garantías tales como la independencia, la imparcialidad, la responsabilidad, la separación entre juez y acusación, el derecho al juez natural, obligatoriedad de la acción penal, etcétera.

Las garantías procesales, por su parte, son aquellas que se dirigen a la formación del juicio, lo que comprende la recolección de las pruebas, el desarrollo de la defensa y la convicción del órgano judicial; se trata de garantías como la formulación de una acusación exactamente determinada, la carga de la prueba[4], el principio de contradicción[5], las formas de los interrogatorios y demás actos de la instrucción, la publicidad[6], la oralidad[7], los derechos de la defensa[8], la motivación de los actos judiciales, etcétera[9].

---

1 "Esquemas y culturas penales y procesal-penales... están siempre conectadas entre sí. Y esta conexión es histórica, además de teórica, puesto que los avatares del derecho penal material y de la teoría del delito han estado siempre modelados sobre las instituciones judiciales, y a la inversa", Ferrajoli, Luigi, *Derecho y razón*, Madrid, Trotta, 1995, p. 538.

2 Prieto Sanchís, Luis, *El pensamiento penal de la Ilustración*, México, INACIPE, 2003.

3 *Derecho y razón*, cit., p. 537.

4 Ver el artículo 20, apartado A fracción V de la Constitución.

5 Ver el encabezado del artículo 20, así como su apartado A fracciones IV y VI de la Constitución.

6 Ver el encabezado del artículo 20, así como su apartado B fracción V de la Constitución.

7 Ver el encabezado del artículo 20, así como su apartado A fracción IV de la Constitución.

8 Ver el artículo 20, apartado B fracción VI de la Constitución.

9 Ferrajoli, *Derecho y razón*, cit., pp. 539-540.

Las garantías del proceso penal, tanto orgánicas como procesales, sirven para construir un modelo procesal de corte cognoscitivo, cuyo objetivo es conocer una "verdad mínima", pero siempre controlada, de conformidad con los estándares del proceso acusatorio.

En este esquema las garantías tienen un objetivo no solamente de libertad, sino también de verdad, de modo que se genera una especie de derecho fundamental de la persona frente a puniciones arbitrarias a cargo del Estado[10]. Un esquema que se suele contraponer al cognoscitivo es el decisionista, que busca alcanzar una verdad sustancial, y global, fundada sobre todo en valoraciones; bajo este esquema, que suele darse en procesos de corte inquisitivo, los términos de la acusación pueden ser discrecionales, la instrucción puede ser secreta, el papel de la defensa resulta irrelevante y el objeto principal del proceso no es el hecho cometido y su valoración, sino la personalidad del reo[11].

Es precisamente el valor de la verdad, junto al de la libertad, lo que permite legitimar un proceso penal; al respecto Ferrajoli indica que "el objetivo justificador del proceso penal se identifica con la garantía de las *libertades* de los ciudadanos, a través de la garantía de la *verdad* –una verdad no caída del cielo, sino obtenida mediante pruebas y refutaciones- frente al abuso y al error". El valor de la verdad se proyecta de forma directa sobre el quehacer judicial, o sea sobre el desempeño profesional del juez, al que se exige "tolerancia para las razones controvertidas, atención y control sobre todas las hipótesis y las contrahipótesis en conflicto, imparcialidad frente a la contienda, prudencia, equilibrio, ponderación y duda como hábito profesional y como estilo intelectual"[12].

La expedición del Código Nacional de Procedimientos Penales significó en 2014 una gran oportunidad para los juristas mexicanos y para el conjunto del sistema jurídico mexicano. Se trata de un intento muy serio que persigue el siempre loable objetivo de mejorar de manera profunda nuestro proceso penal.

A partir de su expedición se generaron grandes retos de distinta naturaleza, ya que fue indispensable capacitar a los distintos actores, construir

---

10 Ferrajoli, *Derecho y razón*, cit., pp. 540-541 y 543. Ver además, Guzmán, Nicolás, *La verdad en el proceso penal*, Buenos Aires, Editores del Puerto, 2006.

11 Ferrajoli, *Derecho y razón*, cit., p. 541.

12 Ferrajoli, *Derecho y razón*, cit., p. 546 (las dos citas de este párrafo se encuentran en la misma página).

salas de audiencia oral, desarrollar sistemas que permiten la efectividad de las salidas alternas al juicio, mejorar la capacidad de respuesta de policías y ministerios públicos, y un largo etcétera.

Aunque son muchos y muy importantes los principios que rigen el proceso penal mexicano, quisiera centrarme de manera breve y resumida en uno de los más importantes (y quizá también en uno de los menos observados en la práctica): la presunción de inocencia, prevista como derecho humano tanto a nivel constitucional como convencional.

La presunción de inocencia está reconocida en varios tratados internacionales en materia de derechos humanos. El artículo 11 de la Declaración Universal de Derechos Humanos de 1948 dispone en su párrafo primero que "Toda persona acusada de un delito tiene derecho a que se presuma su inocencia mientras no se pruebe su culpabilidad, conforme a la ley y en juicio público en el que se le hayan asegurado todas las garantías necesarias para su defensa". En el mismo sentido, el artículo 14.2. del Pacto Internacional de Derechos Civiles y Políticos establece que "Toda persona acusada de un delito tiene derecho a que se presuma su inocencia mientras no se pruebe su culpabilidad conforme a la ley".

En México la Suprema Corte ha venido construyendo una línea jurisprudencial que identifica tres vertientes de la presunción de inocencia, cuando se trata de temas penales. Dicha presunción es: a) una regla de trato procesal; b) una regla probatoria; y c) un estándar probatorio o regla de juicio (hay varios precedentes en los que se aborda el tema, como por ejemplo el Amparo en Revisión 349/2012, Amparo Directo 4380/2013 o el Amparo Directo en Revisión 3623/2014, todos de la Primera Sala de la Corte).

La presunción de inocencia entendida como regla de trato procesal es muy sencilla de explicar: hay que hacer todo lo posible para evitar una equiparación de facto entre imputado y culpable. Eso implica considerar en todo momento al imputado como una persona inocente, hasta que la hipótesis de inocencia sea destruida como resultado de los actuado en juicio y de lo que decida un juzgador a través de una sentencia[13].

---

[13] Registro: 2006092
PRESUNCIÓN DE INOCENCIA COMO REGLA DE TRATO PROCESAL.
La presunción de inocencia es un derecho que puede calificarse de "poliédrico", en el sentido de que tiene múltiples manifestaciones o vertientes relacionadas con

La presunción de inocencia como regla probatoria se traduce en los requisitos que debe cumplir la actividad probatoria y las características que debe reunir cada uno de los medios de prueba aportados por el Ministerio Público para poder considerar que existe prueba de cargo válida. La prueba de cargo es aquella encaminada a acreditar directa o indirectamente los hechos relevantes en un proceso penal, ya sea respecto a la existencia del delito y/o a la responsabilidad penal del procesado[14].

La prueba será directa si versa sobre algún aspecto del hecho delictivo que sea susceptible de ser observado o sobre la forma en la que una persona haya intervenido en ese hecho. La prueba será indirecta si se refiere a un hecho secundario a partir del cual pueda inferirse la existencia del delito o la participación de alguna persona en su realización[15].

---

garantías encaminadas a regular distintos aspectos del proceso penal. Una de sus vertientes se manifiesta como "regla de trato procesal" o "regla de tratamiento" del imputado, en la medida en que este derecho establece la forma en la que debe tratarse a una persona que está sometida a proceso penal. En este sentido, la presunción de inocencia comporta el derecho de toda persona a ser tratado como inocente en tanto no se declare su culpabilidad por virtud de una sentencia condenatoria. Dicha manifestación de la presunción de inocencia ordena a los jueces impedir en la mayor medida posible la aplicación de medidas que impliquen una equiparación de hecho entre imputado y culpable, es decir, conlleva la prohibición de cualquier tipo de resolución judicial que suponga la anticipación de la pena.

14 Registro: 2006093
PRESUNCIÓN DE INOCENCIA COMO REGLA PROBATORIA.
La presunción de inocencia es un derecho que puede calificarse de "poliédrico", en el sentido de que tiene múltiples manifestaciones o vertientes relacionadas con garantías encaminadas a regular distintos aspectos del proceso penal. Una de esas vertientes se manifiesta como "regla probatoria", en la medida en que este derecho establece las características que deben reunir los medios de prueba y quién debe aportarlos para poder considerar que existe prueba de cargo válida y destruir así el estatus de inocente que tiene todo procesado.

15 Registro: 2007736
PRUEBA DE CARGO. PUEDE SER DIRECTA O INDIRECTA.
La prueba de cargo es aquella encaminada a acreditar directa o indirectamente la existencia del delito y/o la responsabilidad penal del procesado. Para determinar si una prueba de cargo es directa o indirecta se debe atender a la relación entre el objeto del medio probatorio y los hechos a probar en el proceso penal. La prueba de cargo será directa si el medio de prueba versa sobre el hecho delictivo en su conjun-

Esta segunda vertiente de la presunción de inocencia que estamos comentando, abarca también la carga de la prueba y tienen como presupuesto que se hayan obtenido sin violación de derechos fundamentales (ver la sentencia del Amparo Directo 14/2011 de la Primera Sala de la Suprema Corte sobre estos aspectos).

La presunción de inocencia entendida como estándar probatorio o regla de juicio supone que las pruebas de cargo deben ser suficientes para acreditar la responsabilidad del imputado más allá de toda duda razonable. En caso de que no se alance ese estándar, la autoridad judicial está obligada a absolver al imputado, dado que prevalece la presunción de inocencia[16].

Esta tercera vertiente de la presunción de inocencia de alguna forma constituye un reflejo práctico del principio general *in dubio pro reo* que se aplica a la materia penal. Para su adecuada aplicación es muy relevante tener claro el concepto de la "duda razonable" que es una fórmula que con frecuencia se suele utilizar de forma equivocada, sobre todo cuando se le quiere hacer equivalente a "cualquier duda". Pero no. La duda razonable no equivale ni puede

---

to o algún aspecto de éste susceptible de ser observado (elementos del delito) y/o sobre la forma en la que una persona ha intervenido en esos hechos (responsabilidad penal). En cambio, la prueba de cargo será indirecta si el medio probatorio se refiere a un hecho secundario a partir del cual pueda inferirse la existencia del delito, de alguno de sus elementos y/o la responsabilidad del procesado.

16 Registro: 2006091
PRESUNCIÓN DE INOCENCIA COMO ESTÁNDAR DE PRUEBA.
La presunción de inocencia es un derecho que puede calificarse de "poliédrico", en el sentido de que tiene múltiples manifestaciones o vertientes relacionadas con garantías encaminadas a regular distintos aspectos del proceso penal. Una de esas vertientes se manifiesta como "estándar de prueba" o "regla de juicio", en la medida en que este derecho establece una norma que ordena a los jueces la absolución de los inculpados cuando durante el proceso no se hayan aportado pruebas de cargo suficientes para acreditar la existencia del delito y la responsabilidad de la persona; mandato que es aplicable al momento de la valoración de la prueba. Dicho de forma más precisa, la presunción de inocencia como estándar de prueba o regla de juicio comporta dos normas: la que establece las condiciones que tiene que satisfacer la prueba de cargo para considerar que es suficiente para condenar; y una regla de carga de la prueba, entendida como la norma que establece a cuál de las partes perjudica el hecho de que no se satisfaga el estándar de prueba, conforme a la cual se ordena absolver al imputado cuando no se satisfaga dicho estándar para condenar.

equivaler a cualquier duda, sino a una duda basada en la razón, es decir, una duda que no es producto de una intuición o de una incertidumbre psicológica interna del juzgador, sino de un conjunto de razonamientos que pueden ser expuestos, probados y explicados de forma racional y objetiva[17]. La Primera Sala de la Corte ha analizado el tema por ejemplo en el Amparo Directo en Revisión 3457/2013.

Es importante señalar que la presunción de inocencia, como principio estructurador tanto de la manera de juzgar como del tratamiento que se le debe dar al procesado, debe oponerse incluso frente al criterio mayoritario que pueda expresarse dentro del tejido social respecto de un proceso en lo particular. Ya se habló, al analizar el principio de publicidad, de la incidencia que tienen los medios de comunicación respecto a la percepción social de los procesados y de la actuación de las partes involucradas en un juicio. Por eso es que debe

---

17 Así parece entenderlo la Suprema Corte en este criterio jurisprudencial:
Registro: 2018952
IN DUBIO PRO REO. INTERPRETACIÓN DEL CONCEPTO DE "DUDA" ASOCIADO A DICHO PRINCIPIO.
Esta Suprema Corte de Justicia de la Nación ha establecido que el citado principio forma parte del derecho fundamental a la presunción de inocencia en su vertiente de estándar de prueba. Ahora bien, el concepto de "duda" implícito en el principio in dubio pro reo debe entenderse como la existencia de incertidumbre racional sobre la verdad de la hipótesis de la acusación, incertidumbre que no sólo está determinada por el grado de confirmación de esa hipótesis, sino también eventualmente por el grado de confirmación de la hipótesis de la defensa, en el supuesto de que existan pruebas de descargo que la apoyen. De esta forma, cuando la hipótesis de la defensa es total o tendencialmente incompatible con la hipótesis de la acusación, el hecho de que aquélla se encuentre confirmada por las pruebas disponibles genera una incertidumbre racional sobre la verdad de la hipótesis que sustenta el Ministerio Público, lo que se traduce en la existencia de una duda razonable sobre la culpabilidad del imputado. En este orden de ideas, entender la "duda" a la que alude el principio in dubio pro reo como incertidumbre racional sobre la verdad de la hipótesis de la acusación, no sólo exige abandonar la idea de que para determinar si se actualiza una duda absolutoria el juez requiere hacer una introspección para sondar la intensidad de su convicción, sino también asumir que la duda sólo puede surgir del análisis de las pruebas disponibles. En consecuencia, la satisfacción del estándar de prueba no depende de la existencia de una creencia subjetiva del juez que esté libre de dudas, sino de la ausencia dentro del conjunto del material probatorio de elementos que justifiquen la existencia de una duda.

tenerse siempre presente, sobre todo por parte de los jueces, la presunción de inocencia entendida como derecho fundamental, de lo que deriva su carácter contramayoritario. Para decirlo con Ferrajoli: "ninguna mayoría, por más aplastante que sea, puede hacer legítima la condena de un inocente o subsanar un error cometido en perjuicio de un solo ciudadano"[18].

Los conceptos anteriores deben ser entendidos como un recordatorio de lo importante que es la presunción de inocencia en el marco de los actuales sistemas de derecho penal, en sus aspectos sustantivos y adjetivos. El estudio de la presunción de inocencia debe servir como punto de partida para ir analizando los demás derechos fundamentales involucrados en la materia penal, que son de la mayor relevancia para la vida de las personas.

Ojalá esta edición de las normas penales que rigen en el Estado de Puebla contribuya a difundir el conocimiento jurídico y abone a la formación de las futuras generaciones de profesionales del derecho y de quienes ya lo ejercen en la actualidad.

---

18 *Derecho y razón*, cit., p. 544.

CÓDIGO PENAL DEL ESTADO LIBRE Y SOBERANO DE PUEBLA

ÚLTIMA REFORMA PUBLICADA EN EL PERIÓDICO OFICIAL: 11 DE ABRIL DE 2023.

Código publicado en la Segunda Sección del Periódico Oficial del Estado de Puebla, el martes 23 de diciembre de 1986.

Al margen un sello con el Escudo Nacional y una leyenda que dice: Estados Unidos Mexicanos. H. Congreso del Estado. Puebla.

GUILLERMO JIMÉNEZ MORALES, Gobernador Constitucional del Estado Libre y Soberano de Puebla, a los habitantes del mismo sabed:

Que por la Secretaría del H. Congreso se me ha dirigido el siguiente:

EL HONORABLE CUADRAGESIMO NOVENO CONGRESO CONSTITUCIONAL DEL ESTADO LIBRE Y SOBERANO DE PUEBLA,

CONSIDERANDO:

Que por oficio número 03722 de fecha 24 de septiembre de 1986, el Ciudadano Licenciado Guillermo Jiménez Morales Gobernador del Estado, sometió a la consideración de este Honorable Cuerpo Colegiado la Iniciativa de Decreto del COÓIGO DE DEFENSA SOCIAL DEL ESTADO LIBRE Y SOBERANO DE PUEBLA.

Que para cumplir con lo que disponen los artículos 64 fracción I de la Constitución Política del Estado, 99, 105 y 141 fracción VI de la Ley Orgánica y Reglamentaria de este Poder Legislativo, se nos turnó dicha Iniciativa a la Comisión de Gobernación, Legislación, Puntos Constitucionales, Justicia y Elecciones, la que en Sesión Pública celebrada en este día, presentó su dictamen proponiendo ciertas modificaciones a la Iniciativa del Ejecutivo, que fueron aprobadas.

Que estando satisfechos los requisitos de los Artículos 57 fracción I, 63 fracción I, 79 fracción VI de la Constitución Política Local, 183, 184 y 185 de la Ley Orbánica (sic) y Reglamentaria del Poder Legislativo,

D E C R E T A:

(REFORMADA SU DENOMINACIÓN, P.O. 31 DE DICIEMBRE DE 2012)

CÓDIGO PENAL DEL ESTADO LIBRE Y SOBERANO DE PUEBLA

LIBRO PRIMERO
DISPOSICIONES GENERALES

CAPÍTULO PRIMERO
APLICACIÓN DE LA LEY PENAL

Artículo 1°. Este Código se aplicará por los delitos cometidos en territorio del Estado de Puebla y que sean de la competencia de los tribunales del fuero común.

Artículo 2°. Se aplicará también este Código por los delitos que se inicien, preparen o cometan fuera del Estado, cuando produzcan efectos en el territorio del Estado de Puebla, o se pretenda que tengan efectos en este territorio, si se reúnen las siguientes circunstancias:

I. Que los hechos delictuosos de que se trate tengan ese carácter tanto en el lugar en que se ejecutaron, como en el Estado de Puebla; y

II. Que el acusado no haya sido definitivamente juzgado por los mismos hechos en el lugar en que los cometió.

Artículo 3°. Los delitos continuados y los permanentes se perseguirán con arreglo a las leyes del Estado de Puebla, cuando un momento cualquiera de la ejecución de aquellos delitos, se realice dentro del territorio de este Estado.

(REFORMADO, P.O. 11 DE SEPTIEMBRE DE 2006)

Artículo 4°. Las Leyes Penales del Estado de Puebla se aplicarán a las personas infractoras de las mismas, cualquiera que sea su nacionalidad y residencia. Se es penalmente imputable a partir de los dieciocho años en el Estado de Puebla.

Artículo 5°. Cuando se cometa un delito no previsto en este Código, pero sí en una ley especial, se aplicará ésta, observándose en lo conducente las disposiciones de aquél.

SECCIÓN PRIMERA
APLICACIÓN DE LA LEY PENAL EN EL TIEMPO

Artículo 6°. Los delitos se juzgarán aplicando la ley vigente en el momento de cometerse.

(REFORMADO, P.O. 27 DE NOVIEMBRE DE 2014)

Artículo 7°. En los procedimientos penales, se prohíbe imponer por analogía o por mayoría de razón, una sanción que no esté decretada por una Ley exactamente aplicable al caso de que se trate.

Artículo 8°. (DEROGADO, P.O. 27 DE NOVIEMBRE DE 2014)

Artículo 9°. Cuando entre la perpetración de un delito y la sentencia irrevocable que sobre él se pronuncie, se promulgaren leyes que disminuyan la sanción o sanciones establecidas en otra ley vigente al cometerse el delito, o las substituyan con otra menor, se aplicará la nueva ley.

Artículo 10. Cuando pronunciada una sentencia irrevocable en que se hubiere impuesto una sanción corporal, se dictare una ley que, dejando subsistente la sanción señalada al delito, sólo disminuya su duración, se reducirá la sanción impuesta en la misma proporción en que estén el máximo de la señalada en la ley anterior y el de la señalada en la posterior.

CAPÍTULO SEGUNDO
DELITO

(REFORMADO, P.O. 31 DE DICIEMBRE DE 2012)

Artículo 11. Delito es el acto o la omisión que sancionan las leyes penales.

(REFORMADO, P.O. 1 DE JULIO DE 1994)

Artículo 12. Las conductas delictivas sólo pueden realizarse dolosa o culposamente.

(REFORMADO, P.O. 1 DE JULIO DE 1994)

Artículo 13. La conducta es dolosa, si se ejecutó con intención y coincide con los elementos del tipo penal o se previó como posible el resultado típico y se quiso o aceptó la realización del hecho descrito por la Ley.

(REFORMADO, P.O. 1 DE JULIO DE 1994)

Artículo 14. La conducta es culposa, si se produce el resultado típico, que no se previó siendo previsible, o previo confiando en que no se produciría, en virtud de la violación de un deber de cuidado que debía y podía observar según las circunstancias y condiciones personales.

Artículo 15. (DEROGADO, P.O. 1 DE JULIO DE 1994)

Artículo 16. (DEROGADO, P.O. 1 DE JULIO DE 1994)

Artículo 17. Es instantáneo el delito si su consumación se agota en el mismo momento en que se realizaron todos sus elementos constitutivos.

Artículo 18. Es permanente o continuo el delito si su consumación se prolonga por tiempo indeterminado.

Artículo 19. En el delito continuado, el hecho que lo constituye se integra con la repetición de varias conductas similares, procedentes de idéntica resolución del sujeto y con violación del mismo precepto legal.

CAPÍTULO TERCERO
TENTATIVA

(REFORMADO, P.O. 1 DE JULIO DE 1994)

Artículo 20. Existe tentativa, cuando usando medios eficaces e idóneos se ejecutan o exteriorizan total o parcialmente actos encaminados directa o inmediatamente a la realización de un delito, o se omiten los que deberían evitarlo, si no se consuma por causas ajenas a la voluntad del agente.

(ADICIONADO, P.O. 4 DE ENERO DE 2012)

Si el sujeto activo desiste espontáneamente de la ejecución o impide la consumación del delito, no se le impondrá pena alguna por lo que a éste se refiere.

CAPÍTULO CUARTO
PERSONAS RESPONSABLES DE LOS DELITOS

Artículo 21. Son responsables de la comisión de un delito:

I. Los que toman parte en su concepción, preparación o ejecución;

(REFORMADA, P.O. 4 DE ENERO DE 2012)

II. Los que inducen, compelen o instiguen a otro a cometerlo o se sirvan de otro como medio; y

(REFORMADA, P.O. 4 DE ENERO DE 2012)

III. Los que por acuerdo previo, presten auxilio o cooperación de cualquier especie con posterioridad a la ejecución del delito.

(ADICIONADO, P.O. 4 DE ENERO DE 2012)

Cuando varios sujetos intervengan en la comisión de un delito y no pueda precisarse su grado de participación, la penalidad que se aplicará a cada uno será entre las tres cuartas partes del mínimo y del máximo de las penas para el delito cometido, de acuerdo con la modalidad respectiva.

(ADICIONADO, P.O. 4 DE ENERO DE 2012)

Para los casos a que se refiere la fracción III, la penalidad será de las tres cuartas partes del mínimo y del máximo de las penas previstas para el delito cometido, de acuerdo con la modalidad respectiva.

(REFORMADO PRIMER PÁRRAFO, P.O. 31 DE DICIEMBRE DE 2012)

Artículo 22. Si varias personas toman parte en la comisión de un delito determinado y alguno de ellos comete uno distinto, sin previo acuerdo con los otros, todos serán responsables del nuevo delito, salvo que concurran los requisitos siguientes:

I. Que el nuevo delito no sirva de medio adecuado para cometer el principal;

II. Que el nuevo delito no sea una consecuencia necesaria o natural del delito principal o de los medios concertados;

III. Que no hayan sabido antes que se iba a cometer el nuevo delito; y

IV. Que no hayan presenciado la ejecución del nuevo delito o que, en caso contrario, hayan hecho cuanto estaba de su parte para impedirlo.

(REFORMADA, P.O. 4 DE ENERO DE 2012)

Artículo 23. En los delitos de resultado material será atribuible el resultado típico producido a quien omita impedirlo, si éste tenía el deber jurídico de evitarlo, si:

I. Es garante del bien jurídico;

II. De acuerdo con las circunstancias podía evitarlo; o

III. Su inactividad es, en su eficacia, equivalente a la actividad prohibida en el tipo.

Para efectos de este artículo, se entiende por garante del bien jurídico quien:

a) Aceptó efectivamente su custodia;

b) Voluntariamente forma parte de una comunidad que afronta peligros de la naturaleza;

c) Con una actividad precedente, culposa o fortuita, generó el peligro para el bien jurídico; o

d) Se halla en una efectiva y concreta posición de custodia de la vida, la salud o integridad corporal de algún miembro de su familia o de su pupilo.

No perderá la calidad de garante el que se comportó de manera culposa o negligente respecto al bien jurídico.

(REFORMADO, P.O. 29 DE DICIEMBRE DE 2017)

Artículo 24. La responsabilidad delictuosa no pasa de la persona física o jurídica sentenciada ni de sus bienes, excepto en los casos especificados por la Ley.

A las personas jurídicas podrá imponérseles alguna o varias de las consecuencias jurídicas cuando hayan intervenido en la comisión de los siguientes delitos:

A. De los previstos en el presente Código:

I. Terrorismo, previsto en los artículos 160 y 161;

II. Conspiración, previsto en el artículo 166;

III. Contra el medio ambiente, previstos en los artículos 198, 198 Bis, 198 Ter, 198 Quáter y 198 Quinquies;

IV. Contra la infraestructura Hidráulica, previsto en los artículos 198 Nonies y 198 Decies;

V. Incendio y Otros Estragos, previsto en el artículo 199;

VI. Encubrimiento, previsto en los artículos 209 y 210 Bis;

VII. Corrupción de menores e incapaces o de personas que no puedan resistir, previsto en los artículos 217 y 218;

VIII. Pornografía de menores e incapaces, previsto en los artículos 220 y 221;

IX. Robo de vehículo, previsto en el artículo 374 fracción VI; así como desmantelamiento, enajenación, tráfico, detentación, traslado, uso de vehículo robado y demás conductas previstas en el artículo 375;

X. Fraude, previsto en los artículos 402, 403, 404, 405, 406 y 406 Bis;

XI. Ejercicio Indebido o Abandono de funciones públicas, previsto en el artículo 417;

XII. Cohecho, previsto en los artículos 426 y 427;

XIII. Peculado, previsto en los artículos 428 y 429;

XIV. Enriquecimiento Ilícito, previsto en los artículos 432, 433 y 434;

XV. Tráfico de influencia, previsto en los artículos 435 y 436;

XVI. Uso ilícito de atribuciones y facultades, previsto en el artículo 436 Ter;

XVII. Evasión de presos, previsto en el artículo 436 Quinquies, y

XVIII. Operaciones con recursos de procedencia ilícita, previsto en los artículos 453, 454, 455, 456 y 457.

B. De los delitos establecidos en los siguientes ordenamientos:

I. Trata de personas, previsto en los artículos 10 al 38 de la Ley General para Prevenir, Sancionar y Erradicar los delitos en Materia de Trata de Personas y para la Protección y Asistencia a las Víctimas de estos Delitos;

II. Secuestro, previsto en la Ley General para Prevenir y Sancionar los Delitos en Materia de Secuestro, Reglamentaria de la fracción XXI del artículo 73 de la Constitución Política de los Estados Unidos Mexicanos, los previstos en los artículos 9, 10, 11 y 15;

III. Contra la salud, en su modalidad de narcomenudeo, previsto en los artículos 474, 475, 476 y 477 de la Ley General de Salud;

IV. En materia fiscal, los previstos en el artículo 67 del Código Fiscal del Estado; y los previstos en los artículos 94, 95, 96, 97, 98, 99, 100, 101, 102 y 103 del Código Fiscal y Presupuestario para el Municipio de Puebla, y

V. En los demás casos expresamente previstos en la legislación aplicable.

(REFORMADO, P.O. 29 DE DICIEMBRE DE 2017)

Artículo 25. Cuando alguno o algunos miembros o representantes de una persona jurídica, sea una sociedad, corporación, empresa o institución de cualquier clase, cometan un delito con los medios que para tal objeto les proporcionen las mismas entidades, el Juez podrá decretar en la sentencia las sanciones previstas en el artículo 422 del Código Nacional de Procedimientos Penales.

(REFORMADA SU DENOMINACIÓN, P.O. 2 DE SEPTIEMBRE DE 1998)

CAPÍTULO QUINTO
CAUSAS DE EXCLUSIÓN DEL DELITO

(REFORMADO PRIMER PÁRRAFO, P.O. 2 DE SEPTIEMBRE DE 1998)

Artículo 26. Son causas de exclusión del delito:

(REFORMADA, P.O. 2 DE SEPTIEMBRE DE 1998)

I. Que el hecho se realice sin la intervención de la voluntad del agente;

(REFORMADA, P.O. 24 DE MARZO DE 2000)

II. La falta de alguno de los elementos del delito.

(REFORMADA, P.O. 2 DE SEPTIEMBRE DE 1998)

III. Actuar el inculpado con el consentimiento del titular del bien jurídico afectado, siempre que se llenen los siguientes requisitos:

a) Que el bien jurídico sea disponible;

b) Que el titular del bien tenga capacidad jurídica para disponer libremente del mismo, y

c) Que el consentimiento sea expreso o tácito y sin que medie algún vicio; o que el hecho se realice en circunstancias tales que permitan presumir fundadamente que, de haberse consultado al titular, éste hubiese otorgado el mismo;

IV. Obrar el autor en defensa de su persona, de su honor o de sus bienes, o de la persona, honor o bienes de otro, repeliendo una agresión actual, violenta, sin derecho y de la cual resulte un peligro inminente; a no ser que se pruebe que intervino alguna de las circunstancias siguientes:

a) Que el agredido provocó la agresión, dando motivo inmediato y suficiente para ella;

(REFORMADO, P.O. 2 DE SEPTIEMBRE DE 1998)

b) Que previó la agresión y pudo fácilmente evitarla por otros medios;

c) Que no hubo necesidad racional del medio empleado en la defensa; o

d) Que el daño que iba a causar el agresor era fácilmente reparable después por los medios legales, o era notoriamente de poca importancia, comparado con el que causó la defensa.

Se presumirá que concurren los requisitos de la legítima defensa respecto de aquél que, en el momento mismo de estarse verificando una invasión por escalamiento o fractura de los cercados, paredes o entradas de su casa, o departamento que habite o de sus dependencias, la rechazare, cualquiera que sea el daño que cause al invasor.

Igual presunción favorecerá al que dañare a un extraño a quien encontrare en el interior de su hogar o de la casa en donde se encuentre su familia, aunque no sea su hogar habitual; o en un hogar ajeno que tenga obligación de defender o en el local donde tenga sus bienes o donde se encuentren bienes ajenos que esté legalmente obligado a defender, si la presencia del extraño revela evidentemente una agresión.

V. La necesidad en que se vea el infractor de salvar su propia persona o sus bienes, o la persona o bienes de otro, de un peligro real, grave e inminente, si no existe otro medio practicable y menos perjudicial y no se tenga el deber jurídico de afrontar ese peligro, o éste no haya sido buscado o provocado por el infractor o por la persona a la que trata de salvar;

VI. Obrar en el cumplimiento de un deber legal o en el ejercicio de un derecho establecido en la ley;

(REFORMADA, P.O. 2 DE SEPTIEMBRE DE 1998)

VII. Que al momento de realizar el hecho típico, el agente no tenga la capacidad para comprender el carácter ilícito de aquél o para conducirse de acuerdo con esa comprensión, en virtud de intervenir alguna de las condiciones siguientes:

a) Por circunstancias particulares del ofendido, si el acusado las ignoraba sin culpa al tiempo de obrar, o

b) Por padecer el agente trastorno mental o desarrollo intelectual retardado, a no ser que él mismo hubiere provocado su trastorno mental dolosa o culposamente, en cuyo caso responderá por el resultado típico, siempre y cuando lo haya previsto o le fuere previsible.

Cuando la capacidad a que se refiere este inciso anterior sólo se encuentre considerablemente disminuida, la punibilidad será hasta de las dos terceras partes del delito de que se trate.

VIII. Obedecer a un superior legítimo en el orden jerárquico, aun cuando su mandato constituya un delito, si esta circunstancia no es notoria ni se prueba que el agente la conocía;

IX. Infringir una ley penal dejando de hacer lo que ella manda, por un impedimento legítimo; y

X. Causar un daño por mero accidente, sin intención ni imprudencia alguna, ejecutando un hecho lícito con todas las precauciones debidas.

(ADICIONADA, P.O. 1 DE JULIO DE 1994)

XI. Realizar la acción o la omisión bajo un error invencible:

a) Sobre alguno de los elementos esenciales que integran el tipo penal; o,

b) Respecto de la ilicitud de la conducta, ya sea porque el sujeto desconozca la existencia de la Ley o el alcance de la misma, o porque crea que está justificada su conducta.

Si el error es vencible se sancionará conforme a lo dispuesto en el artículo 99 bis de este Código.

(ADICIONADA, P.O. 2 DE SEPTIEMBRE DE 1998)

XII. Que atendiendo a las circunstancias que concurren en la realización de una conducta ilícita, no sea racionalmente exigible al sujeto activo una conducta diversa a la que realizó, en virtud de no haberse podido determinar a actuar conforme a derecho.

Artículo 27. Quien se exceda de la legítima defensa por intervenir las circunstancias "c" y "d" de la fracción IV del artículo anterior, será sancionado por imprudencia delictiva, teniendo en cuenta para determinar si hubo exceso en la defensa, los hechos siguientes:

I. El hecho material;

II. El grado de agitación y sobresalto del agredido;

III. La hora y lugar de la agresión;

IV. La edad, sexo, constitución física y demás circunstancias del agresor y del agredido; y

V. Las armas empleadas en el ataque y la defensa.

(ADICIONADO, P.O. 1 DE JULIO DE 1994)

La misma sanción se impondrá al que se exceda en los casos de estado de necesidad, cumplimiento de un deber o ejercicio de un derecho, a que se refieren las fracciones V y VI del artículo 26.

(REFORMADO, P.O. 27 DE NOVIEMBRE DE 2014)

Artículo 28. Las causas excluyentes de responsabilidad delictiva, se propondrán ante los Jueces y Tribunales, en cualquier etapa del procedimiento.

CAPÍTULO SEXTO
CONCURSO DE DELITOS

Artículo 29. Existe concurso real o material, cuando una misma persona es juzgada a la vez por varios delitos que ejecutó en actos distintos, si no se ha pronunciado sentencia irrevocable y la acción para perseguirlos no está prescrita.

Artículo 30. Hay concurso ideal o formal cuando con un solo acto u omisión se violan varias disposiciones penales, que señalen sanciones diversas.

(ADICIONADO, P.O. 27 DE NOVIEMBRE DE 2014)

Artículo 30 Bis. No existirá concurso cuando se trate de delito continuado.

CAPÍTULO SÉPTIMO
REINCIDENCIA Y HABITUALIDAD

(REFORMADO, P.O. 31 DE DICIEMBRE DE 2012)

Artículo 31. Hay reincidencia cuando el sentenciado por resolución ejecutoriada de cualquier Tribunal mexicano o extranjero, cometa un nuevo delito, ya sea culposo o intencional.

Artículo 32. La sanción impuesta, o sufrida en el extranjero o en otro Estado de la República Mexicana, se tendrá en cuenta, en la reincidencia, si proviene de un delito que tenga tal carácter, según las leyes del Estado de Puebla.

Artículo 33. (DEROGADO, P.O. 1 DE JULIO DE 1994)

(REFORMADO, P.O. 2 DE SEPTIEMBRE DE 1998)

Artículo 34. No se considerará reincidencia cuando el primer delito sea doloso y el segundo culposo y viceversa.

(REFORMADO, P.O. 31 DE DICIEMBRE DE 2012)

Artículo 35. Si el reincidente en el mismo género de infracciones, comete un nuevo delito originado por la misma inclinación viciosa, será considerado como sujeto activo habitual.

Artículo 36. En las prevenciones de los artículos anteriores, se comprenden los casos en que uno solo de los delitos o todos hayan quedado en la esfera de la tentativa delictuosa.

CAPÍTULO OCTAVO
SANCIONES Y MEDIDAS DE SEGURIDAD

(REFORMADO PRIMER PÁRRAFO, P.O. 4 DE ENERO DE 2012)

Artículo 37. Las sanciones son las siguientes:

I. Amonestación;

II. Prisión;

(REFORMADA, P.O. 1 DE JULIO DE 1994)

III. Sanción pecuniaria, que comprende la multa y la reparación del daño;

IV. Decomiso, pérdida de los instrumentos del delito y destrucción de cosas peligrosas y nocivas;

V. (DEROGADA, P.O. 4 DE ENERO DE 2012)

VI. (DEROGADA, P.O. 29 DE DICIEMBRE DE 2017)

(REFORMADA, P.O. 29 DE DICIEMBRE DE 2017)

VII. Sanción privativa de derechos, que comprende la suspensión de derechos civiles o políticos, y la destitución, inhabilitación o suspensión para el desempeño de funciones, empleos, cargos, comisiones, profesiones, artes u oficios, así como prohibición de participar en adquisiciones, arrendamientos, servicios u obras públicas, concesiones de prestación de servicio público o de explotación, aprovechamiento y uso de bienes de dominio del Estado;

(REFORMADA, P.O. 29 DE DICIEMBRE DE 2017)

VIII. Para personas jurídicas la suspensión, disolución, intervención, remoción de administrador o prohibición de realizar determinados negocios u operaciones, clausura de sus locales o establecimientos, prohibición de realizar en el futuro las actividades en cuyo ejercicio se haya cometido o participado en su comisión; inhabilitación temporal, consistente en la suspensión de derechos para participar de manera directa o por interpósita persona en procedimientos de contratación del sector público; intervención judicial para salvaguardar los derechos de los trabajadores o de los acreedores, o amonestación pública;

IX. Publicación especial de sentencia; y

X. Las demás que fijen las leyes.

(ADICIONADO, P.O. 4 DE ENERO DE 2012)

Artículo 37 Bis. Las medidas de seguridad que se pueden imponer con arreglo a este Código, son:

I. Tratamiento de inimputables o imputables disminuidos;

II. Tratamiento de deshabituación o desintoxicación;

III. Prohibición de comunicarse por cualquier medio, por sí o por interpósita persona con la víctima u ofendido o con las víctimas indirectas; y

IV. Cuando se trate de delitos que impliquen violencia contra las mujeres, la autoridad competente podrá dictar, además, las medidas establecidas en la Ley para el Acceso de las Mujeres a una Vida Libre de Violencia del Estado de Puebla.

(ADICIONADO, P.O. 4 DE ENERO DE 2012)

Artículo 37 Ter. El Ministerio Público o la autoridad judicial podrán determinar, conforme a este Código, la internación de enfermos mentales.

Artículo 38. Las autoridades judiciales en las sentencias definitivas que dicten, acordarán las medidas que juzguen adecuadas, para el debido cumplimiento de las sanciones impuestas.

CAPÍTULO NOVENO
AMONESTACIÓN

Artículo 39. La amonestación consiste en la advertencia que el Juez dirige al infractor, haciéndole ver las consecuencias del delito que cometió, excitándolo a la enmienda y previniéndole que se le impondrá una sanción mayor si reincidiere.

Artículo 40. La amonestación se hará en público o en privado, a juicio del funcionario que deba hacerla.

CAPÍTULO DÉCIMO
PRISIÓN

(REFORMADO, P.O. 27 DE NOVIEMBRE DE 2014)

Artículo 41. La sanción consistente en la privación de la libertad corporal será de tres días a setenta años. Sólo en los casos en que la Ley expresamente lo autorice, se podrá imponer prisión vitalicia. Se compurgará de preferencia, en el Centro de Reinserción Social en donde se encuentre el domicilio del sentenciado, o aquél en donde se puedan conservar sus vínculos con el exterior, siempre y cuando contribuyan con el tratamiento que el centro le implemente, sin embargo el Ejecutivo podrá ordenar que la sanción se compurgue en cualquier otro de los Centros de Reclusión del Estado o bien en un Federal de acuerdo con los convenios celebrados a este respecto.

Artículo 42. Las mujeres condenadas a prisión cumplirán ésta en un local destinado exclusivamente a tal objeto, o si no lo hubiere, en un departamento separado del de hombres y sin comunicación con éste.

(REFORMADA SU DENOMINACIÓN, P.O. 1 DE JULIO DE 1994)

CAPÍTULO UNDÉCIMO
SANCIÓN PECUNIARIA

(REFORMADO, P.O. 3 DE NOVIEMBRE DE 2021)

Artículo 43. La multa se impondrá a razón de la Unidad de Medida y Actualización.

(REFORMADO, P.O. 3 DE NOVIEMBRE DE 2021)

Artículo 44. La Unidad de Medida y Actualización base para calcular el importe de la multa, será la vigente, al momento de consumar el delito y en el lugar en que se cometa éste.

(REFORMADO, P.O. 3 DE NOVIEMBRE DE 2021)

Artículo 45. Tratándose del delito continuado, se tomará como base la Unidad de Medida y Actualización vigente en el momento de consumarse la última conducta.

(REFORMADO, P.O. 3 DE NOVIEMBRE DE 2021)

Artículo 46. En el delito continuo o permanente se considerará la Unidad de Medida y Actualización que rija en el momento de cesar la consumación de aquél.

(REFORMADO, P.O. 3 DE NOVIEMBRE DE 2021)

Artículo 47. Cuando la Ley fije solamente el máximo de una multa, el mínimo de esa sanción es el importe de una Unidad de Medida y Actualización.

Artículo 48. La multa que se impusiera como sanción es independiente de la responsabilidad civil.

(REFORMADO, P.O. 31 DE DICIEMBRE DE 2012)

Artículo 49. Cuando varias personas cometan un delito, el Juez fijará la multa para cada uno de los sentenciados.

(REFORMADO, P.O. 31 DE DICIEMBRE DE 2012)

Artículo 50. La multa impuesta se hará efectiva por las oficinas fiscales que ejercen la facultad económico-coactiva, sin que el sentenciado pueda discutir nuevamente su procedencia e ingresará al Fondo que se constituya de acuerdo con la Ley para la Protección a Víctimas de Delitos.

(REFORMADO, P.O. 3 DE NOVIEMBRE DE 2021)

Artículo 50 Bis. La reparación del daño a cargo del sentenciado, tiene carácter de pena pública independientemente de la acción civil, y se exigirá de oficio por el Ministerio Público, determinando su cuantía con base en las pruebas obtenidas en el proceso. La omisión del Ministerio Público será sancionada con cincuenta a quinientas Unidades de Medida y Actualización.

(REFORMADO PRIMER PÁRRAFO, P.O. 20 DE SEPTIEMBRE DE 2016)

Artículo 51. La reparación del daño a la víctima debe ser integral, y comprende las medidas de restitución, rehabilitación, compensación, satisfacción y garantías de no repetición, en sus dimensiones individual, colectiva, material, moral y simbólica. Cada una de estas medidas será implementada a favor de la víctima teniendo en cuenta la gravedad, magnitud así como las circunstancias y características del hecho victimizante, y en consecuencia, como mínimas, a cargo del sentenciado serán:

(REFORMADA, P.O. 4 DE ENERO DE 2012)

I. El restablecimiento de las cosas al estado en que se encontraban antes de cometerse el delito;

(REFORMADA, P.O. 4 DE ENERO DE 2012)

II. La restitución de la cosa obtenida por el delito, incluyendo sus frutos y accesorios y, si no fuese posible, el pago de su valor actualizado. Si se trata de bienes fungibles, el Juez, sin necesidad de recurrir a prueba pericial, podrá condenar a la entrega de un objeto igual al que fuese materia del delito;

(REFORMADA, P.O. 4 DE ENERO DE 2012)

III. La reparación del daño material y moral sufrido; y

(REFORMADA, P.O. 4 DE ENERO DE 2012)

IV. El resarcimiento de los perjuicios ocasionados.

(REFORMADO, P.O. 20 DE SEPTIEMBRE DE 2016)

Tienen derecho a la reparación del daño las víctimas directas y las víctimas indirectas.

(REFORMADO, P.O. 20 DE SEPTIEMBRE DE 2016)

Cuando sean varias las víctimas y no resulte posible satisfacer los derechos de todas, se cubrirán proporcionalmente los daños.

(ADICIONADO, P.O. 1 DE JULIO DE 1994)

Artículo 51 Bis. Están obligados a reparar los daños en los términos del artículo anterior:

I. Los ascendientes, por los delitos de sus descendientes que se hallaren bajo su patria potestad;

II. Los tutores y custodios, por los delitos de los incapacitados que se hallen bajo su autoridad;

(REFORMADA, P.O. 11 DE SEPTIEMBRE DE 2006)

III. Los directores de internados o talleres, que reciban en su establecimiento discípulos o aprendices menores de dieciocho años, por los delitos que ejecuten éstos durante el tiempo que se hallen bajo el cuidado de aquéllos;

IV. Los dueños, empresarios o encargados de negociaciones o establecimientos mercantiles de cualquier especie, por los delitos que cometan sus obreros, jornaleros, empleados, domésticos y artesanos, con motivo y en el desempeño de su servicio;

V. Las sociedades, asociaciones y otras personas colectivas, por los delitos de sus socios o gerentes y directores, en los mismos términos en que conforme a las leyes, sean responsables por las demás obligaciones que los segundos contraigan.

Se exceptúa de esta regla a la sociedad conyugal, pues, en todo caso, cada cónyuge responderá con sus bienes propios por la reparación del daño que cause; y

VI. El Estado, subsidiariamente, por sus funcionarios o empleados.

(ADICIONADO, P.O. 2 DE SEPTIEMBRE DE 1998)

Artículo 51 Ter. Serán aplicables a la obligación de reparar el daño y los perjuicios causados por el delito, las siguientes disposiciones:

I. Tendrá carácter de preferente con respecto a la multa y a cualquier otra obligación asumida con posterioridad al delito, excepto las de carácter alimentario o laboral, salvo que se demuestre que éstas fueron contraídas para evadir el cumplimiento de aquéllas, y

II. Si el ofendido o la persona que tuviere derecho al pago de la reparación del daño, renunciare al cobro de la misma, cuyo monto haya sido acreditado dentro del proceso y se haya determinado en sentencia, el Estado se subrogará legalmente, a través de la Procuraduría General de Justicia, en los derechos de aquélla y destinará el importe devengado al Fondo que se constituya de acuerdo con la Ley para la Protección a Víctimas de Delitos.

(ADICIONADO, P.O. 4 DE ENERO DE 2012)

Artículo 51 Quater. Si se trata de delitos que afecten la vida o la integridad corporal, el monto de la reparación del daño no podrá ser menor del que resulte de aplicar las disposiciones relativas de la Ley Federal del Trabajo.

(ADICIONADO, P.O. 4 DE ENERO DE 2012)

Artículo 51 Quinquies. En los delitos cometidos por servidores públicos a que se refiere el Capítulo Decimonoveno de este Código, la reparación del daño consistirá en la aplicación de hasta tres tantos del lucro obtenido y de los daños y perjuicios causados.

(REFORMADA SU DENOMINACIÓN, P.O. 4 DE ENERO DE 2012)

CAPÍTULO DUODÉCIMO
REGLAS DEL ASEGURAMIENTO DE BIENES, ENAJENACIÓN DE BIENES ABANDONADOS, DECOMISO, PÉRDIDA DE LOS INSTRUMENTOS DEL DELITO Y DESTRUCCIÓN DE COSAS PELIGROSAS O NOCIVAS

(REFORMADO, P.O. 31 DE DICIEMBRE DE 2012)

Artículo 52. Los instrumentos, objetos o productos del delito, así como los bienes en que existan huellas o pudieran tener relación con éste, serán asegurados a fin de que no se alteren, destruyan o desaparezcan. El Ministerio Público, las policías y los peritos, durante la investigación y en cualquier etapa del proceso penal, deberán seguir las reglas referidas en las disposiciones de procedimiento contenidas en los ordenamientos legales correspondientes y los lineamientos que emita el Procurador General de Justicia del Estado para tal efecto.

Los servidores públicos que actúan en auxilio del Ministerio Público, pondrán inmediatamente a disposición de este los bienes a que se refiere el párrafo anterior. El Ministerio Público, al momento de recibir los bienes, resolverá sobre su aseguramiento y sobre la continuidad o no del procedimiento al que se refieren las disposiciones de procedimiento contenidas en los ordenamientos legales correspondientes y los lineamientos que emita el Procurador General de Justicia del Estado para tal efecto, bajo su más estricta responsabilidad y conforme a las disposiciones aplicables.

(ADICIONADO, P.O. 4 DE ENERO DE 2012)

Artículo 52 Bis. Al realizar el aseguramiento a que se refiere el artículo anterior, el Ministerio Público con el auxilio de la Policía Ministerial, o bien, los actuarios y demás funcionarios que designe la autoridad judicial para practicar la diligencia, según corresponda, deberán:

I. Formular el acta que incluya inventario con la descripción y el estado en que se encuentren los bienes que se aseguren;

II. Identificar los bienes asegurados con sellos, marcas, cuños, fierros, señales u otros medios adecuados;

III. Proveer las medidas conducentes e inmediatas para evitar que los bienes asegurados se destruyan, alteren o desaparezcan; y

IV. Solicitar que se haga constar el aseguramiento en los registros públicos que correspondan.

La autoridad que inicie el acto de aseguramiento está obligada a concluirlo en los términos previstos por este Capítulo.

(ADICIONADO, P.O. 4 DE ENERO DE 2012)

Artículo 52 Ter. La autoridad judicial o el Ministerio Público que decreten el aseguramiento, deberán notificar al interesado o a su representante legal dentro de los quince días naturales siguientes a su ejecución, entregando o poniendo a su disposición, según sea el caso, una copia certificada del acta a que se refiere la fracción I del artículo anterior, para que manifieste lo que a su derecho convenga.

(REFORMADO, P.O. 19 DE MAYO DE 2014)

En dicha notificación se le informará al interesado o a su representante legal si es nombrado como depositario de los bienes o si éstos quedan a resguardo del Ministerio Público y se le apercibirá para que no enajene o grave los bienes asegurados; asimismo, que de no manifestar lo que a su derecho convenga y acreditar la legal procedencia de los bienes, en un término de treinta días naturales siguientes al de la notificación, los bienes causarán abandono a favor del Estado.

(REFORMADO PRIMER PÁRRAFO, P.O. 4 DE ENERO DE 2012)

Artículo 53. Si los bienes que sean instrumento, objeto o producto del delito, fueren de uso lícito, se decomisarán:

(REFORMADA, P.O. 31 DE DICIEMBRE DE 2012)

I. Cuando sean de la propiedad del acusado y éste fuere sentenciado; y

II. Cuando perteneciendo a otra persona, los haya empleado el acusado para fines delictuosos con conocimiento del dueño.

(ADICIONADO, P.O. 4 DE ENERO DE 2012)

Cuando los instrumentos, objetos o productos del delito deriven de la comisión de cualquiera de los delitos previstos en los artículos 453 a 457 de este Código, se decomisarán los bienes del inculpado hasta por un valor equivalente a los primeros cuando aquéllos se hayan perdido, consumido o extinguido, no sea posible localizarlos o constituyan garantías de créditos preferentes.

(ADICIONADO, P.O. 4 DE ENERO DE 2012)

En los casos a que se refiere el párrafo anterior, se podrá decretar el aseguramiento de bienes propiedad del o los indiciados, así como de aquéllos respecto de los cuales se conduzca como dueño.

(REFORMADO, P.O. 30 DE DICIEMBRE DE 2013)

Artículo 53 Bis. El aseguramiento de los bienes inmuebles de los que no exista necesidad legal para su retención, se notificará, dentro de los diez días naturales siguientes al acuerdo de la autoridad ministerial que así lo determine, de forma personal al propietario. En caso de desconocerlo la notificación se hará a quien se crea con derecho a través de una publicación en el Periódico Oficial del Estado y en un diario de los de mayor circulación en la Entidad, para que manifieste lo que a su derecho convenga, apercibidos que de no hacerlo en un término de treinta días naturales siguientes al de la última publicación, los bienes causarán abandono en favor del Estado.

El aseguramiento de los objetos, bienes muebles o valores que sean de uso lícito y no exista necesidad legal para su retención, se notificará al interesado por estrados, fijando el acuerdo de la autoridad ministerial que así lo determine en la agencia del Ministerio Público diariamente, durante cinco días hábiles, en la puerta o en otro lugar visible señalado con tal fin, para que manifieste lo que a su derecho convenga, apercibido que de no hacerlo en un término de treinta días naturales siguientes, los bienes causarán abandono en favor del Estado. Se asentará constancia de ese hecho en los expedientes respectivos.

(REFORMADO, P.O. 27 DE NOVIEMBRE DE 2014)

En el caso de que dichos objetos o bienes no se puedan conservar o sean de costoso mantenimiento, el Titular de la autoridad investigadora o la persona a quien delegue esta facultad procederá a su donación a instituciones de asistencia pública o privada, o bien, a su venta inmediata en subasta pública y el producto se dejará a disposición de quien tenga derecho al mismo, por un lapso de treinta días, notificándole en términos de lo establecido en el párrafo que antecede; transcurrido el plazo, si no hubiese sido reclamado, se aplicará al Fondo para el Mejoramiento de la Procuración de Justicia.

(ADICIONADO, P.O. 27 DE NOVIEMBRE DE 2014)

Los bienes causarán abandono a favor del Estado, con la emisión de la resolución respectiva por parte de la autoridad que ordenó el aseguramiento.

Artículo 54. En los delitos de imprudencia solamente se decomisarán los objetos que sean de uso prohibido.

Artículo 55. Si los objetos de uso prohibido sólo sirvieren para delinquir, se destruirán al ejecutarse la sentencia irrevocable, asentándose en el proceso razón de haberse hecho así.

(REFORMADO PRIMER PÁRRAFO, P.O. 31 DE DICIEMBRE DE 2012)

Artículo 56. Las autoridades competentes procederán al aseguramiento de los bienes que pudieran ser materia del decomiso, durante la investigación o en el proceso.

(REFORMADO, P.O. 1 DE JULIO DE 1994)

Si los instrumentos o cosas decomisadas son substancias nocivas o peligrosas se destruirán a juicio de la autoridad que esté conociendo, la que de estimarlo conveniente, podrá determinar su conservación para fines de docencia o investigación.

Artículo 56 Bis. (DEROGADO, P.O. 25 DE JULIO DE 2012)

(ADICIONADO, P.O. 27 DE AGOSTO DE 2010)

Artículo 56 Ter. Los objetos, bienes o valores que causen estado de abandono a favor del Estado, se enajenarán en subasta pública por conducto del Titular de la autoridad investigadora, observando los procedimientos previstos en las disposiciones y normatividad aplicables, y el producto de la venta se aplicará al mejoramiento de la procuración de justicia, previas las deducciones de los gastos ocasionados.

Lo mismo se observará tratándose de objetos, bienes o valores decomisados por la autoridad judicial, con la circunstancia de que el producto de la venta se destinará al mejoramiento de la administración de justicia.

(ADICIONADO, P.O. 4 DE ENERO DE 2012)

Artículo 56 Quater. Cuando los bienes que se aseguren hayan sido previamente embargados, intervenidos, secuestrados o asegurados, se notificará el nuevo aseguramiento a las autoridades que hayan ordenado dichos actos. Los bienes continuarán en custodia de quien se haya designado para ese fin, y a disposición de la autoridad judicial o del Ministerio Público para los efectos del procedimiento penal.

De levantarse el embargo, intervención, secuestro o aseguramiento previos, quien los tenga bajo su custodia los entregará a la autoridad competente para efectos de su administración. Los bienes asegurados no podrán ser enajenados o gravados por sus propietarios, depositarios, interventores o administradores, durante el tiempo que dure el aseguramiento en el procedimiento penal, salvo los casos expresamente señalados por las disposiciones aplicables.

El aseguramiento no implica modificación alguna a los gravámenes existentes con anterioridad sobre los bienes.

(ADICIONADO, P.O. 4 DE ENERO DE 2012)

Artículo 56 Quinquies. Se inscribirá en los registros públicos que correspondan, de conformidad con las disposiciones aplicables:

I. El aseguramiento de bienes inmuebles, derechos reales, aeronaves, embarcaciones, empresas, negociaciones, establecimientos, acciones, partes sociales, títulos bursátiles y cualquier otro bien o derecho susceptible de registro o constancia; y

II. El nombramiento del depositario, interventor o administrador, de los bienes a que se refiere la fracción anterior. La inscripción del registro o su cancelación se realizarán sin más requisito que el oficio del Ministerio Público o autoridad judicial.

(ADICIONADO, P.O. 4 DE ENERO DE 2012)

Artículo 56 Sexies. Los frutos o rendimientos de los bienes durante el tiempo del aseguramiento, se les dará el mismo tratamiento que a los bienes asegurados que los generen.

(ADICIONADO, P.O. 4 DE ENERO DE 2012)

Artículo 56 Septies. La moneda nacional o extranjera que se asegure, embargue o decomise, será remitida a la autoridad competente, para su correspondiente depósito en la cuenta aperturada para este fin en institución bancaria debidamente autorizada.

En caso de billetes o piezas metálicas que por tener marcas, señas u otras características, sea necesario conservar para fines de la averiguación previa o el proceso penal, la autoridad judicial o el Ministerio Público así lo indicará a la Dirección General Administrativa de la Procuraduría General de Justicia del

Estado, para que éste los guarde y conserve en el estado en que los reciba. En estos casos, los depósitos no devengarán intereses.

(ADICIONADO, P.O. 4 DE ENERO DE 2012)

Artículo 56 Octies. El Ministerio Público o la autoridad judicial que asegure depósitos, títulos de crédito y, en general, cualesquiera bienes o derechos relativos a operaciones, que las instituciones financieras establecidas en el país celebren con sus clientes, dará aviso inmediato a las autoridades de dichas instituciones, quienes tomarán las medidas necesarias para evitar que los titulares respectivos realicen cualquier acto contrario al aseguramiento. En caso contrario se observará lo previsto en el artículo 52 Ter de este Código.

(REFORMADO, P.O. 19 DE MAYO DE 2014)

Artículo 56 Nonies. Los vehículos que por ser necesarios para la práctica de diligencias ministeriales se aseguren por delitos culposos ocasionados con motivo del tránsito de vehículos serán entregados de inmediato a sus propietarios, poseedores o representantes legales, en depósito previa inspección ministerial.

El depositario estará obligado a mantener el vehículo dentro del Distrito Judicial del que se trate, a disposición del Ministerio Público, conservándolo como hubiese quedado después de los hechos, salvo autorización expresa y por escrito del Ministerio Público, debiendo presentarlo a la autoridad cuando se le requiera para la práctica de diligencias.

(ADICIONADO, P.O. 4 DE ENERO DE 2012)

Artículo 56 Decies. Los inmuebles que se aseguren podrán quedar en posesión de su propietario, poseedor o de alguno de sus ocupantes, siempre que no se afecte el interés social ni el orden público. Quienes queden en posesión de los inmuebles no podrán causar daño intencional, enajenar o gravar los inmuebles a su cargo. En todo caso, se respetarán los derechos legítimos de terceros.

(ADICIONADO, P.O. 4 DE ENERO DE 2012)

Artículo 56 Undecies. La devolución de los bienes asegurados incluirá la entrega de los frutos que, en su caso, hubieren generado.

Previo a la recepción de los bienes por parte del interesado, se dará oportunidad a éste para que revise e inspeccione las condiciones en que se encuentren los mismos

(REFORMADA SU DENOMINACIÓN, P.O. 4 DE ENERO DE 2012)

CAPÍTULO DÉCIMO TERCERO INTERNACIÓN DE ENFERMOS MENTALES Y TRATAMIENTO DE DESHABITUACIÓN O DESINTOXICACIÓN

(REFORMADO, P.O. 27 DE NOVIEMBRE DE 2014)

Artículo 57. Los enfermos mentales, que hayan realizado hechos o incurrido en omisiones tipificadas como delitos, podrán ser internados en casas de salud especializadas para su tratamiento.

(REFORMADO, P.O. 2 DE SEPTIEMBRE DE 1998)

Artículo 58. La autoridad judicial procederá en la forma ordenada por el artículo anterior cuando, puestos a su disposición, se declare que los inculpados son enfermos mentales.

El Ministerio Público podrá actuar de la misma forma, si los inculpados están a su disposición y se dictamina su enajenación mental, de manera tal que haga improcedente que se ejercite acción penal.

(ADICIONADO, P.O. 31 DE DICIEMBRE DE 2012)

Si en la investigación se presentan indicios de que el sujeto activo es enfermo mental, el Ministerio Público comunicará esta circunstancia al Juez de Control.

(REFORMADO, P.O. 27 DE NOVIEMBRE DE 2014)

Artículo 59. La internación a que se refieren los dos artículos anteriores, podrá ser modificada o revocada por el Juez de Control conforme a la evolución del enfermo mental, con base en la opinión de los expertos en la materia.

(REFORMADO, P.O. 27 DE NOVIEMBRE DE 2014)

Artículo 60. Si un enfermo mental, a los que se refiere el artículo 58, sana, será reingresado al establecimiento penitenciario para que se continúe el proceso, computándole el tiempo de detención en la casa de internación.

(REFORMADO, P.O. 2 DE SEPTIEMBRE DE 1998)

Artículo 61. La Autoridad Judicial o Ministerial podrá entregar a los enfermos mentales a que se refieren los artículos 57 y 58, a quienes legalmente corresponda hacerse cargo de ellos, adquiriendo éstos la responsabilidad ante terceros por los daños que causen, así como la obligación de tratarlos y vigilarlos.

(ADICIONADO, P.O. 4 DE ENERO DE 2012)

Artículo 61 Bis. Tratándose de delitos cuando cuya comisión obedezca a la inclinación o abuso del sujeto activo de bebidas alcohólicas, estupefacientes, psicotrópicos o sustancias que produzcan efectos similares, la autoridad competente ordenará se le aplique tratamiento de deshabituación o desintoxicación, el cual no podrá exceder del término de la pena que corresponda al delito. Cuando se trate de penas no privativas o restrictivas de libertad, el tratamiento no excederá de seis meses.

(REFORMADA SU DENOMINACIÓN, P.O. 2 DE SEPTIEMBRE DE 1998)

CAPÍTULO DECIMOCUARTO
TRABAJO A FAVOR DE LA COMUNIDAD

(REFORMADO, P.O. 2 DE SEPTIEMBRE DE 1998)

Artículo 62. El trabajo a favor de la comunidad consiste en la prestación de un servicio no remunerado, en instituciones públicas de educación, asistencia o servicio social, o en instituciones privadas asistenciales y no lucrativas, ubicadas preferentemente en la comunidad del sentenciado, y se rige por las siguientes disposiciones:

I. Deberá computarse por jornada, fijada por el Juez conforme a las circunstancias del caso, sin que exceda del límite legal de una jornada ordinaria y dentro de horarios diferentes a los requeridos para las labores que representen la fuente principal de subsistencia del sentenciado y de sus acreedores alimentarios;

(REFORMADA, P.O. 31 DE DICIEMBRE DE 2012)

II. El señalamiento del trabajo se hará tomando en cuenta la evaluación de riesgos, la vocación, aptitudes y posibilidades del sentenciado;

III. Tratándose de persona perteneciente a una comunidad étnica indígena, el Juez tomará en cuenta los usos y costumbres de la comunidad correspondiente;

IV. Esta sanción tendrá el carácter de libertad en tratamiento y por lo tanto no deberá desarrollarse en condiciones humillantes para el sentenciado;

V. Cada día de prisión será sustituido por cuatro horas de trabajo a favor de la comunidad;

VI. El Ejecutivo establecerá los programas para la aplicación y supervisión del trabajo a favor de la comunidad, a través de convenios con las instituciones respectivas, las que deberán rendir los informes respectivos, y

VII. Una vez sustituido el total de días de prisión que se hubieren impuesto, el Ejecutivo avisará al Juez, para el efecto de que declare extinguida la sanción de trabajo a favor de la comunidad.

(ADICIONADO, P.O. 25 DE ENERO DE 2008)

Artículo 62 Bis. La sanción de trabajo a favor de la comunidad no podrá decretarse, cuando se trate de delitos intencionales en los que exista reincidencia o habitualidad.

(ADICIONADO, P.O. 25 DE ENERO DE 2008)

Artículo 62 Ter. En caso de aplicarse la sanción de trabajo a favor de la comunidad, deberán observarse también las reglas del tratamiento preliberacional previstas en el presente ordenamiento.

(REFORMADA SU DENOMINACIÓN, P.O. 2 DE SEPTIEMBRE DE 1998)

CAPÍTULO DECIMOQUINTO
SANCIÓN PRIVATIVA DE DERECHOS

(REFORMADO, P.O. 2 DE SEPTIEMBRE DE 1998)

Artículo 63. La privación de derechos resulta por ministerio de la Ley como consecuencia necesaria de una sanción, o por imposición del Juez, como sanción en sentencia definitiva.

(REFORMADO, P.O. 2 DE SEPTIEMBRE DE 1998)

Artículo 64. La privación de derechos se rige por las siguiente (sic) disposiciones:

I. En los casos en que la privación resulte por ministerio de Ley, la suspensión comienza y concluye con la sanción de que es consecuencia;

II. Si la privación es fijada por el Juez y se impone junto con una sanción privativa de la libertad, la suspensión o inhabilitación comenzará al terminar aquélla y su duración será la señalada en la sentencia;

III. La sanción privativa de la libertad produce como consecuencia necesaria la suspensión de los derechos políticos y, también para el desempeño de funciones, empleos, cargos, comisiones, profesiones, artes u oficios;

IV. El sentenciado con una sanción privativa de la libertad está además impedido, por lo que a sus derechos civiles se refiere, para ser tutor, curador, apoderado, defensor, albacea, perito, depositario, interventor judicial, síndico, interventor de toda clase de concursos, árbitro, arbitrador, asesor y representante de ausentes;

V. Se exceptúa de lo dispuesto en la fracción anterior, el caso del albacea cuando es único heredero;

VI. La sanción privativa de la libertad impuesta por delito intencional, cuya duración exceda de un año, produce como consecuencia necesaria la destitución de cualesquiera funciones, empleos, cargos o comisiones públicos que desempeñare la persona sentenciada;

VII. La destitución, inhabilitación o suspensión para el desempeño de funciones, empleos, cargos o comisiones públicos implican la privación del sueldo correspondiente, y

VIII. La suspensión y el impedimento a que se refieren las fracciones III y IV anteriores, comenzarán desde que cause ejecutoria la sentencia y durarán todo el tiempo de la condena.

Artículo 65. La inhabilitación para desempeñar empleos o cargos públicos, produce no sólo la pérdida de aquellos sobre los cuales recae la sanción, sino también incapacidad para obtener los mismos u otros de igual categoría del mismo ramo, por un plazo que se fijará en la sentencia y que no excederá de diez años.

Artículo 66. La suspensión o la inhabilitación para desempeñar alguna profesión, algún arte u oficio, en que el sentenciado hubiere delinquido, lo incapacita para ejercerlos durante el tiempo que fije la sentencia, el que no excederá de diez años.

(REFORMADA SU DENOMINACIÓN, P.O. 1 DE JULIO DE 1994)

CAPÍTULO DECIMOSEXTO
SUSPENSIÓN O DISOLUCIÓN DE PERSONAS JURÍDICAS

Artículo 67. (DEROGADO, P.O. 27 DE NOVIEMBRE DE 2014)

Artículo 68. (DEROGADO, P.O. 27 DE NOVIEMBRE DE 2014)

CAPÍTULO DECIMOSÉPTIMO
PUBLICACIÓN ESPECIAL DE SENTENCIA

Artículo 69. La publicación especial de sentencia consiste en la inserción total o parcial de ella en uno o dos periódicos que circulen en la Entidad, a elección del Juez.

(REFORMADO, P.O. 31 DE DICIEMBRE DE 2012)

Artículo 70. La publicación de sentencias se hará a costa del sentenciado en los casos de delitos contra el honor y la dignidad, si lo solicitare el ofendido; o a costa de éste y con su conformidad, por solvencia de aquél.

Artículo 71. Si el delito por el que se impone la publicación fue cometido por medio de la prensa, salvo lo que disponga la ley sobre esta materia, además de la publicación a que se refiere el artículo anterior, se hará también en el periódico empleado para cometer el delito, con el mismo tipo de letra, el mismo color de tinta y en el mismo lugar.

CAPÍTULO DECIMOCTAVO
APLICACIÓN DE SANCIONES

SECCIÓN PRIMERA
REGLAS GENERALES

(REFORMADO PRIMER PÁRRAFO, P.O. 31 DE DICIEMBRE DE 2012)

Artículo 72. Dentro de los límites fijados por la ley, los jueces y tribunales aplicarán las sanciones establecidas para cada delito, teniendo en cuenta las circunstancias peculiares de cada sujeto activo y las exteriores de ejecución del delito.

(ADICIONADO, P.O. 4 DE ENERO DE 2012)

Cuando se trate de punibilidad alternativa, en la que se contemple pena de prisión, el Juez podrá imponer motivando su resolución, la sanción privativa de libertad sólo cuando ello sea ineludible para los fines de justicia, prevención general y prevención especial.

(REFORMADO, P.O. 27 DE NOVIEMBRE DE 2014)

Artículo 73. Con el fin de lograr una adecuada individualización de las sanciones, los Jueces y Tribunales, al aplicar éstas, deberán hacerse cargo en su motivación de toda la prueba producida, para tal efecto. Esta motivación deberá permitir la reproducción del razonamiento utilizado para alcanzar las conclusiones a que se llegare.

(REFORMADO PRIMER PÁRRAFO, P.O. 27 DE NOVIEMBRE DE 2014)

Artículo 74. Los Jueces y Tribunales, al dictar sentencia condenatoria, determinarán la pena establecida para cada delito y la individualizará dentro de los límites señalados, con base en la gravedad del ilícito y el grado de culpabilidad del agente, tomando en cuenta:

(REFORMADA, P.O. 4 DE ENERO DE 2012)

I. La naturaleza de la acción o de la omisión y de los medios empleados para ejecutarla;

(REFORMADA, P.O. 4 DE ENERO DE 2012)

II. La magnitud del daño causado al bien jurídico o del peligro en que éste fue colocado;

(REFORMADA, P.O. 31 DE DICIEMBRE DE 2012)

III. Las condiciones especiales en que se encontraba el sujeto activo en el momento de la comisión del delito y demás antecedentes y condiciones personales que puedan comprobarse, así como los vínculos de parentesco, amistad o nacidos de otras relaciones sociales que existan entre infractor y ofendido, la calidad de éste y circunstancias de tiempo, lugar, modo y ocasión que demuestren la mayor o menor peligrosidad de aquél;

(REFORMADA, P.O. 4 DE ENERO DE 2012)

IV. Las condiciones fisiológicas y psíquicas específicas en que se encontraba el activo en el momento de la comisión del delito y demás antecedentes y condiciones personales que puedan comprobarse, así como los vínculos de parentesco, amistad o nacidos de otras relaciones sociales que existan entre infractor y ofendido, la calidad de éste y circunstancias de tiempo, lugar, modo y ocasión que demuestren la mayor o menor peligrosidad de aquél;

(ADICIONADO, P.O. 4 DE ENERO DE 2012)

V. Cuando el procesado perteneciere a un grupo étnico indígena, se tomarán en cuenta, además, sus usos y costumbres:

(ADICIONADO, P.O. 4 DE ENERO DE 2012)

VI. Las circunstancias del activo y pasivo, antes y durante la comisión del delito, que sean relevantes para individualizar la sanción, incluidos, en su caso, los datos de violencia, la relación de desigualdad o de abuso de poder entre el agresor y la víctima vinculada directamente con el hecho delictivo, así como el comportamiento posterior del acusado con relación al delito cometido; y

(ADICIONADO, P.O. 4 DE ENERO DE 2012)

VII. Las demás circunstancias especiales del agente que sean relevantes para determinar la posibilidad que tuvo de haber ajustado su conducta a las exigencias de la norma.

(REFORMADO, P.O. 31 DE DICIEMBRE DE 2012)

Artículo 75. Los jueces o tribunales deberán tomar conocimiento directo del sujeto activo y de la víctima en la medida requerida para cada caso, allegándose de los dictámenes periciales respectivos, tendentes a conocer la personalidad del sujeto, la afectación a la víctima y de las circunstancias del hecho.

(REFORMADO PRIMER PÁRRAFO, P.O. 27 DE NOVIEMBRE DE 2014)

Artículo 76. El Juez, a petición de parte, podrá prescindir de la imposición de la pena privativa o restrictiva de la libertad o sustituirla por una menos grave, cuando la imposición resulte notoriamente innecesaria e irracional, en razón de que el agente:

(REFORMADA, P.O. 4 DE ENERO DE 2012)

I. Con motivo del delito cometido, haya sufrido consecuencias graves en su persona;

(REFORMADA, P.O. 4 DE ENERO DE 2012)

II. Presente senilidad avanzada; o

(REFORMADA, P.O. 4 DE ENERO DE 2012)

III. Padezca enfermedad grave e incurable avanzada o precario estado de salud. En estos casos, el Juez tomará en cuenta el resultado de los dictámenes médicos y asentará con precisión, en la sentencia, las razones de su determinación. Se exceptúa la reparación del daño y la sanción económica, por lo que no se podrá prescindir de su imposición.

Artículo 77. No es imputable al acusado el aumento de gravedad del delito proveniente de circunstancias particulares del ofendido, si las ignoraba inculpablemente al cometer la infracción.

Artículo 78. Las circunstancias calificativas o modificativas de la sanción, que tienen relación con la omisión o acto delictuosos, aprovechan o perjudican a todos los que intervengan en cualquier grado en la comisión del delito.

(REFORMADO, P.O. 31 DE DICIEMBRE DE 2012)

Artículo 79. Siempre que con un solo hecho ejecutado en un solo acto, o con una sola omisión, se violen varias disposiciones penales que señalen sanciones diversas, se aplicará únicamente la del delito que merezca sanción mayor.

(REFORMADO, P.O. 31 DE DICIEMBRE DE 2012)

Artículo 80. Lo previsto en el artículo anterior, se observará también cuando varias violaciones penales, de la misma o diversa especie, se ejecuten en varios actos ligados íntimamente por unidad de intención o de causa, salvo los casos especiales de acumulación previstos por la ley.

Artículo 81. En los casos previstos en los artículos 79 y 80, si la ley dispone que una de las sanciones se agrave con otra, debido a circunstancias calificativas, se agravará aquella sanción.

Artículo 82. No se aplicará lo dispuesto en los artículos 79 a 81, cuando la ley disponga que deba aplicarse una de las sanciones sin perjuicio de aplicar también la otra.

(REFORMADO, P.O. 27 DE NOVIEMBRE DE 2014)

Artículo 82 Bis. Cuando el imputado admita su responsabilidad por el delito que se le imputa y se reúnan los requisitos de procedencia para la aplicación de un mecanismo de aceleración, se disminuirá la pena, en los términos establecidos por la Ley Procesal. Lo previsto en este artículo no es aplicable para la reparación del daño, ni respecto a la sanción pecuniaria.

Artículo 82 Ter. (DEROGADO, P.O. 27 DE NOVIEMBRE DE 2014)

Artículo 82 Quater. (DEROGADO, P.O. 27 DE NOVIEMBRE DE 2014)

(ADICIONADO, P.O. 31 DE DICIEMBRE DE 2012)

Artículo 82 Quinquies. Cuando el sujeto activo haya admitido los hechos imputados, podrá aplicarse a solicitud del Ministerio Público el procedimiento abreviado y la sanción prevista en el mismo.

SECCIÓN SEGUNDA
APLICACIÓN DE SANCIONES POR DELITOS CULPOSOS

Artículo 83. Los delitos culposos se sancionarán con prisión de tres días a cinco años y suspensión hasta de dos años del derecho de ejercer la profesión o el oficio, en cuyo ejercicio se hubiera cometido el delito.

(F. DE E., P.O. 6 DE ENERO DE 1987)

Artículo 84. Cuando exista reincidencia en el delito de imprudencia y tanto en uno como en el otro delito se hubiere causado homicidio de una o más personas, o lesiones de las enumeradas en el artículo 307, o en uno de ellos homicidio y en el otro lesiones de esa clase, la sanción será de uno a ocho años de prisión.

(REFORMADO PRIMER PÁRRAFO, P.O. 3 DE NOVIEMBRE DE 2021)

Artículo 85. La sanción prevista en el artículo 83 del presente Código, se incrementará de tres días a dos años de prisión y multa de cincuenta a cien Unidades de Medida y Actualización, cuando se cometa el delito al conducir vehículo de motor en estado de ebriedad o bajo el influjo de estupefacientes, enervantes, psicotrópicos o cualquier otra sustancia que produzca un efecto similar

(REFORMADO, P.O. 4 DE NOVIEMBRE DE 2021)

La presente disposición es aplicable salvo lo ordenado en los artículos 85 Bis, 86 y 323 Bis del presente Código.

(REFORMADO, P.O. 15 DE MARZO DE 2018)

Artículo 85 Bis. Cuando con el delito de imprudencia se cause homicidio o lesiones de las enumeradas en los artículos 307 y 308 fracciones IV y V de este Ordenamiento Legal, se sancionarán de dos a nueve años de prisión al que:

I. (DEROGADA, P.O. 4 DE NOVIEMBRE DE 2021)

II. Lo cometa al invadir con un vehículo, el carril exclusivo para la circulación del Sistema de Transporte Público Masivo, alguna ciclovía o zona asignada al peatón;

III. Lo cometa al conducir un vehículo mientras utiliza un teléfono celular u otro dispositivo electrónico móvil que lo distraiga o le dificulte la conducción; y

IV. Se dé a la fuga o abandone el lugar del accidente.

Quedan exceptuados de lo dispuesto por la fracción II del presente artículo, en lo que respecta al uso del carril exclusivo para la circulación del Sistema de Transporte Público Masivo, los conductores de vehículos de emergencia.

(REFORMADO, P.O. 4 DE NOVIEMBRE DE 2021)

Además, dependiendo de los casos previstos en el presente artículo, se sancionará con la suspensión o cancelación definitiva de la licencia para conducir vehículos expedida por cualquier instancia. La duración de la suspensión podrá ser de uno a diez años.

(REFORMADO, P.O. 17 DE NOVIEMBRE DE 2020)

Artículo 86. Cuando se cause homicidio por actos u omisiones culposos de quien realiza un servicio público de transporte, la sanción será de seis a quince años de prisión e inhabilitación de seis a diez años para transportar pasajeros, aun si lo hiciere en forma ocasional.

(REFORMADO, P.O. 2 DE SEPTIEMBRE DE 1998)

Artículo 87. Cuando por el tránsito de vehículos, en forma culposa se ocasione daño en propiedad ajena y/o lesiones, se aplicarán las siguientes disposiciones:

I. Sólo se perseguirá a petición de parte si el presunto responsable no se hubiere encontrado en estado de ebriedad, o bajo el influjo de estupefacientes, psicotrópicos u otras substancias que produzcan efectos similares;

II. Si la parte agraviada estuviera inconsciente o no pudiera declarar, el parte de las autoridades administrativas correspondientes, surtirá los efectos de querella;

III. Cuando sólo se ocasione daño en propiedad ajena, se impondrá la misma sanción prevista en la fracción IV del artículo 414, cualquiera que sea el valor del daño causado, y

(REFORMADA, P.O. 3 DE NOVIEMBRE DE 2021)

IV. Cuando el sujeto activo se encontrase en estado de ebriedad o bajo el influjo de estupefacientes, psicotrópicos u otras sustancias que produzcan efectos similares y sólo ocasione daño en propiedad ajena, se sancionará con prisión de tres días a cinco años de prisión y multa de cincuenta a cien Unidades de Medida y Actualización.

(ADICIONADO, P.O. 22 DE NOVIEMBRE DE 2013)

Lo dispuesto en las fracciones I, II y III del presente artículo no se aplicará cuando el delito se cometa por quien realiza un servicio de transporte público o mercantil.

Artículo 88. Para la calificación de gravedad de la imprudencia, se tomarán en consideración las circunstancias generales señaladas en los artículos 72, 74 y 75 de este Código y las especiales siguientes:

I. La mayor o menor facilidad de prever y evitar el daño que resultó;

II. Si para prever y evitar el daño bastaban una reflexión o atención ordinarias y conocimientos comunes en algún arte, ciencia, profesión u oficio;

III. Si el acusado delinquió anteriormente en circunstancias semejantes;

IV. Si tuvo tiempo para obrar con la reflexión y cuidados necesarios;

V. Tratándose de delitos cometidos con motivo del tránsito de vehículos, también se tendrán en cuenta:

a). La clase y tipo del vehículo con el que se delinquió, así como su estado mecánico y el de su funcionamiento.

b). Las condiciones del camino, vía o ruta de circulación, en cuanto a su topografía y visibilidad, y las señales de tránsito que en él existan.

c). Tiempo que ha tenido el infractor de conducir vehículos y clase de licencia para ello concedida por las autoridades de tránsito.

d). La mayor o menor gravedad del daño causado.

El Ministerio Público, para los efectos de la consignación, recabará los peritajes e informes respectivos.

Artículo 89. Las sanciones por los delitos de imprudencia se impondrán también a quien o quienes, aunque no fueren autores materiales o inmediatos de la acción o de la omisión en que consiste el delito, los motivaren imprudencialmente.

Artículo 90. (DEROGADO, P.O. 19 DE MAYO DE 2014)

Artículo 91. A la culpa se aplicarán además las siguientes disposiciones:

I. La culpa no es compensable;

II. La imprudencia del peatón no excluye la responsabilidad del conductor, cuando éste obre con imprudencia; y

III. Cualquiera otra culpa de persona distinta del autor, que concurra con la de éste, no excluye la responsabilidad de ninguno de ellos.

Artículo 92. No incurre en responsabilidad penal quien conduciendo un vehículo imprudentemente lesione o cause la muerte de uno de sus familiares, cónyuge, persona con la que viva en la situación a que se refiere el artículo 297 del Código Civil o con la que esté unida por afecto, que se encuentren en el vehículo mismo.

No se aplicará lo dispuesto en el párrafo anterior, si la imprudencia se hubiese cometido estando el responsable en estado de embriaguez superior al primer grado o bajo el influjo de enervantes, estupefacientes o psicotrópicos o cualquier substancia que produzca un efecto similar.

SECCIÓN TERCERA
SANCIONES POR DELITOS PRETERINTENCIONALES

Artículo 93. (DEROGADO, P.O. 1 DE JULIO DE 1994)

SECCIÓN CUARTA
SANCIONES POR LA TENTATIVA

Artículo 94. En caso de tentativa se aplicarán las siguientes disposiciones:

(REFORMADO, P.O. 1 DE JULIO DE 1994)

I. Se impondrá a los responsables de la tentativa hasta las dos terceras partes de las sanciones mínima y máxima que corresponderían si el delito se hubiere consumado;

(F. DE E., P.O. 6 DE ENERO DE 1987)

II. Para aplicar las sanciones a que se refiere la fracción anterior, además de tomar en cuenta las circunstancias objetivas y subjetivas que señalan los artículos 72 a 75, el juzgador tendrá en consideración el grado a que hubiere llegado el autor de la tentativa en la ejecución del delito;

III. (DEROGADA, P.O. 1 DE JULIO DE 1994)

IV. Si no fuere posible determinar el daño que se pretendía causar, se sancionará al autor:

(REFORMADO, P.O. 3 DE NOVIEMBRE DE 2021)

a) Con prisión o multa cuyos máximos sean respectivamente un año y cien Unidades de Medida y Actualización si el delito que se pretendía cometer se castiga sólo con aquella o esta sanción;

b) Con ambas sanciones si el delito que se pretendía cometer se sanciona con multa y prisión a la vez.

(REFORMADA SU DENOMINACIÓN, P.O. 1 DE JULIO DE 1994)

SECCIÓN QUINTA
APLICACIÓN DE SANCIONES

(REFORMADO, P.O. 14 DE MARZO DE 2003)

Artículo 95. En los casos de acumulación real, se aplicará la sanción del delito más grave, que podrá aumentarse hasta la suma de las sanciones correspondientes a los demás delitos, sin que en caso alguno pueda exceder de setenta años de prisión.

(REFORMADO, P.O. 31 DE DICIEMBRE DE 2012)

Artículo 96. La regla establecida en el artículo anterior, no se aplicará cuando alguno de los delitos acumulados se hubiere cometido hallándose ya procesado el sujeto activo, sino que se sancionará este delito como si fuere solo, sin perjuicio de la acumulación de los procesos.

Artículo 97. En el caso de delito continuado se aumentará la sanción hasta en una tercera parte de la correspondiente al delito cometido.

Artículo 98. Por lo que hace a los reincidentes, regirán los siguientes preceptos:

I. Se les aplicará la sanción que les corresponda por el último o por los últimos delitos cometidos, aumentada desde un tercio hasta dos tercios de su duración;

II. Si la reincidencia fuere por delitos de la misma especie, el aumento será de los dos tercios hasta otro tanto de la sanción prevista por la ley;

III. Tratándose de delitos de imprudencia se aplicará lo dispuesto en el artículo 84;

(REFORMADA, P.O. 31 DE DICIEMBRE DE 2012)

IV. En los casos de las fracciones I y II anteriores, la sanción no excederá de setenta años de prisión.

(REFORMADO, P.O. 31 DE DICIEMBRE DE 2012)

Artículo 99. La sanción a los sujetos activos habituales, será la que corresponda imponerles por el último o por los últimos delitos cometidos, aumentada con dos tantos más de su duración, siempre que no exceda de setenta años de prisión.

(ADICIONADO, P.O. 1 DE JULIO DE 1994)

Artículo 99 Bis. En caso de que el error a que se refiere el inciso a) de la fracción XI del artículo 26 sea vencible, la punibilidad será la del delito culposo si el hecho de que se trata admite dicha forma de realización; si el error vencible es el previsto en el inciso b) de dicha fracción, la punibilidad será hasta de las dos terceras partes del delito de que se trate.

CAPÍTULO DECIMONOVENO
CONMUTACIÓN DE SANCIONES

(REFORMADO PRIMER PÁRRAFO, P.O. 27 DE NOVIEMBRE DE 2014)

Artículo 100. Los Jueces y Tribunales podrán resolver que la sanción privativa de la libertad impuesta se conmute por multa o trabajo a favor de la comunidad, si la prisión no excede de dos años, si es la primera vez que el sentenciado incurre en delito y, si además, ha demostrado buenos antecedentes personales, o sólo por multa, si rebasa los dos años, pero no excede de cinco.

(REFORMADO, P.O. 2 DE SEPTIEMBRE DE 1998)

Para que surta efecto la conmutación, deberá pagarse primero la reparación del daño y la multa, si también se impuso.

(REFORMADO, P.O. 1 DE JULIO DE 1994)

Artículo 101. Al responsable de un delito intencional a quien se hubiese concedido una conmutación, no podrá conmutársele nuevamente la sanción de prisión en caso de que cometa con posterioridad otro delito también intencional.

Artículo 102. En el caso del artículo 100, la multa que sustituya a la prisión se fijará conforme a las reglas siguientes:

(REFORMADA, P.O. 3 DE NOVIEMBRE DE 2021)

I. Si el sentenciado no percibía salario alguno al cometer el delito, la multa será el equivalente, por cada día de prisión conmutado, al cuarenta por ciento de la Unidad de Medida y Actualización vigente en la región;

II. Cuando el sentenciado al cometer el delito percibía un salario, la multa será el equivalente por cada día de prisión conmutado, al cincuenta por ciento de aquel salario, si éste no excede de nueve tantos el importe del mínimo vigente en la región;

(REFORMADA, P.O. 24 DE ABRIL DE 1990)

III. Si el salario percibido por el sentenciado fuere mayor de quince tantos del mínimo vigente, no se tomará el excedente para fijar el importe de la conmutación.

(REFORMADO, P.O. 2 DE SEPTIEMBRE DE 1998)

Artículo 102 Bis. Si la persona sentenciada se encuentra gozando de su libertad caucional, el depositante podrá autorizar que la garantía que haya exhibido para tal efecto, se aplique primero a la reparación del daño, a la multa y pago de la multa que conmuta la pena, ordenándose la devolución del remanente, en su caso, a quien exhibió la caución. Si el importe de la garantía fuere insuficiente, la persona sentenciada deberá cubrir la diferencia en términos de Ley.

(REFORMADO, P.O. 2 DE SEPTIEMBRE DE 1998)

Artículo 103. Una vez pagada la sanción pecuniaria que se hubiere impuesto, incluida la reparación del daño, y conmutada la pena, el Tribunal o la autoridad que lo tenga a su disposición, ordenará su libertad.

(REFORMADO, P.O. 2 DE SEPTIEMBRE DE 1998)

Artículo 104. Con las sumas que se obtengan de las multas impuestas como sanciones o como conmutación de la pena de prisión, se integrará un Fondo para la protección a víctimas de delitos.

(REFORMADO PRIMER PÁRRAFO, P.O. 2 DE SEPTIEMBRE DE 1998)

Artículo 105. La Ley para la Protección a las Víctimas del Delito establecerá:

(REFORMADA, P.O. 2 DE SEPTIEMBRE DE 1998)

I. La protección de las víctimas que sufran daños personales;

II. La facultad de autorizar a quien carezca de medios económicos y se le haya concedido la conmutación, para que pague la multa, en uno o varios plazos según sus posibilidades, y con un interés que puede ser inferior, pero no superior al legal;

III. El procedimiento para hacer efectiva la protección, la cual será en todo caso facultativa y no obligatoria.

(REFORMADO, P.O. 2 DE SEPTIEMBRE DE 1998)

Artículo 106. La protección a víctimas de delitos se regirá conforme a lo dispuesto por la Ley para la Protección a las Víctimas del Delito y su Reglamento.

(REFORMADO, P.O. 1 DE JULIO DE 1994)

Artículo 107. Cuando el Fondo indemnice total o parcialmente a quien sufra daños personales, o proteja a las víctimas de un delito, se subrogará hasta el monto de sus erogaciones, en los derechos de éstos, contra el deudor de la reparación del daño y contra la aseguradora en su caso.

CAPÍTULO VIGÉSIMO
EJECUCIÓN DE LAS SENTENCIAS

(REFORMADO, P.O. 2 DE SEPTIEMBRE DE 1998)

Artículo 108. Las sanciones y medidas de seguridad impuestas conforme a lo que dispone este Código, serán ejecutadas por las autoridades competentes y según lo establezca la Ley correspondiente la cual reglamentará también la remisión parcial de la pena, las medidas preliberacionales, la libertad preparatoria, la rehabilitación y el trabajo de las personas detenidas, sujetas a formal prisión.

CAPÍTULO VIGÉSIMO PRIMERO
TRABAJO DE LOS PROCESADOS PRIVADOS DE LIBERTAD

(REFORMADO, P.O. 31 DE DICIEMBRE DE 2012)

Artículo 109. La Autoridad Judicial podrá conceder el beneficio de remisión parcial de la pena, a razón de un día de prisión por cada dos días de trabajo, a la persona sentenciada que haya reparado o garantizado el daño a la víctima, observe buena conducta, participe regularmente en las actividades educativas que se organicen en el establecimiento y, sobre todo, revele por otros datos su efectiva reinserción social. La remisión funcionará independientemente del beneficio de libertad preparatoria.

Además de cumplir con los requisitos que establece este Código para obtener el beneficio de la remisión parcial de la pena, se deberán cumplir los que se describen en el Código Procedimientos Penales para el Estado de Puebla.

CAPÍTULO VIGÉSIMO SEGUNDO
RETENCIÓN

(REFORMADO, P.O. 31 DE DICIEMBRE DE 2012)

Artículo 110. El tratamiento preliberacional sólo podrá iniciarse si la persona sentenciada ha compurgado efectivamente el porcentaje establecido en el artículo 53 de la Ley de Ejecución de Medidas Cautelares y Sanciones Penales para el Estado de Puebla de la sanción privativa de la libertad que se le impuso.

(REFORMADO PRIMER PÁRRAFO, P.O. 31 DE DICIEMBRE DE 2012)

Artículo 111. La Autoridad Judicial concederá el beneficio de libertad preparatoria a la persona sentenciada que hubiere cumplido el tratamiento preliberacional y satisfaga los siguientes requisitos:

(REFORMADA, P.O. 2 DE SEPTIEMBRE DE 1998)

I. Haber observado buena conducta durante la ejecución de su sentencia;

(REFORMADA, P.O. 2 DE SEPTIEMBRE DE 1998)

II. Que del estudio integral de su personalidad se infiera que está socialmente readaptado;

(REFORMADA, P.O. 2 DE SEPTIEMBRE DE 1998)

III. Haber cubierto o garantizado la reparación del daño causado, en los términos señalados por el artículo 51, y

(REFORMADA, P.O. 2 DE SEPTIEMBRE DE 1998)

IV. Haber otorgado la garantía o caución que se le haya fijado para asegurar su presentación ante la autoridad siempre que sea requerido.

(REFORMADO, P.O. 2 DE SEPTIEMBRE DE 1998)

La autoridad competente podrá revocar la libertad preparatoria, en términos de la Ley correspondiente, y en tal caso, la persona sentenciada deberá cumplir el resto de la sanción privativa de la libertad. Los hechos que originen los nuevos procesos a que se refiere este artículo interrumpen los plazos para extinguir la sanción.

N. DE E. EL PRESENTE CAPÍTULO DE ACUERDO A LO ESTABLECIDO POR EL ARTÍCULO ÚNICO DEL DECRETO QUE REFORMA, ADICIONA

Y DEROGA DIVERSAS DISPOSICIONES DEL PRESENTE CÓDIGO, SE ELIMINAN LOS CAPÍTULOS VIGÉSIMO PRIMERO Y VIGÉSIMO SEGUNDO; Y EL CAPÍTULO VIGÉSIMO TERCERO PASA A SER VIGÉSIMO PRIMERO, TODOS ELLOS DEL LIBRO PRIMERO.

(REFORMADO, P.O. 2 DE SEPTIEMBRE DE 1998)

CAPÍTULO VIGÉSIMO PRIMERO (SIC)
EXTINCIÓN DE LA ACCIÓN PERSECUTORIA Y DE LAS SANCIONES

(REFORMADA SU DENOMINACIÓN, P.O. 30 DE DICIEMBRE DE 2013)

SECCIÓN PRIMERA
CAUSAS DE EXTINCIÓN

(REFORMADO, P.O. 4 DE ENERO DE 2012)

Artículo 112. La acción persecutoria, se extingue por:

(REFORMADA, P.O. 27 DE NOVIEMBRE DE 2014)

I. Muerte del acusado o sentenciado;

II. Perdón del ofendido en los delitos de querella o por cualquier otro acto equivalente;

III. Prescripción;

(REFORMADA, P.O. 30 DE DICIEMBRE DE 2013)

IV. Supresión del tipo penal;

(REFORMADA, P.O. 30 DE DICIEMBRE DE 2013)

V. Existencia de una sentencia anterior dictada en el proceso seguido por los mismos hechos; y

(ADICIONADA, P.O. 30 DE DICIEMBRE DE 2013)

VI. En los delitos de oficio en los que se permita por este Código el restablecimiento indemnatos.

(ADICIONADA, P.O. 27 DE NOVIEMBRE DE 2014)

VII. Cumplimiento de la pena o medida de seguridad;

(ADICIONADA, P.O. 27 DE NOVIEMBRE DE 2014)

VIII. Reconocimiento de inocencia del sentenciado o anulación de la sentencia;

(ADICIONADA, P.O. 27 DE NOVIEMBRE DE 2014)

IX. Indulto;

(ADICIONADA, P.O. 27 DE NOVIEMBRE DE 2014)

X. Amnistía, y

(ADICIONADA, P.O. 27 DE NOVIEMBRE DE 2014)

XI. El cumplimiento del criterio de oportunidad o la solución alterna correspondiente.

SECCIÓN SEGUNDA
AMNISTÍA

Artículo 113. La amnistía extingue la acción penal, las sanciones o medidas de seguridad impuestas, a excepción del decomiso, en los términos de la ley que la conceda; pero si ésta no expresare su alcance, se entenderá que la pretensión punitiva y las sanciones y medidas de seguridad se extinguen en todos sus efectos, con relación a todos los responsables del delito.

Artículo 114. La amnistía no extingue la responsabilidad civil.

SECCIÓN TERCERA
RECONOCIMIENTO DE LA INOCENCIA DEL SENTENCIADO

Artículo 115. Cuando en revisión extraordinaria se reconozca la inocencia de un sentenciado, quedará sin efecto la sanción que se hubiere impuesto en sentencia ejecutoria, cualquiera que sea dicha sanción.

(REFORMADA SU DENOMINACIÓN, P.O. 30 DE DICIEMBRE DE 2013)

SECCIÓN CUARTA
PERDÓN DEL OFENDIDO Y RESTABLECIMIENTO INDEMNATOS

Artículo 116. El perdón expreso del ofendido extingue la acción persecutoria cuando concurren los requisitos siguientes:

(REFORMADA, P.O. 30 DE DICIEMBRE DE 2013)

I. Que el delito sea de querella necesaria o de oficio en el que se permita por este Código el restablecimiento indemnatos;

(REFORMADA, P.O. 30 DE DICIEMBRE DE 2013)

II. Que el perdón se otorgue por el ofendido o por su representante; y

III. Que el perdón se conceda antes de que cause ejecutoria la sentencia pronunciada.

(ADICIONADO, P.O. 30 DE DICIEMBRE DE 2013)

El restablecimiento indemnatos es la restauración inmediata del bien, de forma satisfactoria al Ministerio Público y proporcional al daño causado, que extingue la acción penal o termina la prosecución procesal por voluntad de las partes.

(REFORMADO PRIMER PÁRRAFO, P.O. 31 DE DICIEMBRE DE 2012)

Artículo 117. Si los imputados fueren varios, el perdón otorgado a uno de ellos aprovechará a todos los demás cuando el ofendido hubiese obtenido la satisfacción de sus intereses o derechos.

(REFORMADO, P.O. 30 DE DICIEMBRE DE 2013)

El perdón del ofendido y del legitimado para otorgarlo en delitos de querella necesaria y de oficio en los que se permita por este Código el restablecimiento indemnatos, también extingue la ejecución de la pena, siempre y cuando se otorgue en forma indubitable ante la autoridad ejecutora.

Artículo 118. Si fueren varios los ofendidos, el perdón concedido por alguno de éstos no extinguirá la acción respecto de los otros.

(REFORMADO, P.O. 31 DE DICIEMBRE DE 2012)

Artículo 119. Una vez otorgado el perdón, no podrá revocarse, salvo que se trate de violencia familiar, caso en que el perdón suspende la pretensión punitiva o la ejecución de las penas y medidas de seguridad, y podrá revocarse hasta un año posterior a su otorgamiento.

SECCIÓN QUINTA
REHABILITACIÓN

(REFORMADO, P.O. 31 DE DICIEMBRE DE 2012)

Artículo 120. La rehabilitación del sentenciado resulta de que éste haya cumplido con un proceso de reinserción social y consiste en reintegrarlo plenamente en el goce de los derechos de cuyo ejercicio se le hubiere suspendido, inhabilitado o privado. La declaratoria de rehabilitación se otorgará en los casos y con los requisitos que al efecto señale la ley correspondiente.

(REFORMADO, P.O. 31 DE DICIEMBRE DE 2012)

Artículo 121. La reinserción social es el proceso penitenciario que tiene por objeto proporcionar al sentenciado los elementos para que pueda reintegrarse en el núcleo social y se le declare rehabilitado. La reinserción tendrá el carácter de tratamiento progresivo y técnico, formado por periodos de estudio y diagnóstico, tratamiento en clasificación, tratamiento preliberacional y reintegración, mismos que se realizarán en los casos, condiciones y con los requisitos que al efecto dispongan las autoridades competentes, de acuerdo con la ley correspondiente.

SECCIÓN SEXTA
INDULTO

(REFORMADO, P.O. 20 DE SEPTIEMBRE DE 2019)

Artículo 122. De manera excepcional y discrecional, el Gobernador o Gobernadora podrá otorgar el indulto, por cualquier delito del orden común que no sea de los que merezcan prisión preventiva oficiosa o se clasifiquen como graves por la ley, previo dictamen del órgano ejecutor de la sanción en el que informe respecto a la viabilidad o no del beneficio, expresando sus razones y fundamentos, siempre que sea por cuestiones humanitarias, sociales o de equidad, o existan indicios consistentes de violaciones graves a los derechos humanos de la persona sentenciada, y ésta, además, de haber observado buena conducta durante su reclusión, reúna alguno de los requisitos siguientes:

I. Que se trate de una persona indígena, víctima de discriminación por su pertenencia a un grupo, etnia y diversidad cultural o de alguna otra violación grave a sus derechos humanos, en cuyo caso se analizarán los usos, costumbres, tradiciones y cultura inherentes a dicha unidad social;

II. Que se trate de persona mayor de 70 años y que haya cumplido con al menos una cuarta parte de la pena privativa de la libertad impuesta, independientemente del tiempo de su duración;

III. Que padezca una enfermedad en fase terminal, dictaminada por médico especialista o perito de Institución de salud pública, independientemente del tiempo compurgado;

IV. Que haya realizado acciones destacadas en beneficio de la comunidad, siempre y cuando se hayan realizado de manera lícita;

V. Que se trate de mujer, cuya pena privativa de la libertad sea menor de cinco años, desde una perspectiva de género, o

VI. Que se trate de delitos cuyo origen revistan un carácter político.

Artículo 123. El indulto no extingue la responsabilidad civil.

(REFORMADO, P.O. 1 DE JULIO DE 1994)

Artículo 124. El indulto extingue las sanciones impuestas en sentencia ejecutoriada, salvo la reparación del daño y el decomiso.

SECCIÓN SÉPTIMA
PRESCRIPCIÓN

1. REGLAS GENERALES

Artículo 125. Por la prescripción se extingue la acción persecutoria y la facultad de ejecutar las sanciones.

Artículo 126. La prescripción es personal y para ella basta el simple transcurso del tiempo señalado en la Ley.

Artículo 127. Los plazos para la prescripción de la acción penal o de la facultad para ejecutar las sanciones serán continuos, y se les aplicarán las siguientes disposiciones:

I. Se contarán en cada caso desde el día señalado por la ley;

II. Se aumentarán un tercio si el acusado o sentenciado permanece fuera del territorio del Estado;

III. Se aumentarán en dos tercios si el acusado o sentenciado permanece fuera del país.

Artículo 128. La prescripción de la acción penal y de la sanción no influyen en la responsabilidad civil proveniente de delito, la cual se rige por las leyes civiles correspondientes.

(REFORMADO, P.O. 21 DE ENERO DE 2021)

Artículo 128 Bis. La prescripción para cualquiera de sus efectos será improcedente para los delitos de corrupción de menores e incapaces o de personas que no puedan resistir contempladas en la fracción I del artículo 217, pornografía de menores e incapaces, abuso sexual, estupro, hostigamiento, acoso sexual, violación, feminicidio y homicidio doloso.

2. PRESCRIPCIÓN DE LA ACCIÓN PERSECUTORIA

Artículo 129. El plazo para la prescripción de la acción persecutoria se contará:

I. A partir del día en que se cometió el delito si fuere consumado;

(REFORMADA, P.O. 31 DE DICIEMBRE DE 2012)

II. Desde el día en que quienes puedan formular la querella o acto equivalente, tengan conocimiento del hecho posiblemente delictivo;

(REFORMADA, P.O. 31 DE DICIEMBRE DE 2012)

III. Desde que se realizó la última conducta, si el delito fuere continuado;

(REFORMADA, P.O. 31 DE DICIEMBRE DE 2012)

IV. Desde que cesó la consumación del delito, si éste es permanente; y

(ADICIONADA, P.O. 31 DE DICIEMBRE DE 2012)

V. Desde el día en que se hubiere realizado el último acto de ejecución, si se tratare de tentativa.

Artículo 130. La acción persecutoria prescribe en un año, si el delito sólo mereciere multa; pero si el delito se sanciona con multa o prisión, con pena alternativa o sanción corporal y alguna otra accesoria, se atenderá en todo caso a la prescripción de la sanción corporal.

Artículo 131. La acción persecutoria prescribe en un plazo igual al máximo de la sanción corporal que corresponda al delito; pero no será menor de tres años para los delitos que se persiguen de oficio.

Artículo 132. (DEROGADO, P.O. 31 DE DICIEMBRE DE 2012)

(REFORMADO, P.O. 2 DE SEPTIEMBRE DE 1998)

Artículo 133. La acción persecutoria que nazca de un delito, sea o no continuo, que sólo pueda perseguirse por querella de parte, prescribirá en dos años; pero satisfecho el requisito inicial de la querella, se aplicarán las reglas señaladas para los delitos que se persiguen de oficio.

Artículo 134. Cuando haya acumulación de delitos, las acciones persecutorias que de ellos resulten, prescribirán separadamente en el plazo señalado para cada uno.

(REFORMADO, P.O. 31 DE DICIEMBRE DE 2012)

Artículo 135. Cuando para deducir una acción persecutoria, sea necesario que antes se termine un juicio civil o penal no comenzará a correr la prescripción, sino hasta que en ese juicio se haya pronunciado sentencia irrevocable.

Artículo 136. (DEROGADO, P.O. 1 DE JULIO DE 1994)

Artículo 137. La aprehensión del acusado destruye la prescripción que hubiere corrido a su favor. Si después de aprehendido se fugare, la prescripción comenzará a correr desde el día siguiente al en que la fuga se verifique.

Artículo 138. Si para deducir una acción persecutoria exigiere la ley la declaración previa de una autoridad, las gestiones que a ese fin se practiquen interrumpirán la prescripción.

(REFORMADO PRIMER PÁRRAFO, P.O. 31 DE DICIEMBRE DE 2012)

Artículo 138 Bis. La prescripción de la pretensión punitiva se interrumpirá por las actuaciones que se practiquen en la investigación del delito y de los sujetos activos, aunque por ignorarse quiénes sean éstos, no se practiquen las diligencias contra persona determinada.

(ADICIONADO, P.O. 4 DE ENERO DE 2012)

La prescripción de la pretensión punitiva se interrumpirá también por el requerimiento de auxilio en la investigación del delito o del delincuente, por las diligencias que se practiquen para obtener la extradición internacional, y por el requerimiento de entrega del inculpado que formalmente haga el Ministerio Público al de otra entidad federativa, donde aquél se refugie, se localice o se encuentre detenido por el mismo delito o por otro. En el primer caso también se interrumpirá con las actuaciones que practique la autoridad requerida y en el segundo subsistirá la interrupción, hasta en tanto ésta niegue la entrega o desaparezca la situación legal del detenido que dé motivo al aplazamiento de su entrega. Si se dejare de actuar, la prescripción empezará a correr de nuevo desde el día siguiente al de la última diligencia.

3. PRESCRIPCIÓN DE LA FACULTAD DE EJECUTAR LAS SANCIONES

Artículo 139. Los plazos para la prescripción de las sanciones correrán:

I. Desde el día siguiente a aquél en que el sentenciado se substraiga a la acción de la autoridad, si las sanciones son corporales;

II. Si las sanciones no son corporales, desde la fecha de la sentencia ejecutoriada, a excepción de la sanción pecuniaria, cuyo plazo empieza a correr al extinguirse la sanción corporal, que se imponga conjuntamente.

Artículo 140. La multa prescribe en un año.

Las demás sanciones prescribirán por el transcurso de un plazo igual al que debían durar y una cuarta parte más de ese tiempo faltante; pero no bajará de tres años, ni excederá de quince.

Artículo 141. Cuando el reo hubiere extinguido ya una parte de la sanción, se necesitará para la prescripción tanto tiempo como el que falte de aquélla y una cuarta parte más, pero no bajará de tres años, ni excederá de quince.

Artículo 142. La prescripción de las sanciones se interrumpe únicamente:

I. Por la aprehensión del reo, si se trata de sanciones corporales, aunque la aprehensión se ejecute en virtud de otro delito; y

II. Por el embargo de bienes para hacerlas efectivas, cuando se trate de sanciones pecuniarias.

(ADICIONADA CON LOS ARTÍCULOS QUE LO INTEGRAN, P.O. 4 DE ENERO DE 2012)

SECCIÓN OCTAVA
SUPRESIÓN DEL TIPO PENAL

(REFORMADO, P.O. 31 DE DICIEMBRE DE 2012)

Artículo 142 Bis. Cuando la ley suprima un tipo penal, se extinguirá la potestad punitiva respectiva y cesarán de derecho todos los efectos del procedimiento penal.

La potestad punitiva y los efectos del procedimiento penal no se extinguen cuando la descripción de la conducta sancionada penalmente cambie de denominación, numerología o se ubique en otro ordenamiento legal aplicable.

(ADICIONADO, P.O. 4 DE ENERO DE 2012)

Artículo 142 Ter. Nadie puede ser juzgado dos veces por los mismos hechos respecto de la misma persona, ya sea que en el juicio se le absuelva o se le condene.

Cuando existan en contra de la misma persona y por la misma conducta:

I. Dos procedimientos judiciales distintos, se archivará o sobreseerá de oficio el que se haya iniciado en segundo término;

II. Una sentencia y un procedimiento judicial distinto, se archivará o se sobreseerá de oficio el procedimiento distinto; y

III. Dos sentencias, dictadas en procesos distintos, se hará la declaratoria de nulidad de la sentencia que corresponda al proceso que se inició en segundo término y se extinguirán sus efectos.

LIBRO SEGUNDO
DELITOS EN PARTICULAR

CAPÍTULO PRIMERO
DELITOS CONTRA EL ORDEN CONSTITUCIONAL Y LA SEGURIDAD DEL ESTADO

SECCIÓN PRIMERA
DELITOS CONTRA EL ORDEN CONSTITUCIONAL

(REFORMADO PRIMER PÁRRAFO, P.O. 3 DE NOVIEMBRE DE 2021)

Artículo 143. Se impondrán de seis meses a seis años de prisión y multa de cinco a cincuenta Unidades de Medida y Actualización, a quien o quienes, sin estar alzados en armas y sin obrar tumultuariamente, ejecuten actos con alguno o algunos de los propósitos siguientes:

I. Abolir, reformar y suspender la Constitución Política del Estado, sin tener facultades legales para ello;

II. Disolver el Congreso del Estado, impedir que se reúna o celebre sus sesiones o coartar la libertad de sus deliberaciones;

III. Impedir a un diputado que se presente al Congreso a desempeñar su cargo, o perseguirlo, o atentar contra su persona o bienes, por las opiniones políticas emitidas en su desempeño;

IV. Oponerse con vías de hecho a que el Gobernador del Estado tome posesión de su cargo, u obligarlo a renunciar, o privarlo de la libertad con que debe ejercer sus atribuciones;

V. Tratar que los Magistrados del Tribunal Superior de Justicia o Jueces no tomen posesión de sus cargos, obligarlos a renunciar o a separarse de ellos, o intentar, por medio de la violencia, que dicten o no sus fallos en determinado sentido;

VI. Impedir por vías de hecho que las autoridades municipales tomen posesión de sus cargos, o ejerzan sus funciones;

VII. Coaccionar a las autoridades municipales para que renuncien a sus cargos.

Artículo 144. Cuando los hechos delictuosos de que trata el artículo anterior, sean cometidos por funcionarios públicos o empleados del Estado, además de las sanciones mencionadas se impondrá la destitución del cargo o empleo, la inhabilitación para obtener otro hasta por diez años y la privación de derechos políticos por igual tiempo.

(REFORMADO, P.O. 31 DE DICIEMBRE DE 2012)

Artículo 145. El que pública o privadamente, y con intenciones de subvertir el orden público, manifieste que no debe guardarse el todo o parte de la Constitución del Estado, sufrirá de uno a tres meses de prisión; pero si el infractor es un funcionario o empleado público del Estado, será sentenciado, además a la destitución de su cargo, empleo o comisión, y la inhabilitación para obtener otro hasta por cinco años.

SECCIÓN SEGUNDA
DELITOS CONTRA LA INTEGRIDAD TERRITORIAL DEL ESTADO

(REFORMADO, P.O. 3 DE NOVIEMBRE DE 2021)

Artículo 146. Se impondrán de uno a tres años de prisión y multa de cinco a cincuenta Unidades de Medida y Actualización al que destruya o quite las señales que marcan los límites del Estado o que de cualquier otro modo, haga que se confundan, si por ello se origina un conflicto al Estado. Faltando esta circunstancia, la sanción será de un mes a un año de prisión.

SECCIÓN TERCERA
REBELIÓN

Artículo 147. El delito de rebelión se comete cuando personas no militares, se alzan en armas contra el Gobierno del Estado, con alguno de los propósitos siguientes:

I. Abolir, suspender o reformar la Constitución Política del Estado, y las leyes e instituciones que de ella emanan;

II. Impedir la elección o la integración de alguno de los Poderes del Estado o de las Autoridades Municipales;

III. Separar de su cargo, obligar a renunciar o privar de la libertad con que debe ejercer sus funciones, al Gobernador del Estado, Magistrados del Tribunal Superior de Justicia, integrantes del Congreso Local o Procurador General de Justicia;

IV. Substraer de la obediencia del Gobierno del Estado:

a) Toda o una parte de la entidad; o

b) Algún cuerpo de la fuerza pública del Estado.

(REFORMADO, P.O. 3 DE NOVIEMBRE DE 2021)

Artículo 148. El delito de rebelión se sancionará con prisión de dos a veinte años y multa de diez a cien Unidades de Medida y Actualización.

Artículo 149. Las sanciones establecidas en el artículo anterior también se impondrán:

I. Al que proporcione voluntariamente a los rebeldes, hombres para el servicio de las armas, municiones, dinero, víveres, medios de transporte o de comunicación, o impidan que el Gobierno del Estado reciba esta clase de auxilios;

II. Al funcionario o empleado público, que teniendo por razón de su cargo, documentos o informes de interés estratégico, los proporcione por cualquier medio a los rebeldes;

III. Al que en cualquier forma o por cualquier medio invite a una rebelión;

IV. Al que estando en la zona que se halle bajo la protección y garantía del Estado:

a) oculte o auxilie a los espías o exploradores de los rebeldes a sabiendas de que lo son.

b) mantenga relaciones con el enemigo para proporcionarle noticias concernientes a las operaciones militares u otras que le sean útiles.

V. Al que voluntariamente sirva un empleo, cargo subalterno o comisión en lugar ocupado por los rebeldes y en beneficio de éstos.

Artículo 150. A quienes, terminado ya el enfrentamiento armado, ordenen la muerte de un prisionero o por sí mismos causaren ésta, serán juzgados y sentenciados por homicidio calificado.

Artículo 151. Los rebeldes no serán responsables de las muertes ni de las lesiones inferidas en el acto de combate, pero de todo homicidio que se cometa y de toda lesión que se cause fuera de la lucha, serán responsables tanto el que manda ejecutar el delito como el que lo permita y los que directamente lo ejecuten.

Artículo 152. Cuando fuera de combate y para hacer triunfar la rebelión se cometieren otros delitos, se aplicarán las sanciones que por éstos y por el de rebelión correspondan.

Artículo 153. No se aplicará sanción a los que espontáneamente depongan las armas antes de que se hubiesen roto las hostilidades, siempre que no hubieren cometido alguno de los delitos mencionados en los artículos 150 y 152.

SECCIÓN CUARTA
SEDICIÓN, MOTÍN Y TERRORISMO

Artículo 154. Cometen el delito de sedición quienes en forma tumultuaria, sin uso de armas, resistan o ataquen a la autoridad para impedir el libre ejercicio de sus funciones con alguna de las finalidades del artículo 147 de este Código.

(REFORMADO, P.O. 3 DE NOVIEMBRE DE 2021)

Artículo 155. Se impondrán de seis meses a ocho años de prisión y multa hasta de cien Unidades de Medida y Actualización a quienes cometan el delito de sedición.

(REFORMADO, P.O. 3 DE NOVIEMBRE DE 2021)

Artículo 156. A quienes dirijan, organicen, inciten, compelan o patrocinen económicamente a otros para cometer el delito de sedición, se les aplicará la sanción de cinco a quince años de prisión y multa hasta de doscientas Unidades de Medida y Actualización.

Artículo 157. Cometen el delito de motín quienes para hacer uso de un derecho o pretextando su ejercicio, o para evitar el cumplimiento de una ley, se reúnan tumultuariamente y perturben el orden público con empleo de violencia en las personas o sobre las cosas, o amenacen a la autoridad para intimidarla u obligarla a tomar alguna determinación.

(REFORMADO, P.O. 3 DE NOVIEMBRE DE 2021)

Artículo 158. Se impondrán de uno a nueve años de prisión y multa hasta de doscientas Unidades de Medida y Actualización, a quienes cometan el delito de motín.

(REFORMADO, P.O. 3 DE NOVIEMBRE DE 2021)

Artículo 159. A quienes dirijan, organicen, inciten, compelan o patrocinen económicamente a otro para cometer el delito de motín, se les aplicará la sanción de cuatro a diez años de prisión y multa hasta de doscientas cincuenta Unidades de Medida y Actualización.

Artículo 160. Comete el delito de terrorismo quien, para perturbar la paz pública y utilizando explosivos, substancias tóxicas, armas de fuego o por incendio, inundación, o por cualquier otro medio violento, realice actos en contra de las personas, cosas o servicios al público, que produzcan alarma, temor, terror en la población o en un grupo o sector de ella.

(REFORMADO PRIMER PÁRRAFO, P.O. 3 DE NOVIEMBRE DE 2021)

Artículo 161. Se impondrá prisión de cinco a cincuenta años y multa hasta de seiscientas Unidades de Medida y Actualización, a quien cometa el delito de terrorismo.

(REFORMADO, P.O. 24 DE ABRIL DE 1990)

Estas sanciones se impondrán además de las que correspondan al terrorista por los delitos que resulten cometidos.

Artículo 162. Las mismas sanciones establecidas en el artículo anterior se impondrán a quienes, con uno o varios de los medios enumerados en él, trate de menoscabar la autoridad estatal o municipal, o presionar a éstas para que tomen una determinación.

Artículo 163. Las sanciones establecidas en los dos artículos que preceden se impondrán sin perjuicio de las que correspondan por los delitos que resulten.

(REFORMADO, P.O. 3 DE NOVIEMBRE DE 2021)

Artículo 164. Se aplicará sanción de tres a nueve años de prisión y multa hasta de cien Unidades de Medida y Actualización, al que, teniendo conocimiento de las actividades de un terrorista y de su identidad, no lo haga saber a las Autoridades.

(REFORMADO, P.O. 3 DE NOVIEMBRE DE 2021)

Artículo 165. Se aplicarán prisión de dos a doce años y multa hasta de doscientas Unidades de Medida y Actualización, a quién haciendo uso de cualquier medio de comunicación, difunda noticias que siendo falsas las haga aparecer como ciertas y produzcan alarma, temor, terror en la población o en un grupo o sector de ella, para perturbar la paz pública, tratar de menoscabar la Autoridad Estatal o Municipal o presionar a cualquiera de ellas para que tome una determinación.

SECCIÓN QUINTA
CONSPIRACIÓN

(REFORMADO, P.O. 3 DE NOVIEMBRE DE 2021)

Artículo 166. Son responsables del delito de conspiración, quienes resuelvan de concierto, cometer uno o varios de los delitos sancionados por los artículos 154 a 165 del presente capítulo y acuerden los medios para llevar a cabo su determinación. El delito de conspiración se sancionará con uno a nueve años de prisión y multa de diez a cien Unidades de Medida y Actualización, además de la sanción que corresponda por el o los delitos que se cometan.

CAPÍTULO SEGUNDO
DELITOS CONTRA LA SEGURIDAD PÚBLICA

(DEROGADA CON LOS ARTÍCULOS QUE LA INTEGRAN, P.O. 29 DE DICIEMBRE DE 2017)

SECCIÓN PRIMERA
EVASIÓN DE PRESOS

Artículo 167. (DEROGADO, P.O. 29 DE DICIEMBRE DE 2017)

Artículo 168. (DEROGADO, P.O. 29 DE DICIEMBRE DE 2017)

Artículo 169. (DEROGADO, P.O. 29 DE DICIEMBRE DE 2017)

Artículo 170. (DEROGADO, P.O. 29 DE DICIEMBRE DE 2017)

Artículo 171. (DEROGADO, P.O. 29 DE DICIEMBRE DE 2017)

Artículo 172. (DEROGADO, P.O. 29 DE DICIEMBRE DE 2017)

Artículo 173. (DEROGADO, P.O. 29 DE DICIEMBRE DE 2017)

Artículo 174. (DEROGADO, P.O. 29 DE DICIEMBRE DE 2017)

Artículo 175. (DEROGADO, P.O. 29 DE DICIEMBRE DE 2017)

Artículo 176. (DEROGADO, P.O. 29 DE DICIEMBRE DE 2017)

Artículo 177. (DEROGADO, P.O. 29 DE DICIEMBRE DE 2017)

SECCIÓN SEGUNDA
QUEBRANTAMIENTO DE SANCIÓN

(REFORMADO, P.O. 3 DE NOVIEMBRE DE 2021)

Artículo 178. El reo sancionado con destitución de empleo o cargo, suspensión o inhabilitación para desempeñar éstos o para ejercer alguna profesión, arte u oficio, que quebrantare su condena, será castigado con prisión hasta de tres meses y multa hasta de diez Unidades de Medida y Actualización.

SECCIÓN TERCERA
ARMAS E INSTRUMENTOS PROHIBIDOS

Artículo 179. Son armas e instrumentos prohibidos:

I. Los puñales, verduguillos y demás armas similares ocultas o disimuladas en bastones u otros objetos;

II. Las manoplas, macanas, chacos, hondas, correas con balas, pesas o puntas y las demás similares;

III. Las bombas, aparatos explosivos o de gases asfixiantes o tóxicos y las demás similares;

IV. Las ganzúas, llaves falsas y demás similares;

V. Las que otras leyes o reglamentos señalen como tales.

(ADICIONADO, P.O. 13 DE ABRIL DE 2018)

No se consideran armas e instrumentos prohibidos los rociadores, espolvoreadores, gasificadores y dosificadores de sustancias químicas que produzcan efectos pasajeros en el organismo humano, sin llegar a provocar la pérdida del conocimiento, siempre que no sean de capacidad superior a los ciento cincuenta gramos.

(ADICIONADO, P.O. 13 DE ABRIL DE 2018)

Tampoco se consideran armas e instrumentos prohibidos las armas electrónicas que sólo produzcan efectos pasajeros en el organismo humano, siempre que su uso no provoque la pérdida del conocimiento ni ponga en riesgo la vida.

Artículo 180. Los servidores públicos pueden portar las armas exclusivamente necesarias para el ejercicio de su cargo.

(REFORMADO, P.O. 3 DE NOVIEMBRE DE 2021)

Artículo 181. Se aplicarán de seis meses a un año de prisión y multa de una a diez Unidades de Medida y Actualización, al que fabrique, transmita o porte armas prohibidas, y al que haga acopio de éstas sin un fin lícito.

Artículo 182. Las disposiciones de esta sección se aplicarán salvo lo que disponga la Legislación Federal sobre la materia.

SECCIÓN CUARTA
ASOCIACIÓN DELICTUOSA Y PANDILLERISMO

(REFORMADO PRIMER PÁRRAFO, P.O. 3 DE NOVIEMBRE DE 2021)

Artículo 183. Se impondrá prisión de seis meses a seis años y multa de diez a cincuenta Unidades de Medida y Actualización, al que forme parte de una asociación o banda de tres o más personas con el propósito de delinquir, por el solo hecho de ser miembro de la asociación e independientemente de la sanción que le corresponda por el delito o delitos que cometa.

(DEROGADO SEGUNDO PÁRRAFO, P.O. 13 DE DICIEMBRE DE 2004)

(ADICIONADO, P.O. 1 DE JULIO DE 1994)

Se presumirá la existencia de una asociación delictuosa, cuando por lo menos a dos de los que cometan el ilícito se les impute haber participado con anterioridad en la concepción, preparación o ejecución de hechos delictuosos de la misma naturaleza.

(REFORMADO, P.O. 3 DE NOVIEMBRE DE 2021)

Artículo 183 Bis. La sanción para la asociación delictuosa se aumentará de uno a diez años de prisión y multa de doscientas cincuenta a quince mil Unidades de Medida y Actualización, independientemente de la sanción que corresponda por el delito que se cometiere, cuando actúen de forma estructurada con el propósito de cometer algún delito de los de este Código, con excepción de los previstos en el artículo 186 Bis de esta Sección.

Artículo 184. Se presumirá que las organizaciones armadas tienen por objeto delinquir, cuando carezcan de la facultad de organizarse o de la autorización legal correspondiente.

Artículo 185. Cuando se ejecuten uno o más delitos por pandilla, se aplicará a los que intervengan en su comisión, además de las sanciones que les correspondan por el o los delitos cometidos, de uno a tres años de prisión.

Artículo 186. Se entiende por pandilla la reunión habitual, ocasional o transitoria, de tres o más personas que sin estar organizadas con fines delictuosos, cometen en común algún delito.

(REFORMADO, P.O. 31 DE DICIEMBRE DE 2012)

Artículo 186 Bis. Habrá delincuencia organizada cuando tres o más personas se organicen de hecho para realizar, en forma permanente o reiterada, conductas que por sí o unidas a otras, tienen como fin o resultado cometer alguno o algunos de los delitos de este Código, siguientes:

I. Terrorismo, previsto en el artículo 160;

II. Corrupción de menores o de personas que no tienen capacidad para comprender el significado del hecho o de personas que no tienen capacidad para resistirlo previsto en los artículos 217 y 218;

III. Pornografía de personas menores o de personas que no tienen capacidad para comprender el significado del hecho o de personas que no tienen capacidad para resistirlo, previsto en el artículo 220;

IV. Lenocinio de personas menores de dieciocho años de edad o de personas que no tienen capacidad para comprender el significado del hecho o de personas que no tienen capacidad para resistirlo, previsto en los artículo 226 y 227;

V. Asalto, previsto en los artículos 294 y 298;

(REFORMADO, P.O. 22 DE MAYO DE 2013)

VI. Robo de vehículos previsto en los artículos 374 fracción VI y 375;

VII. Trata de personas, previsto en el artículo 228; y

VIII. Secuestro previsto en los artículos 302, 302 Bis y 302 Ter.

(REFORMADO, P.O. 31 DE DICIEMBRE DE 2012)

Artículo 186 Ter. Sin perjuicio de las penas que correspondan por el delito o delitos que se cometan, al miembro de la delincuencia organizada se le aplicarán las penas siguientes:

I. A quien tenga funciones de administración, dirección o supervisión, de ocho a dieciséis años de prisión y de quinientos a veinticinco mil días de multa, o

II. A quien no tenga las funciones anteriores, de cuatro a ocho años de prisión y de doscientos cincuenta a doce mil quinientos días de multa.

(REFORMADO, P.O. 31 DE DICIEMBRE DE 2012)

Artículo 186 Quater. Si las conductas correspondientes a la delincuencia organizada o a la asociación delictuosa las realiza alguien que sea o haya sido servidor público de la procuración o administración de justicia, de alguna corporación de seguridad pública, de la administración de recursos públicos o miembro de una empresa de seguridad privada; se le aumentará la sanción correspondiente hasta en una mitad y se le impondrá, además, destitución, en su caso, e inhabilitación de uno a diez años para desempeñar otro empleo, cargo o comisión públicos, o para prestar servicios en alguna de las empresas de seguridad privada.

Cuando participantes de la asociación delictuosa utilicen para delinquir a menores de edad o incapaces, las penas correspondientes a estos ilícitos se aumentarán hasta en una mitad. Tratándose de delincuencia organizada se estará a lo dispuesto por la Ley General para Prevenir, Sancionar y Erradicar los Delitos en materia de Trata de Personas y para la Protección y Asistencia a las Víctimas de estos delitos.

(REFORMADO, P.O. 31 DE DICIEMBRE DE 2012)

Artículo 186 Quinquies. El plazo de la prescripción de la acción y la sanción penal de las conductas delictivas se duplicará cuando se cometan por la delincuencia organizada.

(REFORMADO, P.O. 31 DE DICIEMBRE DE 2012)

Artículo 186 Sexies. El miembro de la delincuencia organizada o participante de la asociación delictuosa que preste ayuda eficaz para la investigación y persecución de otro u otros participantes de la misma, podrá recibir los beneficios siguientes:

I. Cuando no sea sujeto a investigación, los elementos de prueba que aporte o se deriven de la investigación iniciada por su colaboración, no serán tomados en cuenta en su contra. Este beneficio sólo podrá otorgarse en una ocasión respecto de la misma persona;

II. Cuando exista una investigación en la que el colaborador esté implicado y éste aporte indicios para la consignación de otros participantes de la delincuencia organizada o asociación delictuosa, la pena que le correspondería por los delitos por él cometidos, podrá ser reducida hasta en dos terceras partes;

III. Cuando durante el proceso penal, el indiciado aporte pruebas ciertas, suficientes para sentenciar a otros miembros de la delincuencia organizada con funciones de administración, dirección o supervisión, la pena que le correspondería por los delitos por los que se le juzga, podrá reducirse hasta en una mitad; y

IV. Cuando un sentenciado aporte pruebas ciertas, suficientemente valoradas por el Juez, para sentenciar a otros miembros de la delincuencia organizada con funciones de administración, dirección o supervisión, podrá otorgársele la remisión parcial de la pena, hasta en dos terceras partes de la pena privativa de libertad impuesta.

(ADICIONADA CON EL ARTÍCULO QUE LO INTEGRA, P.O. 22 DE ENERO DE 2010)

SECCIÓN QUINTA
USO INDEBIDO DE LOS SISTEMAS TELEFÓNICOS DE EMERGENCIA

(REFORMADO, P.O. 4 DE NOVIEMBRE DE 2021)

Artículo 186 Septies. A quien realice llamada; de aviso o alerta falsa a números de emergencia a través de cualquier medio de comunicación, como teléfono fijo, móvil, radio, botón de auxilio, redes sociales, aplicaciones de internet u otro medio electrónico, con el objeto de inducir al error y movilizar a los sistemas de emergencias y urgencias o su equivalente, se impondrán de seis meses a cuatro años de prisión y multa de veinte a doscientas veces el valor diario de la Unidad de Medida y Actualización.

Las mismas sanciones se aplicarán a quien permita utilizar medios propios, señalados en el párrafo anterior, a sabiendas de que se hará una llamada para dar un aviso de emergencia falsa.

En caso de reincidencia, se incrementará la sanción hasta en una mitad; y si la llamada, aviso o alerta falsa es realizada por un adolescente, se sancionará de acuerdo a lo establecido en la Legislación aplicable.

(ADICIONADA CON EL ARTÍCULO QUE LO INTEGRAN, P.O. 18 DE MAYO DE 2011)

SECCIÓN SEXTA
ESPIONAJE CONTRA LAS INSTITUCIONES DE SEGURIDAD PUBLICA Y PROCURACIÓN DE JUSTICIA

(REFORMADO PRIMER PÁRRAFO, P.O. 3 DE NOVIEMBRE DE 2021)

Artículo 186 Octies. A quien, con la intención de obstruir el desempeño legítimo de las instituciones de seguridad pública o de encubrir o facilitar un delito, aceche, vigile o realice actos tendentes a obtener información sobre la ubicación o actividades de los servidores públicos de las instituciones de seguridad pública o procuración de justicia, que realicen operativos, labores de seguridad pública, persecución, sanción de delitos o de ejecución de penas, se impondrá una pena de dos a seis años de prisión y multa de cincuenta a doscientas Unidades de Medida y Actualización.

(ADICIONADO, P.O. 31 DE DICIEMBRE DE 2012)

Si la conducta prevista en el párrafo anterior se realiza en relación con operativos para combatir delitos de delincuencia organizada, secuestro, robo de vehículos, trata de personas o narcomenudeo, la pena será de cuatro a diez años de prisión.

(ADICIONADO, P.O. 31 DE DICIEMBRE DE 2012)

Las penas previstas en los párrafos precedentes se aumentarán hasta una mitad más, cuando quien realice la conducta utilice un vehículo de servicio público de transporte, de transporte mercantil u otro que por sus características exteriores, haga parecer que se trata de vehículos destinados al servicio de transporte público, o de alguna institución de seguridad pública.

(ADICIONADO, P.O. 31 DE DICIEMBRE DE 2012)

Si la información a que se refiere este artículo es transmitida a un tercero, por cualquier medio, la pena de prisión se aumentará hasta en un tercio de la sanción que corresponda.

(ADICIONADO, P.O. 31 DE DICIEMBRE DE 2012)

Si el delito es cometido por servidor público o por quien haya pertenecido a las fuerzas armadas, instituciones de seguridad pública o de procuración de justicia, las penas señaladas se aumentarán desde un tercio hasta una mitad de la pena que corresponda y además se impondrá como sanción la destitución del cargo e inhabilitación de cinco a diez años para ocupar otro cargo en el servicio público.

CAPÍTULO TERCERO
DELITOS CONTRA LA SEGURIDAD DE LOS MEDIOS DE TRANSPORTE Y DE LAS VÍAS DE COMUNICACIÓN Y VIOLACIÓN DE CORRESPONDENCIA

(REFORMADA SU DENOMINACIÓN, P.O. 2 DE MARZO DE 2001)

SECCIÓN PRIMERA
ATAQUES A LAS VÍAS DE COMUNICACIÓN Y A LA SEGURIDAD EN LOS MEDIOS DE TRANSPORTE

Artículo 187. Para los efectos de esta Sección, se entienden por Vías Públicas, las avenidas, calles, calzadas, plazas, paseos, carreteras, puentes y pasos a desnivel que se ubiquen dentro de los límites del Estado de Puebla, y que se destinen de manera temporal o permanente al tránsito público, siempre que por Ley no pertenezcan a la Jurisdicción Federal.

(REFORMADO PRIMER PÁRRAFO, P.O. 3 DE NOVIEMBRE DE 2021)

Artículo 188. Se impondrán de tres días a cuatro años de prisión y multa de tres a treinta Unidades de Medida y Actualización:

I. A quienes quiten las señales, dispositivos o marcas de señalamiento, utilizadas para la seguridad del tránsito en caminos públicos;

II. A quienes por cualquier medio destruyan, deterioren u obstruyan las citadas vías de comunicación, sin perjuicio de las sanciones que procedan si resultare la comisión de otro delito;

III. A quienes debilitaren, por cualquier medio, un puente, haciendo insegura la vía de comunicación en donde se encuentre.

(REFORMADO PRIMER PÁRRAFO, P.O. 3 DE NOVIEMBRE DE 2021)

Artículo 189. Se impondrán de tres días a cuatro años de prisión y multa de tres a treinta Unidades de Medida y Actualización:

I. A quien o quienes sin autorización de la Dirección de Tránsito, de los permisionarios o de quien preste el servicio público, aparte de su ruta y servicios ordinarios a cualquier medio de transporte o impidan de cualquier manera la prestación de este servicio;

II. A quien o quienes destruyan, dañen o deterioren un medio de transporte;

III. A quien, después de poner en movimiento un autobús, camión o vehículo similar lo abandone, o de cualquier otro modo haga imposible el control de su movimiento o velocidad y pueda causar daño.

Artículo 190. Son medios de transporte los vehículos destinados a prestar un servicio público según las Leyes de la materia.

(REFORMADO, P.O. 12 DE MARZO DE 2020)

Artículo 190 Bis. Se les impondrán de ocho meses a seis años de prisión y multa de cien a quinientas veces de Unidad de Medida y Actualización:

I). Al que preste, el servicio público de transporte, servicio mercantil, servicio auxiliar de arrastre, arrastre y salvamento, a sabiendas que no cuenta con la concesión o permiso otorgado por la autoridad competente.

II). Al que preste, el servicio público de depósito de vehículos, a sabiendas que no cuenta con la concesión o permiso otorgado por la autoridad competente.

Además, se sancionará con el decomiso del vehículo, utilizado en la comisión del delito, así como con la suspensión de uno a diez años o la cancelación definitiva de la licencia para conducir, expedidos por la autoridad competente.

Si en la comisión delictiva interviene un concesionario o permisionario, un socio o representante de una persona jurídica concesionaria o permisionaria para el servicio público de transporte, servicio mercantil, servicio auxiliar de arrastre, arrastre y salvamento o depósitos de vehículos, las penas que correspondan se incrementarán desde una tercera parte hasta dos terceras partes, independientemente de las sanciones administrativas a que haya lugar.

(REFORMADO, P.O. 24 DE ABRIL DE 1990)

Artículo 191. Se aplicará prisión de veinte a cincuenta años al que empleando explosivos o materias incendiarias, o por cualquier otro medio, destruya total o parcialmente cualquier vehículo, que se encontrara ocupado por una o más personas y que preste o no servicio público en las vías de tránsito de jurisdicción estatal.

(REFORMADO, P.O. 24 DE ABRIL DE 1990)

Artículo 192. Si en el vehículo a que se refiere el Artículo anterior no se hallara persona alguna, se aplicará prisión de ocho a treinta años.

(REFORMADO PRIMER PÁRRAFO, P.O. 3 DE NOVIEMBRE DE 2021)

Artículo 193. Se impondrá prisión de tres días a tres años, multa de diez a cien Unidades de Medida y Actualización y suspensión hasta de tres meses o pérdida del derecho a usar la licencia de motociclista, automovilista o chofer, al que viole dos o más veces los reglamentos o disposiciones sobre tránsito y circulación de vehículos, en lo que se refiere a exceso de velocidad.

I. (DEROGADA, P.O. 23 DE MARZO DE 2007)

II. (DEROGADA, P.O. 23 DE MARZO DE 2007)

(REFORMADO, P.O. 23 DE MARZO DE 2007)

Artículo 194. Las autoridades de Tránsito, bajo su responsabilidad, deberán denunciar ante el Ministerio Público al chofer, automovilista o motociclista que haya cometido el hecho a que se refiere el artículo anterior.

SECCIÓN SEGUNDA
VIOLACIÓN DE CORRESPONDENCIA

(REFORMADO PRIMER PÁRRAFO, P.O. 3 DE NOVIEMBRE DE 2021)

Artículo 195. Se impondrán de tres días a seis meses de prisión y multa de una a tres Unidades de Medida y Actualización al que:

I. Abra indebidamente una comunicación escrita que no esté dirigida a él; y

II. Al que intercepte una comunicación escrita que no le esté dirigida, aunque no se imponga de su contenido.

Artículo 196. No se considera que obran delictuosamente quienes intercepten las comunicaciones escritas dirigidas a aquéllos que están bajo su patria potestad o bajo su tutela, o al otro cónyuge o personas que viven en la situación a que se refiere el artículo 297 del Código Civil.

Artículo 197. La disposición del artículo 195 de este Código no comprende la correspondencia que se envíe por el servicio de correos o telégrafos respecto de los cuales se observará lo dispuesto en la Legislación aplicable.

CAPÍTULO CUARTO
DELITOS DE PELIGRO CONTRA LA SEGURIDAD COLECTIVA

(REFORMADA SU DENOMINACIÓN, P.O. 16 DE ABRIL DE 2010)

SECCIÓN PRIMERA
DELITOS CONTRA EL MEDIO AMBIENTE

(REFORMADO PRIMER PÁRRAFO, P.O. 16 DE JUNIO DE 2022)

Artículo 198. Se aplicará prisión de dos a diez años y multa de treinta a cinco mil veces el valor diario de la Unidad de Medida y Actualización, a quien ocasione un daño ambiental o desequilibrio ecológico, y en contravención a las disposiciones legales en materia de protección al ambiente y de preservación y restauración del equilibrio ecológico, realice, autorice, permita u ordene cualquiera de las siguientes conductas:

(REFORMADA, P.O. 2 DE OCTUBRE DE 2020)

I. Tale, corte, desmonte, provoque incendios, destruya árboles, bosques y/o afecte de manera ilícita, recursos forestales, excepto en los casos de aprovechamientos de dichos recursos para uso doméstico, conforme a lo dispuesto en la Ley de Desarrollo Forestal Sustentable del Estado;

(ADICIONADA [N. DE E. REFORMADA], P.O. 20 DE NOVIEMBRE DE 2013)

II. Transporte, comercie, acopie, almacene o transforme madera en rollo, astilla, carbón vegetal, así como cualquier recurso forestal maderable en cantidades superiores a tres metros cúbicos rollo o su equivalente;

(ADICIONADA [N. DE E. REFORMADA], P.O. 20 DE NOVIEMBRE DE 2013)

III. Expulse o descargue en la atmósfera gases, humos, polvos, líquidos, vapores o partículas sólidas que causen o puedan ocasionar daños graves a la salud pública o al medio ambiente en jurisdicción estatal o municipal;

(ADICIONADA [N. DE E. REFORMADA], P.O. 20 DE NOVIEMBRE DE 2013)

IV. Transporte, comercie, almacene, deseche, descargue o realice cualquier actividad empleando residuos sólidos urbanos o de manejo especial, sin la autorización correspondiente y en volúmenes que causen o puedan causar daños graves a la salud pública, al medio ambiente o a los recursos naturales;

(REFORMADA, P.O. 16 DE JUNIO DE 2022)

V. Realice obras o actividades sin obtener de la autoridad correspondiente la autorización de impacto y riesgo ambiental o no implemente las medidas preventivas, correctivas o de seguridad, indicadas por la autoridad ambiental, ocasionando daños a la salud pública, al medio ambiente o a los recursos naturales;

(ADICIONADA, P.O. 16 DE JUNIO DE 2022)

V Bis. Corte, pode o tale, uno o más árboles, para llevar a cabo la construcción, instalación y/o colocación de estructuras que sustenten anuncios o publicidad;

(ADICIONADA, P.O. 16 DE JUNIO DE 2022)

V Ter. Realice, encomiende, encargue o solicite, la construcción, instalación y/o colocación de estructuras que sustenten anuncios o publicidad, en áreas verdes urbanas, de jurisdicción estatal o municipal;

(ADICIONADA, P.O. 16 DE JUNIO DE 2022)

V Quater. Realice, encomiende, encargue o solicite la construcción, instalación y/o colocación de estructuras que sustenten anuncios o publicidad, sin contar con la licencia, permiso o autorización expedida por la autoridad competente;

(ADICIONADA, P.O. 16 DE JUNIO DE 2022)

V Quinquies. Pinte anuncios o publicidad en los bienes inmuebles propiedad o al cuidado del Estado o del Municipio, en áreas de tránsito peatonal, en corredores urbanos, sin contar con el permiso o autorización de la autoridad correspondiente.

(REFORMADA, P.O. 16 DE JUNIO DE 2022)

VI. Introduzca al Estado especies de flora o fauna, silvestre o doméstica, a sabiendas de que porten o padezcan o hayan padecido alguna enfermedad contagiosa que ocasione alguna enfermedad o daño al medio ambiente.

(REFORMADO PRIMER PÁRRAFO, P.O. 3 DE NOVIEMBRE DE 2021)

Artículo 198 Bis. Se impondrá de seis meses a tres años de prisión y multa de cincuenta a doscientas Unidades de Medida y Actualización, al titular de una concesión de un centro de verificación vehicular, responsable y/o al empleado de éste, que de manera dolosa o culposa, realice, autorice, permita u ordene cualquiera de las siguientes conductas:

(REFORMADA, P.O. 16 DE ABRIL DE 2010)

I. Altere o haga uso indebido de documentos oficiales;

(REFORMADA, P.O. 16 DE ABRIL DE 2010)

II. Utilice simuladores de revoluciones para el proceso de verificación;

(REFORMADA, P.O. 16 DE ABRIL DE 2010)

III. Sustituya vehículos en el proceso de verificación;

(REFORMADA, P.O. 16 DE ABRIL DE 2010)

IV. Condicione la aprobación o la entrega de documentación comprobatoria de la verificación vehicular a la entrega de dinero adicional al previsto en la tarifa oficial; y

(REFORMADA, P.O. 16 DE ABRIL DE 2010)

V. Cobre una tarifa superior autorizada por la autoridad competente.

(REFORMADO, P.O. 3 DE NOVIEMBRE DE 2021)

Artículo 198 Ter. Se impondrá pena de uno a nueve años de prisión y multa de doscientas a dos mil Unidades de Medida y Actualización al que, sin la autorización de la autoridad correspondiente, realice actividades de explotación, extracción, procesamiento o aprovechamiento de minerales o sustancias no reservadas a la federación, que constituyan depósitos de naturaleza similar a los componentes de los terrenos, tales como rocas o productos de su imperismo, que puedan utilizarse como materia prima que genere un daño a la salud pública, al medio ambiente o a los recursos naturales.

(REFORMADO, P.O. 3 DE NOVIEMBRE DE 2021)

Artículo 198 Quater. Se impondrá pena de uno a tres años de prisión y multa de trescientas a dos mil Unidades de Medida y Actualización, al prestador de servicios ambientales, profesionistas o técnicos en materia forestal que falte a la verdad, alterando documentos o emita dictámenes, estudios o resoluciones, que ocasionen daño a la salud pública, al medio ambiente o a los recursos naturales.

(REFORMADO PRIMER PÁRRAFO, P.O. 3 DE NOVIEMBRE DE 2021)

Artículo 198 Quinquies. Se impondrá de tres a ocho años de prisión y multa de cien a mil Unidades de Medida y Actualización a los propietarios o representantes legales de las industrias, comercios o servicios, que incumplan lo dispuesto en las disposiciones legales en materia ambiental, provocando un daño a la salud pública, al medio ambiente o a los recursos naturales, realizando las siguientes conductas:

(REFORMADA, P.O. 16 DE ABRIL DE 2010)

I. Omitan el empleo de los equipos anticontaminantes en empresas, industrias o fuentes móviles que generen contaminantes atmosféricos;

(REFORMADA, P.O. 16 DE ABRIL DE 2010)

II. No instalen o no utilicen adecuadamente las plantas de tratamiento de aguas residuales;

(REFORMADA, P.O. 16 DE ABRIL DE 2010)

III. Maneje, almacene, acopie, transfiera, transporte o recicle de forma inadecuada los residuos sólidos que generen; y

(REFORMADA, P.O. 16 DE ABRIL DE 2010)

IV. Asiente datos falsos en los registros, bitácoras o cualquier otro documento utilizado, con el propósito de simular el cumplimiento de las obligaciones derivadas de la normatividad ambiental aplicable.

(ADICIONADO, P.O. 16 DE ABRIL DE 2010)

Artículo 198 Sexies. Para los efectos de los delitos contra el medio ambiente, la reparación del daño incluirá además:

I. La realización de acciones necesarias para restablecer las condiciones de los elementos naturales que constituyen los ecosistemas afectados, al estado en que se encontraban antes de realizarse el delito; y

II. La suspensión, modificación o demolición de las construcciones, obras, maquinaria, instrumentos o actividades que hubieran dado lugar al delito ambiental respectivo.

(REFORMADO, P.O. 3 DE NOVIEMBRE DE 2021)

Artículo 198 Septies. Se impondrá prisión de uno a tres años y multa de cien a trescientas cincuenta Unidades de Medida y Actualización e inhabilitación para ocupar cargo, empleo o comisión en el servicio público hasta por un lapso de seis años, cuando en la comisión de un delito previsto en esta sección, intervenga un servidor público en ejercicio, con motivo de sus funciones o aprovechándose de ese carácter, integre expedientes, otorgue o avale licencias, autorizaciones, registros, constancias o permisos de cualquier tipo que causen o puedan causar daños graves a la salud pública, al medio ambiente o a los recursos naturales.

(REFORMADO, P.O. 3 DE NOVIEMBRE DE 2021)

Artículo 198 Octies. En caso de que alguno de los delitos previstos en esta Sección afecten un área natural protegida de jurisdicción o administración estatal, la pena de prisión podrá aumentarse hasta cinco años más, y la pena económica hasta en mil Unidades de Medida y Actualización.

(ADICIONADA CON LOS ARTÍCULOS QUE LA INTEGRAN, P.O. 20 DE JULIO DE 2001)

SECCIÓN SEGUNDA
DELITOS CONTRA LA INFRAESTRUCTURA HIDRÁULICA

(REFORMADO PRIMER PÁRRAFO, P.O. 3 DE NOVIEMBRE DE 2021)

Artículo 198 Nonies. Se aplicará prisión de uno a diez años y multa de tres a veinte mil Unidades de Medida y Actualización, a quien de manera dolosa o culposa, realice, autorice, consienta, permita u ordene la descarga, el depósito o infiltración de contaminantes, sustancias corrosivas, reactivas, explosivas, tóxicas, inflamables o biológicoinfecciosas, al sistema de alcantarillado o drenaje de las poblaciones, en contravención a las disposiciones legales en materia de protección al ambiente y de preservación y restauración del equilibrio ecológico, que causen o puedan causar daño a la salud pública, al medio ambiente o a los recursos naturales.

(ADICIONADO [N. DE E. REFORMADO], P.O. 20 DE NOVIEMBRE DE 2013)

Igual sanción se aplicará si la descarga, el depósito o infiltración a que se refiere el párrafo anterior, se realiza en ríos, cuencas, vasos o demás depósitos de corrientes de agua.

(REFORMADO PRIMER PÁRRAFO, P.O. 3 DE NOVIEMBRE DE 2021)

Artículo 198 Decies. Se aplicará prisión de uno a cuatro años y multa de tres a cien Unidades de Medida y Actualización, independientemente del pago de los daños causados, a quien en contravención a las disposiciones legales en materia de protección al ambiente y de preservación y restauración del equilibrio ecológico, cause daño, deterioro, alteración o destrucción en:

(ADICIONADA [N. DE E. REFORMADA], P.O. 20 DE NOVIEMBRE DE 2013)

I. Los sistemas de tratamiento de aguas residuales, sulfhídricas o salinas estatales o municipales;

(ADICIONADA [N. DE E. REFORMADA], P.O. 20 DE NOVIEMBRE DE 2013)

II. Los aparatos de medición de las tomas de agua;

(ADICIONADA [N. DE E. REFORMADA], P.O. 20 DE NOVIEMBRE DE 2013)

III. Los tableros de control, pozos, bombas, válvulas, instalaciones o instrumentos de la red de agua potable, alcantarillado y drenaje de jurisdicción estatal o municipal; y

(ADICIONADA [N. DE E. REFORMADA], P.O. 20 DE NOVIEMBRE DE 2013)

IV. Las redes de agua potable, drenaje o sistemas de alcantarillado de jurisdicción estatal o municipal.

SECCIÓN SEGUNDA (SIC)
INCENDIO Y OTROS ESTRAGOS

(REFORMADO, P.O. 3 DE NOVIEMBRE DE 2021)

Artículo 199. Se aplicará prisión de uno a diez años y multa de treinta a trescientas Unidades de Medida y Actualización, a quien mediante incendio, explosión, inundación o por cualquiera otra causa, creare un peligro general para los bienes o para las personas.

(ADICIONADA CON LOS ARTÍCULOS QUE LA INTEGRAN, P.O. 25 DE ENERO DE 2008)

SECCIÓN CUARTA
DELITOS CONTRA EL ORDEN EN EL DESARROLLO URBANO

(REFORMADO PRIMER PÁRRAFO, P.O. 3 DE NOVIEMBRE DE 2021)

Artículo 199 Bis. Se aplicarán de dos a ocho años de prisión y multa de ciento veinte hasta cuatrocientas Unidades de Medida y Actualización a quien por sí o por interpósita persona:

(ADICIONADA, P.O. 25 DE ENERO DE 2008)

I. Transfiera o prometa transferir la posesión, la propiedad o cualquier otro derecho sobre uno o más lotes resultantes de fraccionar un predio, sin contar con la legitimación correspondiente o sin la autorización expedida por las autoridades competentes;

(ADICIONADA, P.O. 25 DE ENERO DE 2008)

II. Proporcione informaciones falsas, para obtener autorizaciones relativas a fraccionamientos; y

(ADICIONADA, P.O. 25 DE ENERO DE 2008)

III. Proporcione datos falsos a los organismos gubernamentales a cuyo cargo estén los programas para la urbanización y tenencia de la tierra urbana, con el propósito de adquirir bienes inmuebles, afirmando falsamente que se destinarán a la constitución o integración del patrimonio familiar; pero destinándolos a fines distintos.

(ADICIONADO, P.O. 25 DE ENERO DE 2008)

Las anteriores sanciones se impondrán independientemente de las penas que resulten por la comisión del delito de falsificación o uso de documento falso, en su caso.

(REFORMADO, P.O. 21 DE OCTUBRE DE 2022)

Artículo 199 Ter. Se aplicarán de cuatro a diez años de prisión y multa de doscientas hasta quinientas Unidades de Medida y Actualización a quienes:

I. Instiguen, compelen, dirijan o se beneficien de la conformación de un asentamiento humano irregular o promuevan un fraccionamiento irregular; y

II. Con el carácter de funcionarios públicos realicen actos u omisiones para alentar, autorizar, aprobar, otorgar, conceder y/o permitir la fundación de asentamientos humanos irregulares y/o en los derechos de vía de infraestructura energética, comunicaciones o zonas de riesgo donde exista la probabilidad de que se produzca un daño por considerarse no aptas para vivienda por los Planes y Programas de Desarrollo Urbano respectivos.

(REFORMADO, P.O. 21 DE OCTUBRE DE 2022)

Artículo 199 Quater. La pena de prisión se incrementará hasta en una mitad más cuando las conductas previstas en la presente Sección se realicen sobre áreas naturales protegidas o de preservación ecológica, en zonas no consideradas aptas para vivienda o en las que exista la probabilidad de que se produzca un daño por considerarse no aptas para vivienda por los Planes y Programas de Desarrollo Urbano respectivos.

(REFORMADO PRIMER PÁRRAFO, P.O. 16 DE ABRIL DE 2010)

Artículo 199 Quinquies. Son aplicables a los delitos previstos en esta Sección, las siguientes disposiciones:

(ADICIONADA, P.O. 25 DE ENERO DE 2008)

I. Las penas que resulten por la comisión de los delitos en mención, se impondrán independientemente de las que correspondan en caso de acreditarse un daño patrimonial o lucro indebido con motivo de los mismos;

(ADICIONADA, P.O. 25 DE ENERO DE 2008)

II. Se entiende por asentamiento humano irregular un grupo de personas que se establezcan o pretendan establecerse en un inmueble dividido o lotificado para fines de vivienda, comercio o industria, sin contar con las autorizaciones expedidas por las autoridades competentes y por fraccionamiento irregular cualquier división de un predio en lotes sin tener las autorizaciones administrativas correspondientes; y

(REFORMADA, P.O. 16 DE ABRIL DE 2010)

III. No se considerará fraccionamiento irregular, para los efectos de esta Sección, cuando un ascendiente transfiera la propiedad o posesión de partes de un inmueble a sus descendientes, pero estos deberán cumplir las normas aplicables según el tipo de propiedad de que se trate, para ceder sus derechos a terceros.

(ADICIONADA CON LOS ARTÍCULOS QUE LA INTEGRAN, P.O. 9 DE DICIEMBRE DE 2013)

SECCIÓN QUINTA
VENTA ILÍCITA DE BEBIDAS ALCOHÓLICAS

(REFORMADO PRIMER PÁRRAFO, P.O. 11 DE ABRIL DE 2023)

Artículo 199 Sexies. Al propietario o titular del establecimiento en el que se venda, distribuya o suministren bebidas alcohólicas sin la licencia o el permiso correspondiente, se le impondrá de tres meses a tres años de prisión y multa de cincuenta a quinientas Unidades de Medida y Actualización.

(REFORMADO, P.O. 11 DE ABRIL DE 2023)

Al que con conocimiento de que en el establecimiento se venda, distribuya o suministren bebidas alcohólicas y no cuente con licencia o permiso otorgado por la autoridad competente, se le impondrá una sanción de dos meses a dos años y multa de cincuenta a trescientas Unidades de Medida y Actualización.

(ADICIONADO, P.O. 9 DE DICIEMBRE DE 2013)

Se sancionará con lo previsto en el primer párrafo del presente artículo, al servidor público que indebidamente autorice o expida un permiso o licencia de funcionamiento que permita la venta de bebidas alcohólicas, sin que se hayan cumplido los requisitos a que se refiere la Ley para la Venta y Suministro de Bebidas Alcohólicas del Estado de Puebla; y al servidor público que con atribuciones suficientes para impedirlo, encubra o favorezca la venta o distribución ilegal de bebidas alcohólicas, con la sanción establecida en el párrafo que antecede.

(ADICIONADO, P.O. 11 DE ABRIL DE 2023)

Las sanciones previstas en el primer párrafo de este artículo, se aplicarán a la persona servidora pública obligada por la ley a vigilar el cumplimiento de las disposiciones normativas en los comercios de venta de bebidas alcohólicas y que, por su omisión o ausencia de respuesta a los reportes hechos por los ciudadanos de la existencia de presuntos comercios sin la autorización legal, omita la exigencia de los requisitos.

(ADICIONADO, P.O. 9 DE DICIEMBRE DE 2013)

Artículo 199 Septies. La sanción establecida en el párrafo primero del artículo anterior, se aumentará hasta en una mitad cuando la venta o suministro de bebidas alcohólicas se haga a menores de edad, o se encuentren adulteradas.

CAPÍTULO QUINTO
DELITOS CONTRA LA AUTORIDAD

SECCIÓN PRIMERA
DESOBEDIENCIA Y RESISTENCIA DE PARTICULARES

(REFORMADO PRIMER PÁRRAFO, P.O. 3 DE NOVIEMBRE DE 2021)

Artículo 200. Al que sin causa legítima rehusare prestar un servicio de interés público, a que la ley lo obligue, o desobedeciere un mandato legítimo o una cita de la Autoridad, se le aplicará prisión de quince días a un año y multa de una a diez Unidades de Medida y Actualización.

(REFORMADO, P.O. 3 DE NOVIEMBRE DE 2021)

Quien dolosamente como agraviado, denunciante o testigo oculte su domicilio o lugar para su ubicación y con ello se obstaculice el transcurso ordinario del procedimiento, será sancionado de tres días a dos años de prisión y multa de diez a cien Unidades de Medida y Actualización.

(ADICIONADO, P.O. 23 DE MARZO DE 2007)

Igual sanción se impondrá al denunciante, agraviado o testigos que no comparezcan, al ser requeridos para ello por la Autoridad Judicial.

(REFORMADO, P.O. 3 DE NOVIEMBRE DE 2021)

Artículo 201. Se impondrán de uno a dos años de prisión y multa de dos a veinte Unidades de Medida y Actualización, al que empleando la fuerza, el amago o la amenaza, se oponga a que la Autoridad Pública o sus Agentes ejerzan alguna de sus funciones o se resista al cumplimiento de un mandato, que sea legítimo y se ejecute en forma legal.

SECCIÓN SEGUNDA
OPOSICIÓN A QUE SE EJECUTE ALGUNA OBRA O TRABAJO PUBLICOS

Artículo 202. A quien procure con actos materiales impedir la ejecución de una obra o trabajo públicos, mandados hacer por la autoridad o con autorización de ésta, se le impondrán de uno a tres meses de prisión.

Artículo 203. Cuando el delito establecido en el artículo anterior lo cometan dos o más personas de común acuerdo, la sanción será de tres meses a un año de prisión, si sólo se hiciere una simple oposición material sin violencia a las personas. Habiendo ésta, la sanción será hasta de dos años de prisión, sin perjuicio de aplicar las reglas de acumulación si se cometiere otro delito.

(REFORMADO, P.O. 3 DE NOVIEMBRE DE 2021)

Artículo 204. A las sanciones de que habla la presente sección, se podrá agregar, a juicio del juzgador, multa de una a diez Unidades de Medida y Actualización.

SECCIÓN TERCERA
QUEBRANTAMIENTO DE SELLOS

Artículo 205. Al que quebrante los sellos puestos por orden de la autoridad, se le aplicará prisión de un mes a dos años.

(REFORMADO, P.O. 3 DE NOVIEMBRE DE 2021)

Artículo 206. Se impondrá multa de uno a diez Unidades de Medida y Actualización, a las partes en un negocio civil, que de común acuerdo, quebrantaren los sellos puestos por la Autoridad Pública, y el quebrantamiento se hiciere sin autorización de ésta.

SECCIÓN CUARTA
DELITOS COMETIDOS CONTRA FUNCIONARIOS PUBLICOS

Artículo 207. (DEROGADO, P.O. 19 DE ABRIL DE 2022)

Artículo 208. (DEROGADO, P.O. 19 DE ABRIL DE 2022)

SECCIÓN QUINTA
ENCUBRIMIENTO

Artículo 209. Se impondrá, salvo el caso previsto en el Artículo 164 de esta Ley, de quince días a dos años de prisión:

I. Al que no procure por los medios lícitos que tenga a su alcance, impedir la consumación de los delitos que sepa van a cometerse o se estén cometiendo, si son de los que se persiguen de oficio;

(REFORMADA, P.O. 31 DE DICIEMBRE DE 2012)

II. Al que, requerido por las autoridades, no dé auxilio para la investigación de los delitos o para la persecución de los sujetos activos; u oculte al responsable de un delito o los efectos, objetos o instrumentos del mismo o impida se averigüe, siempre que lo hiciere por un interés inmoral o empleando un medio delictuoso; y

III. Al que preste auxilio o cooperación de cualquier especie al autor de un delito por acuerdo posterior a la ejecución de éste.

Artículo 210. Lo dispuesto en la fracción primera del artículo anterior, no es aplicable a quienes no puedan cumplir la obligación consignada en esa fracción, sin peligro de su persona o interés, o de la persona o interés, de su cónyuge, ascendientes, descendientes, de algún pariente dentro del segundo grado o de persona que viva con el autor del delito, en la situación a que se refiere el artículo 297 del Código Civil.

(REFORMADO PRIMER PÁRRAFO, P.O. 3 DE NOVIEMBRE DE 2021)

Artículo 210 Bis. Se impondrá pena de prisión de cuatro a diez años y de mil a dos mil Unidades de Medida y Actualización a quien de forma intencional:

(ADICIONADA, P.O. 27 DE NOVIEMBRE DE 2014)

I. Altere, destruya, pierda o perturbe ilícitamente el lugar de los hechos, los indicios, huellas o vestigios del hecho delictivo o los instrumentos, objetos o productos del delito; o

(ADICIONADA, P.O. 27 DE NOVIEMBRE DE 2014)

II. Desvíe u obstaculice la investigación del hecho delictivo de que se trate o favorezca que el inculpado se sustraiga de la acción de la justicia.

(ADICIONADO, P.O. 27 DE NOVIEMBRE DE 2014)

Si el o los responsables del delito son servidores públicos, además de la prisión y multas previstas, serán destituidos e inhabilitados de tres a diez años para desempeñar algún empleo, cargo o comisión públicos.

Artículo 211. Lo dispuesto en la fracción segunda del artículo 209 de este Código no comprende:

I. A quienes no puedan ser compelidos legítimamente por las autoridades, a revelar secretos que se les hubiere confiado en el ejercicio de su profesión o encargo;

(REFORMADA, P.O. 31 DE DICIEMBRE DE 2012)

II. Al cónyuge, ascendientes, descendientes o parientes en línea recta o colateral dentro del segundo grado, así como los que al sujeto activo deban respeto, gratitud, amor o estrecha amistad o vivan con él en la situación a que se refiere el artículo 297 del Código Civil.

Artículo 212. Lo dispuesto en el artículo anterior se aplicará aunque las personas en él enumeradas oculten al culpable o impidan que se averigüe el delito, si no obraren por interés ni emplearen algún medio que por sí sea delito.

(ADICIONADA CON LOS ARTÍCULOS QUE LO INTEGRAN, P.O. 4 DE ENERO DE 2012)

SECCIÓN SEXTA
ENCUBRIMIENTO POR RECEPTACIÓN

(REFORMADO PRIMER PÁRRAFO, P.O. 3 DE NOVIEMBRE DE 2021)

Artículo 212 Bis. Se impondrá prisión de dos a siete años y multa de cien a doscientas Unidades de Medida y Actualización a quien, después de la ejecución de un delito y sin haber participado en él, adquiera, posea, desmantele, venda, enajene, comercialice, trafique, pignore, reciba, traslade, use u oculte el o los instrumentos, objetos o productos de aquél, con conocimiento de esta circunstancia si el valor de cambio no excede de quinientas veces la Unidad de Medida y Actualización.

(REFORMADO, P.O. 3 DE NOVIEMBRE DE 2021)

Si el valor de estos es superior a quinientas veces la Unidad de Medida y Actualización, se impondrá de cuatro a ocho años de prisión y de doscientos a mil quinientos días de multa.

(ADICIONADO, P.O. 4 DE ENERO DE 2012)

Cuando el o los instrumentos, objetos, o productos de un delito se relacionan con el giro comercial del tenedor o receptor, si éste es comerciante o sin serlo se encuentra en posesión de dos o más de los mismos, se tendrá por acreditado que existe conocimiento de que proviene o provienen de un ilícito.

(REFORMADO, P.O. 3 DE NOVIEMBRE DE 2021)

Se impondrá sanción de seis a doce años de prisión y multa de quinientas a dos mil Unidades de Medida y Actualización, cuando las conductas descritas en este artículo se realicen respecto de mercancía o carga de transporte ferroviario, público o privado, a sabiendas de esta circunstancia.

(REFORMADO, P.O. 27 DE NOVIEMBRE DE 2014)

Artículo 212 Ter. Si el que recibió en venta, prenda o bajo cualquier otro concepto el instrumento, objeto o producto de un delito, después de su ejecución y sin haber participado en él, lo adquiera, existiendo y estando a su alcance las medidas indispensables para cerciorarse de su procedencia o para asegurarse de que la persona de quien la recibió tenía derecho para disponer de ella, sin que las haya agotado, se le impondrán las penas previstas en el artículo 83.

(REFORMADO, P.O. 2 DE SEPTIEMBRE DE 1998)

CAPÍTULO SEXTO
PELIGRO DE CONTAGIO Y PROPAGACIÓN DE ENFERMEDADES

(REFORMADO, P.O. 3 DE NOVIEMBRE DE 2021)

Artículo 213. Al que sabiendo que padece un mal venéreo o cualquier otra enfermedad crónica o grave que sea transmisible por vía sexual o por cualquier otro medio directo, pusiere en peligro de contagio la salud de otra persona, se le impondrá prisión de treinta días a dos años y multa de veinte a mil Unidades de Medida y Actualización.

Artículo 214. En los supuestos previstos en el artículo anterior son aplicables las siguientes disposiciones:

(REFORMADA, P.O. 2 DE SEPTIEMBRE DE 1998)

I. Se presumirá el conocimiento de la enfermedad, cuando el agente presente lesiones o manifestaciones externas de trastornos fácilmente perceptibles;

(REFORMADA, P.O. 2 DE SEPTIEMBRE DE 1998)

II. Cuando se trate de cónyuges o de concubinos, sólo podrá procederse por querella de la parte ofendida, y

(REFORMADA, P.O. 2 DE SEPTIEMBRE DE 1998)

III. La pena se impondrá, sin perjuicio de las sanciones que correspondan si se causa el contagio o algún otro daño o lesión, o de los que resultaren por la transmisión de una enfermedad.

(REFORMADA SU DENOMINACIÓN, P.O. 23 DE JUNIO DE 2022)

CAPÍTULO SÉPTIMO
DELITOS CONTRA EL LIBRE DESARROLLO DE LA PERSONALIDAD Y LA IDENTIDAD DE GENERO

SECCIÓN PRIMERA
ULTRAJES A LA MORAL PUBLICA

(REFORMADO, P.O. 3 DE NOVIEMBRE DE 2021)

Artículo 215. Al que ilegalmente fabrique, imprima, grabe, transporte, exhiba, venda o haga circular por cualquier medio, imágenes, libros, revistas, escritos, fotografías, dibujos, carteles, videocintas, mecanismos u objetos lascivos, con implicaciones sexuales, se le aplicará prisión de treinta días a tres años y multa de diez a cien Unidades de Medida y Actualización.

(REFORMADO, P.O. 3 DE DICIEMBRE DE 2010)

Artículo 216. La misma sanción establecida en el artículo anterior se impondrá a quien públicamente, en forma ilegal, ejecute o haga ejecutar exhibiciones lascivas u obscenas.

(REFORMADA SU DENOMINACIÓN, P.O. 23 DE MARZO DE 2007)

SECCIÓN SEGUNDA
CORRUPCIÓN Y PORNOGRAFÍA DE MENORES E INCAPACES O PERSONAS QUE NO PUDIEREN RESISTIR

(REFORMADO PRIMER PÁRRAFO, P.O. 3 DE DICIEMBRE DE 2010)

Artículo 217. Comete el delito de corrupción de menores e incapaces o de personas que no puedan resistir, quien con relación a un menor de dieciocho años de edad o de quien no tuviere la capacidad de comprender el significado de los hechos o de quien por la razón que fuere no pueda oponer resistencia, obligue, procure, facilite, induzca, fomente, proporcione o favorezca las conductas siguientes:

(REFORMADA, P.O. 3 DE NOVIEMBRE DE 2021)

I. A realizar actos sexuales o de exhibicionismo corporal con fines lascivos o sexuales, reales o simulados; al responsable de este delito se le impondrán de siete a doce años de prisión y multa de ochocientas a dos mil quinientas Unidades de Medida y Actualización;

(REFORMADA, P.O. 3 DE NOVIEMBRE DE 2021)

II. Al consumo habitual de bebidas alcohólicas o al consumo de enervantes, estupefacientes, psicotrópicos, sustancias tóxicas, sean médicas, vegetales o de otra naturaleza, determinadas en la Ley General de Salud, cuyo uso esté prohibido, controlado o que de acuerdo con la medicina genere alteración en el comportamiento normal; o el tráfico o comercio de dichas sustancias. Quien cometa este delito será sancionado de cinco a diez años de prisión y multa de quinientas a mil Unidades de Medida y Actualización;

(REFORMADA, P.O. 3 DE NOVIEMBRE DE 2021)

III. Al que permita el acceso de un menor a espectáculos, obras gráficas o audiovisual de carácter lascivo o sexual, se le impondrá prisión de tres a cinco años y multa de doscientas a mil doscientas Unidades de Medida y Actualización; o

(REFORMADA, P.O. 3 DE NOVIEMBRE DE 2021)

IV. A formar parte de una pandilla, de una asociación delictuosa o de delincuencia organizada, o a cometer cualquier delito; el responsable de este delito será sancionado con prisión de siete a doce años y multa de ochocientas a dos mil quinientas Unidades de Medida y Actualización.

(REFORMADO PRIMER PÁRRAFO, P.O. 3 DE NOVIEMBRE DE 2021)

Artículo 218. Al que emplee a menores de dieciocho años de edad o incapaces en cantinas, tabernas, cabarets, prostíbulos, bares o centros de vicio, será sancionado con prisión de uno a tres años y con multa de trescientas a seiscientas Unidades de Medida y Actualización y en caso de reincidencia, además con la clausura definitiva del establecimiento.

(REFORMADO, P.O. 23 DE MARZO DE 2007)

Se entenderá como empleado al menor de dieciocho años de edad que por cualquier estipendio, gaje, emolumento o salario, la sola comida, cualquier comisión o gratuitamente preste sus servicios en los lugares antes citados.

Artículo 218 Bis. (DEROGADO, P.O. 3 DE DICIEMBRE DE 2010)

(REFORMADO, P.O. 3 DE DICIEMBRE DE 2010)

Artículo 219. El médico legalmente autorizado o institución de salud que atienda a un farmacodependiente menor de dieciocho años de edad que posea algún enervante, estupefaciente, psicotrópico o cualquier otra substancia tóxica y demás substancias o vegetales que determine la Ley General de Salud, cuyo uso esté prohibido o controlado; o que se encuentre bajo los efectos de las substancias antes descritas, deberá hacerlo del conocimiento del Ministerio Público y de las autoridades sanitarias de forma inmediata, para los fines legales correspondientes y para brindarle el tratamiento que corresponda.

(REFORMADO, P.O. 3 DE DICIEMBRE DE 2010)

Artículo 220. Comete el delito de pornografía de menores e incapaces, quien con relación a una persona menor de dieciocho años de edad o que carezca de la capacidad de comprender el significado de los hechos o de quien por la razón que fuere no pudiere oponer resistencia, realice alguna de las siguientes conductas:

I. (DEROGADA, P.O. 31 DE DICIEMBRE DE 2012)

(REFORMADA, P.O. 31 DE DICIEMBRE DE 2012)

II. Fije, imprima, video grabe, audio grabe, fotografíe, filme o describa actos de exhibicionismo corporal o lascivos o sexuales, reales o simulados; o

(REFORMADA, P.O. 31 DE DICIEMBRE DE 2012)

III. Emplee, dirija, administre, supervise o participe de algún modo en los actos a que se refiere este artículo a título de propietario, de director, empresario o cualquier otro que implique la participación en los actos mencionados en esta disposición.

IV. (DEROGADA, P.O. 31 DE DICIEMBRE DE 2012)

(REFORMADO, P.O. 3 DE NOVIEMBRE DE 2021)

Artículo 221. El delito a que se refiere el artículo anterior se sancionará con prisión de ocho a catorce años y multa de cien a mil doscientas Unidades de Medida y Actualización.

(REFORMADO, P.O. 3 DE NOVIEMBRE DE 2021)

Artículo 222. La posesión de una o más fotografías, filmes, videos o cualquier otro medio impreso o electrónico, que contenga imágenes de las que se refiere el artículo 220, se sancionará con prisión de uno a cinco años y multa de cien a quinientas Unidades de Medida y Actualización, siempre y cuando se demuestre que el poseedor tenía conocimiento de que las imágenes son de las personas a que se refiere el artículo 220 del presente Código.

(REFORMADO [N. DE E. ADICIONADO], P.O. 3 DE DICIEMBRE DE 2010)

Artículo 223. No constituyen pornografía los programas preventivos, educativos o informativos que diseñen e impartan las instituciones públicas, privadas o sociales, que tengan por objeto contenido sexual, sobre la función reproductiva, de infecciones de transmisión sexual y embarazo de adolescentes.

Artículo 224. (DEROGADO, P.O. 31 DE DICIEMBRE DE 2012)

Artículo 224 Bis. (DEROGADO, P.O. 23 DE MARZO DE 2007)

Artículo 224 Ter. (DEROGADO, P.O. 23 DE MARZO DE 2007)

Artículo 224 Quater. (DEROGADO, P.O. 23 DE MARZO DE 2007)

(REFORMADA SU DENOMINACIÓN, [N. DE E. ADICIONADA CON EL ARTÍCULO QUE LA INTEGRA] P.O. 10 DE DICIEMBRE DE 2018)

SECCIÓN TERCERA
DELITOS CONTRA LA INTIMIDAD SEXUAL

(REFORMADO, [N. DE E. ADICIONADO], P.O. 10 DE DICIEMBRE DE 2018)

Artículo 225. Comete el delito de violación a la intimidad sexual, quien con el fin de causar daño o la obtención de un beneficio:

I. Divulgue, comparta, distribuya, publique y/o solicite la imagen de una persona desnuda parcial o totalmente de contenido erótico sexual, por cualquier medio ya sea impreso, grabado o digital, sin el consentimiento de la víctima.

II. Divulgue, comparta, distribuya, publique y/o solicite por cualquier medio el contenido íntimo o sexual, sin el consentimiento de la víctima.

Esta conducta se sancionará de tres a seis años de prisión y multa de mil a dos mil veces (sic) diario vigente de la unidad de medida y actualización al momento de que se cometa el delito.

Este delito se perseguirá por querella de la víctima, salvo que sea menor de edad o padeciere una discapacidad que vicie su consentimiento en cuyo caso se perseguirá de oficio.

En caso de que este contenido sin consentimiento sea difundido o compilado por medios de comunicación o plataformas digitales, la autoridad competente ordenará a la empresa de prestación de redes sociales o medio de comunicación a retirar inmediatamente el contenido.

(ADICIONADO, P.O. 10 DE DICIEMBRE DE 2018)

Artículo 225 Bis. Las mismas sanciones del artículo 225 se aplicarán a quien obtenga de dispositivos móviles o dispositivos de almacenamiento de datos físico o virtual, cualquier imagen, videos, textos o audios sin la autorización del titular.

En el caso de que en esta conducta el sujeto activo la realice con violencia, se incrementará la sanción hasta en dos terceras partes.

(REFORMADA SU DENOMINACIÓN, P.O. 3 DE DICIEMBRE DE 2010)

SECCIÓN CUARTA
LENOCINIO Y TRATA DE PERSONAS

(REUBICADO, P.O. 3 DE DICIEMBRE DE 2010)

Artículo 226. Comete el delito de lenocinio:

(REFORMADA, P.O. 3 DE DICIEMBRE DE 2010)

I. Quien obtenga una ventaja económica u otro beneficio procedente del comercio sexual de otra persona mayor de edad; y

(REFORMADA, P.O. 3 DE DICIEMBRE DE 2010)

II. El que regentee personas o establecimientos, con el consentimiento de aquéllas, con la finalidad de que ejerzan la prostitución, obteniendo cualquier beneficio o lucro.

III. (DEROGADA, P.O. 3 DE DICIEMBRE DE 2010)

IV. (DEROGADA, P.O. 3 DE DICIEMBRE DE 2010)

V. (DEROGADA, P.O. 3 DE DICIEMBRE DE 2010)

(REFORMADO PRIMER PÁRRAFO, P.O. 3 DE NOVIEMBRE DE 2021)

Artículo 227. El lenocinio se sancionará con prisión de seis a diez años y multa de cincuenta a quinientas Unidades de Medida y Actualización.

(DEROGADO SEGUNDO PÁRRAFO, P.O. 3 DE DICIEMBRE DE 2010)

Artículo 227 Bis. (DEROGADO, P.O. 3 DE DICIEMBRE DE 2010)

(REFORMADO, P.O. 31 DE DICIEMBRE DE 2012)

Artículo 228. Los delitos en materia de Trata de Personas y sus sanciones serán los que establece la Ley General para Prevenir, Sancionar y Erradicar los delitos en Materia de Trata de Personas y para la Protección y Asistencia a las Víctimas de estos delitos.

Artículo 228 Bis. (DEROGADO, P.O. 31 DE DICIEMBRE DE 2012)

Artículo 228 Ter. (DEROGADO, P.O. 31 DE DICIEMBRE DE 2012)

(REFORMADA SU DENOMINACIÓN [N. DE E. ADICIONADA CON EL ARTÍCULO QUE LA INTEGRA], P.O. 23 DE JUNIO DE 2022)

SECCIÓN QUINTA
DELITOS CONTRA EL LIBRE DESARROLLO DE LA SEXUALIDAD, EXPRESIÓN E IDENTIDAD DE GENERO

(ADICIONADO, P.O. 23 DE JUNIO DE 2022)

Artículo 228 Quater. Se impondrá de uno a tres años de prisión y de cincuenta a doscientas veces el valor diario de la Unidad de Medida y Actualización a quien someta, coaccione u obligue a otra persona a realizarse o recibir cualquier tipo de tratamiento, terapia o servicio, con o sin fines de lucro, con el objetivo de obstaculizar, restringir, impedir, menoscabar, anular o modificar la orientación sexual, identidad o expresión de género de una persona. Las mismas penas se impondrán a quienes apliquen dichos tratamientos, terapias o servicios.

Los tratamientos, terapias o servicios a que se refiere el párrafo anterior son todas aquellas prácticas consistentes en sesiones psicológicas, psiquiátricas, métodos o procedimientos en los que empleando violencia física, moral, psicoemocional o cualquier otra, se obstaculice, restrinja, impida, menoscabe, anule o modifique la expresión o identidad de género, así como la orientación sexual de las personas.

Este delito se perseguirá por querella.

(REFORMADA SU DENOMINACIÓN [N. DE E. REFORMADA SU NUMERACIÓN], P.O. 23 DE JUNIO DE 2022)

SECCIÓN SEXTA
PROVOCACIÓN DE UN DELITO O APOLOGÍA DE ESTE O DE ALGÚN VICIO

(REFORMADO, P.O. 3 DE NOVIEMBRE DE 2021)

Artículo 229. El que públicamente provoque a cometer un delito o haga apología de éste, o de algún vicio, o de quienes lo cometan, será sancionado con prisión de quince días a seis meses y multa de tres a treinta Unidades de Medida y Actualización, si el delito no se ejecutare. En caso contrario, se impondrá al provocador la sanción que le corresponda por su participación en el delito cometido

(ADICIONADA [N. DE E. REFORMADA SU NUMERACIÓN], P.O. 23 DE JUNIO DE 2022)

SECCIÓN SÉPTIMA
DISPOSICIONES COMUNES A LAS SECCIONES PRECEDENTES

(ADICIONADO, P.O. 23 DE MARZO DE 2007) (REUBICADO, P.O. 3 DE DICIEMBRE DE 2010)

Artículo 229 Bis. Los delitos a que se refieren las secciones anteriores serán sancionados en todo caso, sin importar si existe o no ánimo de lucro.

En caso de existir derechos sobre las víctimas, se perderá la patria potestad sobre éstas y sobre los demás descendientes, el derecho a los alimentos, el derecho a heredar y serán inhabilitados para ser tutores o curadores.

(REUBICADO Y REFORMADO PRIMER PÁRRAFO, P.O. 3 DE DICIEMBRE DE 2010)

Artículo 229 Ter. La sanción de los delitos a que se refieren las secciones anteriores se aumentarán hasta en una tercera parte si el victimario tiene respecto de la víctima alguna de las siguientes condiciones:

(REFORMADA, P.O. 3 DE DICIEMBRE DE 2010)

I. Sea pariente por consanguinidad, afinidad o civil; sea tutor, curador o tenga alguna representación sobre la víctima; tenga alguna relación similar al parentesco o una relación sentimental o de confianza; o habite en el mismo domicilio de la víctima;

(REFORMADA, P.O. 3 DE DICIEMBRE DE 2010)

II. Ejerza influencia moral, física, psicológica o económica en la víctima.

III. (DEROGADA, P.O. 3 DE DICIEMBRE DE 2010)

IV. (DEROGADA, P.O. 3 DE DICIEMBRE DE 2010)

V. (DEROGADA, P.O. 3 DE DICIEMBRE DE 2010)

VI. (DEROGADA, P.O. 3 DE DICIEMBRE DE 2010)

VII. (DEROGADA, P.O. 3 DE DICIEMBRE DE 2010)

(REFORMADO Y REUBICADO, P.O. 3 DE DICIEMBRE DE 2010)

Artículo 229 Quater. Si el sujeto activo de los delitos a que se refieren las secciones anteriores de este Capítulo, se vale de la función pública que tuviere o se ostente como tal sin tenerla, la sanción que les corresponda deberá agravarse de dos a cuatro años de prisión y serán sancionados además con la destitución del empleo, cargo o comisión pública y la inhabilitación para desempeñar o ejercer otro, de diez a veinte años.

Artículo 229 Quinquies. (DEROGADO, P.O. 3 DE DICIEMBRE DE 2010)

CAPÍTULO OCTAVO
VIOLACIÓN DE SECRETOS

(REFORMADO, P.O. 3 DE NOVIEMBRE DE 2021)

Artículo 230. Se impondrá prisión de dos meses a un año o multa de una a diez Unidades de Medida y Actualización, al que, sin justa causa, con perjuicio de alguien y sin el consentimiento de aquel que pueda resultar perjudicado, entregue, revele, publique o divulgue algún secreto, comunicación confidencial o documento reservado que conoce o ha recibido en razón de su empleo, cargo, profesión o puesto.

Artículo 231. En el caso del artículo anterior, si el infractor hubiere conocido o recibido el secreto, comunicación o documento, por mera casualidad, las sanciones anteriores se reducirán a la mitad.

(REFORMADO, P.O. 3 DE NOVIEMBRE DE 2021)

Artículo 232. Las sanciones serán de uno a cinco años de prisión, multa de cincuenta a quinientas Unidades de Medida y Actualización y destitución del cargo, comisión o empleo, o suspensión de los derechos de ejercer alguna profesión, arte u oficio, cuando la revelación o violación del secreto se refiera a un procedimiento de carácter industrial y sea hecha por persona que prestare o hubiere prestado en la fábrica, establecimiento o propiedad en donde se use tal procedimiento.

(REFORMADO, P.O. 31 DE DICIEMBRE DE 2012)

Artículo 233. Ninguna autoridad podrá exigir la revelación de los secretos a que se refiere este Capítulo, a no ser que la ley expresamente ordene dicha revelación, o que, tratándose exclusivamente de un proceso penal, el Juez o Tribunal la declare indispensable para éste.

CAPÍTULO NOVENO
RESPONSABILIDAD PROFESIONAL

SECCIÓN PRIMERA
RESPONSABILIDAD DE ABOGADOS, PATRONOS Y LITIGANTES

(REFORMADO PRIMER PÁRRAFO, P.O. 27 DE NOVIEMBRE DE 2014)

Artículo 234. Incurren en responsabilidad delictiva las personas físicas, los asesores jurídicos particulares de las víctimas, los abogados, patronos o litigantes sin título profesional de licenciatura en derecho y los representantes de personas jurídicas, estén o no ostensiblemente patrocinados por abogados, por la comisión sin causa justificada de los actos siguientes:

I. Alegar, a sabiendas, hechos falsos o leyes inexistentes o derogadas;

II. Apoyarse en el dicho de testigos o de documentos falsos;

III. Presentar testigos o documentos falsos;

IV. Aconsejar a su patrocinado la presentación de testigos o de documentos falsos;

V. Pedir términos para probar lo que notoriamente no pueda probarse, o no ha de aprovechar a su parte;

(F. DE E., P.O. 6 DE ENERO DE 1987)

VI. Promover incidentes o recursos, manifiestamente improcedentes y maliciosos, o de cualquier otra manera procurar dilaciones que sean notoriamente ilegales;

(REFORMADA, P.O. 27 DE NOVIEMBRE DE 2014)

VII. Concretarse el defensor de un imputado o sentenciado a aceptar su cargo sin efectuar una defensa técnica y adecuada, aun cuando hubiere solicitado la imposición de medidas protectoras o la imposición de medidas cautelares distintas de la prisión preventiva, y

(REFORMADA, P.O. 2 DE SEPTIEMBRE DE 1998)

VIII. Admitir patrocinar o representar a una de las partes en un procedimiento jurisdiccional o administrativo, sin dirigirla en la tramitación del procedimiento ni promover lo necesario en beneficio de su representado o cliente.

(REFORMADO, P.O. 3 DE NOVIEMBRE DE 2021)

Artículo 235. Los hechos mencionados en el artículo que precede se sancionarán con prisión de seis meses a tres años y multa de veinte a quinientas Unidades de Medida y Actualización y, en su caso, con suspensión de seis meses a cinco años en el derecho de ejercer la profesión de la abogacía.

Artículo 236. En el caso previsto en la fracción III del artículo 234, las sanciones expresadas se impondrán sin perjuicio de las que corresponda por la participación del infractor, en la comisión del delito de falsedad en declaraciones ante la autoridad, falsificación de documentos o uso de éstos.

Artículo 237. Además de las sanciones mencionadas, se impondrá al infractor, de un mes a tres años de prisión:

I. Por patrocinar o ayudar a diversos contendientes o partes con intereses opuestos en un mismo negocio o en negocios conexos o cuando se acepta el patrocinio de alguno y se admite después el de la parte contraria; y

II. Por abandonar la defensa de un cliente o la atención de un negocio sin motivo justificado, ni aviso previo, causando daño.

(REFORMADO, P.O. 27 DE NOVIEMBRE DE 2014)

Artículo 238. Los Defensores Públicos, Asesores Jurídicos de las víctimas proporcionados por el Estado, y Ministerios Públicos que sin causa justificada incurrieren en los hechos expresados en esta sección, aparte de las sanciones ya señaladas, serán destituidos de sus cargos.

SECCIÓN SEGUNDA
RESPONSABILIDAD MEDICA

(REFORMADO PRIMER PÁRRAFO, P.O. 3 DE NOVIEMBRE DE 2021)

Artículo 239. Se impondrá prisión de tres meses a seis años, multa de cincuenta a quinientas Unidades de Medida y Actualización y suspensión de tres meses hasta tres años, del ejercicio profesional además de la sanción que corresponda si causa homicidio o lesiones, al médico que:

I. Sin causa justificada y sin aviso oportuno abandonare a la persona de cuya asistencia esté encargado;

II. En casos urgentes y no habiendo, por el lugar y la hora, otro facultativo a quien acudir, se negare sin causa justificada, a prestar sus servicios a una persona que los necesitare;

(REFORMADA, P.O. 31 DE DICIEMBRE DE 2012)

III. Después de haber otorgado responsiva de hacerse cargo de la atención de algún lesionado, lo abandone en su tratamiento sin causa justificada y sin dar aviso a la autoridad correspondiente o no cumpla con las obligaciones de procedimiento contenidas en los ordenamientos legales correspondientes;

IV. Sin recabar la autorización del paciente o de la persona que deba otorgarla, salvo en casos de urgencia en que el enfermo se halle en peligro de muerte, cause la pérdida de un miembro o ataque la integridad de una función vital;

V. Practique una operación innecesaria.

(REFORMADO PRIMER PÁRRAFO, P.O. 3 DE NOVIEMBRE DE 2021)

Artículo 240. Se impondrá prisión de seis meses a seis años, y multa de diez a cien Unidades de Medida y Actualización:

I. A los directores, encargados o administradores de cualquier centro de salud, que:

a). Impidan la salida de un paciente, cuando éste o sus familiares lo soliciten, pretextando adeudos de cualquier índole;

b). Retengan a un recién nacido, pretextando adeudos de cualquier índole.

c). Retarden o nieguen por cualquier motivo la entrega de un cadáver, excepto cuando se requiera orden de autoridad competente.

II. A los encargados o administradores de agencias funerarias que retarden o nieguen indebidamente la entrega de un cadáver;

III. A quienes substraigan órganos o partes del cuerpo humano, sin la autorización de quien corresponda darla y sin los requisitos legales para realizar injertos.

(REFORMADO PRIMER PÁRRAFO, P.O. 3 DE NOVIEMBRE DE 2021)

Artículo 241. Se sancionará con tres meses a tres años de prisión y multa de cinco a cincuenta Unidades de Medida y Actualización, a los responsables, encargados, empleados o dependientes de una botica o farmacia, que al surtir una receta médica:

I. Substituyan un medicamento por otro;

II. Alteren la receta; o
III. Varíen la dosis.

Artículo 242. Las sanciones a que se refiere el artículo anterior son independientes de las que corresponda imponer si resultare daño en la salud de alguna persona.

Artículo 243. En los casos previstos en los anteriores artículos de esta sección, además de las sanciones establecidas por ellos, sean intencionales o por imprudencia los delitos, de que se trate, se impondrá a los responsables, suspensión de un mes a tres años en el ejercicio de la profesión o definitiva en caso de reincidencia.

SECCIÓN TERCERA
RESPONSABILIDAD TÉCNICA

Artículo 244. A los ingenieros, arquitectos, agrónomos, veterinarios, maestros de obras y, en general, todos los que se dediquen al ejercicio de una profesión, arte o actividad técnica, que con motivo de ese ejercicio causen daños indebidos, además de la sanción por éstos, según sean intencionales o imprudenciales, se les aplicará la establecida en el artículo 243.

(ADICIONADA CON EL ARTÍCULO QUE LA INTEGRA, P.O. 1 DE JULIO DE 2022)

SECCIÓN CUARTA
RESPONSABILIDAD NOTARIAL

(ADICIONADO, P.O. 1 DE JULIO DE 2022)

Artículo 244 Bis. Se impondrá de uno a cinco años de prisión y multa de cien a quinientas Unidades de Medida y Actualización, al que en su función como Notario:

I. No desempeñe personalmente sus funciones y su actividad notarial;

II. Actúe en folios que no fueron autorizados por la autoridad notarial, o que los mismos no tengan una secuencia y se ejecuten sin el conocimiento de la autoridad notarial;

III. Provoque dolosamente la nulidad de un instrumento o testimonio y cause daño o perjuicio directo a los prestatarios o destinatarios;

IV. Impida que se lleven a cabo las visitas ordinarias, extraordinarias, inspección o especiales;

V. Permita la suplantación de persona, firma, o sello, ya sea por dolo u omisión en el debido ejercicio de su función;

VI. Omita identificar dentro del Instrumento Notarial la forma en que se pague la transmisión o constitución de derechos reales sobre inmuebles cuando las operaciones tengan un valor igual o superior al equivalente de 14,417 Unidades de Medida y Actualización o las que por disposición regulan actos u operaciones relacionados con recursos de procedencia ilícita;

VII. Omita agregar al apéndice de los instrumentos copia o impresión de las transferencias bancarias o cheques por el pago de las operaciones traslativas de dominio o constitución de derechos reales de inmuebles, salvo las garantías que se constituyan en favor de instituciones del sistema financiero u organismos públicos de vivienda;

VIII. Incumpla con el pago de los impuestos y derechos que se otorguen conforme a la normatividad aplicable, y

IX. Dolosamente omita verificar la existencia y veracidad de los mandatos y poderes generales o especiales para actos de dominio, empleados en los actos que se celebren ante su fe, conforme ordena la Ley del Notariado para el Estado de Puebla.

CAPÍTULO DÉCIMO
FALSEDAD

SECCIÓN PRIMERA
FALSIFICACIÓN DE ACCIONES, OBLIGACIONES Y OTROS DOCUMENTOS DE CRÉDITO PÚBLICO

(REFORMADO PRIMER PÁRRAFO, P.O. 3 DE NOVIEMBRE DE 2021)

Artículo 245. Se impondrá prisión de uno a ocho años y multa de diez a cien Unidades de Medida y Actualización:

I. Al que falsifique o de algún modo intervenga en la falsificación de acciones, obligaciones u otros títulos o documentos de crédito legalmente emitidos al portador o a favor de persona determinada, por el Ejecutivo del Estado, ayuntamientos, recaudaciones de rentas o por cualquiera Institución dependiente del Gobierno del Estado o municipios, o controlada por éstos; y

II. Al que introduzca al Estado o ponga en circulación los documentos mencionados en la fracción anterior, a sabiendas de su falsedad.

(REFORMADO PRIMER PÁRRAFO, P.O. 3 DE NOVIEMBRE DE 2021)

Artículo 245 Bis. Se impondrá prisión de tres a nueve años y multa de ciento cincuenta a cuatrocientas Unidades de Medida y Actualización:

(REFORMADA, P.O. 4 DE ENERO DE 2012)

I. Al que produzca, imprima, enajene aun gratuitamente, distribuya o altere tarjetas, títulos, vales, documentos o instrumentos utilizados para el pago de bienes y servicios o para disposición de efectivo, sin consentimiento de quien esté facultado para ello;

(ADICIONADA, P.O. 6 DE NOVIEMBRE DE 2000)

II. Al que adquiera, utilice o posea, tarjetas, títulos, documentos o instrumentos para el pago de bienes y servicios o para disposición de efectivo, a sabiendas de que son alterados o falsificados;

(ADICIONADA, P.O. 6 DE NOVIEMBRE DE 2000)

III. Al que adquiera, utilice, posea o detente indebidamente, tarjetas, títulos o documentos auténticos para el pago de bienes y servicios o para disposición de efectivo, sin consentimiento de quien esté facultado para ello;

(ADICIONADA, P.O. 6 DE NOVIEMBRE DE 2000)

IV. Al que altere, copie o falsifique los medios de identificación electrónica, cintas o dispositivos magnéticos de tarjetas, títulos, documentos o instrumentos para el pago de bienes y servicios o para disposición de efectivo; y

(ADICIONADA, P.O. 6 DE NOVIEMBRE DE 2000)

V. Al que acceda indebidamente a los equipos y sistemas de cómputo o electromagnéticos de las Instituciones emisoras de tarjetas, títulos, documentos o instrumentos, para el pago de bienes y servicios o para disposición de efectivo.

(ADICIONADO, P.O. 6 DE NOVIEMBRE DE 2000)

Las mismas penas se impondrán, a quien utilice indebidamente información confidencial o reservada de la Institución o persona que legalmente esté facultada para emitir tarjetas, títulos, documentos o instrumentos para el pago de bienes y servicios o para disposición de efectivo.

(ADICIONADO, P.O. 6 DE NOVIEMBRE DE 2000)

Si el sujeto activo es empleado o dependiente del ofendido, las penas aumentarán en una mitad.

(ADICIONADO, P.O. 6 DE NOVIEMBRE DE 2000)

En caso de que se actualicen otros delitos con motivo de las conductas a que se refiere este artículo, se aplicarán las reglas del concurso.

Artículo 246. Si el infractor fuere funcionario o empleado público, además de las sanciones indicadas, se le destituirá de su empleo o cargo y se le inhabilitará hasta por diez años para obtener cualquier otro.

Artículo 247. En los supuestos previstos por el artículo 245, si el infractor fuere abogado, se le inhabilitará para el ejercicio de su profesión hasta por doce años y, en su caso, para ejercer la función notarial si fuese Notario.

SECCIÓN SEGUNDA
FALSIFICACIÓN DE SELLOS, MARCAS Y PUNZONES

(REFORMADO PRIMER PÁRRAFO, P.O. 3 DE NOVIEMBRE DE 2021)

Artículo 248. Se impondrá prisión de uno a nueve años y multa de diez a cien Unidades de Medida y Actualización:

I. Al que falsifique los sellos de los Poderes del Estado o las marcas oficiales;

II. Al que falsifique el sello, marca o contraseña que alguna autoridad use para identificar cualquier objeto o para asegurar el pago de algún impuesto, derecho o aprovechamiento; y

III. Al que falsifique los punzones, matrices, planchas o cualquier otro objeto que sirva para la fabricación de acciones, obligaciones y demás títulos o documentos a que se refiere el Capítulo anterior.

(REFORMADO PRIMER PÁRRAFO, P.O. 3 DE NOVIEMBRE DE 2021)

Artículo 249. Se impondrá prisión de tres meses a tres años y multa de diez a cien Unidades de Medida y Actualización:

I. Al que falsifique sellos, marcas, contraseñas o estampillas de un particular, de una casa comercial o de un establecimiento industrial;

II. Al que falsifique un boleto o ficha de un espectáculo público;

III. Al que falsifique llaves para adaptarlas a cualquiera cerradura sin el consentimiento del dueño de ésta;

IV. Al que ponga en un efecto o producto industrial, el nombre o la razón social de un fabricante diverso del que lo fabricó; y al comisionista o expendedor del mismo efecto o producto que, a sabiendas, lo ponga en venta;

V. Al que borre o haga desaparecer con el fin de obtener un lucro o eludir un pago legítimo, alguno de los sellos o marcas que se mencionan en este artículo y en el anterior;

VI. Al que enajene un sello, punzón o marca falsos, ocultando este vicio;

VII. Al que procurándose los verdaderos sellos, punzones, marcas y demás objetos a que se refieren este artículo y el anterior, haga uso indebido de ellos; y

VIII. Al que, a sabiendas, hiciere uso de llaves, sellos, marcas y demás objetos expresados en las fracciones I y III de este artículo.

SECCIÓN TERCERA
FALSIFICACIÓN DE DOCUMENTOS EN GENERAL

Artículo 250. El delito de falsificación de documentos se comete por alguno de los medios siguientes:

I. Poniendo una firma o rúbrica falsas, aun cuando sea imaginaria o alterando una verdadera;

(REFORMADA, P.O. 31 DE DICIEMBRE DE 2012)

II. Aprovechando indebidamente una firma o rúbrica ajenas en blanco, extendiendo una obligación, liberación o cualquier otro documento que pueda comprometer los bienes, la honra, la integridad, la dignidad de otra persona, o causar un perjuicio a ésta, a la sociedad, o al Estado;

III. Alterando el contexto de un documento verdadero, después de concluido y firmado, si esto cambiare su sentido sobre alguna circunstancia o punto substancial, ya sea añadiendo, enmendando o borrando, en todo o en parte, una o más palabras o cláusulas, o ya variando la puntuación;

IV. Variando la fecha o cualquiera otra circunstancia relativa al tiempo de la ejecución del acto que se exprese en el documento;

V. Atribuyéndose el que extiende el documento, o atribuyendo a la persona en cuyo nombre lo hace, un nombre, investidura, calidad o circunstancia que no tenga y que sean necesarios para la validez del acto;

VI. Redactando un documento en términos que cambien la convención celebrada, en otra diversa, en que varíen la declaración o disposición del otorgante, las obligaciones que se propuso contratar, o los derechos que debió adquirir;

VII. Añadiendo o alterando cláusulas o declaraciones o asentando como ciertos, hechos falsos, o como confesados los que no lo están, si el documento en que se asientan se extendiere para hacerlos constar y como prueba de ellos;

(REFORMADA, P.O. 19 DE OCTUBRE DE 2015)

VIII. Expidiendo un testimonio supuesto de documentos que no existen; dándolo de otro existente que carece de los requisitos legales, suponiendo falsamente que los tiene; o de otro que no carece de ellos, pero agregando o suprimiendo en la copia algo que importe una variación substancial;

(REFORMADA, P.O. 19 DE OCTUBRE DE 2015)

IX. Alterando un perito traductor el contenido de un documento, al traducirlo o descifrarlo; y

(ADICIONADA, P.O. 19 DE OCTUBRE DE 2015)

X. Enviando o adjuntando documentación falsa en formatos digitales a los órganos del Estado, para llevar a cabo la sustanciación de trámites y servicios, a través de los portales transaccionales que son creados para tal efecto.

Artículo 251. Para que la falsificación de documentos sea delictiva, se necesita que concurran los requisitos siguientes:

I. Que el falsario saque o se proponga sacar algún provecho para sí o para otro o causar perjuicio a la sociedad, al Estado o a otra persona;

(REFORMADA, P.O. 31 DE DICIEMBRE DE 2012)

II. Que resulte o pueda resultar perjuicio a la sociedad, al Estado, a un Municipio o a un particular, en sus bienes, persona, integridad, honor y dignidad; y

III. Que el falsario haga la falsificación sin consentimiento de la persona a quien resulte o pueda resultar perjuicio o sin el de aquélla en cuyo nombre se hizo el documento.

(REFORMADO, P.O. 3 DE NOVIEMBRE DE 2021)

Artículo 252. El delito de falsificación de documentos privados se sancionará con prisión de uno a cincos años y multa de diez a quinientas Unidades de Medida y Actualización.

Cuando se trate de un documento público, se sancionará con prisión de dos a ocho años de prisión y multa de doscientas a mil Unidades de Medida y Actualización.

Artículo 253. Incurrirán también en las sanciones señaladas en el artículo que antecede:

I. El que, por engaño o sorpresa, hiciere que algún funcionario o empleado firme un documento público, que no habría firmado sabiendo su contenido;

II. El Notario o cualquier funcionario público que, en ejercicio de sus funciones, expida una certificación de hechos que no sean ciertos, o dé fe de lo que no consta en autos, registros, protocolos o documentos;

(ADICIONADA, P.O. 16 DE MARZO DE 2016)

II Bis. Cualquier autoridad en ejercicio de funciones del Registro del Estado Civil de las Personas que expida una certificación de hechos que no sean ciertos, o dé fe de lo que no consta en registros o documentos;

III. El que, para eximirse de una obligación o de un servicio impuesto por la Ley, suponga una certificación de impedimento que no tenga, sea que haga parecer dicha certificación como expedida por un médico o un cirujano real o supuesto, sea que tome el nombre de una persona real atribuyéndole falsamente la calidad de médico o cirujano;

IV. El médico que certifique falsamente que una persona tiene una enfermedad o impedimento bastante para dispensarla de prestar un servicio que exige la ley, o de cumplir una obligación que ésta impone, o para adquirir algún derecho;

V. El que haga uso de una certificación verdadera expedida para otro, como si lo hubiera sido en su favor, o altere la que a él se le expidió; y

VI. El que, a sabiendas, hiciere uso de un documento falso, sea público o privado.

(REFORMADO PRIMER PÁRRAFO, P.O. 3 DE NOVIEMBRE DE 2021)

Artículo 253 Bis. Al que elabore o altere sin permiso de la autoridad competente una placa, engomado, tarjeta de circulación o demás documentos que se expiden para identificar vehículos automotores o remolques, se le impondrá de cuatro a ocho años de prisión y de trescientas a dos mil Unidades de Medida y Actualización.

(ADICIONADO, P.O. 4 DE ENERO DE 2012)

Las mismas penas se impondrán al que posea, utilice, adquiera o enajene, cualquiera de los objetos a que se refiere el párrafo anterior, con conocimiento de que son falsificados o que fueron obtenidos indebidamente.

(ADICIONADO, P.O. 4 DE ENERO DE 2012)

Artículo 253 Ter. Las penas previstas en el artículo anterior se incrementarán en una mitad, cuando:

I. El delito sea cometido por un servidor público en ejercicio de sus funciones, en cuyo caso se impondrá a éste, además, destitución e inhabilitación para ocupar otro empleo, cargo o comisión públicos de seis meses a tres años; y

II. La falsificación sirva como medio para el comercio de vehículos robados o de sus partes o componentes.

(REFORMADA SU DENOMINACIÓN, P.O. 31 DE DICIEMBRE DE 2012)

SECCIÓN CUARTA
FALSEDAD EN DECLARACIONES E INFORMES DADOS A UNA AUTORIDAD

(REFORMADO PRIMER PÁRRAFO, P.O. 3 DE NOVIEMBRE DE 2021)

Artículo 254. Serán sancionados con seis meses a cinco años de prisión y multa de cien a mil quinientas Unidades de Medida y Actualización:

(REFORMADA, P.O. 17 DE JULIO DE 2013)

I. Quien al declarar ante cualquier autoridad en ejercicio de sus funciones o con motivo de ellas, faltare a la verdad en relación con los hechos que motivan la intervención de ésta;

(REFORMADA, P.O. 17 DE JULIO DE 2013)

II. Quien siendo autoridad, rinda informes en los que afirme una falsedad o niegue u oculte la verdad, en todo o en parte; y

(REFORMADA, P.O. 17 DE JULIO DE 2013)

III. Quien siendo directivo o representante legal de casas de empeño, omita rendir el reporte mensual de los actos o hechos que estén relacionados con las operaciones que realizan, al que están obligados en términos de la Ley Federal de Protección al Consumidor, o que al rendirlo afirme hechos falsos u oculte la verdad, en todo o en parte.

(REFORMADO [N. DE E. ADICIONADO], P.O. 31 DE DICIEMBRE DE 2012)

Artículo 255. La sanción del delito de falsedad en declaraciones e informes dados a una autoridad se agravará hasta en dos tantos:

I. Al testigo, denunciante o querellante que fuere examinado en una investigación o procedimiento penal, cuando su testimonio, denuncia o querella se rinda para producir convicción sobre la responsabilidad del indiciado o procesado, o de la verdad o falsedad del hecho principal, o que aumente o disminuya su gravedad;

II. Al que con el propósito de inculpar o exculpar a alguien indebidamente en una investigación o procedimiento penal, ante el Ministerio Público o ante la Autoridad Judicial, declare falsamente en calidad de testigo o como denunciante o querellante;

III. Al que examinado como perito por la Autoridad Judicial o Administrativa, dolosamente falte a la verdad en su dictamen;

IV. Al que aporte testigos falsos conociendo esta circunstancia, o logre que un testigo, perito, intérprete o traductor falle a la verdad o la oculte al ser examinado por la autoridad pública en el ejercicio de sus funciones.

Lo provenido en esta fracción no comprende los casos en que la parte sea examinada sobre la cantidad en que estime una cosa, o cuando tenga el carácter de indiciado o procesado en una investigación o proceso penal.

V. Al que con arreglo a derecho, con cualquier carácter, excepto el de testigo, sea examinado por la autoridad y faltare a la verdad en perjuicio de otro, negando ser suya la firma con que hubiere suscrito determinado documento, afirmando un hecho falso, o negando o alterando uno verdadero o sus circunstancias substanciales, ya sea que lo haga en nombre propio o en nombre de otro.

Además de las penas que se refieren las fracciones anteriores, se suspenderá hasta por tres años en el ejercicio de su profesión, ciencia, arte u oficio al perito, intérprete o traductor que se conduzca falsamente u oculte la verdad al desempeñar sus funciones.

(REFORMADO, P.O. 3 DE NOVIEMBRE DE 2021)

Artículo 256. El testigo, el perito, el intérprete o traductor que se retracten espontáneamente de sus falsas declaraciones rendidas en juicio, antes de que se pronuncie sentencia en la instancia en que las dieron, sólo pagarán multa de una a diez Unidades de Medida y Actualización; pero si faltaren a la verdad al retractarse de sus declaraciones, se les aplicará la sanción que corresponda conforme a esta sección, considerándolos como reincidentes.

SECCIÓN QUINTA
OCULTACIÓN O VARIACIÓN DE NOMBRE O DOMICILIO

(REFORMADO PRIMER PÁRRAFO, P.O. 3 DE NOVIEMBRE DE 2021)

Artículo 257. Se impondrá prisión de tres días a seis meses y multa de diez a cien Unidades de Medida y Actualización:

I. Al que oculte su nombre o apellido y tome otro imaginario o el de otra persona, al declarar ante una autoridad o ante un Notario Público;

II. Al que, para eludir la práctica de una diligencia decretada por una autoridad judicial o de los Tribunales del Trabajo, o una notificación de cualquiera clase o citación de una autoridad, oculte su domicilio, o designe otro que no sea el suyo, o niegue de cualquier modo el verdadero; y

III. Al funcionario o empleado público, que en los actos propios de su cargo, atribuyere a una persona título o nombre, a sabiendas de que no le pertenecen.

SECCIÓN SEXTA
USURPACIÓN DE FUNCIONES PÚBLICAS O DE PROFESIÓN Y USO INDEBIDO DE UNIFORMES O CONDECORACIONES

(REFORMADO PRIMER PÁRRAFO, P.O. 3 DE NOVIEMBRE DE 2021)

Artículo 258. Se impondrá de dos meses a dos años de prisión y multa de diez a cien Unidades de Medida y Actualización:

(REFORMADA, P.O. 1 DE JULIO DE 1994)

I. Al que, sin ser servidor público, se atribuya este carácter y ejerza alguna de las funciones de tal;

II. Al que, sin tener título legal, se atribuya el carácter de profesional y ejerza actos propios de la profesión; y

(REFORMADA, P.O. 9 DE MARZO DE 2015)

III. Al que usare uniforme, insignia, distintivo o condecoración a que no tenga derecho;

(REFORMADA, P.O. 9 DE MARZO DE 2015)

IV. Al que preste servicios privados de seguridad o se ostente como prestador de los mismos, sin contar con la autorización y registro legalmente requeridos, y

(ADICIONADA, P.O. 9 DE MARZO DE 2015)

V. A quien sin derecho use, posea, instale o permita el uso o instalación de torretas, equipo de macrofonía, sirena, insignias, luces estroboscópicas o cualquier otro aditamento o equipo propio de las funciones de las instituciones policiales, en un vehículo particular.

(ADICIONADO, P.O. 9 DE MARZO DE 2015)

La sanción se duplicará si alguno de estos aditamentos es utilizado para cometer o intentar cometer otro delito.

(ADICIONADO, P.O. 6 DE NOVIEMBRE DE 2000)

Para los efectos del presente ordenamiento, se considerará como Servidor Público, al Notario que cuente con la Patente en Ejercicio; incluyendo a su Auxiliar o Substituto según sea el caso.

SECCIÓN SÉPTIMA
DISPOSICIÓN COMÚN A LOS CAPÍTULOS PRECEDENTES

Artículo 259. Si el falsario hiciere uso de los documentos u objetos falsos que se detallan en las Secciones Primera, Segunda y Tercera de este Capítulo, se acumularán las falsificaciones y el delito que por medio de ellas hubiere cometido el infractor.

CAPÍTULO UNDÉCIMO
DELITOS SEXUALES

(REFORMADA SU DENOMINACIÓN, P.O. 30 DE DICIEMBRE DE 2016)

SECCIÓN PRIMERA
ABUSO SEXUAL

(REFORMADO, P.O. 30 DE DICIEMBRE DE 2016)

Artículo 260. Comete el delito de abuso sexual quien, sin el propósito de llegar a la cópula:

(REFORMADA, P.O. 8 DE NOVIEMBRE DE 2021)

I. Ejecutare en una persona mayor de catorce años de edad o le hiciere ejecutar un acto erótico sexual, sin su consentimiento, mediante consentimiento viciado o la obligue a observarlo, y

(REFORMADA, P.O. 8 DE NOVIEMBRE DE 2021)

II. Ejecutare en una persona o le hiciere ejecutar un acto erótico sexual, o la haga observarlo aun con consentimiento viciado, tratándose de menor de catorce años de edad o en otra circunstancia de desigualdad o sumisión de la víctima respecto al victimario que le impida oponer resistencia.

(REFORMADO, P.O. 30 DE DICIEMBRE DE 2016)

Artículo 261. Al responsable de un delito de abuso sexual se le impondrán:

(REFORMADA, P.O. 8 DE NOVIEMBRE DE 2021)

I. Prisión de seis a diez años y multa de doscientas Unidades de Medida y Actualización, si el sujeto pasivo es mayor de catorce años y el delito se cometió sin su consentimiento o con su consentimiento viciado;

(REFORMADA, P.O. 8 DE FEBRERO DE 2023)

II. Si el sujeto pasivo del delito fuere persona menor de catorce años o se encontrare en otra circunstancia de desigualdad o sumisión de la víctima respecto al victimario que le impida oponer resistencia, estuviere privada de razón o de sentido, no tuviere la capacidad de comprender el significado del hecho o que por enfermedad o cualquier otra causa no pudiere oponer resistencia, o por sumisión de la víctima respecto del victimario por haberle suministrado alcohol, fármacos, narcóticos, sustancia toxica o cualquier otra sustancia y no pudiera oponer resistencia, se presumirá la violencia y la sanción será de seis a trece años de prisión y multa de quinientas Unidades de Medida y Actualización, se haya ejecutado el delito sin su consentimiento o con consentimiento viciado, debiéndose aumentar hasta en otro tanto igual las sanciones, si el delito fuere cometido con intervención de dos o más personas, y

(REFORMADA, P.O. 8 DE NOVIEMBRE DE 2021)

III. Cuando el sujeto pasivo sea mayor de catorce años y el delito se ejecute con violencia física o moral, se impondrán al responsable de seis a trece años de prisión y multa (sic) quinientas Unidades de Medida y Actualización, sanciones que se aumentarán hasta en otro tanto igual, si el delito fuere cometido con intervención de dos o más personas.

Artículo 262. (DEROGADO, P.O. 1 DE JULIO DE 1994)

(REFORMADO, P.O. 30 DE DICIEMBRE DE 2016)

Artículo 263. El delito de abuso sexual se considerará siempre como delito consumado y se perseguirá a petición de parte, salvo que el sujeto pasivo sea menor de edad o estuviere en alguno de los supuestos previstos en la fracción II del artículo 261, en cuyo caso se perseguirá de oficio.

SECCIÓN SEGUNDA
ESTUPRO

(REFORMADO, P.O. 30 DE DICIEMBRE DE 2016)

Artículo 264. Al que tenga cópula con persona mayor de catorce años de edad pero menor de dieciocho, empleando la seducción o el engaño para alcanzar su consentimiento, se sancionará con prisión de dos a ocho años y multa de cien a trescientos cincuenta Unidades de Medida y Actualización.

(REFORMADO, P.O. 30 DE DICIEMBRE DE 2016)

Artículo 265. El estupro se sancionará:

I. Si el sujeto activo no es mayor de tres años en referencia a la víctima, con prisión de seis meses a tres años y multa de cincuenta a ciento cincuenta Unidades de Medida y Actualización;

II. Si el sujeto activo es mayor de tres años en referencia a la víctima, con prisión de dos a ocho años y multa de cien a trescientos cincuenta Unidades de Medida y Actualización, y

III. Si además de ser mayor de tres años en referencia a la víctima, es su pariente por consanguinidad, afinidad o civil; su tutor, curador o tenga alguna representación sobre ella, habite en su mismo domicilio, sea su docente, consejero espiritual, o de alguna forma ejerza influencia moral, física, psicológica o económica en la víctima, se sancionará con prisión de cinco a diez años y multa de cien a trescientos cincuenta Unidades de Medida y Actualización.

En las fracciones II y III se presumirá la seducción o el engaño.

Artículo 266. (DEROGADO, P.O. 30 DE DICIEMBRE DE 2016)

SECCIÓN TERCERA
VIOLACIÓN

(REFORMADO, P.O. 8 DE NOVIEMBRE DE 2019)

Artículo 267. Al que por medio de la violencia física o moral tuviere cópula con una persona sea cual fuere su sexo, se le aplicarán de diez a treinta años de prisión y multa de cincuenta a quinientas Unidades de Medida y Actualización.

Se entiende por cópula, la introducción del pene en el cuerpo humano por vía vaginal, anal o bucal.

Cuando el sujeto pasivo sea menor de dieciocho años y mayor de setenta se duplicará la sanción establecida en el primer párrafo.

En el caso previsto por la fracción VII del artículo 269 del presente Código, sólo se procederá contra el responsable por querella de parte ofendida.

(REFORMADO, P.O. 8 DE NOVIEMBRE DE 2019)

Artículo 268. Cuando la violación o su equiparable fuere cometida con intervención de dos o más personas, a todas ellas se impondrán de diez a cuarenta años de prisión y multa de ciento veinte a mil doscientas Unidades de Medida y Actualización.

(REFORMADO PRIMER PÁRRAFO, P.O. 2 DE SEPTIEMBRE DE 1998)

Artículo 269. Además de las sanciones que señalan los artículos que anteceden, se impondrán de uno a seis años de prisión, cuando el delito de violación o su equiparable fueren cometidos:

I. Por un ascendiente contra su descendiente o por éste contra aquél;

(REFORMADA, P.O. 23 DE MARZO DE 2007)

II. Por el tutor o tutora contra su pupilo o pupila;

(REFORMADA, P.O. 23 DE MARZO DE 2007)

III. Por el pupilo o pupila contra su tutora o tutor;

(REFORMADA, P.O. 23 DE MARZO DE 2007)

IV. Por el padrastro o madrastra contra su hijastro o hijastra;

(REFORMADA, P.O. 23 DE MARZO DE 2007)

V. Por el hijastro o hijastra contra su padrastro o madrastra;

(REFORMADA, P.O. 30 DE DICIEMBRE DE 2013)

VI. Por un hermano o hermana contra su hermana o hermano;

(REFORMADA, P.O. 30 DE DICIEMBRE DE 2013)

VII. Por un cónyuge contra el otro o entre quienes vivan en la situación prevista por el artículo 297 del Código Civil del Estado; y

(ADICIONADA, P.O. 30 DE DICIEMBRE DE 2013)

VIII. Por la persona que tenga al ofendido bajo su custodia, guarda o educación o aproveche la confianza en ella depositada.

Para los efectos de las fracciones IV y V anteriores, se entiende por "hijastro" o "hijastra" a los hijos de uno de los cónyuges o de quien viva en la situación prevista en el artículo 297 del Código Civil, respecto del otro cónyuge o persona con la que se guarda aquella situación.

(REFORMADO, P.O. 30 DE DICIEMBRE DE 2013)

Artículo 270. Al culpable de violación que se encuentre en ejercicio de la patria potestad o de la tutela del ofendido, se le condenará, según se trate, a la pérdida de aquélla o a la remoción del cargo y en ambos casos a la pérdida de los derechos como acreedor alimentario y a heredarle.

Artículo 271. Cuando el delito de violación sea cometido por quien desempeñe un cargo o empleo público o ejerza una profesión, utilizando los medios o circunstancias que ellos le proporcionen, además de la sanción que le corresponda por aquel delito, será destituido definitivamente del cargo o empleo o suspendido por cinco años en el ejercicio de dicha profesión.

(REFORMADO, P.O. 1 DE JULIO DE 1994)

Artículo 272. Se equipara a la violación:

(REFORMADA, P.O. 8 DE FEBRERO DE 2023)

I. La cópula con persona privada de razón o de sentido, o que por enfermedad o cualquier otra causa, no pudiera resistir o por sumisión de la víctima respecto del victimario por haberle suministrado alcohol, fármacos, narcóticos, sustancia toxica o cualquier otra sustancia y no pudiera oponer resistencia;

(REFORMADA, P.O. 30 DE DICIEMBRE DE 2016)

II. La cópula con persona menor de catorce años de edad, y

III. La introducción en una persona, por vía anal o vaginal, de cualquier objeto distinto al miembro viril, usando violencia física o moral.

(REFORMADO, P.O. 30 DE DICIEMBRE DE 2016)

En los casos previstos en las fracciones I y II, se impondrá al autor del delito, de diez a cuarenta años de prisión y multa de ciento veinte a mil doscientas Unidades de Medida y Actualización. En el caso de la fracción III la sanción será la establecida en el artículo 267 de este ordenamiento legal.

(DEROGADA CON LOS ARTÍCULOS QUE LA INTEGRAN, P.O. 25 DE NOVIEMBRE DE 2013)

SECCIÓN CUARTA
RAPTO

Artículo 273. (DEROGADO, P.O. 25 DE NOVIEMBRE DE 2013)

Artículo 274. (DEROGADO, P.O. 25 DE NOVIEMBRE DE 2013)

Artículo 275. (DEROGADO, P.O. 25 DE NOVIEMBRE DE 2013)

Artículo 276. (DEROGADO, P.O. 25 DE NOVIEMBRE DE 2013)

Artículo 277. (DEROGADO, P.O. 25 DE NOVIEMBRE DE 2013)

(REFORMADA SU DENOMINACIÓN, P.O. 25 DE NOVIEMBRE DE 2013)

SECCIÓN QUINTA
DISPOSICIÓN COMÚN AL ESTUPRO Y VIOLACIÓN

(REFORMADO, P.O. 25 DE NOVIEMBRE DE 2013)

Artículo 278. La reparación del daño en los casos de estupro, o violación comprenderá además, el pago de alimentos a la ofendida y a los hijos, si los hubiere, de acuerdo con lo dispuesto por las leyes civiles.

(ADICIONADA CON LOS ARTÍCULOS QUE LA INTEGRAN, P.O. 23 DE MARZO DE 2007)

SECCIÓN SEXTA
HOSTIGAMIENTO Y ACOSO SEXUAL

(ADICIONADO, P.O. 23 DE MARZO DE 2007)

Artículo 278 Bis. Comete el delito de hostigamiento sexual quien, valiéndose de una posición jerárquica derivada de la relación laboral, docente, doméstica o cualquiera otra que genere subordinación, asedie a otra persona, emitiéndole propuestas, utilice lenguaje lascivo con este fin o le solicite ejecutar cualquier acto de naturaleza sexual.

(REFORMADO, P.O. 30 DE DICIEMBRE DE 2013)

Artículo 278 Ter. Comete el delito de acoso sexual quien con respecto a una persona con la que no exista relación de subordinación, lleve a cabo conductas verbales, físicas o ambas, relacionadas con la sexualidad que la pongan en riesgo o le cause un daño o sufrimiento psicoemocional que lesione su dignidad.

(REFORMADO, P.O. 31 DE AGOSTO DE 2018)

Artículo 278 Quater. Al responsable del delito de hostigamiento sexual se le impondrán de seis meses a dos años de prisión y multa de cincuenta a trescientos días del valor diario de la Unidad de Medida y Actualización en el momento de la comisión del delito y será punible cuando se ocasione un daño o perjuicio en la posición laboral, docente, doméstica o de cualquier naturaleza que se derive de la subordinación de la persona agredida.

Al responsable del delito de acoso sexual se le impondrá multa de cincuenta a trescientos días del valor diario de la Unidad de Medida y Actualización en el momento de la comisión del delito.

Cuando la víctima sea mujer, en el caso del delito de acoso sexual, se impondrá además de la sanción pecuniaria señalada para tal efecto, de un mes a un año de prisión.

(REFORMADO, P.O. 8 DE NOVIEMBRE DE 2021)

A quien cometa el delito de acoso sexual en espacios públicos comunitarios, de libre acceso o en instalaciones o vehículos destinados al transporte público o de pasajeros, asedie o acose a una persona con fines lascivos expresándose de manera verbal o física mediante la realización de actos o acciones de tipo erótico o lujuriosas como caricias, manoseos y tocamientos corporales obscenos, persecución o captación de imágenes o videos a una persona sin su consentimiento, afectando o perturbando su derecho a la integridad y libre tránsito, causándole intimidación, degradación, humillación y un ambiente ofensivo, se le impondrá una pena de seis a diez años de prisión y multa de doscientas a cuatrocientas Unidades de Medida y Actualización.

(REFORMADO, P.O. 8 DE NOVIEMBRE DE 2021)

Cuando la víctima sea mujer, en el caso del delito de hostigamiento sexual, la sanción que corresponda se aumentará desde una tercera parte de la mínima y hasta dos terceras partes de la máxima.

(ADICIONADO, P.O. 8 DE NOVIEMBRE DE 2021)

Además, en ambos casos, se sujetará al agresor a un tratamiento integral para su reeducación y sensibilización conforme a las medidas establecidas en la Ley para el Acceso de las Mujeres a una Vida Libre de Violencia del Estado de Puebla.

(ADICIONADO, P.O. 23 DE MARZO DE 2007)

Artículo 278 Quinquies. Si la persona que comete estos delitos fuere servidor público y utilizase los medios o circunstancias que su función le proporciona para ejecutar el hostigamiento o el acoso sexual, además se le sancionará con la destitución e inhabilitación de seis meses a dos años para desempeñar cualquier empleo, cargo o comisión públicos.

(REFORMADO PRIMER PÁRRAFO, P.O. 8 DE FEBRERO DE 2023)

Artículo 278 Sexies. Si el sujeto pasivo del delito de hostigamiento sexual es menor de dieciocho años de edad, o estuviere privado de razón o de sentido, o por haberle administrado a la víctima alcohol, fármacos, narcóticos, sustancia toxica o cualquier otra sustancia, no tuviere la capacidad de comprender el significado del hecho o que por enfermedad o cualquier otra causa no pudiere oponer resistencia a los actos que lo constituyen, se le impondrá al responsable de seis a diez años de prisión y multa de cien a quinientas unidades de medida y actualización.

Si el sujeto pasivo del delito de acoso sexual es menor de dieciocho años de edad, o estuviere privado de razón o de sentido, o por haberle administrado a la víctima alcohol, fármacos, narcóticos, sustancia toxica o cualquier otra sustancia, no tuviere la capacidad de comprender el significado del hecho o que por enfermedad o cualquier otra causa no pudiere oponer resistencia a los actos que lo constituyen, se le impondrá al responsable de uno a tres años de prisión y multa de cien a quinientas unidades de medida y actualización.

(ADICIONADO, P.O. 23 DE MARZO DE 2007)

Artículo 278 Septies. En los supuestos a que se refiere el artículo anterior, los delitos se perseguirán de oficio. En los demás casos se procederá contra el responsable a petición de parte ofendida.

(ADICIONADA CON EL ARTÍCULO QUE LA INTEGRA, P.O. 30 DE DICIEMBRE DE 2013)

SECCIÓN SÉPTIMA
DISPOSICIONES COMUNES A DELITOS SEXUALES

(REFORMADO, P.O. 8 DE NOVIEMBRE DE 2021)

Artículo 278 Octies. Cualquier persona que tenga conocimiento de la comisión de alguno de los delitos sexuales siguientes: Corrupción y Pornografía de Menores e Incapaces o Personas que no Pudieren Resistir, contemplado en la fracción I del artículo 217, Pornografía de Menores e Incapaces, Ciberacoso, Violación a la Intimidad Sexual, Abuso Sexual, Estupro, Hostigamiento y Acoso Sexual, cometido contra niñas, niños y adolescentes, así como el delito de Violación, y no acuda a la autoridad competente para denunciar el hecho y evitar la continuación de la conducta será castigada de cuatro a catorce años de prisión.

(ADICIONADA CON EL ARTÍCULO QUE LO INTEGRA, P.O. 4 DE ABRIL DE 2019)

SECCIÓN OCTAVA
DELITO DE CIBERACOSO

(ADICIONADO, P.O. 4 DE ABRIL DE 2019)

Artículo 278 Nonies. Comete el delito de ciberacoso quien hostigue o amenace por medio de las nuevas Tecnologías de la Información y Telecomunicación (TICS), redes sociales, correo electrónico o cualquier espacio digital y cause un daño en la dignidad personal, o afecte la paz, la tranquilidad o la seguridad de las personas.

Se le impondrá la pena de once meses a tres años de prisión y multa de cincuenta a trescientos días del valor diario de la Unidad de Medida y Actualización en el momento de la comisión del delito.

Cuando la víctima sea menor de edad, se presumirá el daño a la dignidad por tratarse de una persona en desarrollo psicoemocional y físico y la sanción se aumentará desde una tercera parte de la mínima y hasta dos terceras partes de la máxima.

CAPÍTULO DUODÉCIMO
DELITOS CONTRA LA FAMILIA

SECCIÓN PRIMERA
DELITOS CONTRA EL ESTADO CIVIL

(REFORMADO PRIMER PÁRRAFO, P.O. 3 DE NOVIEMBRE DE 2021)

Artículo 279. Se impondrá de seis meses a seis años de prisión, y multa de cinco a cincuenta Unidades de Medida y Actualización, a quien, con el fin de alterar el estado civil de las personas, incurra en algunas de las infracciones siguientes:

I. Atribuir un niño recién nacido a mujer u hombre que no sean realmente sus padres, siempre que esto se haga en perjuicio de los verdaderos padres o del menor;

II. Inscribir en las oficinas del Registro del Estado Civil un nacimiento no verificado;

III. No presentar los padres a un hijo suyo al Registro del Estado Civil, con el propósito de hacerle perder su estado;

IV. Declarar los padres falsamente el fallecimiento de un hijo suyo;

V. Presentar el padre o la madre a un hijo suyo en el Registro Civil, ocultando los nombres de ellos mismos o manifestar que los padres son otras personas;

VI. Substituir a un niño por otro;

(REFORMADA, P.O. 31 DE DICIEMBRE DE 2012)

VII. Cometer ocultación de infante, rehusándose sin causa justificada, a hacer la entrega o presentación de un menor de siete años a la persona que tenga derecho a exigirla; y

VIII. Usurpar el estado civil de otro con el fin de adquirir derechos de familia que no corresponden al infractor.

(REFORMADO, P.O. 31 DE DICIEMBRE DE 2012)

Además de las sanciones indicadas, el sujeto activo perderá todo derecho de heredar que tuviere respecto de las personas a quienes, por la comisión del delito, perjudique en sus derechos de familia.

SECCIÓN SEGUNDA
BIGAMIA

(REFORMADO, P.O. 3 DE NOVIEMBRE DE 2021)

Artículo 280. Se impondrán de un mes a cinco años de prisión y multa de veinte a doscientas Unidades de Medida y Actualización al que, estando unido en matrimonio, contraiga otro matrimonio con las formalidades legales.

(REFORMADO, P.O. 1 DE JULIO DE 1994)

Artículo 281. Las mismas penas que señala el artículo anterior, se impondrán a la persona que contraiga matrimonio con el bígamo, si hubiere tenido conocimiento del matrimonio anterior.

Artículo 282. A los testigos y a las personas que intervengan en la celebración del nuevo matrimonio, a sabiendas de la vigencia legal del anterior, se les impondrá la mitad de las sanciones previstas en el artículo 280.

(REFORMADA SU DENOMINACIÓN, P.O. 2 DE SEPTIEMBRE DE 1998)

SECCIÓN TERCERA
SUSTRACCIÓN Y TRÁFICO DE MENORES

(REFORMADO, P.O. 30 DE DICIEMBRE DE 2013)

Artículo 283. Comete el delito de sustracción de menores:

I. El familiar de un menor de catorce años de edad que lo sustrajere de la custodia o guarda de quien de hecho o por derecho legítimamente la tuviere, sin la voluntad de esta última; y

II. El padre o la madre que compartiendo la guarda o custodia del menor de catorce años lo aleje del otro progenitor, de forma que a este último le sea imposible detentar su derecho de convivencia, guarda o custodia.

(ADICIONADO, P.O. 13 DE DICIEMBRE DE 2004)

Artículo 283 Bis. También comete el delito de sustracción de menores el ascendiente, pariente colateral o afín hasta el cuarto grado que retenga a un menor en los siguientes casos:

I. Cuando haya perdido la patria potestad o ejerciendo ésta se encuentre suspendido o limitado;

II. Que no tenga la guarda y custodia provisional o definitiva o la tutela sobre él;

III. Que no permita las convivencias decretadas por resolución judicial o estipuladas en convenio, y

IV. Que teniendo la guarda y custodia compartida, no devuelva al menor en los términos de la resolución que se haya dictado para ello o del convenio signado entre las partes que legalmente pueden acordar respecto de la guarda y convivencia.

(REFORMADO PRIMER PÁRRAFO, P.O. 3 DE NOVIEMBRE DE 2021)

Artículo 283 Ter. A los responsables del delito previsto en los artículos 283 y 283 Bis de este Código, se les aplicarán de dos a cinco años de prisión y multa de cien a mil días de salario; pero si antes de dictarse sentencia, los acusados entregaren al menor o menores de que se trataren, a quien legalmente correspondieren la custodia o guarda de los mismos, la prisión será hasta de un año y multa de cien a quinientas Unidades de Medida y Actualización.

(ADICIONADO, P.O. 13 DE DICIEMBRE DE 2004)

Este delito se perseguirá por querella.

(REFORMADO PRIMER PÁRRAFO, P.O. 3 DE NOVIEMBRE DE 2021)

Artículo 284. Al que contando con el consentimiento de un ascendiente que ejerciere la patria potestad sobre un menor de catorce años de edad o de quien lo tuviere legalmente bajo su cuidado, lo entregare a un tercero para su custodia o para otorgarle derechos de familia que no le correspondieren, se le aplicarán de uno a tres años de prisión y multa de veinte a doscientas Unidades de Medida y Actualización; estas sanciones se aumentarán hasta en dos tantos, cuando el inculpado cometiere el delito a cambio de un beneficio económico.

(REFORMADO, P.O. 2 DE SEPTIEMBRE DE 1998)

Las mismas sanciones se impondrán a los terceros que recibieren al menor y a las personas que otorgaren su consentimiento, a quienes además se privará de los derechos de patria potestad, tutela o custodia, en su caso; pero si se acreditare que quien recibió al menor lo hizo con el propósito de incorporarlo a su núcleo familiar y otorgarle los beneficios propios de tal incorporación, las penas se le reducirán hasta la mitad de lo previsto en el primer párrafo.

(ADICIONADA CON LOS ARTÍCULOS QUE LA INTEGRAN, P.O. 29 DE SEPTIEMBRE DE 2003)

SECCIÓN CUARTA
VIOLENCIA FAMILIAR

(REFORMADO PRIMER PÁRRAFO, P.O. 27 DE NOVIEMBRE DE 2014)

Artículo 284 Bis. Se considera como violencia familiar la agresión física, moral o patrimonial de manera individual o reiterada que se ejercita en contra de un miembro de la familia por otro integrante de la misma, con la afectación a la integridad física o psicológica o de ambas, independientemente de que puedan producir afectación orgánica.

(REFORMADO, P.O. 27 DE NOVIEMBRE DE 2014)

Comete el delito de violencia familiar el cónyuge; la cónyuge; concubino; concubina; pariente consanguíneo en línea recta sin limitación de grado; pariente colateral consanguíneo o por afinidad, hasta el cuarto grado; adoptado; adoptante; madrastra; padrastro; hijastra; hijastro; pupilo; pupila o tutor que intencionalmente incurra en la conducta descrita en el párrafo anterior, contra cualquier integrante de la familia que se encuentre habitando en la misma casa de la víctima. En el caso de que el pasivo sea mujer, debe entenderse que el delito de violencia familiar es el acto abusivo de poder u omisión intencional, dirigido a dominar, someter, controlar o agredir de manera física, verbal, psicológica, patrimonial, económica y sexual a las mujeres dentro o fuera del domicilio familiar, cuyo agresor tenga o haya tenido relación de parentesco por consanguinidad o afinidad de matrimonio, concubinato o mantenga o hayan mantenido una relación de hecho.

(REFORMADO, P.O. 23 DE JUNIO DE 2022)

A quien cometa el delito de violencia familiar, se le impondrán de dos a ocho años de prisión y multa de cincuenta hasta doscientas veces el valor diario de la Unidad de Medida y Actualización en el momento de la comisión del delito; y estará sujeto a tratamiento integral para su rehabilitación por un tiempo que no rebase la sanción privativa de la libertad que se haya impuesto, así como la pérdida de la patria potestad, de los derechos hereditarios y de alimentos.

(REFORMADO, P.O. 23 DE JUNIO DE 2022)

La penalidad descrita en el párrafo anterior se aumentará hasta en una mitad, en caso de que la víctima sea mayor de setenta años, niña, niño o adolescentes, personas con discapacidad, o mujer en periodo de gestación.

(ADICIONADO, P.O. 3 DE AGOSTO DE 2022)

Independientemente de lo establecido en el párrafo anterior, la pena podrá incrementarse hasta en un tercio, cuando de cometerse en contra de una niña, niño o adolescente, se realice utilizándoles como instrumento para causar daño a la madre.

(ADICIONADO, P.O. 29 DE SEPTIEMBRE DE 2003)

La Autoridad Judicial y el Ministerio Público, en su caso, dictará las medidas necesarias para el tratamiento psicoterapéutico del agresor y de la víctima, ordenando cuando sea procedente las medidas apropiadas para salvaguardar la integridad de sus familiares.

(REFORMADO PRIMER PÁRRAFO, P.O. 10 DE MARZO DE 2021)

Artículo 284 Ter. Se equipara al delito de violencia familiar y se sancionará como tal, a quien abusando de la confianza depositada o de una relación de cualquier índole con la víctima, ejecute conductas que entrañen el uso de la violencia física o moral en contra de persona mayor de setenta años, o que la víctima sea una niña, niño o adolescente.

(ADICIONADO, P.O. 29 DE SEPTIEMBRE DE 2003

Las sanciones señaladas en esta sección se aumentarán a las que correspondan por cualquier otro delito que resulte cometido.

Artículo 284 Quater. El delito de violencia familiar se perseguirá de oficio.

(REFORMADO [N. DE E. ADICIONADO CON SUS FRACCIONES], P.O. 10 DE MARZO DE 2021)

En los casos previstos en los artículos 284 Bis y 284 Ter, el restablecimiento indemnatos procederá cuando, a satisfacción del Ministerio Público se reúnan las condiciones siguientes:

I. El conocimiento y la aceptación del sujeto activo de la posibilidad de la extinción de la acción penal previa la garantía o reparación del daño de forma integral a la víctima;

II. Se establezcan las condiciones para asegurar la integridad de la persona agraviada, y

III. La reeducación de la persona agresora con perspectiva de género en institución pública debidamente acreditada.

(REFORMADO [N. DE E. ADICIONADO], P.O. 10 DE MARZO DE 2021)

La fracción III de este artículo implica que el sujeto activo asista a los programas de reeducación que impartan los Centros de Reeducación para personas agresoras, conforme sus modelos de atención, previamente acreditados.

(REFORMADO [N. DE E. ADICIONADO], P.O. 10 DE MARZO DE 2021)

Una vez cumplidas las condiciones convenidas ante el Ministerio Público, incluida la reeducación del sujeto activo en la forma en que establece este artículo, procederán los efectos del restablecimiento indemnatos.

(REFORMADO [N. DE E. ADICIONADO], P.O. 10 DE MARZO DE 2021)

Lo anterior no se aplicará a víctimas con dictamen psicológico que revelen sometimiento psicológico respecto de su agresor, niñas, niños y adolescentes, mujeres embarazadas, personas con discapacidad ni mayores de sesenta años.

CAPÍTULO DECIMOTERCERO INFRACCIONES A LAS LEYES Y REGLAMENTOS SOBRE INHUMACIONES Y EXHUMACIONES

(REFORMADO PRIMER PÁRRAFO, P.O. 3 DE NOVIEMBRE DE 2021)

Artículo 285. Se impondrá prisión de ocho días a seis meses y multa de una a diez Unidades de Medida y Actualización:

I. Al que sepulte o mande sepultar un cadáver sin la orden de la autoridad que deba darla, o sin los requisitos que exijan los Códigos Civil y Sanitario, o las leyes especiales;

II. Al que exhume un cadáver sin los requisitos legales;

III. Al que oculte un cadáver.

(REFORMADO PRIMER PÁRRAFO, P.O. 3 DE NOVIEMBRE DE 2021)

Artículo 286. Se impondrá prisión de tres meses a dos años, y multa de cinco a cincuenta Unidades de Medida y Actualización, a quien sin la licencia correspondiente sepulte o mande sepultar, o incinere o mande incinerar, el cadáver de una persona a la que se le haya dado muerte violenta o que haya fallecido a consecuencia de golpes, heridas u otras lesiones, si el reo sabía esta circunstancia.

Artículo 287. En el supuesto previsto por el artículo anterior, no se aplicará sanción a los ascendientes o descendientes, cónyuge o hermanos del responsable del homicidio.

(REFORMADO PRIMER PÁRRAFO, P.O. 3 DE NOVIEMBRE DE 2021)

Artículo 288. Se impondrán de seis meses a tres años de prisión y multa de tres a treinta Unidades de Medida y Actualización:

I. Al que destruya un túmulo, un sepulcro, una sepultura o féretro, sin causa legítima; y

II. Al que ejecute en un cadáver o restos humanos, actos de vilipendio, mutilación, obscenidad o brutalidad.

Artículo 289. Si en los casos previstos en el artículo anterior se cometiere otro delito, se impondrán las sanciones correspondientes a éste, sin perjuicio de las que señala el mismo precepto. No se considerará como profanación el hecho de sujetar un cadáver a investigaciones científicas, previa la autorización y con el cuidado debidos.

CAPÍTULO DECIMOCUARTO
DELITOS CONTRA LA PAZ, LA SEGURIDAD Y LAS GARANTÍAS DE LAS PERSONAS

SECCIÓN PRIMERA
AMENAZAS

(REFORMADO PRIMER PÁRRAFO, P.O. 3 DE NOVIEMBRE DE 2021)

Artículo 290. Se impondrá de seis meses a dos años de prisión y multa de cinco a veinte Unidades de Medida y Actualización:

I. Al que por cualquier medio amenace a otro con causarle un mal en su persona, honor, bienes o derechos o en la persona, honor, bienes o derechos de su cónyuge o persona con quien viva en la situación prevista en el artículo 297 del Código Civil, o de un ascendiente, descendiente o hermano suyo, o persona con quien se encuentre ligado por afecto, gratitud o amistad; y

II. Al que, por medio de amenazas de cualquier género, trate de impedir que otro ejecute lo que tiene derecho a hacer.

(REFORMADO, P.O. 11 DE OCTUBRE DE 2012)

Dicha penalidad se aumentará hasta en una mitad, si la edad de la o el agraviado es mayor de 70 años. El delito de amenazas se perseguirá a petición de parte.

Artículo 291. Si el amenazador cumple su amenaza, se acumulará a la sanción de ésta, la del delito que resulte.

Artículo 292. Si el amenazador consigue lo que se proponía, se observarán las reglas siguientes:

I. Si lo que exigió y recibió fue dinero, o algún documento o cosa estimable en dinero, se le aplicará la sanción del robo con violencia, independientemente de la restitución de lo que hubiere recibido;

II. Si exigió que el amenazado cometiera un delito, se acumulará a la sanción de la amenaza la que le corresponda por su participación en el delito que resulte; y

III. Si lo que exigió fue que el amenazado dejara de ejecutar un acto lícito, se le impondrá el doble de la sanción correspondiente a la amenaza.

(ADICIONADO, P.O. 27 DE NOVIEMBRE DE 2014)

Artículo 292 Bis. Comete el delito de extorsión el que con ánimo de conseguir un lucro o provecho, amenazare a otro por cualquier medio con la finalidad de causar daños morales, físicos o patrimoniales, que afecten al amenazado o a persona física o jurídica con quien éste tuviere relaciones de cualquier orden que lo determinen a protegerlos.

(REFORMADO, P.O. 3 DE NOVIEMBRE DE 2021)

Al culpable de este delito se le impondrán de dos a diez años de prisión y multa de cien a mil Unidades de Medida y Actualización.

Si el o los responsables del delito son o fueron servidores públicos o miembros de una institución de seguridad privada que en razón de su función utilizasen los medios o circunstancias que ésta le proporciona para la comisión del delito, se aumentará en dos tercios la pena que corresponda. Se impondrá además en el primer caso, la destitución del empleo, cargo o comisión público; en el segundo supuesto se estará a lo previsto en las leyes aplicables.

SECCIÓN SEGUNDA
ALLANAMIENTO DE MORADA

(REFORMADO PRIMER PÁRRAFO, P.O. 3 DE NOVIEMBRE DE 2021)

Artículo 293. Al que sin motivo justificado, sin orden de autoridad competente y fuera de los casos en que la ley lo permitiere, se introdujere furtivamente, o con engaños o con violencia o sin permiso de la persona autorizada para darlo, a un departamento, vivienda, habitación, aposento, o dependencia de una casa habitación, se le impondrá de dos meses a cuatro años de prisión y multa de diez a cincuenta Unidades de Medida y Actualización.

(REFORMADO, P.O. 11 DE OCTUBRE DE 2012)

La penalidad se aumentará hasta en una mitad, cuando la o el agraviado tenga más de 70 años de edad. En el delito de allanamiento de morada será necesaria la formulación de la querella de la parte ofendida.

SECCIÓN TERCERA
ASALTO Y ATRACO

Artículo 294. Comete el delito de asalto el que, en despoblado o en paraje solitario, hace uso de la violencia contra una persona con el propósito de causarle un mal o de exigir su asentimiento para cualquier fin, cualesquiera que sean los medios y el grado de violencia que emplee, e independientemente del hecho delictuoso que resulte cometido.

Artículo 295. Se comete el delito de atraco cuando los hechos a que se refiere el artículo anterior, se realicen en una calle o suburbio de una ciudad, de un pueblo o ranchería.

(REFORMADO, P.O. 3 DE NOVIEMBRE DE 2021)

Artículo 296. Por la comisión del delito de asalto o del delito de atraco, se impondrá prisión de ocho a veinte años y multa de cincuenta a quinientas Unidades de Medida y Actualización, independientemente de las penas que correspondan por cualquier otro hecho delictuoso, que resulte cometido al mismo tiempo o con motivo de ellos.

(REFORMADO, P.O. 3 DE NOVIEMBRE DE 2021)

Artículo 297. Si los delitos a que se refieren los artículos 294 y 295, se realizaren de noche o si el asaltante o atracador estuviere armado, o si aquellos delitos se cometieren por varias personas conjuntamente, la prisión será de doce a veinticinco años y multa de cien a mil Unidades de Medida y Actualización, independientemente de las penas que correspondan por cualquier otro hecho delictuoso que resulte cometido al mismo tiempo o con motivo de ellos.

(REFORMADO, P.O. 24 DE ABRIL DE 1990)

Artículo 298. Cuando dos o más salteadores atacaren una población, se impondrán de quince a cincuenta años de prisión a los cabecillas o jefes, y de doce a cuarenta años a los demás, sin perjuicio de aplicar las reglas de acumulación por cualesquiera otros delitos que resultaren cometidos.

SECCIÓN CUARTA
PRIVACIÓN ILEGAL DE LIBERTAD

(REFORMADO PRIMER PÁRRAFO, P.O. 3 DE NOVIEMBRE DE 2021)

Artículo 299. Se impondrá prisión de uno a tres años y multa de tres a cien Unidades de Medida y Actualización:

I. Al particular que ilegalmente y sin orden de autoridad competente prive a otro de su libertad;

II. (DEROGADA, P.O. 31 DE DICIEMBRE DE 2012)

(ADICIONADO, P.O. 11 DE OCTUBRE DE 2012)

La penalidad se aumentará hasta en una mitad, cuando la o el agraviado tenga más de 70 años de edad.

Artículo 300. Si la detención a que se refiere la fracción I del artículo anterior, excediere de dos días, la sanción de prisión se aumentará un mes más por cada día que la detención excediere de ese tiempo.

(REFORMADO [N. DE E. ADICIONADO], P.O. 25 DE NOVIEMBRE DE 2013)

Artículo 301. Al que prive a otro de su libertad, con el propósito de realizar un acto sexual, se le impondrá de uno a cinco años de prisión.

Si dentro de las veinticuatro horas siguientes, el autor del delito restituye la libertad a la víctima, sin haber practicado el acto sexual, la sanción será de tres meses a tres años de prisión.

(ADICIONADO, P.O. 25 DE NOVIEMBRE DE 2013)

Artículo 301 Bis. La privación de la libertad con el propósito de realizar un acto sexual se perseguirá por querella de la parte ofendida.

SECCIÓN QUINTA
PLAGIO Y SECUESTRO

(REFORMADO PRIMER PÁRRAFO, P.O. 3 DE NOVIEMBRE DE 2021)

Artículo 302. Se impondrán de dieciocho a cincuenta años de prisión y multa de cien a mil Unidades de Medida y Actualización, cuando la detención arbitraria tenga el carácter de plagio o secuestro, en alguna de las formas siguientes:

(REFORMADA, P.O. 14 DE MARZO DE 2003)

I. Cuando se trate de obtener beneficio económico o en especie, bajo amenaza de causar daños y perjuicios al plagiado o a otras personas relacionadas con éste;

(REFORMADA, P.O. 14 DE MARZO DE 2003)

II. Cuando al perpetrarse el plagio o secuestro o mientras dura la privación arbitraria de la libertad, se haga uso de amenaza (sic) graves, de maltrato y de tormento;

III. Cuando la detención se haga en camino público o en paraje solitario; y

IV. Cuando los plagiarios obren en grupo o banda.

(REFORMADA, P.O. 2 DE SEPTIEMBRE DE 1998)

V. Cuando se cometa robo de infante.

(DEROGADO ÚLTIMO PÁRRAFO, P.O. 31 DE DICIEMBRE DE 2008)

(REFORMADO PRIMER PÁRRAFO, P.O. 3 DE NOVIEMBRE DE 2021)

Artículo 302 Bis. Se impondrá de treinta años de prisión a prisión vitalicia y multa de cuatro mil a ocho mil Unidades de Medida y Actualización, si en la privación de la libertad a que se hace referencia el artículo 302 concurre alguna o algunas de las circunstancias siguientes:

(REFORMADO, P.O. 31 DE DICIEMBRE DE 2008)

a) Que el autor sea o haya sido integrante de alguna institución de seguridad pública, o se ostente como tal sin serlo;

(REFORMADO, P.O. 31 DE DICIEMBRE DE 2008)

b) Que la víctima sea menor de dieciocho años de edad, mayor de sesenta años de edad, mujer o que por cualquier otra circunstancia se encuentre en inferioridad física o mental respecto de quien ejecuta la privación de la libertad;

(REFORMADO, P.O. 31 DE DICIEMBRE DE 2008)

c) Que a la víctima del secuestro se le cause alguna lesión de las previstas en los artículos 307 y 308 fracciones III, IV y V de este Código; o

(REFORMADO, P.O. 31 DE DICIEMBRE DE 2008)

d) Que la víctima padezca una enfermedad crónica o grave o tenga una discapacidad que requiera de cuidados especiales; o que padezca una enfermedad que requiera del suministro de medicamentos, radiaciones o la evaluación mediante exámenes de laboratorio químico en su persona y que de ser suspendido alteren su salud o pongan en peligro su vida.

(REFORMADO, P.O. 3 DE NOVIEMBRE DE 2021)

Artículo 302 Ter. Si el secuestrado fallece en el tiempo en que se encuentra privado de la libertad, por causas directamente relacionadas con el ilícito que se comete en su contra, o es privado de la vida por su o sus secuestradores, se impondrán de cuarenta años de prisión a prisión vitalicia y multa de seis mil a doce mil Unidades de Medida y Actualización.

(REFORMADO, P.O. 31 DE DICIEMBRE DE 2008)

Artículo 303. Si espontáneamente se libera al secuestrado dentro de los tres días siguientes a la privación de la libertad, sin lograr alguno de los propósitos a que se refieren las fracciones I y II del artículo 302 y sin haberle causado daños, la pena será de cuatro a ocho años de prisión y de cien a trescientos días de multa.

(REFORMADO, P.O. 31 DE DICIEMBRE DE 2008)

Artículo 304. Para efectos de la fracción V del artículo 302, comete el delito de robo de infante la persona que, sin ser su familiar, se apodere de un menor de catorce años, sin derecho; sin consentimiento de la persona que ejerciere la patria potestad, la tutela, la custodia o la guarda sobre el mismo; mediante engaño o aprovechándose de un error.

(ADICIONADA CON LOS ARTÍCULOS QUE LO INTEGRAN, P.O. 4 DE ENERO DE 2012)

SECCIÓN SEXTA
DESAPARICIÓN FORZADA DE PERSONAS

(NOTA: EL 18 DE ENERO DE 2021, EL PLENO DE LA SUPREMA CORTE DE JUSTICIA DE LA NACIÓN, EN LOS APARTADOS VI Y VII, ASÍ COMO EN EL RESOLUTIVO SEGUNDO DE LA SENTENCIA DICTADA AL RESOLVER LA ACCIÓN DE INCONSTITUCIONALIDAD 138/2019, DECLARÓ LA INVALIDEZ DE ESTE ARTÍCULO, LA CUAL SURTIÓ EFECTOS RETROACTIVOS AL 9 DE NOVIEMBRE DE 2019, FECHA EN LA QUE ENTRÓ EN VIGOR EL DECRETO IMPUGNADO, DE ACUERDO A LAS CONSTANCIAS QUE OBRAN EN LA SECRETARÍA GENERAL DE ACUERDOS DE LA SUPREMA CORTE DE JUSTICIA DE LA NACIÓN. DICHA SENTENCIA PUEDE SER CONSULTADA EN LA DIRECCIÓN ELECTRÓNICA http://www2.scjn.gob.mx/).

(REFORMADO, P.O. 8 DE NOVIEMBRE DE 2019)

Artículo 304 Bis. Comete el delito de desaparición forzada de personas.

I. El servidor público o el particular que, con la autorización, el apoyo o la aquiescencia de un servidor público, prive de la libertad en cualquier forma a una persona, seguida de la abstención o negativa a reconocer dicha privación de la libertad o a proporcionar la información sobre la misma o su suerte, destino o paradero.

II. El servidor público, o el particular que, con la autorización, el apoyo o la aquiescencia de un servidor público, oculte o se niegue a proporcionar información sobre la privación de la libertad de una persona o sobre el paradero de una persona detenida, u oculte a una persona detenida en cualquier forma.

III. El servidor público o particular que omita entregar a la autoridad o Familiares al nacido de una víctima del delito de desaparición forzada de personas durante el periodo de ocultamiento, a sabiendas de tal circunstancia.

IV. El servidor público o particular que sin haber participado directamente en la comisión del delito de desaparición forzada de personas, retenga o mantenga oculto a la niña o niño que nazca durante el periodo de desaparición de la madre, a sabiendas de tal circunstancia.

A las personas que incurran en las conductas previstas en las fracciones I y II se impondrá pena de cuarenta a sesenta años de prisión, y de diez mil a veinte mil unidades de medida y actualización; las personas que incurran en la conducta prevista en la fracción III se impondrá pena de veinte a treinta años de prisión y de quinientos a ochocientas unidades de medida y actualización y las personas que cometa (sic), la conducta prevista en el (sic) fracción IV se impondrá pena de veinticinco a treinta y cinco años de prisión.

Adicionalmente, cuando el responsable tenga el carácter de servidor público, se impondrá la destitución e inhabilitación, según corresponda, para el desempeño de cualquier cargo, empleo o comisión pública, hasta dos veces el mismo lapso de la privación de la libertad impuesta, a partir de que se cumpla con la pena de prisión.

Los superiores jerárquicos serán considerados autores del delito de desaparición forzada de personas en los términos de lo previsto en este artículo.

(NOTA: EL 18 DE ENERO DE 2021, EL PLENO DE LA SUPREMA CORTE DE JUSTICIA DE LA NACIÓN, EN LOS APARTADOS VI Y VII, ASÍ COMO EN EL RESOLUTIVO SEGUNDO DE LA SENTENCIA DICTADA AL RESOLVER LA ACCIÓN DE INCONSTITUCIONALIDAD 138/2019, DECLARÓ LA INVALIDEZ DE ESTE ARTÍCULO, LA CUAL SURTIÓ EFECTOS RETROACTIVOS AL 9 DE NOVIEMBRE DE 2019, FECHA EN LA QUE ENTRÓ EN VIGOR EL DECRETO IMPUGNADO, DE ACUERDO A LAS CONSTANCIAS QUE OBRAN EN LA SECRETARÍA GENERAL DE ACUERDOS DE LA SUPREMA CORTE DE JUSTICIA DE LA NACIÓN. DICHA SENTENCIA PUEDE SER CONSULTADA EN LA DIRECCIÓN ELECTRÓNICA http://www2.scjn.gob.mx/).

(REFORMADO, P.O. 8 DE NOVIEMBRE DE 2019)

Artículo 304 Ter. Son circunstancias que aumentan o disminuyen la pena las siguientes:

I. Las sanciones para el delito de desaparición forzada de personas previstas en este Código, pueden ser aumentadas hasta en una mitad cuando:

a) Durante o después de la desaparición, la Persona Desaparecida muera debido a cualquier alteración de su salud que sea consecuencia de dicha desaparición, o por enfermedad previa que no hubiere sido atendida en forma adecuada por los autores o partícipes del delito;

b) La Persona Desaparecida sea niña, niño o adolescente, mujer, mujer embarazada, persona con discapacidad o persona mayor;

c) La condición de persona migrante o afrodescendiente, la pertenencia a un pueblo o comunidad indígena o cualquier otro equiparable, sea la motivación para cometer el delito;

d) La identidad de género o la orientación sexual de la víctima sea la motivación para cometer el delito;

e) La persona haya sido desaparecida por su actividad como defensora de derechos humanos;

f) La persona haya sido desaparecida en razón de su labor como periodista;

g) La Persona Desaparecida sea integrante de las Instituciones de Seguridad Pública;

h) El o los autores tengan vínculos de parentesco, amistad, relación laboral o de confianza con la víctima, o

i) Los delitos se realicen con el propósito de impedir que las autoridades competentes conozcan de la comisión de otros delitos.

II. Las sanciones para el delito de desaparición forzada de personas previstas en este Código, pueden ser disminuidas, conforme lo siguiente:

a) Si los autores o partícipes liberan a la víctima espontáneamente dentro de los diez días siguientes a la desaparición, disminuirán hasta en una mitad;

b) Si los autores o partícipes proporcionan información efectiva que conduzca a la localización con vida de la Persona Desaparecida, disminuirán hasta en una tercera parte;

c) Si los autores o partícipes proporcionan información efectiva que conduzca a la localización del cadáver o los restos humanos de la Persona Desaparecida, disminuirán hasta en una cuarta parte, y

d) Si los autores o partícipes proporcionan información efectiva que permita esclarecer los hechos o identificar a los responsables, disminuirán hasta en una quinta parte.

(NOTA: EL 18 DE ENERO DE 2021, EL PLENO DE LA SUPREMA CORTE DE JUSTICIA DE LA NACIÓN, EN LOS APARTADOS VI Y VII, ASÍ COMO EN EL RESOLUTIVO SEGUNDO DE LA SENTENCIA DICTADA AL RESOLVER LA ACCIÓN DE INCONSTITUCIONALIDAD 138/2019, DECLARÓ LA INVALIDEZ DE ESTE ARTÍCULO, LA CUAL SURTIÓ EFECTOS RETROACTIVOS AL 9 DE NOVIEMBRE DE 2019, FECHA EN LA QUE ENTRÓ EN VIGOR EL DECRETO IMPUGNADO, DE ACUERDO A LAS CONSTANCIAS QUE OBRAN EN LA SECRETARÍA GENERAL DE ACUERDOS DE LA SUPREMA CORTE DE JUSTICIA DE LA NACIÓN. DICHA SENTENCIA PUEDE SER CONSULTADA EN LA DIRECCIÓN ELECTRÓNICA http://www2.scjn.gob.mx/).

(ADICIONADO, P.O. 8 DE NOVIEMBRE DE 2019)

Artículo 304 Ter 1. El ejercicio de la acción penal y la ejecución de sanciones penales que se impongan judicialmente, para los delitos de desaparición forzada de personas y de desaparición cometida por particulares; son imprescriptibles y no están sujetos a criterios de oportunidad ni a formas de solución alterna al proceso u otras de similar naturaleza.

(ADICIONADA CON LOS ARTÍCULOS QUE LA INTEGRAN, P.O. 4 DE AGOSTO DE 2016)

SECCIÓN SÉPTIMA
VIOLENCIA EN EVENTOS DEPORTIVOS O DE ESPECTÁCULO

(ADICIONADO, P.O. 4 DE AGOSTO DE 2016)

Artículo 304 Quater. Comete el delito de violencia en eventos deportivos o de espectáculo quien, sin ser juez, jugador o parte del cuerpo técnico de los equipos contendientes en eventos deportivos que se lleven a cabo conforme la normativa de los organismos rectores del deporte, o quien, en otro tipo de espectáculo, encontrándose en el interior de los recintos donde se celebre el evento, en sus instalaciones anexas, en sus inmediaciones o en los medios de transporte organizados para acudir a los mismos, realice cualquiera de las siguientes conductas:

(REFORMADA, P.O. 3 DE NOVIEMBRE DE 2021)

I. Lance objetos contundentes que por sus características pongan en riesgo la salud o la integridad de las personas. En este supuesto, se impondrán de seis meses a dos años de prisión y multa de cinco a treinta Unidades de Medida y Actualización;

(REFORMADA, P.O. 3 DE NOVIEMBRE DE 2021)

II. Ingrese sin autorización a los terrenos de juego o áreas del desarrollo del espectáculo y agreda a las personas o cause daños materiales, y se le sancionará de seis meses a tres años de prisión y multa de diez a cuarenta Unidades de Medida y Actualización;

(REFORMADA, P.O. 3 DE NOVIEMBRE DE 2021)

III. Participe activamente en riñas, lo que se sancionará de seis meses a cuatro años de prisión y multa de diez a sesenta Unidades de Medida y Actualización;

IV. Incite o genere violencia; se considera incitador a quien dolosamente determine a otro u otros para que participen en riñas o agresiones físicas a las personas o los bienes;

V. Cause daños materiales en los bienes muebles o inmuebles que se encuentren en el propio recinto deportivo o del espectáculo, en sus instalaciones anexas o en las inmediaciones; o

VI. Introduzca al recinto o a sus instalaciones anexas, armas de fuego, explosivos o cualquier arma prohibida en términos de las leyes aplicables.

(REFORMADO, P.O. 3 DE NOVIEMBRE DE 2021)

A quien incurra en las conductas previstas en las fracciones IV, V y VI de este artículo, se le impondrá de dos a cuatro años de prisión y multa de veinte a noventa Unidades de Medida y Actualización.

Las personas que, directa o indirectamente, realicen las conductas previstas en este artículo serán puestas inmediatamente a disposición de las autoridades competentes, para que se investigue su comisión o participación en el hecho y se garantice la reparación del daño.

(ADICIONADO, P.O. 4 DE AGOSTO DE 2016)

Artículo 304 Quinquies. A quien resulte responsable de los delitos previstos en el artículo 304 Quater, se le impondrá también la suspensión del derecho a asistir a eventos deportivos masivos u otro tipo de espectáculo, por un plazo equivalente a la sanción de prisión que le resulte impuesta.

Las sanciones aplicables a los delitos a que se refiere la presente Sección, serán sin perjuicio de las que correspondan por la comisión de diverso delito.

CAPÍTULO DECIMOQUINTO
DELITOS CONTRA LA VIDA Y LA INTEGRIDAD CORPORAL

SECCIÓN PRIMERA
LESIONES

Artículo 305. Comete el delito de lesiones, el que causa a otro un daño que altere su salud física o mental o que deje huella material en el lesionado.

Artículo 306. Al que infiera una lesión que no ponga en peligro la vida del ofendido, se le impondrán:

(REFORMADA, P.O. 3 DE NOVIEMBRE DE 2021)

I. De quince días a ocho meses de prisión o multa de cinco a veinte Unidades de Medida y Actualización o ambas sanciones, a juicio de la autoridad judicial, cuando la lesión tardare en sanar menos de quince días, y

(REFORMADA, P.O. 3 DE NOVIEMBRE DE 2021)

II. De seis meses a dos años de prisión y multa de diez a cincuenta Unidades de Medida y Actualización, si la lesión tardare en sanar quince días o más.

(REFORMADO, P.O. 13 DE OCTUBRE DE 2020)

En ambos supuestos, se procederá contra el agresor por querella de la parte ofendida y de oficio si las lesiones son inferidas durante una emergencia sanitaria, epidemia o pandemia a personas que se desempeñen en los servicios de salud; médicos, personal de enfermería, demás profesionales similares y auxiliares del sector salud, privado o público. En estos casos las sanciones previstas en las fracciones I y II se duplicarán.

(ADICIONADO, P.O. 25 DE MARZO DE 2009)

Si las lesiones previstas por este artículo, constituyen el medio para la comisión de los delitos previstos por la Sección Cuarta del Capítulo Duodécimo del Libro Segundo de este Código, no se aplicará lo dispuesto en el párrafo anterior.

Artículo 307. Al que infiera lesiones que pongan en peligro la vida, se le sancionará con tres a seis años de prisión, salvo lo dispuesto en el artículo siguiente.

Artículo 308. Por lo que hace a las consecuencias de las lesiones inferidas, se observarán las siguientes disposiciones:

(REFORMADA, P.O. 3 DE NOVIEMBRE DE 2021)

I. Se impondrá prisión de dos a cinco años y multa de diez a cien Unidades de Medida y Actualización, al que infiera una lesión que deje al ofendido cicatriz permanente notable en la cara, orejas o cuello.

(REFORMADA, P.O. 3 DE NOVIEMBRE DE 2021)

II. Se impondrán de tres a seis años de prisión y multa de veinte a doscientas Unidades de Medida y Actualización, al que a sabiendas de que una mujer estuviere embarazada, le infiriere lesiones que pusieren en peligro la vida del producto.

(REFORMADA, P.O. 3 DE NOVIEMBRE DE 2021)

III. Se impondrán de cuatro a siete años de prisión y multa de veinticinco a doscientas Unidades de Medida y Actualización, al que infiriere una lesión que perturbare para siempre la vista, o disminuyere la facultad de oír, entorpeciere o debilitare permanentemente una mano, un pie, un brazo, una pierna, o cualquier otro órgano, el uso de la palabra, o de las facultades mentales.

(REFORMADO [N. DE E. ESTE PÁRRAFO], P.O. 3 DE NOVIEMBRE DE 2021)

IV. Se impondrán de cinco a ocho años de prisión y multa de treinta a trescientas Unidades de Medida y Actualización, al que contagiare, provocare un daño o infiriere una lesión de los que resultare:

(REFORMADO, P.O. 2 DE SEPTIEMBRE DE 1998)

a) Una enfermedad no mortal, segura o probablemente incurable;

(REFORMADO, P.O. 2 DE SEPTIEMBRE DE 1998)

b) La inutilización completa o pérdida de un ojo, de una mano, de un brazo, de una pierna, o de un pie;

(REFORMADO, P.O. 2 DE SEPTIEMBRE DE 1998)

c) Sordera del ofendido;

(REFORMADO, P.O. 2 DE SEPTIEMBRE DE 1998)

d) Alguna deformidad incorregible, o

(REFORMADO, P.O. 2 DE SEPTIEMBRE DE 1998)

e) En general, la inutilización de un órgano cualquiera o la alteración permanente de alguna función orgánica.

(REFORMADO [N. DE E. ESTE PÁRRAFO], P.O. 3 DE NOVIEMBRE DE 2021)

V. Se impondrán de seis a diez años de prisión y multa de cincuenta a quinientas Unidades de Medida y Actualización, al que contagiare, provocare un daño o infiriere una lesión, a consecuencia de la cual resultare para el ofendido:

(ADICIONADO, P.O. 2 DE SEPTIEMBRE DE 1998)

a) Incapacidad permanente para trabajar;

(ADICIONADO, P.O. 2 DE SEPTIEMBRE DE 1998)

b) Enajenación mental;

(ADICIONADO, P.O. 2 DE SEPTIEMBRE DE 1998)

c) Pérdida de la vista, del habla o de las funciones sexuales, o

(ADICIONADO, P.O. 2 DE SEPTIEMBRE DE 1998)

d) Incapacidad para engendrar o concebir.

(REFORMADO, P.O. 8 DE NOVIEMBRE DE 2019)

Artículo 309. Las sanciones que corresponda imponer conforme a los artículos precedentes, se aumentarán en una tercera parte de la pena máxima, cuando la víctima sea una mujer, o la lesión sea motivada por razones de género, o en el caso de los hombres cuando sean menores de catorce años, así como cuando se cometan en agravio de la persona con quien se tenga o haya mantenido una relación sentimental.

Artículo 310. Si las lesiones fueren inferidas en riña, se impondrán al responsable como sanciones máximas hasta la mitad o hasta los cinco sextos de las señaladas en los artículos que anteceden, según que (sic) hubiere sido el provocado o el provocador.

(F. DE E., P.O. 6 DE ENERO DE 1987)

Artículo 311. Al que infiera lesiones calificadas se les impondrán las sanciones correspondientes a las lesiones simples, aumentadas hasta en un tercio más de su duración, por la concurrencia de cada una de las circunstancias previstas en el artículo 323.

SECCIÓN SEGUNDA
HOMICIDIO

(REFORMADO, P.O. 2 DE SEPTIEMBRE DE 1998)

Artículo 312. Comete el delito de Homicidio el que priva de la vida a otro.

Artículo 312 Bis. (DEROGADO, P.O. 15 DE JULIO DE 2015)

Artículo 313. Para la aplicación de las sanciones correspondientes, sólo se tendrá como mortal una lesión, cuando concurran las circunstancias siguientes:

I. Que la muerte se deba:

a). a las alteraciones causadas por la lesión en el órgano u órganos interesados;

b). o a alguna de sus consecuencias inmediatas;

c). o a una complicación originada inevitablemente por la misma lesión, y que no pudo combatirse, ya por ser incurable, ya por no tenerse al alcance los recursos necesarios;

II. (DEROGADA, P.O. 1 DE JULIO DE 1994)

(REFORMADA, P.O. 31 DE DICIEMBRE DE 2012)

III. Que si se encuentra el cadáver del occiso, declaren dos peritos, después de hacer la autopsia, que la lesión fue mortal, sujetándose para ello, a las reglas contenidas en este artículo, en los siguientes y en las de procedimiento contenidas en los ordenamientos legales correspondientes;

IV. Que si no se encuentra el cadáver, o por otro motivo no se hiciere la autopsia, declaren los peritos, en vista de los datos que obren en la causa, que la muerte fue resultado de las lesiones inferidas.

Artículo 314. Cuando se realicen los supuestos previstos en el artículo anterior, se tendrá como mortal una lesión aunque se pruebe:

I. Que se habría evitado la muerte con auxilios oportunos;

II. Que la lesión no habría sido mortal en otra persona; o,

III. Que a la muerte contribuyeron la constitución física de la víctima, o las circunstancias en que recibió la lesión.

Artículo 315. No se tendrá como mortal una lesión, aunque muera el que la recibió, cuando la muerte sea resultado de una causa anterior a la lesión y sobre la cual ésta no haya influido, o cuando la lesión se hubiere agravado por causas posteriores, como la aplicación de medicamentos nocivos, operaciones quirúrgicas desgraciadas, excesos o imprudencias del paciente o de los que lo asistieron.

(REFORMADO, P.O. 24 DE ABRIL DE 1990)

Artículo 316. Al responsable de cualquier homicidio simple intencional y que no tenga señalada una sanción especial en este Código, se le impondrán de trece a veinte años de prisión.

Artículo 317. Cuando el homicidio se cometiere en riña o duelo, se impondrá al responsable una sanción de dos a nueve años de prisión, si es el provocado y de cinco a doce años, si es el provocador.

SECCIÓN TERCERA
LESIONES Y HOMICIDIOS TUMULTUARIOS

Artículo 318. Las lesiones o el homicidio son tumultuarios cuando en su comisión intervienen tres o más personas, sin concierto previo para cometerlos y obrando debido a un impulso de momento, espontáneo y provocado por las circunstancias inmediatamente anteriores a éste.

Artículo 319. En el supuesto de lesiones tumultuarias, previsto por el artículo anterior, se aplicarán las siguientes disposiciones:

I. A cada uno de los responsables se les aplicarán las sanciones que procedan por las lesiones que conste hubieren cometido;

II. Si no constare quién o quiénes infirieron las lesiones, se impondrá a todos los autores hasta seis años de prisión.

Artículo 320. En el caso de homicidio tumultuario, previsto por el artículo 318, se observarán los siguientes preceptos:

I. Si la víctima recibiere una o varias lesiones mortales y constare quién o quiénes las infirieron, se aplicarán a éstos o a aquél, las sanciones correspondientes al homicidio simple;

II. Si la víctima recibiere una o varias lesiones mortales y no constare quién o quiénes fueron los responsables, se impondrá a todos de cuatro a nueve años de prisión;

III. Cuando las lesiones sean unas mortales y otras no y se ignorare quiénes infirieron las primeras, se impondrá prisión de cuatro a ocho años a todos los que hubieren atacado al occiso, excepto a quienes justifiquen haber inferido sólo las segundas, a quienes se aplicarán las sanciones que correspondan por dichas lesiones;

IV. Cuando las lesiones sólo fueren mortales por su número y no se pueda determinar quiénes las infirieron, se impondrán de tres a ocho años de prisión a todos los que hubieren atacado al occiso con armas a propósito para causarle esas lesiones.

SECCIÓN CUARTA
REGLAS COMUNES PARA LESIONES Y HOMICIDIO

Artículo 321. Por riña se entiende la contienda de obra y no la de palabra, entre dos o más personas.

Artículo 322. No se entenderá que hay riña en la lucha que se entabla entre un agresor y un agredido, cuando éste se ve obligado a valerse de las vías de hecho en su propia y legítima defensa.

(REFORMADO, P.O. 27 DE JULIO DE 2012)

Artículo 323. El homicidio y las lesiones son calificadas cuando se cometen con: Premeditación, ventaja, alevosía, traición u odio.

(ADICIONADO, P.O. 8 DE NOVIEMBRE DE 2019)

Para los efectos de los artículos 309 y 330 Bis, se considera que existen lesiones por razones de género cuando concurra alguna de las circunstancias previstas en el artículo 338 de este Código.

(ADICIONADO, P.O. 4 DE NOVIEMBRE DE 2021)

Artículo 323 Bis. El que al conducir vehículo de motor cause homicidio o lesiones de las enumeradas en los artículos 307 y 308 fracciones IV y V de este Ordenamiento Legal, hallándose en estado de embriaguez superior al primer grado o bajo el efecto de estupefacientes, enervantes, psicotrópicos o cualquier otra sustancia que produzca un efecto similar, se sancionará de tres a ocho años de prisión.

Además, se cancelará definitivamente la licencia para conducir vehículos expedida por cualquier instancia.

Artículo 324. Hay premeditación cuando el reo cause intencionalmente una lesión o un homicidio, después de haber reflexionado sobre el delito que va a cometer.

Artículo 325. Se presumirá que existe premeditación cuando las lesiones o el homicidio se cometan por inundación, incendio, minas, bombas o explosivos; por medio de venenos o cualquiera otra substancia nociva a la salud; por contagio venéreo o de alguna otra enfermedad fácilmente transmisible, según dispone el artículo 213, por asfixia o enervantes, por retribución dada o prometida, por tormento, motivos depravados o brutal ferocidad.

Artículo 326. Se entiende que hay ventaja:

(REFORMADA, P.O. 31 DE DICIEMBRE DE 2012)

I. Cuando el sujeto activo es superior en fuerza física al ofendido y éste no se halla armado;

(REFORMADA, P.O. 31 DE DICIEMBRE DE 2012)

II. Cuando el sujeto activo es superior al ofendido por las armas que emplee, por su mayor destreza en el manejo de ellas o por el número de los que lo acompañan;

(REFORMADA, P.O. 10 DE DICIEMBRE DE 2018)

III. Cuando el sujeto activo se vale de algún medio que debilita la defensa del ofendido;

(REFORMADA, P.O. 10 DE DICIEMBRE DE 2018)

IV. Cuando el ofendido se halla inerme o caído y el sujeto activo armado o de pie;

(ADICIONADA, P.O. 10 DE DICIEMBRE DE 2018)

V. Cuando la víctima padezca alguna discapacidad; y

(ADICIONADA, P.O. 10 DE DICIEMBRE DE 2018)

VI. Cuando exista una situación de vulnerabilidad motivada por la condición física o mental o por discriminación.

(REFORMADO, P.O. 10 DE DICIEMBRE DE 2018)

Artículo 327. La ventaja no se tomará en consideración en los casos contemplados en las fracciones I, II, III, V y VI del artículo anterior, si el que la tiene obrase en defensa legitima; y en el caso de la fracción IV, si el que se halla armado o de pie, fuere el agredido, y hubiere corrido peligro su vida o su persona por no aprovechar esa circunstancia.

(REFORMADO, P.O. 31 DE DICIEMBRE DE 2012)

Artículo 328. Sólo será considerada la ventaja, como calificativa de los delitos de que hablan las secciones anteriores de este Capítulo, cuando sea tal que el sujeto activo no corra riesgo alguno de ser muerto ni herido por el ofendido y aquél no obre en legítima defensa.

Artículo 329. La alevosía consiste en sorprender intencionalmente a alguien de improviso, o empleando asechanza u otro medio que no le dé lugar a defenderse, ni a evitar el mal que se le quiere hacer.

Artículo 330. Se dice que obra a traición, quien además de la alevosía emplea la perfidia, violando la fe o seguridad que expresamente había prometido a su víctima, o la tácita que ésta debía prometerse de aquél por sus relaciones de parentesco, gratitud, amistad o cualquiera otra que inspire confianza.

(REFORMADO PRIMER PÁRRAFO, P.O. 13 DE OCTUBRE DE 2020)

Artículo 330 Bis. Para los efectos del artículo 323 de este Código, existe odio cuando el agente lo comete por razón del origen étnico o nacional, raza, género, edad, discapacidad, condición social o económica, condiciones de salud, preferencias sexuales, apariencia física, estado civil, creencia religiosa, ideología política, opiniones expresadas, trabajo, profesión o cualquier otra que atente contra la dignidad humana, la libertad o la igualdad.

(ADICIONADO, P.O. 13 DE OCTUBRE DE 2020)

Se considerará que existe odio cuando el delito sea cometido durante la vigencia de una declaratoria de emergencia sanitaria, en contra de médicos, cirujanos, personal de enfermería y demás profesionales similares y auxiliares, del sector privado o público del área de la salud, con motivo de sus funciones o en el desempeño de ellas.

(ADICIONADO [N. DE E. REPUBLICADO Y REUBICADO], P.O. 13 DE OCTUBRE DE 2020)

La existencia de cualquier otro móvil no excluye el odio; siempre se estará a lo que aparezca probado.

(ADICIONADO, P.O. 13 DE OCTUBRE DE 2020)

Artículo 330 Ter. También se entenderá que existe odio cuando el o los sujetos activos tengan por objeto causar una afectación en la persona o bienes del sujeto pasivo, en razón de la profesión o labor que este último desempeña.

(REFORMADO, P.O. 24 DE ABRIL DE 1990)

Artículo 331. Al responsable de un homicidio calificado, se le impondrá de veinte a cincuenta años de prisión.

(ADICIONADO, P.O. 15 DE JULIO DE 2015)

El homicidio de una mujer cometido por odio en razón de género, se sancionará como feminicidio.

Artículo 332. De las lesiones que a una persona cause algún animal, será responsable el que con esa intención lo azuce, o lo suelte o haga esto último por descuido.

SECCIÓN QUINTA
INDUCCIÓN Y AUXILIO AL SUICIDIO

Artículo 333. El que indujere o prestare auxilio a otro para que se suicide, será sancionado con prisión de uno a cinco años. Si se lo prestare hasta el punto de ejecutar él mismo la muerte, la prisión será de cuatro a doce años.

(REFORMADO, P.O. 25 DE ENERO DE 2008)

Artículo 334. Si en los casos a que se refiere el artículo que precede, el suicida fuere mujer o se trate de varones menores de dieciocho años o en cualquier caso la víctima padeciere alguna de las formas de enajenación mental, se aplicarán al homicida o instigador, las sanciones señaladas al homicidio calificado o, en su caso, a las lesiones calificadas.

Artículo 335. El que pudiendo impedir un suicidio, no lo impida o no lo evite, o impidiere que otro lo evite, será sancionado con prisión de un mes a un año.

(REFORMADA SU DENOMINACIÓN, P.O. 1 DE JULIO DE 1994)

SECCIÓN SEXTA
HOMICIDIO EN RAZÓN DEL PARENTESCO O RELACIÓN

(REFORMADO, P.O. 30 DE DICIEMBRE DE 2016)

Artículo 336. Se configura el delito de homicidio en razón de parentesco o relación, al privar de la vida a un ascendiente o descendiente, hermano, adoptante, adoptado, con conocimiento del parentesco; o al cónyuge, concubino, amasio o novio.

(REFORMADO [N. DE E. REPUBLICADO], P.O. 30 DE DICIEMBRE DE 2016)

Artículo 337. Al que cometa el delito a que se refiere el artículo que antecede, se le impondrán de veinte a cincuenta años de prisión.

(REFORMADO [N. DE E. ADICIONADO], P.O. 6 DE DICIEMBRE DE 2019)

Artículo 337 Bis. Si la víctima fuere mujer, se considerará el delito como feminicidio en términos del artículo 338 de este Código.

(REFORMADA SU DENOMINACIÓN [N. DE E. ADICIONADA], P.O. 15 DE JULIO DE 2015)

SECCIÓN SÉPTIMA
FEMINICIDIO

(REFORMADO [N. DE E. ADICIONADO], P.O. 15 DE JULIO DE 2015)

Artículo 338. Comete el delito de feminicidio quien prive de la vida a una mujer por razones de género. Se considera que existen razones de género cuando con la privación de la vida concurra alguna de las siguientes circunstancias:

I. Que el sujeto activo lo cometa por odio o aversión a las mujeres;

II. Que el sujeto activo lo cometa por celos extremos respecto a la víctima;

III. Cuando existan datos que establezcan en la víctima, lesiones o mutilaciones infamantes o degradantes, previas o posteriores a la privación de la vida, violencia sexual, actos de necrofilia, tormentos o tratos crueles, inhumanos o degradantes;

IV. Que existan antecedentes o datos de violencia en el ámbito familiar, laboral, escolar o cualquier otro del sujeto activo en contra de la víctima;

V. (DEROGADA, P.O. 30 DE DICIEMBRE DE 2016)

(REFORMADA, P.O. 30 DE DICIEMBRE DE 2016)

VI. Haya existido entre el activo y la víctima una relación sentimental, afectiva o de confianza;

Se presumirá que existió una relación sentimental entre el activo y la víctima cuando sea o haya sido concubina, amasia o novia, del sujeto activo o que ésta haya tenido una relación de hecho por la cual vivieran juntos o relaciones sexuales estables o de forma casual.

VII. Existan datos que establezcan que hubo amenazas relacionadas con el hecho delictuoso, acoso o lesiones del sujeto activo en contra de la víctima;

(REFORMADA, P.O. 30 DE DICIEMBRE DE 2016)

VIII. Que la víctima haya sido incomunicada, cualquiera que sea el tiempo previo a la privación de la vida;

(REFORMADA, P.O. 30 DE DICIEMBRE DE 2016)

IX. Que el cuerpo de la víctima sea expuesto o exhibido en un lugar público, o

(ADICIONADA, P.O. 30 DE DICIEMBRE DE 2016)

X. Que la víctima tenga parentesco con el victimario.

(REFORMADO PRIMER PÁRRAFO, P.O. 3 DE NOVIEMBRE DE 2021)

Artículo 338 Bis. A quien cometa el delito de feminicidio, se le impondrá una sanción de cuarenta a sesenta años de prisión y multa de quinientas a mil Unidades de Medida y Actualización.

(ADICIONADO, P.O. 15 DE JULIO DE 2015)

En caso de que no se acredite el feminicidio, se aplicarán las reglas del homicidio, sin menoscabo de observar alguna circunstancia que agrave o atenúe la sanción conforme a lo establecido en las Secciones Segunda y Cuarta.

(ADICIONADO, P.O. 15 DE JULIO DE 2015)

Artículo 338 Ter. Además de las sanciones descritas en el artículo anterior, el sujeto activo perderá todos los derechos con relación a la víctima, incluidos los de carácter sucesorio.

(ADICIONADO, P.O. 22 DE OCTUBRE DE 2015)

Artículo 338 Quater. Además de las penas aplicables por el concurso real, si la víctima se encuentra embarazada, el delito de Feminicidio se sancionará con una pena de cincuenta a setenta años de prisión.

(ADICIONADO, P.O. 8 DE MARZO DE 2023)

Misma pena se aplicará, cuando el delito se cometa frente a la hijas o hijos de la víctima directa.

(ADICIONADO, P.O. 31 DE DICIEMBRE DE 2015)

Artículo 338 Quinquies. Se presumirá que hay tentativa de feminicidio cuando las lesiones dolosas previstas en los artículos 306 fracción II, y 307, ocasionadas a una mujer, tengan algún precedente de violencia contemplada en esos artículos o en los artículos 284 Bis y 284 Ter respecto del mismo agresor.

(ADICIONADO, P.O. 8 DE MARZO DE 2023)

Asimismo, se presumirá que hay tentativa de feminicidio cuando las lesiones dolosas previstas en el párrafo anterior sean ocasionadas por ácido o sustancia corrosiva, cáustica, irritante, tóxica o inflamable o cualquier otra sustancia que, en determinadas condiciones, pueda provocar o no lesiones internas, externas, o ambas.

SECCIÓN OCTAVA
ABORTO

Artículo 339. Aborto es la muerte del producto de la concepción en cualquier momento de la preñez.

Artículo 340. Al que hiciere abortar a una mujer, se le aplicarán de uno a tres años de prisión, sea cual fuere el medio que empleare, siempre que lo haga con consentimiento de ella. Cuando falte el consentimiento, la prisión será de tres a seis años, y si empleare violencia física o moral, se impondrán al delincuente de seis a ocho años de prisión.

Artículo 341. Si el aborto lo causare un médico, cirujano, o partera, además de las sanciones que le correspondan conforme al artículo anterior, se le suspenderá de dos a cinco años en el ejercicio de su oficio o profesión.

(REFORMADO, P.O. 6 DE DICIEMBRE DE 2019)

Artículo 342. Se impondrán de seis meses a un año de prisión a la madre que voluntariamente procure su aborto o consienta en que otro la haga abortar.

Artículo 343. El aborto no es sancionable en los siguientes casos:

I. Cuando sea causado sólo por imprudencia de la mujer embarazada;

II. Cuando el embarazo sea el resultado de una violación;

III. Cuando de no provocarse el aborto, la mujer embarazada corra peligro de muerte, a juicio del médico que la asiste, oyendo éste el dictamen de otro médico, siempre que esto fuere posible y no sea peligrosa la demora; y

IV. Cuando el aborto se deba a causas eugenésicas graves, según dictamen que previamente rendirán dos peritos médicos.

(ADICIONADA CON LOS ARTÍCULOS QUE LO INTEGRAN, P.O. 4 DE ENERO DE 2012)

SECCIÓN NOVENA
DELITOS EN MATERIA DE ESTERILIZACIÓN Y REPRODUCCIÓN ASISTIDA

(ADICIONADO, P.O. 4 DE ENERO DE 2012)

Artículo 343 Bis. A quien sin consentimiento previamente informado, realice extracción de óvulos, inseminación artificial o transferencia de embriones, en una mujer mayor de dieciocho años, se le impondrá de cuatro a siete años de prisión.

(REFORMADO, P.O. 17 DE NOVIEMBRE DE 2020)

Artículo 343 Ter. Comete el delito de esterilidad provocada quien, sin el consentimiento previamente informado de quien resulte afectado, y sin que exista causa técnica que justifique la intervención, practique procedimientos quirúrgicos, químicos o de cualquier otra índole para hacer que la persona quede estéril. Al responsable de esterilidad provocada se le impondrán de diez a quince años de prisión y multa de cincuenta a doscientas cincuenta unidades de medida y actualización.

Además de las penas señaladas en el párrafo anterior, se impondrá al responsable, la suspensión del empleo o profesión por un plazo igual al señalado en el artículo 66 del presente Código, siempre que en virtud del ejercicio de su profesión haya ocasionado un daño irreversible para la o el paciente. Si el procedimiento de esterilización es reversible se reducirá una tercera parte de la pena señalada; en ambos casos se le impondrá al responsable, además del pago de la reparación del daño que contenga los gastos de hospitalización, los gastos del procedimiento quirúrgico correspondiente para revertir la esterilidad y el tratamiento médico que requiera la víctima.

(ADICIONADO, P.O. 4 DE ENERO DE 2012)

Artículo 343 Quater. Cuando los delitos a que se refiere esta sección, se cometan contra persona que no pueda comprender el significado del hecho para consentirlo o no pueda resistirlo, o menor de edad, aun con su consentimiento o de quien detente la guarda, custodia, atención o cuidado, tutela o patria potestad de la víctima, la pena se aumentará hasta en dos terceras partes del delito básico.

(ADICIONADO, P.O. 4 DE ENERO DE 2012)

Artículo 343 Quinquies. Cuando el delito se realice valiéndose de medios o circunstancias que le proporcione su empleo, cargo o comisión públicos, profesión, ministerio religioso o cualquier otra que implique subordinación por parte de la víctima, la pena se aumentará en una mitad de la señalada para el delito básico, además de la suspensión para ejercer la profesión, o en su caso, inhabilitación para el desempeño del empleo, cargo o comisión públicos, por un tiempo igual al de la pena impuesta, así como la destitución. En el supuesto de que el delito se realice con violencia física o moral, aprovechándose de la ignorancia, extrema pobreza o cualquier otra circunstancia que hiciera más vulnerable a la víctima, se aumentará en una mitad la sanción del delito básico.

(REFORMADO, P.O. 3 DE NOVIEMBRE DE 2021)

Artículo 343 Sexies. Los embriones deberán ser creados sólo con el fin de procreación para que los cónyuges o concubinos conformen una familia. Se prohíbe en consecuencia, la creación de más de tres embriones por ciclo reproductivo, así como la creación de embriones para la investigación, experimentación u otro fin que no sea la procreación. La persona que viole cualquiera de las prohibiciones contenidas en este artículo será sancionada con prisión de cuatro a doce años y con multa de dos mil a tres mil veces la Unidad de Medida y Actualización vigente de la zona que corresponda.

(REFORMADO PRIMER PÁRRAFO, P.O. 3 DE NOVIEMBRE DE 2021)

Artículo 343 Septies. Se impondrán de cuatro a doce años de prisión y multa de dos mil a tres mil veces la Unidad de Medida y Actualización, a la persona que:

(ADICIONADA, P.O. 4 DE ENERO DE 2012)

I. Practique cualquier técnica que tienda a alterar las características del embrión, aún con fines diagnósticos o terapéuticos, la selección genética de embriones antes de su transferencia a la madre y toda práctica eugenésica o forma de discriminación en razón del patrimonio genético, el sexo, la raza, la existencia de enfermedades congénitas, el aspecto morfológico del embrión o cualquier otro motivo;

(ADICIONADA, P.O. 4 DE ENERO DE 2012)

II. Realice cualquier forma de comercialización o de utilización de los gametos y de los embriones con fines de lucro. La prohibición se extiende a las células y a los tejidos embrionarios derivados de la reproducción asistida;

(ADICIONADA, P.O. 4 DE ENERO DE 2012)

III. Realice el diagnóstico preimplantacional, la división, escisión embrionaria precoz, crioconservación, vitrificación, experimentación, eliminación o destrucción de embriones;

(ADICIONADA, P.O. 4 DE ENERO DE 2012)

IV. Dañe o destruya a los embriones transferidos al útero materno, por superar el número de hijos deseados o cualquier otra causa;

(ADICIONADA, P.O. 4 DE ENERO DE 2012)

V. Realice la clonación de embriones humanos, la producción de embriones por transferencia o reprogramación nuclear, cualquiera que sea el fin perseguido y la técnica utilizada; o

(ADICIONADA, P.O. 4 DE ENERO DE 2012)

VI. Combine genes humanos con los de diferentes especies, realice los implantes interespecíficos o la producción de híbridos o quimeras, sea con fines procreativos o de investigación.

(ADICIONADO, P.O. 4 DE ENERO DE 2012)

Artículo 343 Octies. Si resultan hijos a consecuencia de la comisión de alguno de los delitos previstos en los artículos anteriores de esta Sección, se impondrá una pena de cinco a catorce años. La reparación del daño comprenderá además, el pago de alimentos para éstos y para la madre, en los términos que fija la legislación civil.

CAPÍTULO DECIMOSEXTO
DELITOS DE PELIGRO

SECCIÓN PRIMERA
ATAQUES PELIGROSOS

(REFORMADO, P.O. 13 DE OCTUBRE DE 2020)

Artículo 344. Se aplicará de tres días a dos años de prisión y multa de tres a treinta veces el valor diario de la Unidad de Medida y Actualización, al que ataque a alguien de tal manera que, debido al arma empleada, de la fuerza o de la destreza del agresor o de cualquiera otra circunstancia semejante, pueda producir como resultado lesiones o la muerte.

En caso de que la conducta del agresor se ejecute durante la vigencia de la declaratoria de epidemia o emergencia sanitaria, y en contra de médicos, personal de enfermería y demás profesionales similares y auxiliares, del sector privado o público de salud, con motivo de sus funciones o en el desempeño de ellas. La sanción establecida en el párrafo anterior se aumentará en una mitad.

Artículo 345. Si a consecuencia de los actos a que se refiere el artículo anterior se causare algún daño, solamente se impondrán las sanciones del delito que resultare.

SECCIÓN SEGUNDA
ABANDONO DE PERSONAS

(REFORMADO, P.O. 22 DE ENERO DE 2021)

Artículo 346. Al que abandone a una niña, niño o adolescente incapaz de cuidarse a sí mismo, a una persona adulta mayor, a una persona enferma o a una persona con discapacidad, teniendo obligación de cuidarlos se le impondrá de tres meses a cinco años de prisión y se le privará de la patria potestad o de la tutela, si ejerciere uno de esos cargos.

(ADICIONADO, P.O. 22 DE ENERO DE 2021)

Artículo 346 Bis. A quien abandone a una mujer embarazada, y sin causa justificada incumpla las obligaciones de prestar asistencia económica y alimentos durante el embarazo y una vez nacido el o la menor; se le impondrán (sic) de nueve meses a seis años de prisión, además de la reparación del daño y el pago de alimentos para el recién nacido y la madre en los casos que procedan.

(REFORMADO PRIMER PÁRRAFO, P.O. 3 DE NOVIEMBRE DE 2021)

Artículo 347. Al que, sin motivo justificado, abandonare a quien tiene derecho de recibir alimentos de éste, sin recursos para atender sus necesidades de subsistencia, se le impondrán de seis meses a cuatro años de prisión o de noventa a trescientas sesenta Unidades de Medida y Actualización y suspensión o pérdida de los derechos de familia.

(REFORMADO, P.O. 4 DE ENERO DE 2012)

Para los efectos de este artículo, se tendrá por consumado el delito aun cuando él o los acreedores alimentarios se dejen al cuidado o reciban ayuda de un tercero.

(REFORMADO, P.O. 4 DE ENERO DE 2012)

Artículo 348. El delito de abandono de personas se perseguirá a petición del ofendido salvo que se trate de menores o incapaces sin representación, en cuyo caso el Ministerio Público actuará de oficio.

Artículo 349. (DEROGADO, P.O. 4 DE ENERO DE 2012)

(REFORMADO, P.O. 3 DE NOVIEMBRE DE 2021)

Artículo 350. Al que encuentre abandonado en cualquier sitio a un menor incapaz de cuidarse a sí mismo, o a una persona herida, inválida o amenazada de un peligro cualquiera y no diere aviso inmediato a la autoridad u omitiere prestarle el auxilio necesario, cuando pudiere hacerlo sin riesgo personal, se le impondrán de uno a seis meses de prisión o multa de una a diez Unidades de Medida y Actualización.

Artículo 351. El automovilista, motorista, conductor de un vehículo cualquiera, ciclista o jinete que dejare en estado de abandono, sin prestarle o facilitarle asistencia y el cuidado que desde luego necesite, a una persona a quien hubiere atropellado por imprudencia o accidente, será sancionado con prisión de un mes a dos años, independientemente de la sanción aplicable por el daño causado en el atropellamiento.

(REFORMADO, P.O. 3 DE NOVIEMBRE DE 2021)

Artículo 352. Al que abandone a una persona, incapaz de valerse por sí misma, teniendo aquella obligación de cuidar a ésta, se le impondrá de dos meses a seis años de prisión y multa de cinco a cincuenta Unidades de Medida y Actualización.

(REFORMADO, P.O. 3 DE NOVIEMBRE DE 2021)

Artículo 353. Al que abandone a un menor de siete años, en una institución de asistencia o lo entregue a cualquier otra persona, sin la anuencia de quien se lo confió o de la autoridad, en su defecto, se le sancionará con prisión de uno a cuatro meses y multa de cinco a cincuenta Unidades de Medida y Actualización.

Artículo 354. Si en los supuestos previstos por los artículos que forman esta sección, se causare otro daño al ofendido, se impondrá además, al autor del delito o delitos cometidos, la sanción que corresponda a ese daño.

(ADICIONADA CON LOS ARTÍCULOS QUE LO INTEGRAN, P.O. 4 DE ENERO DE 2012)

SECCIÓN TERCERA
INCUMPLIMIENTO DE LA OBLIGACIÓN ALIMENTARIA

(REFORMADO, P.O. 3 DE NOVIEMBRE DE 2021)

Artículo 354 Bis. Al que renuncie a su empleo o solicite licencia sin goce de sueldo y sea éste el único medio de obtener ingresos o se coloque en estado de insolvencia, con el objeto de eludir el cumplimiento de las obligaciones alimentarias que a Ley determina, se le impondrá pena de prisión de uno a cuatro años y de doscientos a quinientas Unidades de Medida y Actualización, pérdida de los derechos de familia y pago, como reparación del daño de las cantidades no suministradas oportunamente.

(REFORMADO, P.O. 3 DE NOVIEMBRE DE 2021)

Artículo 354 Ter. Se impondrá pena de tres meses a dos años de prisión y de doscientos a quinientas Unidades de Medida y Actualización a aquéllas personas que obligadas a informar acerca de los ingresos de quienes deban cumplir con todas las obligaciones señaladas en el artículo anterior, incumplan con la orden judicial de hacerlo o haciéndolo no lo hagan dentro del término ordenado por el Juez u omitan realizar de inmediato el descuento ordenado

(ADICIONADO, P.O. 4 DE ENERO DE 2012)

Artículo 354 Quater. En el delito de incumplimiento de la obligación alimentaria, se aplicarán las siguientes disposiciones:

I. Si el procesado paga las pensiones alimentarias que deba, decretadas por un Juez de lo Familiar o Civil, en su caso, y si además deposita en favor del acreedor alimentario, el importe de las tres mensualidades siguientes, se sobreseerá el proceso; y

II. El sobreseimiento a que se refiere la fracción anterior se dictará sin perjuicio de considerar al deudor alimentario como reincidente o como habitual, si incurre una o más veces en este delito.

(REFORMADA SU DENOMINACIÓN, P.O. 27 DE JULIO DE 2012)

CAPÍTULO DECIMOSÉPTIMO
DELITOS CONTRA EL HONOR Y LA DIGNIDAD

(REFORMADA SU DENOMINACIÓN, P.O. 2 DE AGOSTO DE 2022)

SECCIÓN PRIMERA
GOLPES Y OTRAS VIOLENCIAS FÍSICAS Y PSICOLÓGICAS

(REFORMADO, P.O. 2 DE AGOSTO DE 2022)

Artículo 355. Se impondrán de tres meses a tres años de prisión y multa de cinco a cincuenta veces el valor diario de la Unidad de Medida y Actualización, a la persona autora de golpes y violencias físicas o psicológicas o de ambas, si la persona ofendida fuere ascendiente o descendiente menor de edad de la persona ofensora.

Si la persona ofendida fuere menor de edad o mayor de sesenta años o persona con discapacidad, la sanción se aumentará hasta en una mitad.

Artículo 356. Son simples los golpes y las violencias físicas que no causen lesión en el ofendido.

(ADICIONADO, P.O. 17 DE NOVIEMBRE DE 2020)

Artículo 356 Bis. Comete el delito de violencia obstétrica quien, siendo personal médico, paramédico, de enfermería y administrativo de las instituciones de salud públicas o privadas; dañe o denigre a la mujer durante el embarazo, el parto, puerperio o en emergencias obstétricas; también se configurará el delito cuando la atención médica brindada se exprese en un trato cruel y deshumanizado, en un abuso de medicalización y patologización de los procesos naturales que traiga consigo consecuencias como la pérdida de la autonomía y capacidad de decidir libremente sobre su cuerpo y su sexualidad, la pérdida de la vida de la mujer, o en su caso, del producto de la gestación o del recién nacido. Comete este delito el personal de salud antes referido que:

I. No atienda o no brinde atención oportuna y eficaz a las mujeres en el embarazo, parto, puerperio o en emergencias obstétricas;

II. Altere el proceso natural del parto de bajo riesgo, a través del uso de técnicas de aceleración, sin obtener el consentimiento voluntario, expreso e informado de la mujer;

III. No obstante existir condiciones para el parto natural, practique el parto por vía de cesárea, sin obtener el consentimiento voluntario, expreso e informado de la mujer;

IV. Acose o presione psicológica u ofensivamente a una parturienta, con el fin de inhibir la libre decisión de su maternidad;

V. Sin causa médica justificada, obstaculice el apego del niño o la niña con su madre, a través de la negación a ésta de la posibilidad de cargarle o de amamantarle inmediatamente después de nacer;

VI. Aun cuando existan los medios necesarios para la realización del parto vertical, obligue a la mujer a parir acostada sobre su columna y con las piernas levantadas o en forma distinta a la que sea propia de sus usos, costumbres y tradiciones obstétricas;

VII. Fotografié o grabe por cualquier medio el procedimiento de atención médica sin que medie el consentimiento voluntario de la paciente;

VIII. Ingrese, atienda o intervenga durante la atención médica sin contar con la acreditación correspondiente, la justificación médica en el proceso, o sin que medie el consentimiento voluntario de la paciente; y

IX. Violente a la mujer física, sexual o emocionalmente, incluyendo el maltrato verbal, durante el embarazo, parto o puerperio.

A quien ejecute las conductas señaladas en las fracciones I, II, III y VI, del presente artículo, se le impondrán de tres a seis años de prisión y multa de cincuenta a trescientas unidades de medida y actualización.

A quien ejecute las conductas señaladas en las fracciones IV, V, VII, VIII y IX, del presente artículo, se le impondrán de seis meses a tres años de prisión, y multa de cincuenta a doscientas unidades de medida y actualización.

(REFORMADA SU DENOMINACIÓN, P.O. 27 DE JULIO DE 2012)

SECCIÓN SEGUNDA
DISCRIMINACIÓN

(REFORMADO PRIMER PÁRRAFO, P.O. 23 DE JUNIO DE 2022)

Artículo 357. Se aplicarán prisión de uno a tres años y de cien a quinientas veces el valor diario de la Unidad de Medida y Actualización de multa a todo aquél que, por razón del origen étnico o nacional, raza, género, edad, discapacidad, condición social o económica, condiciones de salud, preferencias sexuales, apariencia física, estado civil, creencia religiosa, ideología política, embarazo, trabajo o profesión, opiniones expresadas o cualquier otra que atente contra los derechos y la dignidad humana, la libertad o la igualdad:

(REFORMADA [N. DE E. ADICIONADA], P.O. 27 DE JULIO DE 2012)

I. Provoque o incite al odio o a la violencia;

(REFORMADA [N. DE E. ADICIONADA], P.O. 27 DE JULIO DE 2012)

II. Niegue a una persona un servicio o una prestación a la que tenga derecho. Para los efectos de esta fracción, se considera que toda persona tiene derecho a los servicios o prestaciones que se ofrecen al público en general;

(REFORMADA [N. DE E. ADICIONADA], P.O. 27 DE JULIO DE 2012)

III. Veje o excluya persona alguna o grupo de personas; y

(REFORMADA [N. DE E. ADICIONADA], P.O. 27 DE JULIO DE 2012)

IV. Niegue o restrinja derechos laborales de cualquier tipo.

(REFORMADA [N. DE E. ADICIONADA], P.O. 27 DE JULIO DE 2012)

Al servidor público que por las razones previstas en el primer párrafo de este artículo, niegue o retarde a una persona un trámite, servicio o prestación al que tenga derecho, se le aumentará en una mitad la pena prevista en este numeral, además se le impondrá destitución e inhabilitación para el desempeño de cualquier cargo, empleo o comisión públicos, por el mismo lapso de la privación de la libertad impuesta.

(REFORMADO [N. DE E. ADICIONADO], P.O. 14 DE JULIO DE 2020)

Cuando la conducta sea cometida en contra de médicos, cirujanos, personal de enfermería y demás profesionales similares y auxiliares, del sector privado o público del área de la salud, durante el periodo que comprenda la declaración de una emergencia sanitaria, la pena de prisión incrementará de tres a seis años.

(REFORMADO [N. DE E. REPUBLICADO Y REUBICADO], P.O. 14 DE JULIO DE 2020)

No serán consideradas discriminatorias todas aquellas medidas tendientes a la protección de los grupos socialmente desfavorecidos.

(ADICIONADO [N. DE E. REPUBLICADO Y REUBICADO], P.O. 14 DE JULIO DE 2020)

Este delito se perseguirá por querella de la parte ofendida.

(ADICIONADO, P.O. 13 DE OCTUBRE DE 2020)

Artículo 357 Bis. A quien realice por si o inste a otros a realizar, actos discriminatorios mencionados en el artículo anterior, en contra de médicos, personal de enfermería, demás profesionales similares y auxiliares del sector salud, privado o público, durante una emergencia sanitaria declarada por autoridad competente, las penas se aumentarán hasta en una mitad más.

(REFORMADO [N. DE E. ADICIONADO], P.O. 13 DE OCTUBRE DE 2020)

Artículo 358. Las sanciones previstas en el artículo 357, se duplicarán en el caso de la fracción I, si el sujeto pasivo se encontrare prestando servicios de salud como médicos, personal de enfermería, demás profesionales similares y auxiliares del sector salud, privado o público, con motivo de alguna emergencia sanitaria, y su actividad o apariencia profesional fueran la causa.

Artículo 359. (DEROGADO, P.O. 23 DE MARZO DE 2007)

Artículo 360. (DEROGADO, P.O. 23 DE FEBRERO DE 2011)

Artículo 361. (DEROGADO, P.O. 23 DE FEBRERO DE 2011)

SECCIÓN TERCERA
CALUMNIA

Artículo 362. (DEROGADO, P.O. 23 DE FEBRERO DE 2011)

Artículo 363. (DEROGADO, P.O. 23 DE FEBRERO DE 2011)

Artículo 364. (DEROGADO, P.O. 23 DE FEBRERO DE 2011)

Artículo 365. (DEROGADO, P.O. 23 DE FEBRERO DE 2011)

SECCIÓN CUARTA
DISPOSICIONES COMUNES PARA LOS CAPÍTULOS PRECEDENTES

Artículo 366. (DEROGADO, P.O. 23 DE FEBRERO DE 2011)

Artículo 367. (DEROGADO, P.O. 23 DE FEBRERO DE 2011)

Artículo 368. (DEROGADO, P.O. 23 DE FEBRERO DE 2011)

Artículo 369. (DEROGADO, P.O. 23 DE FEBRERO DE 2011)

Artículo 370. (DEROGADO, P.O. 23 DE FEBRERO DE 2011)

Artículo 371. (DEROGADO, P.O. 23 DE FEBRERO DE 2011)

Artículo 372. (DEROGADO, P.O. 23 DE FEBRERO DE 2011)

CAPÍTULO DECIMOCTAVO
DELITOS CONTRA LAS PERSONAS EN SU PATRIMONIO

SECCIÓN PRIMERA
ROBO

(REFORMADO, P.O. 4 DE ENERO DE 2012)

Artículo 373. Comete el delito de robo, el que se apodera de un bien ajeno mueble, sin derecho y sin consentimiento de la persona que pueda disponer de él, conforme a la Ley.

(REFORMADO PRIMER PÁRRAFO, P.O. 4 DE ENERO DE 2012)

Artículo 374. El delito de robo se sancionará en los siguientes términos:

(REFORMADA, P.O. 3 DE NOVIEMBRE DE 2021)

I. Cuando el valor de lo robado no exceda de treinta veces el valor de la Unidad de Medida y Actualización, se impondrán de seis meses a dos años de prisión y de cien a doscientas Unidades de Medida y Actualización;

(REFORMADA, P.O. 3 DE NOVIEMBRE DE 2021)

II. Cuando el valor de lo robado exceda de treinta pero no de cien veces el valor de la Unidad de Medida y Actualización, se impondrán de uno a tres años de prisión y de ciento cincuenta a trescientas Unidades de Medida y Actualización;

(REFORMADA, P.O. 3 DE NOVIEMBRE DE 2021)

III. Cuando el valor de lo robado excediere de cien veces el valor de la Unidad de Medida y Actualización, pero no de trescientas, se impondrán de dos a cuatro años de prisión y multa de cincuenta a doscientas Unidades de Medida y Actualización;

(REFORMADA, P.O. 3 DE NOVIEMBRE DE 2021)

IV. Cuando el valor de lo robado sobrepasare trescientas veces el valor de la Unidad de Medida y Actualización, se impondrán de tres a ocho años de prisión y multa de ciento cincuenta a cuatrocientas Unidades de Medida y Actualización;

(REFORMADA, P.O. 3 DE NOVIEMBRE DE 2021)

V. Cuando el objeto del robo sea la sustracción, apoderamiento, comercialización, detentación o posesión de cualquier objeto, componente o material utilizado en la prestación de algún servicio público, tal como el alumbrado, energía eléctrica, agua potable, drenaje sanitario, drenaje pluvial, telecomunicaciones, señalización vial, urbana o servicio de limpia, incluyendo cualquier alcantarilla o tapa de registro de alguno de los servicios referidos o cualquier clase de mobiliario urbano, se impondrá de cuatro a ocho años de prisión y multa de quinientas a dos mil Unidades de Medida y Actualización;

(REFORMADA, P.O. 3 DE NOVIEMBRE DE 2021)

VI. Si el objeto del robo es un vehículo de motor, como motocicletas, automóviles, camiones, tractores u otros semejantes como remolques o semirremolques, se impondrá de seis a doce años de prisión y multa de quinientas a dos mil Unidades de Medida y Actualización; y

(ADICIONADA, P.O. 22 DE MAYO DE 2013)

VII. La misma sanción establecida en la fracción anterior se aplicará a quien, por cualquier medio utilizado, se apodere de uno o varios instrumentos u objetos, que constituyan parte de la mercancía o carga del transporte ferroviario, público o privado, sin consentimiento de quien legalmente puede disponer de los mismos.

(REFORMADO PRIMER PÁRRAFO, P.O. 3 DE NOVIEMBRE DE 2021)

Artículo 375. Se impondrá sanción de seis a doce años de prisión y multa de quinientas a dos mil Unidades de Medida y Actualización a quien:

(REFORMADA, P.O. 4 DE ENERO DE 2012)

I. Desmantele algún vehículo robado, enajene o trafique conjunta o separadamente las partes que los conforman;

(REFORMADA, P.O. 4 DE ENERO DE 2012)

II. Enajene o trafique de cualquier manera algún vehículo a sabiendas de que es robado;

(REFORMADA, P.O. 27 DE JULIO DE 2012)

III. Adquiera en más de dos ocasiones vehículos de motor, como motocicletas, automóviles, camiones, tractores, remolques y semi-remolques u otros semejantes, sin cerciorarse previamente de su legítima procedencia;

(REFORMADA, P.O. 4 DE ENERO DE 2012)

IV. Detente, posea, custodie, altere o modifique de cualquier manera la documentación que acredite la propiedad o los medios de identificación originales de algún vehículo robado;

(REFORMADA, P.O. 4 DE ENERO DE 2012)

V. Traslade algún vehículo robado a otra entidad federativa o al extranjero a sabiendas de su ilegítima procedencia;

(REFORMADA, P.O. 27 DE JULIO DE 2012)

VI. Utilice algún vehículo robado en la comisión de otro u otros delitos;

(REFORMADA, P.O. 27 DE JULIO DE 2012)

VII. Utilice el o los vehículos robados en la prestación de un servicio público o actividad oficial;

(ADICIONADA, P.O. 27 DE JULIO DE 2012)

VIII. Detente, posea o custodie algún vehículo que cuente con sus medios de identificación alterados o modificados; y

(ADICIONADA, P.O. 27 DE JULIO DE 2012)

IX. Detente, almacene o pignore un vehículo robado.

(ADICIONADO, P.O. 4 DE ENERO DE 2012)

Si en los actos mencionados participa algún servidor público que tenga a su cargo funciones de prevención, persecución, sanción del delito o de ejecución de penas, además de las sanciones a que se refiere este artículo, se le aumentará la pena de prisión en una mitad más y se le inhabilitará por diez años para desempeñar cualquier empleo, cargo o comisión públicos.

Artículo 376. Se equipara al robo y se sancionará como tal:

I. El apoderamiento o destrucción de un bien propio, ejecutado por el dueño, si el bien se halla en poder de otra persona a título de prenda o de depósito, decretado por una autoridad o hecho con su intervención, o mediante contrato público o privado;

II. El aprovechamiento de energía eléctrica o de cualquier otro fluido, ejecutado sin derecho y sin consentimiento de la persona que legalmente pueda disponer de él;

III. La enajenación o adquisición de cosas muebles sin que el enajenante o el adquirente se cercioren previamente de su legítima procedencia.

Se considera enajenante o adquirente a quienes efectúan dichas operaciones tres o más veces en las condiciones a que se refiere la fracción anterior o una sola vez a sabiendas de que la cosa es robada.

Artículo 377. Para la aplicación de la sanción, se dará por consumado el robo desde el momento en que el ladrón tenga en su poder la cosa robada, aun cuando la abandone o lo desapoderen de ella.

(REFORMADO, P.O. 3 DE NOVIEMBRE DE 2021)

Artículo 378. Para estimar la cuantía del robo, se atenderá únicamente al valor comercial del objeto de apoderamiento. Si por alguna circunstancia la cuantía del robo no fuere estimable en dinero o si por su naturaleza no se hubiere fijado su valor, se impondrán de uno a cinco años de prisión y de cincuenta a ciento veinticinco Unidades de Medida y Actualización.

Para efectos de este capítulo, se entiende, por Unidad de Medida y Actualización, el valor de la que se encuentre vigente en la zona económica, al momento de cometerse el delito.

Artículo 379. Las sanciones establecidas en el artículo anterior se aplicarán en los casos de tentativa de robo, cuando no fuere posible determinar el monto.

(REFORMADO PRIMER PÁRRAFO, P.O. 4 DE ENERO DE 2012)

Artículo 380. Son circunstancias, que agravan la penalidad en el delito de robo aumentando la pena hasta en una mitad a las señaladas en los artículos 374,375 fracciones I, II y IV, y 378, las siguientes:

I. Si el robo se ejecuta con violencia contra la víctima de aquél o contra otra u otras personas que se encuentren en el lugar de los hechos;

II. Cuando el ladrón actúe con violencia para proporcionarse la fuga o conservar lo robado;

III. Cuando se cometa el delito en lugar cerrado o en casa, edificio, vivienda, aposento o cuarto que estén habitados o destinados para habitación, comprendiéndose en esta denominación no sólo los que están fijos en la tierra, sino también los movibles, sean cual fuere la materia de que estén construidos, o en sus dependencias;

IV. Cuando para cometerlo se escalen muros, rejas o tapias;

V. Cuando se empleen horadaciones, túneles, llaves falsas, ganzúas, alambres o cualquier artificio para abrir puertas o ventanas;

VI. Cuando el ladrón se quede durante la noche dentro del local, ya cerrado éste;

VII. Cuando el ladrón emplee cualquier medio para abrir cajas fuertes;

VIII. Cuando el ladrón se apodere de bienes de personas heridas o fallecidas con motivo de un accidente;

IX. Cuando se cometa durante un incendio, naufragio, inundación u otra calamidad pública, aprovechándose del desorden y confusión que producen, o de la consternación que una desgracia privada causa al ofendido o a su familia;

X. Cuando se cometa de noche, llevando armas, con fractura, excavación o escalamiento:

XI. Cuando sean los ladrones dos o más, o se fingieren servidores públicos o supusieren una orden de alguna autoridad;

XII. Cuando lo cometa un dependiente o un doméstico contra su patrón o alguno de la familia de éste, en cualquier parte que lo cometa;

Por doméstico se entiende el individuo que mediante un salario o sueldo, sirve a otro aunque no viva en la casa de éste.

XIII. Cuando un huésped o comensal, o cuando alguno de su familia o de los domésticos que lo acompañen, lo cometa en la casa donde reciben hospitalidad, obsequio o agasajo;

XIV. Cuando lo comete el dueño, patrón o alguno de la familia de éste, contra sus dependientes, obreros, artesanos, domésticos, aprendices o empleados, en la casa del primero o en el taller, fábrica, oficinas, bodegas o lugar en que el ofendido preste sus servicios;

XV. Cuando lo cometan los dueños, patrones, dependientes, encargados o domésticos de empresas o establecimientos comerciales, en los lugares en que presten sus servicios y en los bienes de los huéspedes o clientes;

XVI. Cuando lo cometan los obreros, artesanos, aprendices o discípulos en la casa, taller o escuela en que habitualmente trabajen o aprendan o en la oficina, habitación, bodega u otro lugar al que tengan libre entrada por el carácter indicado;

XVII. Cuando se cometa estando la víctima en un vehículo particular o de transporte público;

(ADICIONADA, P.O. 4 DE NOVIEMBRE DE 2021)

XVII Bis. Cuando se cometa respecto de teléfonos celulares;

XVIII. Si se realiza en contra de un establecimiento abierto al público, o en contra de las personas que lo custodian.

(REFORMADA, P.O. 27 DE JULIO DE 2012)

XIX. Cuando se cometa el robo de una o más de las partes que conforman un vehículo automotor o de la mercancía transportada a bordo de aquél, sin perjuicio, en su caso, de la agravante a que se refiere la fracción I de este artículo;

(REFORMADA, P.O. 9 DE SEPTIEMBRE DE 2013)

XX. Cuando se cometa con violencia contra transeúntes;

(ADICIONADA, P.O. 4 DE NOVIEMBRE DE 2021)

XX Bis. Cuando se use como medio para su comisión una motocicleta;

(ADICIONADA, P.O. 27 DE JULIO DE 2012)

XXI. Cuando recaiga sobre equipaje o valores de viajero, en cualquier lugar durante el transcurso de viaje o en terminales de transporte;

(ADICIONADA, P.O. 27 DE JULIO DE 2012)

XXII. Cuando recaiga sobre documentos que se conserven en oficinas públicas, cuando la sustracción afecte el servicio público o cause daño a terceros;

(ADICIONADA, P.O. 27 DE JULIO DE 2012)

XXIII. Cuando se cometa en una oficina bancaria, recaudadora u otra en que se conserven caudales o valores, o contra personas que las custodien o transporten;

(REFORMADA, P.O. 31 DE DICIEMBRE DE 2015)

XXIV. Cuando se cometa en contra de persona con discapacidad o de más de sesenta años de edad;

(ADICIONADA, P.O. 11 DE ABRIL DE 2023)

XXIV Bis. Cuando se trate de un vehículo no motorizado o motorizado, cuyo motor sea de baja potencia no susceptible de alcanzar velocidades mayores a veinticinco kilómetros por hora, para el desplazamiento de una persona que por sus condiciones de salud o físicas le sea indispensable para movilizarse;

(ADICIONADA, P.O. 11 DE ABRIL DE 2023)

XXIV Ter. Cuando se trate de un vehículo no motorizado o motorizado, cuyo motor sea de baja potencia no susceptible de alcanzar velocidades mayores a veinticinco kilómetros por hora, que la víctima utilice como medio de transporte o como herramienta de trabajo;

(REFORMADA, P.O. 31 DE DICIEMBRE DE 2015)

XXV. Por quien haya sido o sea personal de empresas que presten servicios de seguridad privada, aunque no esté en servicio, y

(ADICIONADA, P.O. 31 DE DICIEMBRE DE 2015)

XXVI. Cuando se cometa dentro de instituciones educativas y sean sustraídos bienes muebles destinados a dichas actividades.

(ADICIONADO, P.O. 4 DE ENERO DE 2012)

Si en los actos mencionados participa algún servidor público que tenga a su cargo funciones de prevención, persecución, sanción del delito o de ejecución de penas, además de las sanciones que le corresponda se le inhabilitará hasta por veinte años para desempeñar cualquier empleo, cargo o comisión públicos.

(ADICIONADO, P.O. 4 DE ENERO DE 2012)

Para efectos de este artículo, la violencia puede ser física cuando se utiliza fuerza material por el sujeto activo sobre el sujeto pasivo; o moral cuando se utilicen amagos, amenazas o cualquier tipo de intimidación que el sujeto activo realice sobre el sujeto pasivo, para causarle en su persona o en sus bienes, males graves o se realice en desventaja numérica sobre el sujeto pasivo. Igualmente, se considera violencia la que utiliza el sujeto activo sobre persona o personas distintas del sujeto pasivo o sobre sus bienes, con el propósito de consumar el delito o la que se realice después de ejecutado éste, para propiciarse la fuga o quedarse con lo robado.

Artículo 381. (DEROGADO, P.O. 4 DE ENERO DE 2012)

Artículo 382. Para los efectos de la fracción III del artículo 380:

I. Se llaman dependencias de un edificio, los patios, garajes, corrales, caballerizas, azoteas, cuadras y jardines que tengan comunicación con la finca, aunque no estén dentro de los muros exteriores de ésta y cualquiera otra obra que esté dentro de ellos, aun cuando tengan su recinto particular.

II. Llámase lugar cerrado todo sitio que materialmente lo esté y todo terreno que no tiene comunicación con un edificio ni está dentro del recinto de éste y se encuentra rodeado de fosos, enrejados, tapias o cercas, aunque éstas sean de piedra suelta, de madera, arbustos, magueyes, órganos, espinos, ramas secas o de cualquiera otra materia.

Artículo 383. El robo cometido por un ascendiente contra un descendiente suyo, o por éste contra aquél, no produce responsabilidad delictiva contra dichas personas. Si además de las personas mencionadas, tuviere intervención en el robo alguna otra, no aprovechará a esta la excusa absolutoria, pero para castigarla se necesita que lo pida el ofendido.

Si precediere, acompañare o siguiere al robo, algún otro hecho que por sí solo constituya un delito, se aplicará la sanción que para éste señale la ley.

(REFORMADO, P.O. 2 DE SEPTIEMBRE DE 1998)

Artículo 384. Si el ofendido fuere cónyuge, concubina o concubinario, pariente colateral consanguíneo o afín hasta el cuarto grado, adoptado, adoptante, madrastra, padrastro, hijastra, hijastro, pupilo o tutor del autor del robo, sólo se procederá en contra de éste y de cualquier otra persona distinta a las mencionadas que hubieren tenido intervención en el robo, a petición de la víctima.

Artículo 385. El infractor quedará exonerado de toda sanción en los casos siguientes:

I. Cuando, sin emplear engaños ni medios violentos, se apodere del alimento estrictamente indispensable para satisfacer sus necesidades personales o familiares de alimentación del momento; y

(REFORMADA, P.O. 3 DE NOVIEMBRE DE 2021)

II. Cuando el valor de lo robado no pase del importe de cinco Unidades de Medida y Actualización, sea restituido por el responsable espontáneamente y pague éste todos los daños y perjuicios, antes de que la autoridad lo aprehenda y no se haya ejecutado el robo por medio de violencia.

Artículo 386. El robo de unos autos civiles o de algún documento de protocolo, oficina o archivos públicos, o que contenga obligación, liberación o transmisión de derechos, se sancionará con prisión de uno a dos años, independientemente de la sanción que corresponda por el delito que se cometa si se altera, falsifica o destruye el documento.

(REFORMADO, P.O. 31 DE DICIEMBRE DE 2012)

Artículo 387. El robo de una averiguación previa, carpeta de investigación o causa penal, se castigará con prisión de dos a cuatro años.

Artículo 388. El robo o destrucción de un título de crédito o de un documento original, en el que conste la liberación o reconocimiento de una deuda o la transmisión de un derecho, se sancionará como lo dispone el artículo 374, según el valor consignado en ellos y tomando en cuenta la agravación de las sanciones, en caso de calificativas.

Artículo 389. Al que se le imputare el hecho de haber tomado una cosa ajena y acredite haberla tomado con carácter temporal para su uso, se le aplicarán de uno a seis meses de prisión, si no se negó a devolverla cuando se le requirió para ello.

SECCIÓN SEGUNDA
ROBO DE GANADO, DE INSTRUMENTOS DE LABRANZA O DE FRUTOS

(REFORMADO, P.O. 11 DE MARZO DE 2016)

Artículo 390. Comete el delito de robo de ganado, el que se apodere de ganado bovino, equino, caprino, ovino, porcino, de aves, conejos, fauna acuática, colmenas y otros animales que sean motivo de aprovechamiento zootécnico.

Al responsable de este delito se le impondrán las sanciones siguientes:

(REFORMADA, P.O. 3 DE NOVIEMBRE DE 2021)

I. De dos a doce años de prisión y multa de cuatrocientos a quinientas Unidades de Medida y Actualización, cuando el monto del ganado robado no exceda el valor de seiscientas Unidades de Medida y Actualización;

(REFORMADA, P.O. 3 DE NOVIEMBRE DE 2021)

II. De cuatro a doce años de prisión y multa de quinientas a setecientas Unidades de Medida y Actualización, cuando el monto del ganado robado exceda de seiscientas Unidades de Medida y Actualización, pero no de novecientas; y

(REFORMADA, P.O. 3 DE NOVIEMBRE DE 2021)

III. De seis a doce años de prisión y multa de setecientas a novecientas setecientas (sic) Unidades de Medida y Actualización, cuando el monto del ganado robado exceda de novecientas Unidades de Medida y Actualización.

En cualquier caso, se aumentará en dos terceras partes la sanción cuando el sujeto activo ejecute la acción con violencia.

(REFORMADO, P.O. 13 DE DICIEMBRE DE 2004)

Artículo 391. Comete el delito de robo de instrumentos de labranza o de equipo apícola o de frutos, quien se apodere de cualquiera de ellos, en el lugar en que respectivamente se empleen los dos primeros o se produzcan los últimos, estén pendientes o ya recolectados.

(REFORMADO, P.O. 3 DE NOVIEMBRE DE 2021)

Artículo 392. Tratándose del delito de robo de ganado, al que se apodere por primera vez de una sola cabeza de ganado y la emplee para su alimentación o la de su familia, se le impondrá una multa de cinco a cien Unidades de Medida y Actualización, o en su caso, el equivalente al valor comercial del bien.

(REFORMADO PRIMER PÁRRAFO, P.O. 11 DE MARZO DE 2016)

Artículo 393. Se equipara al robo de ganado y se aplican las mismas sanciones, al que ejecute uno o más de los siguientes hechos:

I. Herrar, señalar o marcar animales ajenos, destruir o modificar los fierros, marcas o señales que sirvan para acreditar la propiedad del ganado;

(REFORMADA, P.O. 11 DE MARZO DE 2016)

II. Sacrificar ganado ajeno sin consentimiento de su propietario;

(REFORMADA, P.O. 11 DE MARZO DE 2016)

III. Comerciar, servir de intermediario, poseer, transportar, ministrar, aprovechar o adquirir uno o más animales en pie o sacrificados, de especie bovino, equino, caprino, ovino, porcino, de aves, conejos, fauna acuática o colmenas;

(ADICIONADA, P.O. 11 DE MARZO DE 2016)

IV. Intervenir en la indebida expedición o legalización de documentos, con el objeto de acreditar la propiedad de uno o varios semovientes, si no se tomaron las medidas indispensables para cerciorarse de la procedencia legitima del ganado; y

(ADICIONADA, P.O. 11 DE MARZO DE 2016)

V. Esconder o resguardar dolosamente ganado robado o con documentación falsa;

(ADICIONADO, P.O. 11 DE MARZO DE 2016)

Si en el supuesto que se describe en la fracción IV del presente artículo, se ven involucradas autoridades, además de la sanción impuesta se les destituirá del cargo y se les inhabilitará hasta por cinco años para el desempeño de cualquier cargo, empleo o comisión.

(REFORMADO PRIMER PÁRRAFO, P.O. 11 DE MARZO DE 2016)

Artículo 394. El delito de robo de instrumentos de labranza o de equipo apícola o de frutos, se sancionará:

(REFORMADA, P.O. 3 DE NOVIEMBRE DE 2021)

I. Con multa de una a cincuenta Unidades de Medida y Actualización, si el importe de los frutos robados no excede de la suma de diez Unidades de Medida y Actualización;

(REFORMADA, P.O. 3 DE NOVIEMBRE DE 2021)

II. Con multa de cinco a cien Unidades de Medida y Actualización, si el importe de lo robado excede de la suma de diez Unidades de Medida y Actualización, pero no de cien;

(REFORMADA, P.O. 3 DE NOVIEMBRE DE 2021)

III. Con prisión de dos a cuatro años y multa de cincuenta a doscientas Unidades de Medida y Actualización, si el importe de lo robado excede del valor de cien Unidades de Medida y Actualización pero no de trescientas; y

(REFORMADA, P.O. 3 DE NOVIEMBRE DE 2021)

IV. Con prisión de tres a ocho años y multa de ciento cincuenta a cuatrocientas Unidades de Medida y Actualización, si el importe de lo robado excede de trescientas Unidades de Medida y Actualización.

(F. DE E., P.O. 6 DE ENERO DE 1987)

Artículo 395. Para la aplicación de las sanciones previstas en los artículos anteriores de esta sección, los jueces y tribunales tendrán en cuenta, además de las reglas generales consignadas en los artículos 72 a 75, la importancia del daño causado, en relación con las condiciones económicas del ofendido.

SECCIÓN TERCERA
ABUSO DE CONFIANZA

Artículo 396. Comete el delito de abuso de confianza quien con perjuicio de alguien, disponga para sí o para otro, de una cantidad de dinero en numerario, en billetes de Banco, de un documento que importe obligación, liberación o transmisión de derechos o de cualquiera otra cosa ajena mueble, de la cual se le haya transferido la tenencia y no el dominio.

Artículo 397. Se equiparan al abuso de confianza para los efectos de la sanción:

I. El hecho de disponer de una cosa, su dueño, si le ha sido embargada y la tiene en su poder con el carácter de depositario judicial; y

II. El hecho de que una persona haga aparecer, como suyo, un depósito que garantice la libertad caucional de un procesado y del cual no le corresponda la propiedad.

(REFORMADO, P.O. 13 DE DICIEMBRE DE 2004)

Artículo 398. No se sancionará como abuso de confianza, la simple retención de la cosa recibida, cuando no se haga con el fin de apropiársela, o disponer de ella como dueño. Se sancionará como abuso de confianza la retención de la cosa recibida, por quien, requerido judicial o notarialmente se oponga sin causa legal a entregarla a quien legítimamente le corresponde.

Artículo 399. El delito de abuso de confianza se sancionará:

(REFORMADA, P.O. 3 DE NOVIEMBRE DE 2021)

I. Con prisión de seis meses a tres años y multa de cinco a veinte Unidades de Medida y Actualización, si no se pudiera determinar el valor de lo dispuesto, o no excediere del importe de doscientas Unidades de Medida y Actualización.

(REFORMADA, P.O. 3 DE NOVIEMBRE DE 2021)

II. Con prisión de tres a cuatro años y multa de veinte a doscientas Unidades de Medida y Actualización, si el importe de lo dispuesto excede de doscientas Unidades de Medida y Actualización, pero no de seiscientas.

(REFORMADA, P.O. 3 DE NOVIEMBRE DE 2021)

III. Con prisión de cuatro a cinco años y multa de treinta a trescientas Unidades de Medida y Actualización, cuando el monto de lo dispuesto exceda de seiscientas Unidades de Medida y Actualización.

(REFORMADO, P.O. 3 DE NOVIEMBRE DE 2021)

Artículo 400. Cuando el delito previsto en esta Sección, se cometa en perjuicio de cooperativas o cualesquiera otras sociedades o agrupaciones en que estén interesados obreros o ejidatarios, se castigará con prisión de tres a diez años y multa de cien a mil Unidades de Medida y Actualización.

(REFORMADO, P.O. 3 DE NOVIEMBRE DE 2021)

Artículo 401. En el supuesto previsto en el artículo anterior, si el autor del delito repara el daño, antes de dictarse sentencia condenatoria, la sanción será de dos a cinco años de prisión y multa de treinta a trescientas Unidades de Medida y Actualización.

SECCIÓN CUARTA
FRAUDE

Artículo 402. Comete el delito de fraude, el que engañando a uno o aprovechándose del error en que éste se halla, se hace ilícitamente de alguna cosa o alcanza un lucro indebido.

Artículo 403. El delito de fraude se sancionará:

(REFORMADA, P.O. 3 DE NOVIEMBRE DE 2021)

I. Con multa de cinco a cincuenta Unidades de Medida y Actualización y prisión de seis meses a tres años, si no se puede determinar el valor de lo defraudado o este valor no es superior a cien Unidades de Medida y Actualización.

(REFORMADA, P.O. 3 DE NOVIEMBRE DE 2021)

II. Con multa de cincuenta a doscientas cincuenta Unidades de Medida y Actualización y prisión de tres a cinco años, si el valor de lo defraudado excediere de cien Unidades de Medida y Actualización, pero no de quinientas;

(REFORMADA, P.O. 10 DE MARZO DE 2021)

III. Con multa de doscientos cincuenta a quinientas unidades de medida y actualización y prisión de cinco a siete años, cuando el valor de lo defraudado excediere de quinientas unidades de medida y actualización, pero no de mil;

(REFORMADA, P.O. 10 DE MARZO DE 2021)

IV. Con multa de quinientas a mil unidades de medida y actualización y prisión de siete a diez años, cuando el valor de lo defraudado excediere de mil unidades de medida y actualización, y

(ADICIONADA, P.O. 10 DE MARZO DE 2021)

V. Prisión de cinco a siete años, en el caso del delito contemplado en la fracción XXI del artículo 404.

(ADICIONADO, P.O. 10 DE MARZO DE 2021)

La presente sanción se incrementará hasta una mitad, cuando el delito lo cometa un profesional de la salud y con la suspensión de su cédula profesional y licencia comercial por diez años para el derecho de ejercer su profesión y comercio.

Artículo 404. Las mismas sanciones señaladas en el artículo anterior, se impondrán:

I. Al que obtenga dinero, valores o cualquiera otra cosa ofreciendo encargarse de la defensa de un procesado o de un reo, o de la dirección o patrocinio en un asunto civil o administrativo, si no efectúa aquélla o no realiza éste, sea porque no se haga cargo legalmente de la misma, o porque renuncie o abandone el negocio o la causa sin motivo justificado;

II. Al que por título oneroso enajene alguna cosa con conocimiento de que no tiene derecho para disponer de ella, o la arriende, hipoteque, empeñe o grave de cualquier otro modo, si ha recibido el precio, el alquiler, la cantidad en que la gravó, parte de ellos o un lucro equivalente;

III. Al que obtenga de otro una cantidad de dinero o cualquiera otro lucro, otorgándole o endosándole a nombre propio o de otro un documento nominativo, a la orden o al portador contra una persona supuesta o que el otorgante sabe que no ha de pagarlo;

IV. Al que se haga servir alguna cosa o admita un servicio en cualquier establecimiento comercial y no pague su importe;

V. Al que compre una cosa mueble ofreciendo pagar su precio al contado y rehuse, después de recibirla, hacer el pago o devolver la cosa, si el vendedor le exigiere lo primero dentro de quince días de haberla recibido del comprador;

VI. Al que hubiere vendido una cosa mueble y recibido su precio, si no la entrega dentro de los quince días siguientes al plazo convenido, o no devuelva su precio, si el comprador le exigiere aquélla o éste dentro de los quince días a que se refiere esta fracción;

VII. Al que venda a dos o más personas una misma cosa, sea mueble o raíz, y reciba el precio de la segunda venta o parte de él;

VIII. (DEROGADA, P.O. 2 DE SEPTIEMBRE DE 1998)

IX. Al que simulare un contrato, un acto o escrito judicial, con perjuicio de otro para obtener cualquier beneficio indebido;

X. Al que por sorteos, rifas, loterías, promesas de venta o por cualquiera otro medio, se quede total o parcialmente con las cantidades recibidas, sin entregar la mercancía u objeto ofrecido;

XI. Al fabricante, empresario, contratista o constructor de una obra cualquiera, que emplee en la construcción de la misma, materiales en cantidad o calidad inferior a la convenida o mano de obra inferior a la estipulada, si recibió el precio o parte de él;

XII. Al vendedor de materiales de construcción de cualquiera especie, que habiendo recibido el precio de los mismos, no los entregare en su totalidad o calidad convenidos;

XIII. A los comisionistas que alteren sus cuentas, los precios o las condiciones de los contratos con sus comitentes, para obtener mayores precios en las ventas que realicen, cuando no obren por cuenta propia; o alteren sus cuentas suponiendo gastos o exagerando los que hubieren realizado, con el mismo fin;

XIV. Al propietario de una empresa o negocio, cuyo activo no baste a cubrir el pasivo, y que lo venda o traspase sin autorización de los acreedores de la misma negociación, sin que el nuevo adquirente se comprometa a responder de los créditos;

XV. Al que abusando de la inexperiencia, de las necesidades o de las pasiones de un menor de edad, le diere prestada una cantidad de dinero en efectivo, en créditos o en otra cosa equivalente y lo hiciere entregar un documento que importe obligación, liberación o transmisión de derechos;

XVI. Al que explote las preocupaciones, superstición o ignorancia de las personas, por medio de supuesta evocación de espíritus, adivinaciones o curaciones;

XVII. Al que por cualquier razón tuviera a su cargo el manejo, la administración o el cuidado de bienes ajenos y perjudicare a su titular alterando en sus cuentas los precios o condiciones de los contratos, suponiendo operaciones o prestaciones o exagerando las que hubiere hecho, ocultando o reteniendo bienes, o empleare abusivamente los bienes o la firma que se le hubiere confiado;

XVIII. Al que, para ser admitido como fiador, acredite su solvencia con el mismo bien con que lo haya hecho en fianza anterior, sin poner esta circunstancia en conocimiento de la persona ante quien la otorgue, y siempre que el valor del bien resulte inferior al de las cantidades por las que el fiador fue admitido; y

(REFORMADA, P.O. 30 DE DICIEMBRE DE 2013)

XIX. Al que dolosamente y con el propósito de procurarse un lucro ilícito, para sí o para un tercero, dañe o perjudique el patrimonio de otro, mediante el uso indebido de mecanismos cibernéticos, que provoque o mantenga un error, sea manipulando datos de entrada a un equipo de informática con el fin de producir o lograr movimientos falsos en transacciones de una persona física o moral, sea presentando como ciertos hechos que no lo son, o deformando o disimulando hechos verdaderos; y

(ADICIONADA, P.O. 24 DE ABRIL DE 1990)

XX. A la persona o personas que para procurarse un lucro, aprovechándose del estado de consternación que causa la muerte de un ser humano, sin autorización escrita de los familiares de éste o de quien deba darla por disposición de la Ley, realice en forma onerosa:

a). El levantamiento o traslado de un cadáver dentro o fuera de la localidad donde se encuentre.

b). Los trámites de expedición de certificados de defunción, dictámenes médicos, realización o dispensa de autopsia, levantamiento de acta de defunción, de autorización de traslado de cadáver o cualquier otra gestión similar.

c). La entrega de ataúdes, urnas o cualquier bien utilizado para velar, sepultar o conservar cadáveres; los servicios de capillas, carrozas y unidades de transporte conexos a la actividad funeraria.

d). La inhumación o cremación de un cadáver.

Los bienes y servicios proporcionados en contravención a esta disposición no podrán cobrarse.

(REFORMADO, P.O. 2 DE SEPTIEMBRE DE 1998)

En caso de homicidio, el Agente del Ministerio Público actuante avisará a la autoridad competente, en un término no mayor de cuatro horas, quien en uso de las facultades que le concede la Ley, le manifestará si se encarga o no del servicio funerario.

(ADICIONADO, P.O. 2 DE SEPTIEMBRE DE 1998)

El Agente del Ministerio Público que en relación con el caso a que se refiere esta fracción, propiciare o permitiere la comisión de las conductas sancionadas, serán igualmente responsables.

(REFORMADA [N. DE E. ADICIONADA], P.O. 10 DE MARZO DE 2021)

XXI. A la persona que venda u ofrezca en venta, comercie, entregue, distribuya o transporte sustancias que se ofrezcan como vacunas contra el virus SARS-CoV2 (COVID-19) falsificadas, alteradas, contaminadas o adulteradas, o que no estén autorizadas por la Comisión Federal de Protección contra Riesgos Sanitarios, o bien que siendo verdaderas, originales y autorizadas no las entregue en términos de lo pactado, ya sea en establecimientos o en cualquier otro lugar;

(REFORMADA, P.O. 10 DE MARZO DE 2021)

XXII. Al que se coloque en estado de insolvencia con el objeto de eludir el cumplimiento de una obligación con respecto a sus acreedores;

(REFORMADA, P.O. 10 DE MARZO DE 2021)

XXIII. Al que hiciere creer a una persona que otra relacionada con ésta se encuentra secuestrada y en virtud de ello exigiere y obtuviere una cantidad de dinero o cualquier otro lucro, como un supuesto rescate;

(REFORMADA, P.O. 10 DE MARZO DE 2021)

XXIV. Al que preste servicios notariales, sin contar con la patente de Notario en Ejercicio o realice propaganda de cualquier tipo, ofreciendo los servicios que sólo los Notarios pueden realizar; y

(ADICIONADA [N. DE E. REUBICADA], P.O. 10 DE MARZO DE 2021)

XXV. Al que intercambie o haga efectivas tarjetas, títulos, vales, documentos o instrumentos utilizados para el consumo de bienes y servicios, con conocimiento de que son falsos.

Artículo 405. Se aplicarán las sanciones del delito de fraude establecidas en el artículo 403 de este ordenamiento legal, al que por sí o por interpósita persona:

I. (DEROGADA, P.O. 25 DE ENERO DE 2008)

II. Habiendo recibido el precio de la cosa exija al adquirente, a cambio de otorgarle la escritura definitiva, cantidades adicionales a lo pactado, y a lo autorizado, según el caso;

III. Por cualquier medio, obtenga del adquirente cantidades superiores a lo estipulado en el contrato respectivo;

IV. Habiendo recibido el precio de la cosa, no otorgue, sin causa jurídicamente justificada, la escrituración definitiva en un plazo de sesenta días naturales, a partir del pago total del precio;

V. (DEROGADA, P.O. 25 DE ENERO DE 2008)

VI. (DEROGADA, P.O. 25 DE ENERO DE 2008)

VII. (DEROGADA, P.O. 25 DE ENERO DE 2008)

(ADICIONADO, P.O. 2 DE SEPTIEMBRE DE 1998)

Artículo 406. Comete el delito de fraude de usura, el que se aprovechare de la ignorancia o las malas condiciones económicas de una persona, para recibir títulos de crédito o documentos a la orden, o celebrar convenios o contratos en los cuales se estipulen intereses superiores al doble de la tasa fijada por el Banco de México a intermediarios financieros en sus préstamos a sus solicitantes o de Certificados de la Federación a veintiocho días. Para los efectos de este artículo se entenderán por intereses, los que rigen al momento de celebrarse la operación.

(REFORMADO, P.O. 3 DE NOVIEMBRE DE 2021)

Se impondrá prisión de siete a diez años y multa de quinientas a mil Unidades de Medida y Actualización, más la reparación del daño en el que se incluirán los accesorios financieros calculados a la misma tasa de interés permitida por el Banco de México a sus intermediarios financieros.

(REFORMADO PRIMER PÁRRAFO, P.O. 4 DE ENERO DE 2012)

Artículo 406 Bis. Se impondrán las mismas sanciones previstas en el último párrafo del artículo anterior, al que mediante la oferta pública capte recursos del público, ofreciendo rendimientos ostensiblemente superiores a los otorgados por el sistema financiero mexicano, para su colocación en el público mediante actos causantes del pasivo o la celebración de otro acto jurídico de cualquier naturaleza, sin realizar las provisiones necesarias para responder por la inversión y sus rendimientos o preste cualquier servicio, de banca, crédito o ahorro, sin contar con la autorización correspondiente.

(ADICIONADO, P.O. 16 DE ABRIL DE 2010)

Para efectos de este artículo se entenderá que existe captación de recursos del público cuando: a) se solicite, promueva u ofrezca la obtención de fondos o recursos de persona indeterminada, mediante gestión personal, de grupo o utilizando medios de comunicación masiva; o b) se soliciten u obtengan fondos o recursos de forma habitual o profesional.

(REFORMADO, P.O. 3 DE NOVIEMBRE DE 2021)

Artículo 407. Cuando el delito previsto en esta sección, se cometa en perjuicio de cooperativas, sociedades o agrupaciones en que estén interesados obreros, campesinos o indígenas, la sanción será de cuatro a diez años de prisión y multa de cincuenta a trescientas Unidades de Medida y Actualización.

(ADICIONADA CON EL ARTÍCULO QUE LA INTEGRA, P.O. 4 DE NOVIEMBRE DE 2021)

SECCIÓN CUARTA BIS
FRAUDE FAMILIAR

(ADICIONADO, P.O. 4 DE NOVIEMBRE DE 2021)

Artículo 407 Bis. A quien, en detrimento de la sociedad conyugal o patrimonio común generado durante el matrimonio, el concubinato o relaciones de hecho; oculte, transfiera o adquiera a nombre de terceros bienes, se le aplicará sanción de uno a cinco años de prisión y multa de cien a trescientas veces el valor diario de la Unidad de Medida y Actualización en el momento de la comisión del delito.

SECCIÓN QUINTA
DESPOJO

(REFORMADO PRIMER PÁRRAFO, P.O. 3 DE NOVIEMBRE DE 2021)

Artículo 408. Se impondrá prisión de tres meses a tres años y multa de cinco a cincuenta Unidades de Medida y Actualización:

(REFORMADA, P.O. 31 DE DICIEMBRE DE 2012)

I. Al que, de propia autoridad, y haciendo violencia o furtivamente, o empleando amenaza o engaño, ocupe un inmueble ajeno, permanezca en él, o remueva o altere sus límites o, de otro modo, turbe la posesión pacífica del mismo o haga uso de él, o de un derecho real que no le pertenezca; y

(REFORMADA, P.O. 31 DE DICIEMBRE DE 2012)

II. Al que de propia autoridad, haciendo uso de cualquiera de los medios indicados en la fracción anterior, ocupe un inmueble de su propiedad, en los casos en que la ley no lo permite por hallarse en poder de otra persona, permanezca en él o ejerza actos de dominio que lesionen derechos legítimos del ocupante.

(ADICIONADO, P.O. 22 DE MAYO DE 2013)

La sanción se aumentará hasta en una tercera parte en los casos previstos en las fracciones anteriores cuando se cometan en contra de personas mayores de sesenta años o personas con discapacidad.

(REFORMADO, P.O. 3 DE NOVIEMBRE DE 2021)

Artículo 409. El delito de despojo se sancionará con prisión de seis a nueve años y multa de cien a mil quinientas Unidades de Medida y Actualización, cuando se cometa materialmente por cinco o más personas o en contra de zonas declaradas área natural protegida.

(REFORMADO, P.O. 3 DE NOVIEMBRE DE 2021)

Artículo 409 Bis. A quienes dirijan la invasión y su autor o autores intelectuales, la sanción de prisión será de siete a doce años y multa de mil a tres mil Unidades de Medida y Actualización.

Artículo 410. Lo dispuesto en los dos artículos anteriores, se aplicará aun cuando la posesión de la cosa usurpada sea dudosa o esté en disputa.

Artículo 411. (DEROGADO, P.O. 22 DE MAYO DE 2013)

SECCIÓN SEXTA
DAÑO EN PROPIEDAD AJENA

Artículo 412. Se impondrá de seis a doce años de prisión, independientemente de las sanciones que correspondan por otro u otros delitos que resultaren cometidos, al que, por medio de incendio, inundación o explosión, cause daño o peligro:

I. En un edificio destinado para habitación, oficina, comercio, industria, bodega, graneros, hangares, cocheras o de cualquier clase o sus dependencias, que estén ocupados o habitados;

II. En ropas, muebles u objetos, en forma que puedan causar daños personales;

III. En archivos públicos o notariales;

IV. En escuelas, bibliotecas, museos, edificios o monumentos públicos del Estado;

(REFORMADA, P.O. 20 DE JULIO DE 2001)

V. En montes, bosques, pastos, mieses o en cultivos de cualquier otro género. Si la plantación estuviere en tierras ejidales o el daño o peligro se cause durante la temporada de estiaje, en zonas de alto riesgo así declaradas por las autoridades competentes, las sanciones se agravarán con un año más de prisión; y

VI. En una embarcación, vagón, coche o cualquier otro vehículo destinado al transporte de personas, si están ocupados por alguna o algunas de éstas. Si no lo estuvieren, se impondrá la cuarta parte de las sanciones establecidas en este artículo.

Artículo 413. Cuando el dueño de una cosa la incendie para defraudar a sus acreedores, o para perjudicar a otra persona, o para exigir indemnización por el incendio, se le impondrán las sanciones establecidas en el artículo que precede y, además las que correspondan al fraude, en su respectivo grado.

(REFORMADO PRIMER PÁRRAFO, P.O. 13 DE MARZO DE 2015)

Artículo 413 Bis. Al que sin consentimiento de quien deba darlo, causare daño, destrucción o deterioro de bien ajeno por medio de pintar signos, leyendas, dibujos, imágenes o cualquiera otra manifestación gráfica, se aplicarán por autoridad judicial las sanciones siguientes:

(REFORMADA, P.O. 13 DE MARZO DE 2015)

I. Si se realizare en bienes de propiedad privada, se le impondrá de uno a tres años de prisión y de treinta a noventa días de trabajo a favor de la comunidad; y

(REFORMADA, P.O. 13 DE MARZO DE 2015)

II. Si se realizare en bienes de dominio público, se le impondrá de dos a cuatro años de prisión y de treinta a noventa días de trabajo en favor de la comunidad.

(REFORMADO, P.O. 13 DE MARZO DE 2015)

En los casos previstos en este artículo y en las fracciones I y II del numeral siguiente, el restablecimiento indemnatos obtenido a través del procedimiento de mediación de los delitos de oficio tiene como consecuencia la extinción de la acción penal o la terminación de la prosecución procesal.

(REFORMADO, P.O. 30 DE DICIEMBRE DE 2013)

Las autoridades procurarán que la mediación concluya en un restablecimiento indemnatos.

(REFORMADO, P.O. 30 DE DICIEMBRE DE 2013)

La sanción podrá ser sustituida por trabajo a favor de la comunidad en instituciones públicas, en actividades relacionadas con la restauración, preservación y/o mejoramiento de los elementos urbanos o de la protección del patrimonio histórico, artístico, arquitectónico y cultural de los centros de población.

(DEROGADO ÚLTIMO PÁRRAFO, P.O. 30 DE DICIEMBRE DE 2013)

(ADICIONADO, P.O. 13 DE MARZO DE 2015)

Artículo 413 Ter. Fuera de los casos previstos en las fracciones I y II del artículo anterior, se aplicarán las sanciones siguientes:

I. A quien en forma dolosa cause daño, alteración, destrucción o deterioro al equipamiento o infraestructura urbana, a algún bien mueble o inmueble destinado a la prestación de un servicio público, de dos a tres años de prisión y de ciento ochenta a trescientos sesenta días de trabajo a favor de la comunidad;

II. A quien en forma dolosa cause daño, alteración, destrucción o deterioro a algún bien mueble o inmueble destinado a la prestación del servicio público de transporte, de tres a cinco años de prisión y de ciento ochenta a trescientos sesenta días de trabajo a favor de la comunidad; y

III. A quien en forma dolosa cause daño, alteración, destrucción o deterioro al patrimonio histórico, artístico, arquitectónico y/o cultural del Estado, de tres a seis años de prisión.

(REFORMADO, P.O. 2 DE SEPTIEMBRE DE 1998)

Artículo 414. Fuera de los casos anteriores y cuando por cualquier medio se causare daño, destrucción o deterioro de cosa ajena, o de cosa propia en perjuicio de otro, se aplicarán las siguientes sanciones;

(REFORMADA, P.O. 3 DE NOVIEMBRE DE 2021)

I. De un mes a dos años de prisión y multa de uno a tres Unidades de Medida y Actualización, si los daños no son superiores al equivalente de cinco veces la Unidad de Medida y Actualización, siendo necesaria la querella de la parte ofendida.

(REFORMADA, P.O. 3 DE NOVIEMBRE DE 2021)

II. De tres meses a tres años de prisión y multa de dos a veinte Unidades de Medida y Actualización cuando el daño sea superior al importe de cinco Unidades de Medida y Actualización pero no exceda de cincuenta Unidades de Medida y Actualización;

(REFORMADA, P.O. 3 DE NOVIEMBRE DE 2021)

III. De dos a cuatro años de prisión y multa de veinte a cincuenta Unidades de Medida y Actualización si el daño excediere del equivalente a cincuenta Unidades de Medida y Actualización, y

(REFORMADA, P.O. 3 DE NOVIEMBRE DE 2021)

IV. Cuando por imprudencia se ocasionare daño en propiedad ajena, que no sea mayor de lo equivalente a cien Unidades de Medida y Actualización, sólo se perseguirá a petición de parte y se sancionará con multa hasta por trescientas Unidades de Medida y Actualización.

(REFORMADA SU DENOMINACIÓN, P.O. 4 DE ENERO DE 2012)

SECCIÓN SÉPTIMA
EXTORSIÓN

Artículo 415. (DEROGADO, P.O. 27 DE NOVIEMBRE DE 2014)

SECCIÓN OCTAVA
REGLA COMÚN A VARIAS SECCIONES ANTERIORES

(REFORMADO, P.O. 4 DE ENERO DE 2012)

Artículo 416. Los delitos de abuso de confianza y fraude se perseguirán a petición de parte ofendida.

(REFORMADA SU DENOMINACIÓN, P.O. 29 DE DICIEMBRE DE 2017)

CAPÍTULO DECIMONOVENO
DELITOS POR HECHOS DE CORRUPCIÓN

SECCIÓN PRIMERA
EJERCICIO INDEBIDO O ABANDONO DE FUNCIONES PUBLICAS

(REFORMADO [N. DE E. ESTE PÁRRAFO], P.O. 29 DE DICIEMBRE DE 2017)

Artículo 417. Se impondrá prisión de tres meses a siete años y multa de una a diez veces el valor diario de la Unidad de Medida y Actualización en el momento de la comisión del delito, al servidor público que incurra en alguna de las infracciones siguientes:

(REFORMADA, P.O. 29 DE DICIEMBRE DE 2017)

I. Al que ejerza las funciones de un empleo, cargo o comisión, sin haber tomado posesión legítima o sin cumplir los requisitos legales;

II. Al que continúe ejerciendo las funciones de un empleo, cargo o comisión, después de saber que se revocó su nombramiento o que se le suspendió o destituyó legalmente;

III. Al que nombrado por tiempo limitado, continúe ejerciendo sus funciones después de cumplido el término por el cual se le nombró.

Lo prevenido en las dos fracciones anteriores no comprende el caso en que el funcionario o empleado público que debe cesar en sus funciones, continúe en ellas entre tanto se presenta la persona que haya de substituirlo, a menos que en la orden de separación se exprese que ésta se verifique desde luego, y la ley no lo prohíba;

(REFORMADA, P.O. 29 DE DICIEMBRE DE 2017)

IV. Al que ejerza funciones que no correspondan al empleo, cargo o comisión que tuviere;

(REFORMADA, P.O. 29 DE DICIEMBRE DE 2017)

V. Al que sin habérsele admitido la renuncia de una comisión, empleo o cargo, o antes de que se presente persona que haya de reemplazarlo, lo abandone sin causa justificada;

(ADICIONADA, P.O. 29 DE DICIEMBRE DE 2017)

VI. Al que teniendo conocimiento por razón de su empleo, cargo o comisión de que pueden resultar gravemente afectados el patrimonio o los intereses de alguna dependencia o entidad de la administración pública centralizada, organismos descentralizados, empresa de participación estatal mayoritaria, asociaciones y sociedades asimiladas a éstas y fideicomisos públicos, de empresas productivas del Estado, de órganos constitucionalmente autónomos, del Congreso del Estado o del Poder Judicial, por cualquier acto u omisión y no informe por escrito a su superior jerárquico o no lo evite si está dentro de sus facultades;

(ADICIONADA, P.O. 29 DE DICIEMBRE DE 2017)

VII. A quien por sí o por interpósita persona sustraiga, destruya, oculte, utilice o inutilice ilícitamente información o documentación que se encuentre bajo su custodia o a la cual tenga acceso, o de la que tenga conocimiento en virtud de su empleo, cargo o comisión;

(ADICIONADA, P.O. 29 DE DICIEMBRE DE 2017)

VIII. Al que por sí o por interpósita persona, cuando legalmente le sean requeridos, rinda informes en los que manifieste hechos o circunstancias falsas, o niegue la verdad en todo o en parte sobre los mismos, y

(ADICIONADA, P.O. 29 DE DICIEMBRE DE 2017)

IX. A quien teniendo obligación por razones de empleo, cargo o comisión, de custodiar, vigilar, proteger o dar seguridad a personas, lugares, instalaciones u objetos, incumpliendo su deber, en cualquier forma, propicie daño a las personas o a los lugares, instalaciones u objetos, o cause pérdida o sustracción de objetos que se encuentren bajo su cuidado.

Artículo 418. (DEROGADO, P.O. 29 DE DICIEMBRE DE 2017)

SECCIÓN SEGUNDA
ABUSO DE AUTORIDAD O INCUMPLIMIENTO DE UN DEBER LEGAL

Artículo 419. Comete el delito de abuso de autoridad o incumplimiento de un deber legal el servidor público, en los casos siguientes:

I. Cuando para impedir la ejecución de una Ley, decreto o reglamento, el cobro de un impuesto o el cumplimiento de una resolución judicial, pida auxilio a la fuerza pública o la emplee con ese objeto;

II. Cuando, ejerciendo sus funciones o con motivo de ellas, hiciere violencia a una persona sin causa legítima o la vejare o la insultare;

III. Cuando indebidamente retarde o niegue a los particulares la protección o servicio que tenga obligación de otorgarles, o impida la presentación o el curso de una solicitud;

IV. Cuando ejecute cualquier otro acto arbitrario y atentatorio a los derechos garantizados en la Constitución Política de la República o del Estado, o contra el libre ejercicio del sufragio público;

V. Cuando el encargado, jefe, oficial o comandante de una fuerza pública, requerido legalmente por una autoridad competente para que le preste auxilio, se niegue indebidamente a dárselo;

VI. Cuando, teniendo a su cargo caudales del Erario, les dé una aplicación pública distinta de aquélla a que estuvieren destinados o hicieren un pago ilegal;

VII. Cuando, abusando de su poder, haga que se le entreguen fondos, valores u otra cosa que no se le hayan confiado a él y se los apropie o disponga de ellos indebidamente por un interés privado;

(REFORMADA, P.O. 29 DE DICIEMBRE DE 2017)

VIII. Cuando, con cualquier pretexto, obtenga, exija o solicite de un subalterno parte de los sueldos de éste, dádivas u otros bienes o servicios sin causa legítima;

IX. Cuando tenga a su cargo cualquier establecimiento destinado a la ejecución de las sanciones privativas de la libertad o las detenciones preventivas, y sin los requisitos legales, reciba como presa o detenida a una persona o la mantenga privada de la libertad, sin dar parte del hecho a la autoridad correspondiente;

X. Cuando teniendo conocimiento de una privación ilegal de la libertad, no la denuncie a la autoridad competente o no la haga cesar, si estuviere en sus atribuciones;

XI. Cuando en el ejercicio de sus funciones o con motivo de ellas designe a una persona para un empleo, cargo o comisión en el servicio público, a sabiendas de que aquélla no prestará el servicio para el que se le nombró;

XII. Cuando en el ejercicio de sus funciones o con motivo de ellas contrate la prestación de servicios profesionales, mercantiles o industriales a sabiendas de que no se cumplirá el contrato otorgado;

XIII. Cuando otorgue cualquier tipo de identificación en que se acredite como servidor público a una persona que realmente no desempeñe el empleo, cargo o comisión a que se haga referencia en dicha identificación;

(REFORMADA, P.O. 29 DE DICIEMBRE DE 2017)

XIV. Cuando ejecute cualquier acto que constituya una extralimitación de las funciones o actividades que le estén encomendadas por la Ley que norma su competencia o viole cualquiera de los preceptos imperativos de la misma Ley, siempre que en uno u otro caso se cause en perjuicio o daño de cualquier especie a un tercero;

(ADICIONADA, P.O. 29 DE DICIEMBRE DE 2017)

XV. Cuando desempeñe algún otro empleo oficial, o un puesto o cargo particular que la ley le prohíba;

(ADICIONADA, P.O. 29 DE DICIEMBRE DE 2017)

XVI. Cuando autorice o contrate a quien se encuentre inhabilitado por resolución firme de autoridad competente para desempeñar un empleo, cargo o comisión en el servicio público, o para participar en adquisiciones, arrendamientos, servicios u obras públicas, siempre que lo haga con conocimiento de tal situación;

(ADICIONADA, P.O. 29 DE DICIEMBRE DE 2017)

XVII. El agente de una corporación de seguridad pública que en ejercicio de sus funciones o con motivo de ellas, haga objeto de vejaciones físicas o verbales a un menor de edad o niegue a éste la protección o el servicio que estuviere obligado a proporcionarle;

(ADICIONADA, P.O. 29 DE DICIEMBRE DE 2017)

XVIII. El servidor público que teniendo la obligación legal de enterar a las instituciones de seguridad social, estatales o municipales, las cuotas o aportaciones establecidas en la ley, las retenga indebidamente o retrase su pago sin causa justificada, si ya hubiera sido previamente requerido por la Institución de Seguridad Social;

(REFORMADA, P.O. 10 DE DICIEMBRE DE 2020)

XIX. La o el servidor público que omita presentar al Congreso del Estado la Cuenta Pública o el Informe de Avance de Gestión Financiera, a los que alude la Ley especial de la materia, una vez que haya sido requerido legalmente y no la atendiera dentro del plazo que ésta señale;

(REFORMADA, P.O. 10 DE DICIEMBRE DE 2020)

XX. Los titulares de los Órganos de Control de las entidades fiscalizadas que no ejerciten las medidas correctivas, prevenciones o las sanciones que legalmente correspondan con motivo de la fiscalización superior de las cuentas públicas o en su caso, no haya dado seguimiento hasta su total terminación a las observaciones emitidas por el órgano competente del Congreso del Estado, y

(ADICIONADA, P.O. 10 DE DICIEMBRE DE 2020)

XXI. La o el servidor público que indebidamente detenga y sancione u obtenga algún beneficio de las o los transportistas o conductores de vehículos que trasladen productos del campo, agropecuarios, así como los de primera necesidad, sin razón jurídicamente justificada.

(ADICIONADO, P.O. 29 DE DICIEMBRE DE 2017)

Artículo 419 Bis. Se le impondrán de seis meses a seis años de prisión y multa de veinte a doscientas veces el valor diario de la Unidad de Medida y Actualización, vigente en el momento de la comisión del delito, así como la reparación del daño que incluya los salarios y prestaciones recibidos, a quien reciba un salario o prestaciones como servidor público, sin presentarse a trabajar injustificadamente en el lugar al que fue adscrito por hasta tres días continuos o hasta cinco discontinuos en el lapso de un mes o, sin desempeñar el servicio público para el que fue contratado.

(REFORMADO, P.O. 29 DE DICIEMBRE DE 2017)

Artículo 420. El delito de abuso de autoridad o incumplimiento de un deber legal, se sancionará con prisión de seis meses a seis años y multa de veinte a doscientas veces el valor diario de la Unidad de Medida y Actualización en el momento de la comisión del delito.

(ADICIONADO, P.O. 27 DE NOVIEMBRE DE 2014)

Artículo 420 Bis. Comete el delito de intimidación:

(REFORMADA, P.O. 29 DE DICIEMBRE DE 2017)

I. El servidor público que por sí, o por interpósita persona, utilizando la violencia física o moral, inhiba o intimide a cualquier persona para evitar que ésta o un tercero denuncie, formule querella o aporte información relativa a la presunta comisión de una conducta sancionada penalmente o por las leyes que establecen las responsabilidades de los servidores públicos y sancionan su incumplimiento, y

II. El servidor público que con motivo de la querella, denuncia o información a que hace referencia la fracción anterior realice una conducta ilícita u omita una lícita debida que lesione los intereses de las personas que las presenten o aporten, o de algún tercero con quien dichas personas guarden algún vínculo familiar, de negocios o afectivo.

(REFORMADO, P.O. 29 DE DICIEMBRE DE 2017)

Al que cometa el delito de intimidación se le impondrá de uno a siete años de prisión, y multa por un monto de veinte a doscientas veces el valor diario de la Unidad de Medida y Actualización en el momento de la comisión del delito.

(REFORMADA SU DENOMINACIÓN, P.O. 29 DE DICIEMBRE DE 2017)

SECCIÓN TERCERA
DELITOS COMETIDOS EN LA PROCURACIÓN Y ADMINISTRACIÓN DE JUSTICIA Y EN OTROS RAMOS DEL PODER PUBLICO

(REFORMADO PRIMER PÁRRAFO, P.O. 4 DE ENERO DE 2012)

Artículo 421. Son delitos que afectan la Procuración y Administración de Justicia:

I. Conocer de negocios para los cuales tengan impedimento legal o abstenerse de conocer de los que les correspondan, sin tener impedimento legal para ello;

II. Cuando, estando encargado de administrar justicia, bajo cualquier pretexto, aunque sea el de obscuridad o silencio de la Ley, se niegue a despachar un negocio pendiente ante él;

III. Litigar por sí o por interpósita persona cuando la ley les prohíba el ejercicio de su profesión;

IV. Dirigir o aconsejar pública o secretamente, a las personas que ante ellos litiguen, salvo en los casos respecto a los cuales, la Ley los autorice para ello;

V. No cumplir, sin causa fundada, una disposición relativa al ejercicio de sus funciones, que legalmente les comunique su superior competente;

(REFORMADA, P.O. 4 DE ENERO DE 2012)

VI. Dictar, a sabiendas una resolución de fondo o una sentencia definitiva que sean ilícitas por violar algún precepto terminante de la Ley, o ser contrarias a las actuaciones seguidas en juicio sin motivo justificado; u omitir dictar una resolución de trámite, de fondo o una sentencia definitiva lícita, dentro de los términos dispuestos en la Ley.

VII. Ejecutar actos o incurrir en omisiones que produzcan un perjuicio o concedan una ventaja indebidos en contra o en favor, respectivamente, de alguno de los interesados en un negocio;

VIII. Retardar o entorpecer maliciosamente o por negligencia los negocios de que conozca y, en general, la administración de justicia;

(REFORMADA [N. DE E. ADICIONADA], P.O. 26 DE MARZO DE 2021)

IX. Negarse a integrar o proporcionar la información pericial resultado del examen a personas relacionada con alcoholemia o drogas prohibidas, en su caso, a la carpeta de investigación;

(REFORMADA, P.O. 29 DE DICIEMBRE DE 2017)

X. Proceder contra los servidores públicos a quienes la Constitución Política del Estado concede fuero, sin que previamente se dictare la declaratoria de que ha lugar a proceder, que la misma Constitución u otras Leyes exijan;

(REFORMADA, P.O. 29 DE DICIEMBRE DE 2017)

XI. Ejecutar actos, incurrir en omisiones o dictar resoluciones en detrimento de los derechos de las víctimas que las pongan en desventaja respecto del o de los investigados, procesados o sancionados por hechos que la ley señale como delitos, en contravención del principio de igualdad procesal entre las partes;

XII. (DEROGADA, P.O. 29 DE DICIEMBRE DE 2017)

XIII. (DEROGADA, P.O. 29 DE DICIEMBRE DE 2017)

XIV. Aprovechar el poder, empleo, cargo o comisión para satisfacer indebidamente algún interés propio; y

(REFORMADA, P.O. 29 DE DICIEMBRE DE 2017)

XV. Dictar una sentencia contraria a las constancias de autos y que produzca daño en la persona, el honor, los intereses o los bienes de alguien, o en perjuicio del interés social;

(REFORMADA, P.O. 29 DE DICIEMBRE DE 2017)

XVI. Abstenerse injustificadamente de presentar ante la autoridad judicial un detenido y sea procedente conforme a la Constitución Política de los Estados Unidos Mexicanos; o ejercitar la acción penal cuando no preceda denuncia o querella en los términos del Código Nacional de Procedimientos Penales;

(REFORMADA, P.O. 29 DE DICIEMBRE DE 2017)

XVII. Detener a un individuo durante la investigación fuera de los casos señalados por la Ley o retenerlo por más tiempo del señalado en el artículo 16 Constitucional Federal;

XVIII. (DEROGADA, P.O. 14 DE MARZO DE 1997)

(REFORMADA, P.O. 29 DE DICIEMBRE DE 2017)

XIX. No resolver sobre la vinculación a proceso o decretar la libertad a una persona detenida, dentro de los plazos legales establecidos para ello;

(REFORMADA, P.O. 29 DE DICIEMBRE DE 2017)

XX. Ordenar la aprehensión de un individuo por delito que no lo amerite conforme las disposiciones procedimentales aplicables;

(REFORMADA, P.O. 29 DE DICIEMBRE DE 2017)

XXI. No ordenar la libertad de la persona cuando no existan condiciones para su retención o detención, conforme las disposiciones procedimentales aplicables;

(REFORMADA, P.O. 29 DE DICIEMBRE DE 2017)

XXII. No otorgar la libertad bajo caución durante la averiguación previa, si procede legalmente;

(ADICIONADA, P.O. 4 DE ENERO DE 2012)

XXIII. Otorgar la libertad provisional bajo caución durante la averiguación previa cuando no se reúnan los requisitos previstos en el artículo 350 del Código de Procedimientos en Materia de Defensa Social para el Estado Libre y Soberano de Puebla;

XXIV. (DEROGADA, P.O. 29 DE DICIEMBRE DE 2017)

(REFORMADA, P.O. 29 DE DICIEMBRE DE 2017)

XXV. Practicar, ordenar o ejecutar cateos fuera de los casos autorizados por la Ley;

(REFORMADA, P.O. 29 DE DICIEMBRE DE 2017)

XXVI. Negar al detenido el acceso a los derechos que le asisten conforme la Constitución Política de los Estados Unidos Mexicanos y el Código Nacional de Procedimientos Penales;

(ADICIONADA, P.O. 4 DE ENERO DE 2012)

XXVII. Imponer gabelas o contribuciones en cualquier lugar de detención o internamiento;

(REFORMADA, P.O. 29 DE DICIEMBRE DE 2017)

XXVIII. Demorar injustificadamente el cumplimiento de las resoluciones judiciales en las que se ordene poner en libertad a un detenido;

(REFORMADA, P.O. 29 DE DICIEMBRE DE 2017)

XXIX. En los lugares de reclusión o internamiento, cobrar cualquier cantidad a las personas privadas de su libertad o a sus familiares, a cambio de proporcionarles bienes o servicios que gratuitamente brinde el Estado para otorgarles condiciones de privilegio en el alojamiento, alimentación o régimen;

(REFORMADA, P.O. 29 DE DICIEMBRE DE 2017)

XXX. Permitir fuera de los casos previstos por la Ley, la salida temporal de las personas privadas de su libertad;

(ADICIONADA, P.O. 4 DE ENERO DE 2012)

XXXI. Rematar en favor de ellos mismos, por sí o por interpósita persona los bienes objetos de un remate en cuyo juicio hubieren intervenido;

(REFORMADA, P.O. 29 DE DICIEMBRE DE 2017)

XXXII. Dar a conocer a quien no tenga derecho, documentos, constancias o información que obren en una averiguación previa, carpeta de investigación o en un proceso penal y que por disposición de la Ley o resolución de la autoridad judicial, sea información clasificada como reservada o confidencial;

(ADICIONADA, P.O. 4 DE ENERO DE 2012)

XXXIII. Retener al detenido sin cumplir con los requisitos que establece la Constitución Política de los Estados Unidos Mexicanos y las leyes respectivas:

(REFORMADA, P.O. 29 DE DICIEMBRE DE 2017)

XXXIV. Alterar, modificar, ocultar, destruir, perder o perturbar ilícitamente el lugar de los hechos o del hallazgo, los indicios, huellas o vestigios del hecho delictuoso o los instrumentos, objetos o productos del delito o el procedimiento de cadena de custodia;

(REFORMADA, P.O. 29 DE DICIEMBRE DE 2017)

XXXV. Desviar u obstaculizar la investigación del hecho delictuoso de que se trate o favorecer que el imputado se sustraiga de la acción de la justicia;

(REFORMADA, P.O. 29 DE DICIEMBRE DE 2017)

XXXVI. No otorgar la libertad del imputado o no imponerle una medida de protección, si procede legalmente, en los términos previstos por el Código Nacional de Procedimientos Penales;

(ADICIONADA, P.O. 29 DE DICIEMBRE DE 2017)

XXXVII. Abstenerse de iniciar investigación cuando sea puesta a su disposición una persona señalada de cometer hechos posiblemente constitutivos de delito doloso que sea perseguible de oficio, contrario a las disposiciones del procedimiento penal;

(ADICIONADA, P.O. 29 DE DICIEMBRE DE 2017)

XXXVIII. A quien ejerciendo funciones de supervisor de libertad o con motivo de ellas hiciere amenazas, hostigue o ejerza violencia en contra de la persona procesada, sentenciada, su familia y posesiones;

(ADICIONADA, P.O. 29 DE DICIEMBRE DE 2017)

XXXIX. A quien ejerciendo funciones de supervisor de libertad indebidamente requiera favores, acciones o cualquier transferencia de bienes de la persona procesada, sentenciada o su familia; y

(ADICIONADA, P.O. 29 DE DICIEMBRE DE 2017)

XL. A quien ejerciendo funciones de supervisor de libertad falsee informes o reportes al Juez de Ejecución.

(DEROGADO ÚLTIMO PÁRRAFO, P.O. 29 DE DICIEMBRE DE 2017)

Artículo 422. (DEROGADO, P.O. 4 DE ENERO DE 2012)

(REFORMADO, P.O. 29 DE DICIEMBRE DE 2017)

Artículo 423. A quien cometa los delitos previstos en las fracciones I, II, III, IV, V, VII, VIII, XI, XX, XXII, XXV y XXVI del artículo 421, se le impondrá la pena de prisión de tres a ocho años y multa de quinientos (sic) a mil quinientas veces el valor diario de la Unidad de Medida y Actualización en el momento de la comisión del delito.

(REFORMADO, P.O. 26 DE MARZO DE 2021)

Artículo 424. A quien cometa los delitos previstos en las fracciones VI, IX, X, XIV, XV, XVI, XVII, XIX, XXI, XXIII, XXVII a XL del artículo 421, se le impondrá pena de prisión de cuatro a diez años y multa de mil a dos mil veces el valor diario de la Unidad de Medida y Actualización en el momento de la comisión del delito.

Artículo 425. Las disposiciones anteriores se aplicarán en lo conducente a todos los servidores públicos, incluyendo a los de los Tribunales Administrativos o del Trabajo, y del Ministerio Público cuando en el ejercicio de sus encargos o comisiones, ejecuten los actos o incurran en las omisiones que expresan los artículos que preceden.

SECCIÓN CUARTA
COHECHO

Artículo 426. Comete el delito de cohecho:

(REFORMADA, P.O. 29 DE DICIEMBRE DE 2017)

I. El servidor público que, por sí o por interpósita persona, solicite o reciba ilícitamente para sí o para otro, dinero o cualquier beneficio, o acepte una promesa, para hacer o dejar de realizar un acto propio de sus funciones inherentes a su empleo, cargo o comisión;

(REFORMADA, P.O. 29 DE DICIEMBRE DE 2017)

II. El que directa o indirectamente, por sí o por interpósita persona, dé u ofrezca dinero, algún servicio o cualquiera otra dádiva o beneficio a un servidor público para que haga u omita un acto relacionado con sus funciones, a su empleo, cargo o comisión, y

(ADICIONADA [N. DE E. CON SUS INCISOS], P.O. 29 DE DICIEMBRE DE 2017)

III. El legislador local que, en el ejercicio de sus funciones y en el marco del proceso de aprobación del presupuesto de egresos respectivo, gestione o solicite:

a) La asignación de recursos a favor de un ente público, exigiendo u obteniendo, para sí o para un tercero, una comisión, dádiva o contraprestación, en dinero o en especie, distinta a la que le corresponde por el ejercicio de su encargo; o

b) El otorgamiento de contratos de obra pública o de servicios a favor de determinadas personas físicas o morales.

[N. DE E. ESTE PÁRRAFO PERTENECE A LA FRACCIÓN III, P.O. 29 DE DICIEMBRE DE 2017]

Se aplicará la misma pena a cualquier persona que gestione o solicite, a nombre o en representación del legislador local, las asignaciones de recursos u otorgamiento de contratos a que se refieren los incisos a) y b) de esta fracción.

(ADICIONADO, P.O. 29 DE DICIEMBRE DE 2017)

En ningún caso se devolverá a los responsables del delito de cohecho, el dinero o dádivas entregadas; las mismas se aplicarán al Fondo que para la procuración de justicia se constituya.

(ADICIONADO, P.O. 29 DE DICIEMBRE DE 2017)

Cuando alguno de los delitos comprendidos en este artículo se cometa en los supuestos a que se refiere el artículo 25 de este Código, el juez impondrá a la persona jurídica multa de hasta mil días el valor diario de la Unidad de Medida de Actualización en el momento de cometerse el delito, y podrá decretar su suspensión o disolución, tomando en consideración el grado de conocimiento de los órganos de administración respecto del cohecho en la transacción y el daño causado o el beneficio obtenido por la persona jurídica.

(REFORMADO, P.O. 29 DE DICIEMBRE DE 2017)

Artículo 427. El delito de cohecho se sancionará con prisión de seis meses a nueve años y multa de diez a cien veces el valor diario de la Unidad de Medida y Actualización en el momento de la comisión del delito.

Cuando el particular cometa el delito por exigencia del servidor público, la sanción será disminuida en un tercio, pero si denunció oportunamente el delito no recibirá ninguna sanción.

SECCIÓN QUINTA
PECULADO

Artículo 428. Comete el delito de peculado:

(REFORMADA, P.O. 29 DE DICIEMBRE DE 2017)

I. Todo servidor público que, para su beneficio o el de una persona física o jurídica, distraiga de su objeto dinero, valores, fincas o cualquiera otra cosa perteneciente al Estado, municipio o a un particular, si por razón de su cargo los hubiere recibido en administración, en depósito o por otra causa;

II. El servidor público que a título personal e indebidamente utilice fondos públicos, con el objeto de promover la imagen política o social de su persona, la de su superior jerárquico o la de un tercero;

III. El servidor público que indebidamente utilice fondos públicos para denigrar a cualquier persona;

(REFORMADA, P.O. 29 DE DICIEMBRE DE 2017)

IV. Cualquier persona que acepte realizar las promociones o denigraciones a que se refieren las dos fracciones anteriores a cambio de fondos públicos o del disfrute de otros beneficios; y

V. Quien sin tener el carácter de servidor público y estando obligado legalmente a la custodia, administración o aplicación de recursos públicos estatales o municipales, los distraiga de su objeto para usos propios o ajenos o les dé una aplicación distinta a la que se les destinó.

(ADICIONADO, P.O. 29 DE DICIEMBRE DE 2017)

La disposición de bienes para asegurar su conservación y evitar su destrucción, siempre que se destinen a la función pública, no será sancionada.

(REFORMADO, P.O. 29 DE DICIEMBRE DE 2017)

Artículo 429. Al que comete el delito de peculado, se le impondrá de seis meses a doce años de prisión y multa de treinta a trescientas veces el valor diario de la Unidad de Medida y Actualización en el momento de la comisión del delito.

La sanción de prisión se reducirá en una tercera parte si desde la fecha en que se decrete el auto de vinculación a proceso, se devolviere incondicionalmente lo distraído o los fondos utilizados indebidamente, con los intereses legales correspondientes.

SECCIÓN SEXTA
CONCUSIÓN

Artículo 430. Comete el delito de concusión el servidor público que, con el carácter de tal y a título de impuesto o contribución, recargo, renta, rédito, salario o emolumento, exija por sí, o por medio de otro, dinero, valores, servicios, o cualquiera otra cosa que sepa no ser debida, o en mayor cantidad que la señalada por la Ley.

(REFORMADO, P.O. 29 DE DICIEMBRE DE 2017)

Artículo 431. El delito de concusión se sancionará con multa de diez a cien veces el valor diario de la Unidad de Medida y Actualización en el momento de la comisión del delito y prisión de dos a seis años.

SECCIÓN SÉPTIMA
ENRIQUECIMIENTO ILÍCITO

(REFORMADO, P.O. 29 DE DICIEMBRE DE 2017)

Artículo 432. Comete el delito de enriquecimiento ilícito, el servidor público que no pudiere acreditar el legítimo aumento de su patrimonio, o la legitima procedencia de los bienes que aparezcan a su nombre o de aquellos respecto de los cuales se conduzca como dueño.

Para efectos del párrafo anterior, se computarán entre los bienes que adquieran los servidores públicos o con respecto de los cuales se conduzcan como dueños, los que reciban o de los que dispongan su cónyuge y sus dependientes económicos directos, salvo que el servidor público acredite que éstos los obtuvieron por sí mismos.

(REFORMADO, P.O. 29 DE DICIEMBRE DE 2017)

Artículo 433. Al responsable del delito de enriquecimiento ilícito, se le impondrá de dos a once años de prisión y multa de diez a cien veces el valor diario de la Unidad de Medida y Actualización en el momento de la comisión del delito y decomiso en beneficio del Estado o municipio de aquellos bienes cuya honesta procedencia no acredite.

Artículo 434. El servidor público que tenga una profesión cuyo ejercicio sea legalmente compatible con la función a su cargo, así como aquéllos que tengan reconocidas actividades comerciales, industriales, o de cualquier otra especie, que les proporcionen ingresos adicionales a los derivados de su remuneración en los cargos, comisiones o empleos oficiales, podrán prevalerse de esta circunstancia para acreditar la honesta procedencia de sus bienes.

SECCIÓN OCTAVA
TRÁFICO DE INFLUENCIA

(REFORMADO, P.O. 29 DE DICIEMBRE DE 2017)

Artículo 435. Comete el delito de tráfico de influencia por sí o por interpósita persona:

I. El servidor público que:

a) Gestione o promueva, aprovechándose de su empleo, cargo o comisión, la tramitación o resolución ilícita de negocios públicos;

b) Gestione, sin estar autorizado para ello, y aprovechándose del empleo, cargo o comisión que desempeñe, ante la propia dependencia donde presta sus servicios o ante cualquier otra autoridad, para obtener una resolución favorable a sus intereses o los de un tercero.

II. El particular que:

a) Promueva la conducta ilícita del servidor público o se preste a la promoción o gestión a que hacen referencia las fracciones anteriores de este numeral;

b) Sin estar autorizado legalmente para intervenir en un negocio público, afirme tener influencia ante los servidores públicos facultados para tomar decisiones dentro de dichos negocios, e intervenga ante ellos para promover la resolución ilícita de los mismos a cambio de obtener un beneficio para sí o para otro.

(REFORMADO, P.O. 29 DE DICIEMBRE DE 2017)

Artículo 436. Al que cometa el delito de tráfico de influencia se le impondrán de dos a seis años de prisión y multa de diez a cien días de (sic) valor diario de la Unidad de Medida y Actualización en el momento de la comisión del delito.

(REFORMADA SU DENOMINACIÓN, P.O. 29 DE DICIEMBRE DE 2017)

SECCIÓN NOVENA
COALICIÓN

(ADICIONADO, P.O. 29 DE DICIEMBRE DE 2017)

Artículo 436 Bis. Cometen el delito de coalición de servidores públicos, los que teniendo tal carácter se coaliguen para tomar medidas contrarias a una ley, reglamento u otras disposiciones de carácter general, para impedir su ejecución o para hacer dimisión de sus puestos con el fin de impedir o suspender la administración pública en cualquiera de sus ramas. No cometen este delito los trabajadores que se coaliguen en ejercicio de sus derechos constitucionales o que hagan uso del derecho de huelga.

Al que cometa el delito de coalición de servidores públicos se le impondrá de dos años a siete años de prisión y multa de treinta a trescientas veces el valor diario de la Unidad de Medida y Actualización vigente en el momento de la comisión del delito.

(ADICIONADA CON LOS ARTÍCULOS QUE LA INTEGRAN, P.O. 29 DE DICIEMBRE DE 2017)

SECCIÓN DÉCIMA
USO ILÍCITO DE ATRIBUCIONES Y FACULTADES

(ADICIONADO, P.O. 29 DE DICIEMBRE DE 2017)

Artículo 436 Ter. Comete el delito de uso ilícito de atribuciones y facultades el servidor público que ilícitamente y en perjuicio del erario, del servicio público o de otra persona:

I. Otorgue concesiones de prestación de servicio público o de explotación, aprovechamiento y uso de bienes de dominio estatales o municipales;

II. Otorgue permisos, licencias, adjudicaciones o autorizaciones de contenido económico;

III. Otorgue franquicias, exenciones, deducciones o subsidios sobre impuestos, derechos, productos, aprovechamientos o aportaciones y cuotas de seguridad social, en general sobre los ingresos fiscales, y sobre precios y tarifas de los bienes y servicios producidos o prestados por las autoridades estatales o municipales;

IV. Otorgue, realice o contrate obras públicas, adquisiciones, arrendamientos, enajenaciones de bienes o servicios con recursos públicos;

V. Contrate deuda o realice colocaciones de fondos y valores con recursos públicos;

VI. Niegue el otorgamiento o contratación de las operaciones a que hace referencia el presente artículo, existiendo todos los requisitos establecidos en la normatividad aplicable para su otorgamiento;

VII. Siendo responsable de administrar y verificar directamente el cumplimiento de los términos de una concesión, permiso, asignación o contrato, se haya abstenido de cumplir con dicha obligación, o

VIII. Valiéndose de la información que posea por razón de su empleo, cargo o comisión, sea o no materia de sus funciones, y que no sea del conocimiento público, haga por sí, o por interpósita persona, inversiones, enajenaciones o adquisiciones o cualquier otro acto que le produzca algún beneficio económico indebido al servidor público o a un tercero.

Al que cometa el delito a que se refiere el presente artículo, se le impondrá de seis meses a doce años de prisión y multa de treinta a ciento cincuenta días del valor diario de la Unidad de Medida y Actualización en el momento de la comisión del delito.

Las mismas sanciones previstas en el párrafo anterior se impondrán a cualquier persona que, a sabiendas de la ilicitud del acto y en perjuicio del erario, del servicio público o de otra persona, participe, solicite o promueva la perpetración de cualquiera de los delitos previstos en este artículo.

(ADICIONADO, P.O. 29 DE DICIEMBRE DE 2017)

Artículo 436 Quater. Al particular que, en su carácter de contratista, permisionario, asignatario, titular de una concesión de prestación de un servicio público de explotación, aprovechamiento o uso de bienes del dominio del Estado, con la finalidad de obtener un beneficio para sí o para un tercero, realice una o varias de las siguientes conductas:

I. Utilice información falsa o alterada, respecto de los rendimientos o beneficios que obtenga, o

II. Cuando estando legalmente obligado a entregar a una autoridad información sobre los rendimientos o beneficios que obtenga, la oculte.

Al que cometa el delito a que se refiere el presente artículo, se le impondrá de tres meses a nueve años de prisión y multa de treinta a cien veces el valor diario de la Unidad de Medida y Actualización en el momento de la comisión del delito.

[N. DE E. EL PÁRRAFO SEGUNDO DEL TRANSITORIO CUARTO DEL ARTÍCULO SEGUNDO DEL DECRETO PUBLICADO EN LA OCTAVA SECCIÓN, DE P.O. 29 DE DICIEMBRE DE 2017 CONTENIDO EN LAS PÁGINAS DE LA 20 A LA 31, ESTABLECE QUE: "EL DELITO DE EVASIÓN DE PRESOS REFERIDO EN LOS ARTÍCULOS 167, 168, 169, 170, 171, 173, 174, 175, 176 Y 177, DEROGADOS POR ESTE DECRETO, NO SE EXTINGUEN,

POR PERMANECER LA DESCRIPCIÓN DE LA CONDUCTA SANCIONADA PENALMENTE EN LOS ARTÍCULOS 436 SEXIES, 436 SEPTIES, 436 OCTIES, 436 NONIES, 436 DECIES, 436 UNDECIES, 436 DUODECIES Y 436 TERDECIES, EN EL MISMO ORDENAMIENTO LEGAL".]

(ADICIONADA CON LOS ARTÍCULOS QUE LA INTEGRAN, P.O. 29 DE DICIEMBRE DE 2017)

SECCIÓN DÉCIMA PRIMERA
EVASIÓN DE PRESOS

(REFORMADO, P.O. 13 DE AGOSTO DE 2021)

Artículo 436 Quinquies. Comete el delito de evasión de personas presas, el que favoreciere la fuga de una o más personas que se encuentren privadas de su libertad, al responsable de este delito, se le impondrá de tres años a ocho años de prisión.

(ADICIONADO, P.O. 29 DE DICIEMBRE DE 2017)

Artículo 436 Sexies. En el supuesto previsto en el artículo anterior, para la determinación de las sanciones aplicables, se tendrán en cuenta, además de las circunstancias que expresan los artículos 72, 74 y 75 de este Código, la calidad del prófugo y la gravedad del delito que se le imputa.

(ADICIONADO, P.O. 29 DE DICIEMBRE DE 2017)

Artículo 436 Septies. Si en la comisión del delito de evasión de presos, el autor empleare violencia física o moral, engaño, fractura, horadación, excavación, escalamiento o llaves falsas, además de las sanciones mencionadas en el artículo 436 Quinquies, se le impondrá prisión de tres días a dos años.

(ADICIONADO, P.O. 29 DE DICIEMBRE DE 2017)

Artículo 436 Octies. Si la evasión se verificare exclusivamente por descuido o negligencia del custodio o conductor, éste será sancionado como reo de un delito de imprudencia. La sanción cesará al momento en que se logre la reaprehensión del prófugo, si se consiguiere por gestiones del custodio o conductor responsable y antes de que pasen cuatro meses contados desde la evasión.

(ADICIONADO, P.O. 29 DE DICIEMBRE DE 2017)

Artículo 436 Nonies. Las mismas penas se impondrán al que proporcione o proteja la evasión, sin ser el encargado de la custodia o conducción del detenido imputado o sentenciado.

(ADICIONADO, P.O. 29 DE DICIEMBRE DE 2017)

Artículo 436 Decies. Se impondrá de tres a diez años de prisión al que proporcione al mismo tiempo o en un solo acto, la evasión de varias personas privadas de la libertad por autoridad competente.

(ADICIONADO, P.O. 29 DE DICIEMBRE DE 2017)

Artículo 436 Undecies. Si la reaprehensión del o de los prófugos, se lograre por gestiones del responsable de la evasión, se reducirán a la cuarta parte las sanciones de prisión y de inhabilitación que señalan los artículos anteriores.

(ADICIONADO, P.O. 29 DE DICIEMBRE DE 2017)

Artículo 436 Duodecies. Al detenido, imputado o sentenciado que se fugue se le aplicará sanción de seis meses a tres años de prisión, esta sanción se incrementará en un tercio cuando ejerciere violencia en las personas, o bien, obre de acuerdo con otro u otros presos y alguno de estos se fugare.

(ADICIONADO, P.O. 29 DE DICIEMBRE DE 2017)

Artículo 436 Terdecies. Al prófugo no se le contará el tiempo que estuviere fuera del lugar de su reclusión, ni se le tendrá en cuenta la buena conducta que hubiere tenido antes de su evasión.

(ADICIONADA CON LOS ARTÍCULOS QUE LA INTEGRAN, P.O. 29 DE DICIEMBRE DE 2017)

SECCIÓN DÉCIMA SEGUNDA
REGLAS GENERALES

(ADICIONADO, P.O. 29 DE DICIEMBRE DE 2017)

Artículo 436 Quaterdecies. Son servidores públicos quienes desempeñan un empleo, cargo o comisión de cualquier naturaleza, sea cual fuere la forma de su elección, nombramiento o designación, en cualquiera de los poderes Ejecutivo, Legislativo o Judicial, en los municipios, entidades paraestatales, entidades paramunicipales y los órganos constitucionalmente autónomos del Estado.

(ADICIONADO, P.O. 29 DE DICIEMBRE DE 2017)

Artículo 436 Quinquiesdecies. Los particulares que cometan o participen en la comisión de hechos de corrupción previstos en este Código serán sancionados penalmente.

A. Cuando el responsable tenga el carácter de particular, el juez deberá imponer, además de las sanciones de prisión y multa descritas en este capítulo, la sanción de inhabilitación para desempeñar un cargo público, así como para participar en adquisiciones, arrendamientos, concesiones, servicios u obras públicas, conforme lo dispone el artículo 437 de este Código, considerando, en su caso, lo siguiente:

I. Los daños y perjuicios patrimoniales causados por los actos u omisiones;

II. Las circunstancias socioeconómicas del responsable;

III. Las condiciones exteriores y los medios de ejecución, y

IV. El monto del beneficio que haya obtenido el responsable.

B. Cuando el responsable sea servidor público el juez deberá imponer la sanción penal considerando el artículo 437 de este Código y:

I. El nivel jerárquico del servidor público y el grado de responsabilidad del encargo;

II. Su antigüedad en el empleo;

III. Sus antecedentes de servicio;

IV. Sus percepciones;

V. Su grado de instrucción, y

VI. La necesidad de reparar los daños y perjuicios causados por la conducta ilícita y las circunstancias especiales de los hechos constitutivos del delito.

(ADICIONADO, P.O. 29 DE DICIEMBRE DE 2017)

Artículo 436 Sedecies. Se sancionará de seis meses a diez años de prisión y multa de treinta a ciento cincuenta días del valor diario de la Unidad de Medida y Actualización, vigente en el momento de la comisión del delito, al servidor público que en el desarrollo de sus funciones, teniendo conocimiento de un hecho de corrupción conforme las disposiciones de este capítulo, no lo denuncie a la autoridad competente, o no la haga cesar, si estuviera en sus atribuciones.

(REFORMADO, P.O. 29 DE DICIEMBRE DE 2017)

Artículo 437. De manera adicional a las sanciones establecidas en este Capítulo, se impondrá a los responsables de su comisión, la destitución y la inhabilitación para desempeñar empleo, cargo o comisión públicos, así como para participar en adquisiciones, arrendamientos, servicios u obras públicas, concesiones de prestación de servicio público o de explotación, aprovechamiento y uso de bienes de dominio del Estado, por un plazo de uno a veinte años, atendiendo a los siguientes criterios:

I. Será por un plazo de uno hasta diez años, cuando no exista daño o perjuicio o cuando el monto de la afectación o beneficio obtenido por la comisión del delito no exceda de doscientas veces el valor diario de la Unidad de Medida y Actualización, y

II. Será por un plazo de diez a veinte años, si dicho monto excede el límite señalado en la fracción anterior.

Para efectos de lo anterior, el juez deberá considerar, en caso de que el responsable tenga el carácter de servidor público, los elementos del empleo, cargo o comisión que desempeñaba cuando incurrió en el delito.

(REFORMADO, P.O. 29 DE DICIEMBRE DE 2017)

Artículo 438. Tratándose de delitos cometidos contra servidores públicos en el ejercicio de sus funciones de seguridad pública, las sanciones se aumentarán hasta en un tercio.

(ADICIONADO, P.O. 14 DE JULIO DE 2020)

Artículo 438 Bis. Tratándose de delitos cometidos en contra de médicos, cirujanos, personal de enfermería y demás profesionales similares y auxiliares del sector privado o público que presten servicios de salud en términos de la ley de la materia, que en ejercicio de sus funciones o derivado de las mismas, durante el periodo que comprenda la declaración de una emergencia sanitaria, la pena aumentará en un tanto, además de la que corresponda por el o los delitos cometidos.

(REFORMADO, P.O. 29 DE DICIEMBRE DE 2017)

Artículo 439. Cuando en la comisión de cualquier delito de este Capítulo participe quien tenga funciones de seguridad pública, se aumentará hasta en un tercio la sanción prevista para el delito cometido.

Artículo 440. (DEROGADO, P.O. 29 DE DICIEMBRE DE 2017)

(ADICIONADO CON LA SECCIÓN Y ARTÍCULOS QUE LO INTEGRAN, P.O. 21 DE FEBRERO DE 1995)

CAPÍTULO VIGÉSIMO DELITOS ELECTORALES

(ADICIONADA CON LOS ARTÍCULOS QUE LA INTEGRAN, P.O. 21 DE FEBRERO DE 1995)

SECCIÓN ÚNICA

Artículo 441. (DEROGADO, P.O. 27 DE NOVIEMBRE DE 2014)

(REFORMADO, P.O. 27 DE NOVIEMBRE DE 2014)

Artículo 442. Los delitos en materia electoral y sus sanciones, la distribución de competencias y las formas de coordinación entre los órdenes de gobierno, serán los que establece la Ley General en Materia de Delitos Electorales.

Artículo 443. (DEROGADO, P.O. 27 DE NOVIEMBRE DE 2014)

Artículo 444. (DEROGADO, P.O. 27 DE NOVIEMBRE DE 2014)

Artículo 445. (DEROGADO, P.O. 27 DE NOVIEMBRE DE 2014)

Artículo 446. (DEROGADO, P.O. 27 DE NOVIEMBRE DE 2014)

Artículo 447. (DEROGADO, P.O. 27 DE NOVIEMBRE DE 2014)

Artículo 448. (DEROGADO, P.O. 27 DE NOVIEMBRE DE 2014)

(ADICIONADO CON LA SECCIÓN Y ARTÍCULOS QUE LO INTEGRAN, P.O. 14 DE MARZO DE 1997)

CAPÍTULO VIGÉSIMO PRIMERO DE LA TORTURA

(ADICIONADA CON LOS ARTÍCULOS QUE LA INTEGRAN, P.O. 14 DE MARZO DE 1997)

SECCIÓN ÚNICA

(REFORMADO, P.O. 29 DE DICIEMBRE DE 2017)

Artículo 449. Para los delitos de Tortura y otros tratos o penas crueles, inhumanos o degradantes y sus sanciones, se aplicarán las disposiciones que establece la Ley General para Prevenir, Investigar y Sancionar la Tortura y otros Tratos o Penas Crueles, Inhumanos o Degradantes.

Artículo 450. (DEROGADO, P.O. 29 DE DICIEMBRE DE 2017)

Artículo 451. (DEROGADO, P.O. 29 DE DICIEMBRE DE 2017)

Artículo 452. (DEROGADO, P.O. 29 DE DICIEMBRE DE 2017)

(ADICIONADO CON LOS ARTÍCULOS QUE LO INTEGRAN, P.O. 4 DE ENERO DE 2012)

CAPÍTULO VIGÉSIMO SEGUNDO
OPERACIONES CON RECURSOS DE PROCEDENCIA ILÍCITA

(REFORMADO PRIMER PÁRRAFO, P.O. 3 DE NOVIEMBRE DE 2021)

Artículo 453. Se impondrá de cinco a quince años de prisión y de mil a cinco mil Unidades de Medida y Actualización al que, por sí o por interpósita persona, realice cualquiera de las siguientes conductas:

(ADICIONADA, P.O. 4 DE ENERO DE 2012)

I. Adquiera, enajene, administre, custodie, posea, cambie, convierta, deposite, retire, dé o reciba por cualquier motivo, invierta, traspase, transporte o transfiera, dentro del territorio o de éste hacia fuera o a la inversa, recursos, derechos o bienes de cualquier naturaleza, cuando tenga conocimiento de que proceden o representan el producto de una actividad ilícita.

(ADICIONADA, P.O. 4 DE ENERO DE 2012)

II. Oculte, encubra o pretenda ocultar o encubrir la naturaleza, origen, ubicación, destino, movimiento, propiedad o titularidad de recursos, derechos o bienes, cuando tenga conocimiento de que proceden o representan el producto de una actividad ilícita.

(ADICIONADO, P.O. 4 DE ENERO DE 2012)

Para efectos de lo dispuesto en este artículo, se entenderá que una persona tiene conocimiento de que los recursos, derechos o bienes proceden o representan el producto de una actividad ilícita, cuando:

(ADICIONADO, P.O. 4 DE ENERO DE 2012)

a) Existan los medios para conocer o prever que los recursos, derechos o bienes proceden o representan el producto de una actividad ilícita o de un acto de participación en ella, basado en las circunstancias del bien, de la operación o de los sujetos involucrados y elementos objetivos acreditables en el caso concreto y no los agota pudiendo hacerlo;

(ADICIONADO, P.O. 4 DE ENERO DE 2012)

b) Realice actos u operaciones a nombre de un tercero, sin el consentimiento de éste, o sin título jurídico que lo justifique y no se actualice la gestión de negocios en términos de la legislación civil aplicable.

(ADICIONADO, P.O. 4 DE ENERO DE 2012)

Para efectos de este Capítulo, se entenderá que son producto de una actividad ilícita, los recursos, derechos o bienes de cualquier naturaleza, cuando existan indicios fundados o certeza de que provienen directa o indirectamente, o representan las ganancias derivadas de la comisión de algún delito o no pueda acreditarse su legítima procedencia.

(ADICIONADO, P.O. 4 DE ENERO DE 2012)

Cuando la autoridad competente, en ejercicio de sus facultades de fiscalización, encuentre elementos que permitan presumir la comisión de alguno de los delitos referidos en este Capítulo, deberá ejercer respecto de los mismos las facultades de comprobación que le confieren las Leyes y denunciar los hechos que probablemente puedan constituir dicho ilícito.

(REFORMADO, P.O. 3 DE NOVIEMBRE DE 2021)

Artículo 454. Se impondrán de tres a diez años de prisión y de ochocientas a dos mil seiscientas Unidades de Medida y Actualización, a quien haga uso de recursos de procedencia ilícita para alentar alguna actividad que la Ley prevea como tipo penal o ayudar a cualquier persona a eludir las consecuencias jurídicas de su participación en un delito, a través de la realización de cualquiera de las conductas señaladas en las fracciones I y II del artículo 453, siempre que no se incurra en el delito de operaciones con recursos de procedencia ilícita.

(REFORMADO PRIMER PÁRRAFO, P.O. 3 DE NOVIEMBRE DE 2021)

Artículo 455. Se impondrán de tres a nueve años de prisión y de mil a dos mil quinientas Unidades de Medida y Actualización, al que permita que se intitulen bajo su nombre bienes o derechos adquiridos con recursos, derechos o bienes que procedan o representen el producto de una actividad ilícita, aún cuando no haya tenido conocimiento de ésta última circunstancia.

(ADICIONADO, P.O. 4 DE ENERO DE 2012)

Cuando la persona que realiza los actos jurídicos, con el resultado mencionado en el párrafo anterior, revele a la autoridad competente la identidad de quien haya aportado los recursos o de quien se conduzca como dueño, la pena podrá ser reducida hasta en dos terceras partes.

(REFORMADO PRIMER PÁRRAFO, P.O. 3 DE NOVIEMBRE DE 2021)

Artículo 456. Se impondrá de cuatro a doce años de prisión y de mil a tres mil Unidades de Medida y Actualización, a quien realice cualquiera de las conductas señaladas en las fracciones I y II del artículo 453, sin conocimiento de que proceden o representan el producto de una actividad ilícita, siempre que de las características de la operación o de las circunstancias de los sujetos involucrados y elementos objetivos acreditables pueda desprenderse aquella ilicitud del origen de los bienes o recursos.

(ADICIONADO, P.O. 4 DE ENERO DE 2012)

Cuando la persona que realiza la conducta referida en el párrafo anterior, revele a la autoridad competente la identidad de quien haya aportado los recursos o de quien se conduzca como dueño, la pena podrá ser reducida hasta en dos terceras partes.

(REFORMADO PRIMER PÁRRAFO, P.O. 3 DE NOVIEMBRE DE 2021)

Artículo 457. Se sancionará con prisión de cinco a quince años y de mil a cinco mil Unidades de Medida y Actualización a quien fomente, preste ayuda, auxilio o colaboración a otro para la comisión de las conductas previstas en las fracciones I y II del artículo 453, sin perjuicio de los procedimientos y sanciones que correspondan conforme a la legislación aplicable.

(ADICIONADO, P.O. 4 DE ENERO DE 2012)

Para efectos del párrafo anterior, se presume que fomenta, presta ayuda, auxilio o colaboración para la comisión de las conductas previstas en las fracciones I y II del artículo 453, quien asesore profesional o técnicamente a otro en la comisión de las conductas previstas en el primer párrafo de este artículo.

(ADICIONADO, P.O. 4 DE ENERO DE 2012)

Artículo 458. Las penas previstas en este Capítulo se aumentarán desde un tercio hasta en una mitad, si la conducta es cometida por servidores públicos encargados de prevenir, detectar, denunciar, investigar o juzgar la comisión de delitos o ejecutar las sanciones penales, así como a los ex-servidores públicos encargados de tales funciones que cometan dicha conducta en los dos años posteriores a su terminación. Además, se les impondrá inhabilitación para desempeñar empleo, cargo o comisión hasta por un tiempo igual al de la pena de prisión impuesta, la cual comenzará a partir del cumplimiento de dicha pena.

Asimismo, las penas previstas en este Capítulo se aumentarán hasta en una mitad si quien realice cualquiera de las conductas previstas en los artículos 453 fracciones I y II, 454 y 455, utiliza a personas menores de dieciocho años de edad o personas que no tienen capacidad para comprender el significado del hecho o que no tienen capacidad para resistirlo.

(ADICIONADO CON LOS ARTÍCULOS QUE LO INTEGRAN, P.O. 4 DE ENERO DE 2012)

CAPÍTULO VIGÉSIMO TERCERO
DELITOS CONTRA LA SALUD, EN SU MODALIDAD DE NARCOMENUDEO

(ADICIONADO, P.O. 4 DE ENERO DE 2012)

Artículo 459. Para los efectos de este Capítulo, se entenderá por:

I. Comercio: La venta, compra, adquisición o enajenación de algún narcótico;

II. Farmacodependencia: El conjunto de fenómenos de comportamiento, cognoscitivos y fisiológicos, que se desarrollan luego del consumo repetido de estupefacientes o psicotrópicos de los previstos en los artículos 237 y 245 fracciones I a III de la Ley General de Salud;

III. Farmacodependiente: Toda persona que presenta algún signo o síntoma de dependencia a estupefacientes o psicotrópicos;

IV. Consumidor: Toda persona que consume o utilice estupefacientes o psicotrópicos y que no presente signos ni síntomas de dependencia;

V. Narcóticos: Los estupefacientes, psicotrópicos y demás sustancias o vegetales que determinen la Ley General de Salud, los Convenios y Tratados Internacionales de observancia obligatoria en México y los que señalen las demás disposiciones legales aplicables en la materia;

VI. Posesión: La tenencia material de narcóticos o cuando éstos están dentro del radio de acción y disponibilidad de la persona;

VII. Suministro: La transmisión material de forma directa o indirecta, por cualquier concepto, de la tenencia de narcóticos; y

VIII. Tabla: La relación de narcóticos y la orientación de dosis máxima de consumo personal e inmediato prevista en el artículo 479 de la Ley General de Salud.

(ADICIONADO, P.O. 4 DE ENERO DE 2012)

Artículo 460. Las autoridades de seguridad pública, procuración e impartición de justicia, así como de ejecución de sanciones y medidas de seguridad del Estado, intervendrán en los términos establecidos en el Capítulo VII del Título Décimo Octavo de la Ley General de Salud, en la forma y con la competencia prevista en el artículo 474 de la propia Ley, siempre que no existan elementos suficientes para presumir delincuencia organizada, en los términos previstos en la Ley de la materia.

(ADICIONADO, P.O. 4 DE ENERO DE 2012)

Artículo 461. Con respecto al destino y destrucción de narcóticos, se observarán las disposiciones del Código Federal de Procedimientos Penales.

(ADICIONADO, P.O. 4 DE ENERO DE 2012)

Artículo 462. El Ministerio Público o la autoridad judicial del conocimiento, en su caso, tan pronto identifiquen que una persona relacionada con un procedimiento es farmacodependiente, deberá informar de inmediato a la Secretaría de Salud y, en su caso, darle intervención para los efectos del tratamiento que corresponda.

En todo centro de reinserción social se prestarán servicios de rehabilitación al farmacodependiente.

(ADICIONADO, P.O. 4 DE ENERO DE 2012)

Artículo 463. Comete el delito de narcomenudeo, quien sin autorización comercie o suministre, aún gratuitamente, narcóticos en cantidad inferior a la que resulte de multiplicar por mil el monto de las previstas en la Tabla.

(REFORMADO, P.O. 3 DE NOVIEMBRE DE 2021)

Por la comisión de este delito se impondrá prisión de cuatro a ocho años y de doscientas a cuatrocientas Unidades de Medida y Actualización.

(REFORMADO, P.O. 3 DE NOVIEMBRE DE 2021)

En caso de que se suministre o venda a persona menor de edad o cuando no tenga capacidad para comprender la relevancia de la conducta o para resistir al agente, o que fuese utilizada para la comisión del delito se aplicará una pena de siete a quince años de prisión y de doscientas a cuatrocientas Unidades de Medida y Actualización.

Las penas que en su caso resulten aplicables por este delito serán aumentadas en una mitad, cuando:

I. Se cometan por servidores públicos encargados de prevenir, denunciar, investigar, juzgar o ejecutar las sanciones por la comisión de conductas prohibidas en el presente Capítulo.

Además, en este caso, se impondrá a dichos servidores públicos destitución e inhabilitación hasta por un tiempo igual al de la pena de prisión impuesta;

II. Se cometan en centros educativos, asistenciales, policiales o de reclusión, o dentro del espacio comprendido en un radio que diste a menos de trescientos metros de los límites de la colindancia de los mismos; y

III. La conducta sea realizada por profesionistas, técnicos, auxiliares o personal relacionado con las disciplinas de la salud en cualesquiera de sus ramas y se valgan de esta situación para cometerlos. En este caso se impondrá, además, suspensión e inhabilitación de derechos o funciones para el ejercicio profesional u oficio hasta por cinco años. En caso de reincidencia podrá imponerse, además, suspensión definitiva para el ejercicio profesional.

(REFORMADO, P.O. 3 DE NOVIEMBRE DE 2021)

Artículo 464. Comete el delito de narcomenudeo en su modalidad de posesión con fines de comercio o suministro, quien sin la autorización correspondiente, posea algún narcótico en cantidad inferior a la que resulte de multiplicar por mil el monto de las previstas en la Tabla, siempre y cuando esa posesión sea con la finalidad de comerciarlos o suministrarlos, aún gratuitamente. Por la comisión de este delito se impondrá una pena de tres a seis años de prisión y de ochenta a trescientas Unidades de Medida y Actualización.

(REFORMADO PRIMER PÁRRAFO, P.O. 3 DE NOVIEMBRE DE 2021)

Artículo 465. Se aplicará de diez meses a tres años de prisión y de diez a ochenta Unidades de Medida y Actualización, al que sin la autorización correspondiente, posea algún narcótico en cantidad inferior a la que resulte de multiplicar por mil las previstas en la Tabla, cuando por las circunstancias del hecho, tal posesión no pueda considerarse destinada a comerciarlos o suministrarlos, aun gratuitamente.

(ADICIONADO, P.O. 4 DE ENERO DE 2012)

No se procederá penalmente por este delito en contra de quien posea medicamentos que contengan alguno de los narcóticos previstos en la Tabla, cuya venta al público se encuentre supeditada a requisitos especiales de adquisición, cuando por su naturaleza y cantidad dichos medicamentos sean los necesarios para el tratamiento de la persona que los posea o de otras personas sujetas a la custodia o asistencia de quien los tiene en su poder.

(ADICIONADO, P.O. 4 DE ENERO DE 2012)

Artículo 466. El Ministerio Público no ejercerá acción penal por el delito previsto en el artículo anterior, en contra de quien sea farmacodependiente o consumidor y posea alguno de los narcóticos señalados en la Tabla, en igual o inferior cantidad a la prevista en la misma, para su estricto consumo personal.

La autoridad ministerial informará al consumidor la ubicación de las instituciones o centros para el tratamiento médico o de orientación para la prevención de la farmacodependencia.

El Ministerio Público hará reporte del no ejercicio de la acción penal a la autoridad sanitaria del lugar donde se adopte la resolución o la más cercana, con el propósito de que ésta promueva la correspondiente orientación médica o de prevención. La información recibida por la autoridad sanitaria no deberá hacerse pública pero podrá usarse, sin señalar identidad, para fines estadísticos.

(ADICIONADO, P.O. 4 DE ENERO DE 2012)

Artículo 467. Cuando el Ministerio Público tenga conocimiento que el propietario, poseedor, arrendatario o usufructuario de un establecimiento de cualquier naturaleza lo empleare para realizar cualesquiera de las conductas sancionadas en el presente Capítulo o que permitiere su realización por terceros, informará a la autoridad administrativa competente para que, en ejercicio de sus atribuciones, realice la clausura del establecimiento, sin perjuicio de las sanciones que resulten por la aplicación de los ordenamientos correspondientes.

(ADICIONADO, P.O. 4 DE ENERO DE 2012)

Artículo 468. Cuando exista aseguramiento de estupefacientes o psicotrópicos, el Ministerio Público o el Juez del proceso, solicitará la elaboración del informe pericial correspondiente, sobre los caracteres organolépticos o químicos de la sustancia asegurada. Cuando hubiere detenido, este informe será rendido a más tardar dentro del plazo de veinticuatro horas.

(ADICIONADO, P.O. 4 DE ENERO DE 2012)

Artículo 469. Para fines de investigación, tratándose de los delitos de narcomenudeo previstos en este Capítulo, el Procurador de Justicia o en quien delegue esa facultad, autorizará a solicitud del agente del Ministerio Público, para comprar, adquirir o recibir la transmisión material de algún narcótico, a fin de lograr la detención de las personas de quienes se presuma estén involucradas en estos delitos.

Una vez expedida la autorización a que se refiere el párrafo anterior, el Ministerio Público deberá señalar por escrito, en la orden respectiva, los lineamientos, términos, limitaciones, modalidades y condiciones a los que debe sujetarse el elemento o elementos de la policía que deberán ejecutar la orden.

En las actividades que desarrollen el o los policías que ejecuten la orden, se considerará que actúan en cumplimiento de un deber jurídico, en los términos del artículo 26 fracción VI de este Código, siempre que su actuación se apegue a los lineamientos, términos, modalidades, limitaciones y condiciones a que se refiere el párrafo anterior.

(ADICIONADO CON LA SECCIÓN Y ARTÍCULOS QUE LO INTEGRAN, P.O. 21 DE AGOSTO DE 2013)

CAPÍTULO VIGÉSIMO CUARTO
DELITOS EN CONTRA DE LOS ANIMALES

(ADICIONADA CON LOS ARTÍCULOS QUE LA INTEGRAN, P.O. 21 DE AGOSTO DE 2013)

SECCIÓN ÚNICA

(REFORMADO PRIMER PÁRRAFO, P.O. 23 DE OCTUBRE DE 2020)

Artículo 470. Al que, mediante acción u omisión, realice actos de maltrato o crueldad en contra de cualquier animal con la intención de ocasionarle dolor, sufrimiento o afectar su bienestar, de manera ilícita o sin causa justificada, provocándole lesiones que no pongan en peligro la vida, se le impondrán de seis meses a cuatro años de prisión y multa de cincuenta a trescientas unidades de medida y actualización vigente al momento que se cometa el delito.

(ADICIONADO, P.O. 21 DE AGOSTO DE 2013)

Si las lesiones ponen en peligro la vida del animal, las penas se incrementará (sic) en una mitad.

(REFORMADO, P.O. 23 DE OCTUBRE DE 2020)

Si los actos de maltrato o crueldad provocan la muerte del animal, se impondrán de cuatro a ocho años de prisión y multa de doscientas a quinientas unidades de medida y actualización vigente al momento que se cometa el delito.

(ADICIONADO, P.O. 23 DE OCTUBRE DE 2020)

En cualquiera de los casos anteriores, se incrementará la sanción en un tercio más de las señaladas, cuando concurra que dichas conductas sean cometidas con medios violentos como armas y explosivos.

(ADICIONADO, P.O. 21 DE AGOSTO DE 2013)

Artículo 471. Para efectos de esta Sección, se entenderá como animal, toda especie doméstica o silvestre, que no constituya fauna nociva, en términos de lo dispuesto en el artículo 3 de la Ley de Protección a los Animales para el Estado de Puebla.

(ADICIONADO, P.O. 21 DE AGOSTO DE 2013)

Artículo 472. Las sanciones previstas en el artículo 470 se incrementarán en una mitad en los supuestos siguientes:

I. Si se prolonga innecesariamente la agonía o el sufrimiento del animal;

II. Si se utilizan métodos de extrema crueldad; o

III. Si además de realizar los actos de maltrato o crueldad en contra de cualquier animal, el sujeto activo los capta en imágenes, fotografía o videograba para hacerlos públicos por cualquier medio.

(REFORMADO, P.O. 3 DE NOVIEMBRE DE 2021)

Artículo 473. Se impondrá de uno a cuatro años de prisión y multa de doscientas a cuatrocientas Unidades de Medida y Actualización a la persona que organice, promueva, difunda o realice una o varias peleas de perros, con o sin apuestas, o las permita en su propiedad.

(ADICIONADO, P.O. 21 DE AGOSTO DE 2013)

Artículo 474. Se exceptúan de las disposiciones anteriores, los espectáculos de tauromaquia, charrería y peleas de gallos; así como los relacionados con fiestas tradicionales y usos y costumbres.

(ADICIONADO, P.O. 23 DE OCTUBRE DE 2020)

Artículo 474 Bis. A quien se apropie de un animal de compañía sin el consentimiento de su propietario se le impondrán de seis meses a dos años de prisión y de cien a doscientas cincuenta unidades de medida y actualización.

(ADICIONADO, P.O. 23 DE OCTUBRE DE 2020)

Artículo 474 Ter. A quien por medio de un animal de compañía extorsione solicitando a cambio de su restitución un beneficio económico o en especie se le impondrá de uno a cuatro años de prisión y de doscientas a quinientas unidades de medida y actualización.

(ADICIONADO, P.O. 8 DE NOVIEMBRE DE 2021)

Artículo 474 Quater. Se impondrá de uno a cuatro años de prisión y de mil a dos mil veces el valor diario de la Unidad de Medida y Actualización:

I. Al que posea o tenga en propiedad un espacio para sacrificio o faenado de uno o más animales de abasto, de forma clandestina, además de imponerle la clausura del inmueble cuyo destino sea para el sacrificio o faenado;

II. A quien realice el sacrificio o faenado de animales de abasto, sin realizar métodos de insensibilización que tenga como fin el consumo humano para comercialización.

Se exceptúa de lo previsto en el presente artículo a quien realice la ganadería de autoconsumo.

(ADICIONADO CON LOS ARTÍCULOS QUE LO INTEGRAN, P.O. 30 DE DICIEMBRE DE 2013)

CAPÍTULO VIGÉSIMO QUINTO
DELITOS INFORMÁTICOS

(REFORMADO, P.O. 3 DE NOVIEMBRE DE 2021)

Artículo 475. Se impondrá prisión de uno a cinco años, multa de cincuenta a quinientas Unidades de Medida y Actualización y suspensión de profesión en su caso, de dos meses a un año, cuando la revelación punible sea hecha por persona que presta servicios profesionales o técnicos o por funcionario o empleado público o cuando el secreto revelado o publicado sea de carácter industrial.

(ADICIONADO, P.O. 30 DE DICIEMBRE DE 2013)

Artículo 476. Al que sin autorización modifique, destruya o provoque pérdida de información contenida en sistemas o equipos de informática protegidos por algún mecanismo de seguridad, se le impondrán de seis meses a dos años de prisión y de cien a trescientos días de multa.

Al que· sin autorización conozca o copie información contenida en sistemas o equipos de informática protegidos por algún mecanismo de seguridad, se le impondrán de tres meses a un año de prisión y de cincuenta a ciento cincuenta días de multa.

(ADICIONADO, P.O. 30 DE DICIEMBRE DE 2013)

Artículo 477. Al que sin autorización modifique, destruya o provoque pérdida de información contenida en sistemas o equipos de informática del Estado, protegidos por algún mecanismo de seguridad, se le impondrán de uno a dos años de prisión y de doscientos a seiscientos días de multa.

(ADICIONADO, P.O. 30 DE DICIEMBRE DE 2013)

Artículo 478. Al que estando autorizado para acceder a sistemas y equipos de informática del Estado, indebidamente modifique, destruya o provoque pérdida de información que contengan, se le impondrán de dos a cuatro años de prisión y de trescientos a novecientos días de multa.

Al que estando autorizado para acceder a sistemas y equipos de informática del Estado, indebidamente copie información que contengan, se le impondrán de uno a dos años de prisión y de ciento cincuenta a cuatrocientos cincuenta días de multa.

(REFORMADO, P.O. 3 DE NOVIEMBRE DE 2021)

A quien estando autorizado para acceder a sistemas, equipos o medios de almacenamiento informáticos en materia de seguridad pública, indebidamente obtenga, copie o utilice información que contengan, se le impondrá pena de dos a cinco años de prisión y multa de quinientas a mil Unidades de Medida y Actualización general vigente. Si el responsable es o hubiera sido servidor público en una institución de seguridad pública, se impondrá además, hasta una mitad más de la pena impuesta, destitución e inhabilitación por un plazo igual al de la pena resultante para desempeñarse en otro empleo, puesto, cargo o comisión pública.

TRANSITORIOS

Artículo 1°. Este Código comenzará a regir el día 1° de enero de 1987.

(F. DE E., P.O. 6 DE ENERO DE 1987)

Artículo 2°. Se derogan el Código de Defensa Social publicado en el Periódico Oficial del Estado el día 23 de marzo de 1943 y todas las disposiciones que se le opongan; pero el Código derogado deberá continuar aplicándose por hechos u omisiones ejecutados durante su vigencia a menos que, conforme a este nuevo Código hayan dejado de considerarse como delitos, o que los acusados manifiesten su voluntad de acogerse al ordenamiento másfavorable (sic).

EL GOBERNADOR hará publicar y cumplir la presente disposición. Dada en el Palacio del Poder Legislativo, en la Heroica Ciudad de Puebla (sic) de Zaragoza, a los 18 días del mes de Diciembre de 1986. Diputado Presidente. Profr. Neftalí Dante Nolasco Hernández. Rúbrica. Diputado Secretario. Profr.

Javier Steffanoni Dossetti. Rúbrica. Diputado Secretario. Profr. Teodoro Ortega García. Rúbrica.

Por tanto mando se imprima, publique y circule para sus efectos. Dado en el Palacio del Poder Ejecutivo, en la Heroica Puebla de Zaragoza, a los veintidós días del mes de diciembre de mil novecientos ochenta y seis. El Gobernador Constitucional del Estado. Lic. Guillermno (sic) Jiménez Morales. Rúbrica. El Secretario de Gobernación. Lic. Humberto Gutiérrez Manzano. Rúbrica.

CÓDIGO NACIONAL DE PROCEDIMIENTOS PENALES

ÚLTIMA REFORMA PUBLICADA EN EL DIARIO OFICIAL DE LA FEDERACIÓN: 25 DE ABRIL DE 2023.

Código publicado en la Segunda Sección del Diario Oficial de la Federación, el miércoles 5 de marzo de 2014.

Al margen un sello con el Escudo Nacional, que dice: Estados Unidos Mexicanos. Presidencia de la República.

ENRIQUE PEÑA NIETO, Presidente de los Estados Unidos Mexicanos, a sus habitantes sabed:

Que el Honorable Congreso de la Unión, se ha servido dirigirme el siguiente

DECRETO

"EL CONGRESO GENERAL DE LOS ESTADOS UNIDOS MEXICANOS, D E C R E T A:

SE EXPIDE EL CÓDIGO NACIONAL DE PROCEDIMIENTOS PENALES

Artículo Único. Se expide el Código Nacional de Procedimientos Penales.

CÓDIGO NACIONAL DE PROCEDIMIENTOS PENALES

LIBRO PRIMERO
DISPOSICIONES GENERALES

TÍTULO I
DISPOSICIONES PRELIMINARES

CAPÍTULO ÚNICO
ÁMBITO DE APLICACIÓN Y OBJETO

Artículo 1o. Ámbito de aplicación

Las disposiciones de este Código son de orden público y de observancia general en toda la República Mexicana, por los delitos que sean competencia de los órganos jurisdiccionales federales y locales en el marco de los principios y derechos consagrados en la Constitución Política de los Estados Unidos Mexicanos y en los Tratados Internacionales de los que el Estado mexicano sea parte.

Artículo 2o. Objeto del Código

Este Código tiene por objeto establecer las normas que han de observarse en la investigación, el procesamiento y la sanción de los delitos, para esclarecer los hechos, proteger al inocente, procurar que el culpable no quede impune y que se repare el daño, y así contribuir a asegurar el acceso a la justicia en la aplicación del derecho y resolver el conflicto que surja con motivo de la comisión del delito, en un marco de respeto a los derechos humanos reconocidos en la Constitución y en los Tratados Internacionales de los que el Estado mexicano sea parte.

Artículo 3o. Glosario

Para los efectos de este Código, según corresponda, se entenderá por:

I. Asesor jurídico: Los asesores jurídicos de las víctimas, federales y de las Entidades federativas;

II. Código: El Código Nacional de Procedimientos Penales;

III. Consejo: El Consejo de la Judicatura Federal, los Consejos de las Judicaturas de las Entidades federativas o el órgano judicial, con funciones propias del Consejo o su equivalente, que realice las funciones de administración, vigilancia y disciplina;

IV. Constitución: La Constitución Política de los Estados Unidos Mexicanos;

V. Defensor: El defensor público federal, defensor público o de oficio de las Entidades federativas, o defensor particular;

VI. Entidades federativas: Las partes integrantes de la Federación a que se refiere el artículo 43 de la Constitución;

VII. Juez de control: El Órgano jurisdiccional del fuero federal o del fuero común que interviene desde el principio del procedimiento y hasta el dictado del auto de apertura a juicio, ya sea local o federal;

VIII. Ley Orgánica: La Ley Orgánica del Poder Judicial de la Federación o la Ley Orgánica del Poder Judicial de cada Entidad federativa;

IX. Ministerio Público: El Ministerio Público de la Federación o al Ministerio Público de las Entidades federativas;

X. Órgano jurisdiccional: El Juez de control, el Tribunal de enjuiciamiento o el Tribunal de alzada ya sea del fuero federal o común;

(ADICIONADA, D.O.F. 25 DE ABRIL DE 2023)

XI. Perspectiva de Género: Concepto que se refiere a la metodología y los mecanismos que permiten identificar, cuestionar y valorar la discriminación, desigualdad y exclusión de las mujeres, que se pretende justificar con base en las diferencias biológicas entre mujeres y hombres, así como las acciones que deben emprenderse para actuar sobre los factores de género y crear las condiciones de cambio que permitan avanzar en la construcción de la igualdad de género;

XII. Policía: Los cuerpos de Policía especializados en la investigación de delitos del fuero federal o del fuero común, así como los cuerpos de seguridad pública de los fueros federal o común, que en el ámbito de sus respectivas competencias actúan todos bajo el mando y la conducción del Ministerio Público para efectos de la investigación, en términos de lo que disponen la Constitución, este Código y demás disposiciones aplicables;

XIII. Procurador: El titular del Ministerio Público de la Federación o del Ministerio Público de las Entidades federativas o los Fiscales Generales en las Entidades federativas;

XIV. Procuraduría: La Procuraduría General de la República, las Procuradurías Generales de Justicia y Fiscalías Generales de las Entidades federativas;

XV. Tratados: Los Tratados Internacionales en los que el Estado mexicano sea parte;

XVI. Tribunal de enjuiciamiento: El Órgano jurisdiccional del fuero federal o del fuero común integrado por uno o tres juzgadores, que interviene después del auto de apertura a juicio oral, hasta el dictado y explicación de sentencia, y

XVII. Tribunal de alzada: El Órgano jurisdiccional integrado por uno o tres magistrados, que resuelve la apelación, federal o de las Entidades federativas.

TÍTULO II
PRINCIPIOS Y DERECHOS EN EL PROCEDIMIENTO

CAPÍTULO I
PRINCIPIOS EN EL PROCEDIMIENTO

Artículo 4o. Características y principios rectores

El proceso penal será acusatorio y oral, en él se observarán los principios de publicidad, contradicción, concentración, continuidad e inmediación y aquellos previstos en la Constitución, Tratados y demás leyes.

Este Código y la legislación aplicable establecerán las excepciones a los principios antes señalados, de conformidad con lo previsto en la Constitución. En todo momento, las autoridades deberán respetar y proteger tanto la dignidad de la víctima como la dignidad del imputado.

Artículo 5o. Principio de publicidad

Las audiencias serán públicas, con el fin de que a ellas accedan no sólo las partes que intervienen en el procedimiento sino también el público en general, con las excepciones previstas en este Código.

Los periodistas y los medios de comunicación podrán acceder al lugar en el que se desarrolle la audiencia en los casos y condiciones que determine el Órgano jurisdiccional conforme a lo dispuesto por la Constitución, este Código y los acuerdos generales que emita el Consejo.

Artículo 6o. Principio de contradicción

Las partes podrán conocer, controvertir o confrontar los medios de prueba, así como oponerse a las peticiones y alegatos de la otra parte, salvo lo previsto en este Código.

Artículo 7o. Principio de continuidad

Las audiencias se llevarán a cabo de forma continua, sucesiva y secuencial, salvo los casos excepcionales previstos en este Código.

Artículo 8o. Principio de concentración

Las audiencias se desarrollarán preferentemente en un mismo día o en días consecutivos hasta su conclusión, en los términos previstos en este Código, salvo los casos excepcionales establecidos en este ordenamiento.

Asimismo, las partes podrán solicitar la acumulación de procesos distintos en aquellos supuestos previstos en este Código.

Artículo 9o. Principio de inmediación

Toda audiencia se desarrollará íntegramente en presencia del Órgano jurisdiccional, así como de las partes que deban de intervenir en la misma, con las excepciones previstas en este Código. En ningún caso, el Órgano jurisdiccional podrá delegar en persona alguna la admisión, el desahogo o la valoración de las pruebas, ni la emisión y explicación de la sentencia respectiva.

Artículo 10. Principio de igualdad ante la ley

Todas las personas que intervengan en el procedimiento penal recibirán el mismo trato y tendrán las mismas oportunidades para sostener la acusación o la defensa. No se admitirá discriminación motivada por origen étnico o nacional, género, edad, discapacidad, condición social, condición de salud, religión, opinión, preferencia sexual, estado civil o cualquier otra que atente contra la dignidad humana y tenga por objeto anular o menoscabar los derechos y las libertades de las personas.

Las autoridades velarán por que las personas en las condiciones o circunstancias señaladas en el párrafo anterior, sean atendidas a fin de garantizar la igualdad sobre la base de la equidad en el ejercicio de sus derechos. En el caso de las personas con discapacidad, deberán preverse ajustes razonables al procedimiento cuando se requiera.

Artículo 11. Principio de igualdad entre las partes

Se garantiza a las partes, en condiciones de igualdad, el pleno e irrestricto ejercicio de los derechos previstos en la Constitución, los Tratados y las leyes que de ellos emanen.

Artículo 12. Principio de juicio previo y debido proceso

Ninguna persona podrá ser condenada a una pena ni sometida a una medida de seguridad, sino en virtud de resolución dictada por un Órgano jurisdiccional previamente establecido, conforme a leyes expedidas con anterioridad al hecho, en un proceso sustanciado de manera imparcial y con apego estricto a los derechos humanos previstos en la Constitución, los Tratados y las leyes que de ellos emanen.

Artículo 13. Principio de presunción de inocencia

Toda persona se presume inocente y será tratada como tal en todas las etapas del procedimiento, mientras no se declare su responsabilidad mediante sentencia emitida por el Órgano jurisdiccional, en los términos señalados en este Código.

Artículo 14. Principio de prohibición de doble enjuiciamiento

La persona condenada, absuelta o cuyo proceso haya sido sobreseído, no podrá ser sometida a otro proceso penal por los mismos hechos.

CAPÍTULO II
DERECHOS EN EL PROCEDIMIENTO

Artículo 15. Derecho a la intimidad y a la privacidad

En todo procedimiento penal se respetará el derecho a la intimidad de cualquier persona que intervenga en él, asimismo se protegerá la información que se refiere a la vida privada y los datos personales, en los términos y con las excepciones que fijan la Constitución, este Código y la legislación aplicable.

Artículo 16. Justicia pronta

Toda persona tendrá derecho a ser juzgada dentro de los plazos legalmente establecidos. Los servidores públicos de las instituciones de procuración e impartición de justicia deberán atender las solicitudes de las partes con prontitud, sin causar dilaciones injustificadas.

Artículo 17. Derecho a una defensa y asesoría jurídica adecuada e inmediata

La defensa es un derecho fundamental e irrenunciable que asiste a todo imputado, no obstante, deberá ejercerlo siempre con la asistencia de su Defensor o a través de éste. El Defensor deberá ser licenciado en derecho o abogado titulado, con cédula profesional.

Se entenderá por una defensa técnica, la que debe realizar el Defensor particular que el imputado elija libremente o el Defensor público que le corresponda, para que le asista desde su detención y a lo largo de todo el procedimiento, sin perjuicio de los actos de defensa material que el propio imputado pueda llevar a cabo.

La víctima u ofendido tendrá derecho a contar con un Asesor jurídico gratuito en cualquier etapa del procedimiento, en los términos de la legislación aplicable.

Corresponde al Órgano jurisdiccional velar sin preferencias ni desigualdades por la defensa adecuada y técnica del imputado.

Artículo 18. Garantía de ser informado de sus derechos

Todas las autoridades que intervengan en los actos iniciales del procedimiento deberán velar porque tanto el imputado como la víctima u ofendido conozcan los derechos que le reconocen en ese momento procedimental la Constitución, los Tratados y las leyes que de ellos emanen, en los términos establecidos en el presente Código.

Artículo 19. Derecho al respeto a la libertad personal

Toda persona tiene derecho a que se respete su libertad personal, por lo que nadie podrá ser privado de la misma, sino en virtud de mandamiento dictado por la autoridad judicial o de conformidad con las demás causas y condiciones que autorizan la Constitución y este Código.

La autoridad judicial sólo podrá autorizar como medidas cautelares, o providencias precautorias restrictivas de la libertad, las que estén establecidas en este Código y en las leyes especiales. La prisión preventiva será de carácter excepcional y su aplicación se regirá en los términos previstos en este Código.

TÍTULO III
COMPETENCIA

CAPÍTULO I
GENERALIDADES

Artículo 20. Reglas de competencia

Para determinar la competencia territorial de los Órganos jurisdiccionales federales o locales, según corresponda, se observarán las siguientes reglas:

I. Los Órganos jurisdiccionales del fuero común tendrán competencia sobre los hechos punibles cometidos dentro de la circunscripción judicial en la que ejerzan sus funciones, conforme a la distribución y las disposiciones establecidas por su Ley Orgánica, o en su defecto, conforme a los acuerdos expedidos por el Consejo;

II. Cuando el hecho punible sea del orden federal, conocerán los Órganos jurisdiccionales federales;

III. Cuando el hecho punible sea del orden federal pero exista competencia concurrente, deberán conocer los Órganos jurisdiccionales del fuero común, en los términos que dispongan las leyes;

IV. En caso de concurso de delitos, el Ministerio Público de la Federación podrá conocer de los delitos del fuero común que tengan conexidad con delitos federales cuando lo considere conveniente, asimismo los Órganos jurisdiccionales federales, en su caso, tendrán competencia para juzgarlos. Para la aplicación de sanciones y medidas de seguridad en delitos del fuero común, se atenderá a la legislación de su fuero de origen. En tanto la Federación no ejerza dicha facultad, las autoridades estatales estarán obligadas a asumir su competencia en términos de la fracción primera de este artículo;

V. Cuando el hecho punible haya sido cometido en los límites de dos circunscripciones judiciales, será competente el Órgano jurisdiccional del fuero común o federal, según sea el caso, que haya prevenido en el conocimiento de la causa;

VI. Cuando el lugar de comisión del hecho punible sea desconocido, será competente el Órgano jurisdiccional del fuero común o federal, según sea el caso, de la circunscripción judicial dentro de cuyo territorio haya sido detenido el imputado, a menos que haya prevenido el Órgano jurisdiccional de la circunscripción judicial donde resida. Si, posteriormente, se descubre el lugar de comisión del hecho punible, continuará la causa el Órgano jurisdiccional de este último lugar;

VII. Cuando el hecho punible haya iniciado su ejecución en un lugar y consumado en otro, el conocimiento corresponderá al Órgano jurisdiccional de cualquiera de los dos lugares, y

VIII. Cuando el hecho punible haya comenzado su ejecución o sea cometido en territorio extranjero y se siga cometiendo o produzca sus efectos en territorio nacional, en términos de la legislación aplicable, será competencia del Órgano jurisdiccional federal.

Artículo 21. Facultad de atracción de los delitos cometidos contra la libertad de expresión

En los casos de delitos del fuero común cometidos contra algún periodista, persona o instalación, que dolosamente afecten, limiten o menoscaben el derecho a la información o las libertades de expresión o imprenta, el Ministerio Público de la Federación podrá ejercer la facultad de atracción para conocerlos y perseguirlos, y los Órganos jurisdiccionales federales tendrán, asimismo, competencia para juzgarlos. Esta facultad se ejercerá cuando se presente alguna de las siguientes circunstancias:

I. Existan indicios de que en el hecho constitutivo de delito haya participado algún servidor público de los órdenes estatal o municipal;

II. En la denuncia o querella u otro requisito equivalente, la víctima u ofendido hubiere señalado como probable autor o partícipe a algún servidor público de los órdenes estatal o municipal;

III. Se trate de delitos graves así calificados por este Código y legislación aplicable para prisión preventiva oficiosa;

IV. La vida o integridad física de la víctima u ofendido se encuentre en riesgo real;

V. Lo solicite la autoridad competente de la Entidad federativa de que se trate;

VI. Los hechos constitutivos de delito impacten de manera trascendente al ejercicio del derecho a la información o a las libertades de expresión o imprenta;

VII. En la Entidad federativa en la que se hubiere realizado el hecho constitutivo de delito o se hubieren manifestado sus resultados, existan circunstancias objetivas y generalizadas de riesgo para el ejercicio del derecho a la información o las libertades de expresión o imprenta;

VIII. El hecho constitutivo de delito trascienda el ámbito de una o más Entidades federativas, o

IX. Por sentencia o resolución de un órgano previsto en cualquier Tratado, se hubiere determinado la responsabilidad internacional del Estado mexicano por defecto u omisión en la investigación, persecución o enjuiciamiento de delitos contra periodistas, personas o instalaciones que afecten, limiten o menoscaben el derecho a la información o las libertades de expresión o imprenta.

En cualquiera de los supuestos anteriores, la víctima u ofendido podrá solicitar al Ministerio Público de la Federación el ejercicio de la facultad de atracción.

Artículo 22. Competencia por razón de seguridad

Será competente para conocer de un asunto un Órgano jurisdiccional distinto al del lugar de la comisión del delito, o al que resultare competente con motivo de las reglas antes señaladas, cuando atendiendo a las características del hecho investigado, por razones de seguridad en las prisiones o por otras que impidan garantizar el desarrollo adecuado del proceso.

Lo anterior es igualmente aplicable para los casos en que por las mismas razones la autoridad judicial, a petición de parte, estime necesario trasladar a un imputado a algún centro de reclusión de máxima seguridad, en el que será competente el Órgano jurisdiccional del lugar en que se ubique dicho centro.

(REFORMADO, D.O.F. 17 DE JUNIO DE 2016)

Con el objeto de que los procesados por delitos federales puedan cumplir su medida cautelar en los centros penitenciarios más cercanos al lugar en el que se desarrolla su procedimiento, las entidades federativas deberán aceptar internarlos en los centros penitenciarios locales con el fin de llevar a cabo su debido proceso, salvo la regla prevista en el párrafo anterior y en los casos en que sean procedentes medidas especiales de seguridad no disponibles en dichos centros.

Artículo 23. Competencia auxiliar

Cuando el Ministerio Público o el Órgano jurisdiccional actúe en auxilio de otra jurisdicción en la práctica de diligencias urgentes, debe resolver conforme a lo dispuesto en este Código.

Artículo 24. Autorización judicial para diligencias urgentes

El Juez de control que resulte competente para conocer de los actos o cualquier otra medida que requiera de control judicial previo, se pronunciará al respecto durante el procedimiento correspondiente; sin embargo, cuando estas actuaciones debieran efectuarse fuera de su jurisdicción y se tratare de diligencias que requieran atención urgente, el Ministerio Público podrá pedir la autorización directamente al Juez de control competente en aquel lugar; en este caso, una vez realizada la diligencia, el Ministerio Público lo informará al Juez de control competente en el procedimiento correspondiente.

CAPÍTULO II
INCOMPETENCIA

Artículo 25. Tipos o formas de incompetencia

La incompetencia puede decretarse por declinatoria o por inhibitoria.

La parte que opte por uno de estos medios no lo podrá abandonar y recurrir al otro, ni tampoco los podrá emplear simultánea ni sucesivamente, debiendo sujetarse al resultado del que se hubiere elegido.

La incompetencia procederá a petición del Ministerio Público, el imputado o su Defensor, la víctima u ofendido o su Asesor jurídico y será resuelta en audiencia con las formalidades previstas en este Código.

Artículo 26. Reglas de incompetencia

Para la decisión de la incompetencia se observarán las siguientes reglas:

I. Las que se susciten entre Órganos jurisdiccionales de la Federación se decidirán a favor del que haya prevenido, conforme a las reglas previstas en este Código y en la Ley Orgánica del Poder Judicial de la Federación y si hay dos o más competentes, a favor del que haya prevenido;

II. Las que se susciten entre los Órganos jurisdiccionales de una misma Entidad federativa se decidirán conforme a las reglas previstas en este Código y en la Ley Orgánica aplicable, y si hay dos o más competentes a favor del que haya prevenido, o

III. Las que se susciten entre la Federación y una o más Entidades federativas o entre dos o más Entidades federativas entre sí, se decidirán por el Poder Judicial Federal en los términos de su Ley Orgánica.

El Órgano jurisdiccional que resulte competente podrá confirmar, modificar, revocar, o en su caso reponer bajo su criterio y responsabilidad, cualquier tipo de acto procesal que estime pertinente conforme a lo previsto en este Código.

Dirimida la incompetencia, el imputado, en su caso, será puesto inmediatamente a disposición del Órgano jurisdiccional que resulte competente, así como los antecedentes que obren en poder del Órgano jurisdiccional incompetente.

Artículo 27. Procedencia de incompetencia por declinatoria

En cualquier etapa del procedimiento, salvo las excepciones previstas en este Código, el Órgano jurisdiccional que reconozca su incompetencia remitirá los registros correspondientes al que considere competente y, en su caso, pondrá también a su disposición al imputado.

La declinatoria se podrá promover por escrito, o de forma oral, en cualquiera de las audiencias ante el Órgano jurisdiccional que conozca del asunto hasta antes del auto de apertura a juicio, pidiéndole que se abstenga del conocimiento del mismo y que remita el caso y sus registros al que estime competente.

Si la incompetencia es del Órgano jurisdiccional deberá promoverse dentro del plazo de tres días siguientes a que surta sus efectos la notificación de la resolución que fije la fecha para la realización de la audiencia de juicio. En este supuesto, se promoverá ante el Juez de control que fijó la competencia del Tribunal de enjuiciamiento, sin perjuicio de ser declarada de oficio.

No se podrá promover la declinatoria en los casos previstos de competencia en razón de seguridad.

Artículo 28. Procedencia de incompetencia por inhibitoria

En cualquier etapa del procedimiento, la inhibitoria se tramitará a petición de cualquiera de las partes ante el Órgano jurisdiccional que crea competente para que se avoque al conocimiento del asunto; en caso de ser procedente, el Órgano jurisdiccional que reconozca su incompetencia remitirá los registros correspondientes al que se determine competente y, en su caso, pondrá también a su disposición al imputado.

La inhibitoria se podrá promover por escrito, o de forma oral, en audiencia ante el Juez de control que se considere debe conocer del asunto hasta antes de que se dicte auto de apertura a juicio.

Si la incompetencia es del Tribunal de enjuiciamiento, deberá promover la incompetencia dentro del plazo de tres días siguientes a que surta sus efectos la notificación de la resolución que fije la fecha para la realización de la audiencia de juicio. En este supuesto, se promoverá ante el Tribunal de enjuiciamiento que se considere debe conocer del asunto.

No se podrá promover la inhibitoria en los casos previstos de competencia en razón de seguridad.

Artículo 29. Actuaciones urgentes ante Juez de control incompetente

La competencia por declinatoria o inhibitoria no podrá resolverse sino hasta después de que se practiquen las actuaciones que no admitan demora como las providencias precautorias y, en caso de que exista detenido, cuando se haya resuelto sobre la legalidad de la detención, formulado la imputación, resuelto la procedencia de las medidas cautelares solicitadas y la vinculación a proceso.

El Juez de control incompetente por declinatoria o inhibitoria enviará de oficio los registros y en su caso, pondrá a disposición al imputado del Juez de control competente después de haber practicado las diligencias urgentes enunciadas en el párrafo anterior.

Si la autoridad judicial a quien se remitan las actuaciones no admite la competencia, devolverá los registros al declinante; si éste insiste en rechazarla, elevará las diligencias practicadas ante el Órgano jurisdiccional competente, de conformidad con lo que establezca la Ley Orgánica respectiva, con el propósito de que se pronuncie sobre quién deba conocer. Ningún Órgano jurisdiccional puede promover competencia a favor de su superior en grado.

CAPÍTULO III
ACUMULACIÓN Y SEPARACIÓN DE PROCESOS

Artículo 30. Causas de acumulación y conexidad

Para los efectos de este Código, habrá acumulación de procesos cuando:

I. Se trate de concurso de delitos;

II. Se investiguen delitos conexos;

III. En aquellos casos seguidos contra los autores o partícipes de un mismo delito, o

IV. Se investigue un mismo delito cometido en contra de diversas personas.

Se entenderá que existe conexidad de delitos cuando se hayan cometido simultáneamente por varias personas reunidas, o por varias personas en diversos tiempos y lugares en virtud de concierto entre ellas, o para procurarse los medios para cometer otro, para facilitar su ejecución, para consumarlo o para asegurar la impunidad.

Existe concurso real cuando con pluralidad de conductas se cometen varios delitos. Existe concurso ideal cuando con una sola conducta se cometen varios delitos. No existirá concurso cuando se trate de delito continuado en términos de la legislación aplicable. En estos casos se harán saber los elementos indispensables de cada clasificación jurídica y la clase de concurso correspondiente.

Artículo 31. Competencia en la acumulación

Cuando dos o más procesos sean susceptibles de acumulación, y se sigan por diverso Órgano jurisdiccional, será competente el que corresponda, de conformidad con las reglas generales previstas en este Código, ponderando en todo momento la competencia en razón de seguridad; en caso de que persista la duda, será competente el que conozca del delito cuya punibilidad sea mayor. Si los delitos establecen la misma punibilidad, la competencia será del que conozca de los actos procesales más antiguos, y si éstos comenzaron en la misma fecha, el que previno primero. Para efectos de este artículo, se entenderá que previno quien dictó la primera resolución del procedimiento.

Artículo 32. Término para decretar la acumulación

La acumulación podrá decretarse hasta antes de que se dicte el auto de apertura a juicio.

Artículo 33. Sustanciación de la acumulación

Promovida la acumulación, el Juez de control citará a las partes a una audiencia que deberá tener lugar dentro de los tres días siguientes, en la que podrán manifestarse y hacer las observaciones que estimen pertinentes respecto de la cuestión debatida y sin más trámite se resolverá en la misma lo que corresponda.

Artículo 34. Efectos de la acumulación

Si se resuelve la acumulación, el Juez de control solicitará la remisión de los registros, y en su caso, que se ponga a su disposición inmediatamente al imputado o imputados.

El Juez de control notificará a aquellos que tienen una medida cautelar diversa a la prisión preventiva la obligación de presentarse en un término perentorio ante él, así como a la víctima u ofendido.

Artículo 35. Separación de los procesos

Podrá ordenarse la separación de procesos cuando concurran las siguientes circunstancias:

I. Cuando la solicite una de las partes antes del auto de apertura al juicio, y

II. Cuando el Juez de control estime que de continuar la acumulación el proceso se demoraría.

La separación de procesos se promoverá en la misma forma que la acumulación. La separación se podrá promover hasta antes de la audiencia de juicio.

Decretada la separación de procesos, conocerá de cada asunto el Juez de control que conocía antes de haberse efectuado la acumulación. Si dicho juzgador es diverso del que decretó la separación de procesos, no podrá rehusarse a conocer del caso, sin perjuicio de que pueda suscitarse una cuestión de competencia.

La resolución del Juez de control que declare improcedente la separación de procesos, no admitirá recurso alguno.

CAPÍTULO IV
EXCUSAS, RECUSACIONES E IMPEDIMENTOS

Artículo 36. Excusa o recusación

Los jueces y magistrados deberán excusarse o podrán ser recusados para conocer de los asuntos en que intervengan por cualquiera de las causas de impedimento que se establecen en este Código, mismas que no podrán dispensarse por voluntad de las partes.

Artículo 37. Causas de impedimento

Son causas de impedimento de los jueces y magistrados:

I. Haber intervenido en el mismo procedimiento como Ministerio Público, Defensor, Asesor jurídico, denunciante o querellante, o haber ejercido la acción penal particular; haber actuado como perito, consultor técnico, testigo o tener interés directo en el procedimiento;

II. Ser cónyuge, concubina o concubinario, conviviente, tener parentesco en línea recta sin limitación de grado, en línea colateral por consanguinidad y por afinidad hasta el segundo grado con alguno de los interesados, o que éste cohabite o haya cohabitado con alguno de ellos;

III. Ser o haber sido tutor, curador, haber estado bajo tutela o curatela de alguna de las partes, ser o haber sido administrador de sus bienes por cualquier título;

IV. Cuando él, su cónyuge, concubina, concubinario, conviviente, o cualquiera de sus parientes en los grados que expresa la fracción II de este artículo, tenga un juicio pendiente iniciado con anterioridad con alguna de las partes;

V. Cuando él, su cónyuge, concubina, concubinario, conviviente, o cualquiera de sus parientes en los grados que expresa la fracción II de este artículo, sea acreedor, deudor, arrendador, arrendatario o fiador de alguna de las partes, o tengan alguna sociedad con éstos;

VI. Cuando antes de comenzar el procedimiento o durante éste, haya presentado él, su cónyuge, concubina, concubinario, conviviente o cualquiera de sus parientes en los grados que expresa la fracción II de este artículo, querella, denuncia, demanda o haya entablado cualquier acción legal en contra de alguna de las partes, o cuando antes de comenzar el procedimiento hubiera sido denunciado o acusado por alguna de ellas;

VII. Haber dado consejos o manifestado extrajudicialmente su opinión sobre el procedimiento o haber hecho promesas que impliquen parcialidad a favor o en contra de alguna de las partes;

VIII. Cuando él, su cónyuge, concubina, concubinario, conviviente o cualquiera de sus parientes en los grados que expresa la fracción II de este artículo, hubiera recibido o reciba beneficios de alguna de las partes o si, después de iniciado el procedimiento, hubiera recibido presentes o dádivas independientemente de cuál haya sido su valor, o

IX. Para el caso de los jueces del Tribunal de enjuiciamiento, haber fungido como Juez de control en el mismo procedimiento.

Artículo 38. Excusa

Cuando un Juez o Magistrado advierta que se actualiza alguna de las causas de impedimento, se declarará separado del asunto sin audiencia de las partes y remitirá los registros al Órgano jurisdiccional competente, de conformidad con lo que establezca la Ley Orgánica, para que resuelva quién debe seguir conociendo del mismo.

Artículo 39. Recusación

Cuando el Juez o Magistrado no se excuse a pesar de tener algún impedimento, procederá la recusación.

Artículo 40. Tiempo y forma de recusar

La recusación debe interponerse ante el propio Juez o Magistrado recusado, por escrito y dentro de las cuarenta y ocho horas siguientes a que se tuvo conocimiento del impedimento. Se interpondrá oralmente si se conoce en el curso de una audiencia y en ella se indicará, bajo pena de inadmisibilidad, la causa en que se justifica y los medios de prueba pertinentes.

Toda recusación que sea notoriamente improcedente o sea promovida de forma extemporánea será desechada de plano.

Artículo 41. Trámite de recusación

Interpuesta la recusación, el recusado remitirá el registro de lo actuado y los medios de prueba ofrecidos al Órgano jurisdiccional competente, de conformidad con lo que establezca la Ley Orgánica para que la califique.

Recibido el escrito, se pedirá informe al juzgador recusado, quien lo rendirá dentro del plazo de veinticuatro horas, señalándosele fecha y hora para realizar la audiencia dentro de los tres días siguientes a que se recibió el informe, misma que se celebrará con las partes que comparezcan, las que podrán hacer uso de la palabra sin que se admitan réplicas.

Concluido el debate, el Órgano jurisdiccional competente resolverá de inmediato sobre la legalidad de la causa de recusación que se hubiere señalado y, contra la misma, no habrá recurso alguno.

Artículo 42. Efectos de la recusación y excusa

El Juez o Magistrado recusado se abstendrá de seguir conociendo de la audiencia correspondiente, ordenará la suspensión de la misma y sólo podrá realizar aquellos actos de mero trámite o urgentes que no admitan dilación.

La sustitución del Juez o Magistrado se determinará en los términos que señale la Ley Orgánica.

Artículo 43. Impedimentos del Ministerio Público y de peritos

El Ministerio Público y los peritos deberán excusarse o podrán ser recusados por las mismas causas previstas para los jueces o magistrados.

La excusa o la recusación será resuelta por la autoridad que resulte competente de acuerdo con las disposiciones aplicables, previa realización de la investigación que se estime conveniente.

TÍTULO IV
ACTOS PROCEDIMENTALES

CAPÍTULO I
FORMALIDADES

Artículo 44. Oralidad de las actuaciones procesales

Las audiencias se desarrollarán de forma oral, pudiendo auxiliarse las partes con documentos o con cualquier otro medio. En la práctica de las actuaciones procesales se utilizarán los medios técnicos disponibles que permitan darle mayor agilidad, exactitud y autenticidad a las mismas, sin perjuicio de conservar registro de lo acontecido.

El Órgano jurisdiccional propiciará que las partes se abstengan de leer documentos completos o apuntes de sus actuaciones que demuestren falta de argumentación y desconocimiento del asunto. Sólo se podrán leer registros de la investigación para apoyo de memoria, así como para demostrar o superar contradicciones; la parte interesada en dar lectura a algún documento o registro, solicitará al juzgador que presida la audiencia, autorización para proceder a ello indicando específicamente el motivo de su solicitud conforme lo establece este artículo, sin que ello sea motivo de que se reemplace la argumentación oral.

Artículo 45. Idioma

Los actos procesales deberán realizarse en idioma español.

Cuando las personas no hablen o no entiendan el idioma español, deberá proveerse traductor o intérprete, y se les permitirá hacer uso de su propia lengua o idioma, al igual que las personas que tengan algún impedimento para darse a entender. En el caso de que el imputado no hable o entienda el idioma español deberá ser asistido por traductor o intérprete para comunicarse con su Defensor en las entrevistas que con él mantenga. El imputado podrá nombrar traductor o intérprete de su confianza, por su cuenta.

Si se trata de una persona con algún tipo de discapacidad, tiene derecho a que se le facilite un intérprete o aquellos medios tecnológicos que le permitan obtener de forma comprensible la información solicitada o, a falta de éstos, a alguien que sepa comunicarse con ella. En los actos de comunicación, los Órganos jurisdiccionales deberán tener certeza de que la persona con discapacidad ha sido informada de las decisiones judiciales que deba conocer y de que comprende su alcance. Para ello deberá utilizarse el medio que, según el caso, garantice que tal comprensión exista.

Cuando a solicitud fundada de la persona con discapacidad, o a juicio de la autoridad competente, sea necesario adoptar otras medidas para salvaguardar su derecho a ser debidamente asistida, la persona con discapacidad podrá recibir asistencia en materia de estenografía proyectada, en los términos de la ley de la materia, por un intérprete de lengua de señas o a través de cualquier otro medio que permita un entendimiento cabal de todas y cada una de las actuaciones.

Los medios de prueba cuyo contenido se encuentra en un idioma distinto al español deberán ser traducidos y, a fin de dar certeza jurídica sobre las manifestaciones del declarante, se dejará registro de su declaración en el idioma de origen.

En el caso de los miembros de pueblos o comunidades indígenas, se les nombrará intérprete que tenga conocimiento de su lengua y cultura, aun cuando hablen el español, si así lo solicitan.

El Órgano jurisdiccional garantizará el acceso a traductores e intérpretes que coadyuvarán en el proceso según se requiera.

Artículo 46. Declaraciones e interrogatorios con intérpretes y traductores

Las personas serán interrogadas en idioma español, mediante la asistencia de un traductor o intérprete. En ningún caso las partes o los testigos podrán ser intérpretes.

Artículo 47. Lugar de audiencias

El Órgano jurisdiccional celebrará las audiencias en la sala que corresponda, excepto si ello puede provocar una grave alteración del orden público, no garantiza la defensa de alguno de los intereses comprometidos en el procedimiento u obstaculiza seriamente su realización, en cuyo caso se celebrarán en el lugar que para tal efecto designe el Órgano jurisdiccional y bajo las medidas de seguridad que éste determine, de conformidad con lo que establezca la legislación aplicable.

Artículo 48. Tiempo

Los actos procesales podrán ser realizados en cualquier día y a cualquier hora, sin necesidad de previa habilitación. Se registrará el lugar, la hora y la fecha en que se cumplan. La omisión de estos datos no hará nulo el acto, salvo que no pueda determinarse, de acuerdo con los datos del registro u otros conexos, la fecha en que se realizó.

Artículo 49. Protesta

Dentro de cualquier audiencia y antes de que toda persona mayor de dieciocho años de edad inicie su declaración, con excepción del imputado, se le informará de las sanciones penales que la ley establece a los que se conducen con falsedad, se nieguen a declarar o a otorgar la protesta de ley; acto seguido se le tomará protesta de decir verdad.

A quienes tengan entre doce años de edad y menos de dieciocho, se les informará que deben conducirse con verdad en sus manifestaciones ante el Órgano jurisdiccional, lo que se hará en presencia de la persona que ejerza la patria potestad o tutela y asistencia legal pública o privada, y se les explicará que, de conducirse con falsedad, incurrirán en una conducta tipificada como delito en la ley penal y se harán acreedores a una medida de conformidad con las disposiciones aplicables.

A las personas menores de doce años de edad y a los imputados que deseen declarar se les exhortará para que se conduzcan con verdad.

Artículo 50. Acceso a las carpetas digitales

Las partes siempre tendrán acceso al contenido de las carpetas digitales consistente en los registros de las audiencias y complementarios. Dichos registros también podrán ser consultados por terceros cuando dieren cuenta de actuaciones que fueren públicas, salvo que durante el proceso el Órgano jurisdiccional restrinja el acceso para evitar que se afecte su normal sustanciación, el principio de presunción de inocencia o los derechos a la privacidad o a la intimidad de las partes, o bien, se encuentre expresamente prohibido en la ley de la materia.

El Órgano jurisdiccional autorizará la expedición de copias de los contenidos de las carpetas digitales o de la parte de ellos que le fueren solicitados por las partes.

Artículo 51. Utilización de medios electrónicos

(ADICIONADO, D.O.F. 17 DE JUNIO DE 2016)

Durante todo el proceso penal, se podrán utilizar los medios electrónicos en todas las actuaciones para facilitar su operación, incluyendo el informe policial; así como también podrán instrumentar, para la presentación de denuncias o querellas en línea que permitan su seguimiento.

La videoconferencia en tiempo real u otras formas de comunicación que se produzcan con nuevas tecnologías podrán ser utilizadas para la recepción y transmisión de medios de prueba y la realización de actos procesales, siempre y cuando se garantice previamente la identidad de los sujetos que intervengan en dicho acto.

CAPÍTULO II
AUDIENCIAS

Artículo 52. Disposiciones comunes

Los actos procedimentales que deban ser resueltos por el Órgano jurisdiccional se llevarán a cabo mediante audiencias, salvo los casos de excepción que prevea este Código. Las cuestiones debatidas en una audiencia deberán ser resueltas en ella.

Artículo 53. Disciplina en las audiencias

El orden en las audiencias estará a cargo del Órgano jurisdiccional. Toda persona que altere el orden en éstas podrá ser acreedora a una medida de apremio sin perjuicio de que se pueda solicitar su retiro de la sala de audiencias y su puesta a disposición de la autoridad competente.

Antes y durante las audiencias, el imputado tendrá derecho a comunicarse con su Defensor, pero no con el público. Si infringe esa disposición, el Órgano jurisdiccional podrá imponerle una medida de apremio.

Si alguna persona del público se comunica o intenta comunicarse con alguna de las partes, el Órgano jurisdiccional podrá ordenar que sea retirada de la audiencia e imponerle una medida de apremio.

Artículo 54. Identificación de declarantes

Previo a cualquier audiencia, se llevará a cabo la identificación de toda persona que vaya a declarar, para lo cual deberá proporcionar su nombre, apellidos, edad y domicilio. Dicho registro lo llevará a cabo el personal auxiliar de la sala, dejando constancia de la manifestación expresa de la voluntad del declarante de hacer públicos, o no, sus datos personales.

Artículo 55. Restricciones de acceso a las audiencias

El Órgano jurisdiccional podrá, por razones de orden o seguridad en el desarrollo de la audiencia, prohibir el ingreso a:

I. Personas armadas, salvo que cumplan funciones de vigilancia o custodia;

II. Personas que porten distintivos gremiales o partidarios;

III. Personas que porten objetos peligrosos o prohibidos o que no observen las disposiciones que se establezcan, o

IV. Cualquier otra que el Órgano jurisdiccional considere como inapropiada para el orden o seguridad en el desarrollo de la audiencia.

El Órgano jurisdiccional podrá limitar el ingreso del público a una cantidad determinada de personas, según la capacidad de la sala de audiencia, así como de conformidad con las disposiciones aplicables.

Los periodistas, o los medios de comunicación acreditados, deberán informar de su presencia al Órgano jurisdiccional con el objeto de ubicarlos en un lugar adecuado para tal fin y deberán abstenerse de grabar y transmitir por cualquier medio la audiencia.

Artículo 56. Presencia del imputado en las audiencias

Las audiencias se realizarán con la presencia ininterrumpida de quien o quienes integren el Órgano jurisdiccional y de las partes que intervienen en el proceso, salvo disposición en contrario. El imputado no podrá retirarse de la audiencia sin autorización del Órgano jurisdiccional.

El imputado asistirá a la audiencia libre en su persona y ocupará un asiento a lado de su defensor. Sólo en casos excepcionales podrán disponerse medidas de seguridad que impliquen su confinamiento en un cubículo aislado en la sala de audiencia, cuando ello sea una medida indispensable para salvaguardar la integridad física de los intervinientes en la audiencia.

Si el imputado se rehúsa a permanecer en la audiencia, será custodiado en una sala próxima, desde la que pueda seguir la audiencia, y representado para todos los efectos por su Defensor. Cuando sea necesario para el desarrollo de la audiencia, se le hará comparecer para la realización de actos particulares en los cuales su presencia resulte imprescindible.

Artículo 57. Ausencia de las partes

En el caso de que estuvieren asignados varios Defensores o varios Ministerios Públicos, la presencia de cualquiera de ellos bastará para celebrar la audiencia respectiva.

El Defensor no podrá renunciar a su cargo conferido ni durante las audiencias ni una vez notificado de ellas.

Si el Defensor no comparece a la audiencia, o se ausenta de la misma sin causa justificada, se considerará abandonada la defensa y se procederá a su reemplazo con la mayor prontitud por el Defensor público que le sea designado, salvo que el imputado designe de inmediato otro Defensor.

Si el Ministerio Público no comparece a la audiencia o se ausenta de la misma, se procederá a su remplazo dentro de la misma audiencia. Para tal efecto se notificará por cualquier medio a su superior jerárquico para que lo designe de inmediato.

El Ministerio Público sustituto o el nuevo Defensor podrán solicitar al Órgano jurisdiccional que aplace el inicio de la audiencia o suspenda la misma por un plazo que no podrá exceder de diez días para la adecuada preparación de su intervención en el juicio. El Órgano jurisdiccional resolverá considerando la complejidad del caso, las circunstancias de la ausencia de la defensa o del Ministerio Público y las posibilidades de aplazamiento.

En el caso de que el Defensor, Asesor jurídico o el Ministerio Público se ausenten de la audiencia sin causa justificada, se les impondrá una multa de diez a cincuenta días de salario mínimo vigente, sin perjuicio de las sanciones administrativas o penales que correspondan.

Si la víctima u ofendido no concurren, o se retiran de la audiencia, la misma continuará sin su presencia, sin perjuicio de que pueda ser citado a comparecer en calidad de testigo.

En caso de que la víctima u ofendido constituido como coadyuvante se ausente, o se retire de la audiencia intermedia o de juicio, se le tendrá por desistido de sus pretensiones.

Si el Asesor jurídico de la víctima u ofendido abandona su asesoría, o ésta es deficiente, el Órgano jurisdiccional le informará a la víctima u ofendido su derecho a nombrar a otro Asesor jurídico. Si la víctima u ofendido no quiere o no puede nombrar un Asesor jurídico, el Órgano jurisdiccional lo informará a la instancia correspondiente para efecto de que se designe a otro, y en caso de ausencia, y de manera excepcional, lo representará el Ministerio Público.

El Órgano jurisdiccional deberá imponer las medidas de apremio necesarias para garantizar que las partes comparezcan en juicio.

Artículo 58. Deberes de los asistentes

Quienes asistan a la audiencia deberán permanecer en la misma respetuosamente, en silencio y no podrán introducir instrumentos que permitan grabar imágenes de video, sonidos o gráficas. Tampoco podrán portar armas ni adoptar un comportamiento intimidatorio, provocativo, contrario al decoro, ni alterar o afectar el desarrollo de la audiencia.

Artículo 59. De los medios de apremio

Para asegurar el orden en las audiencias o restablecerlo cuando hubiere sido alterado, así como para garantizar la observancia de sus decisiones en audiencia, el Órgano jurisdiccional podrá aplicar indistintamente cualquiera de los medios de apremio establecidos en este Código.

Artículo 60. Hechos delictivos surgidos en audiencia

Si durante la audiencia se advierte que existen elementos que hagan presumir la existencia de un hecho delictivo distinto del que constituye la materia del procedimiento, el Órgano jurisdiccional lo hará del conocimiento del Ministerio Público competente y le remitirá el registro correspondiente.

Artículo 61. Registro de las audiencias

Todas las audiencias previstas en este Código serán registradas por cualquier medio tecnológico que tenga a su disposición el Órgano jurisdiccional.

La grabación o reproducción de imágenes o sonidos se considerará como parte de las actuaciones y registros y se conservarán en resguardo del Poder Judicial para efectos del conocimiento de otros órganos distintos que conozcan del mismo procedimiento y de las partes, garantizando siempre su conservación.

Artículo 62. Asistencia del imputado a las audiencias

Si el imputado se encuentra privado de su libertad, el Órgano jurisdiccional determinará las medidas especiales de seguridad o los mecanismos necesarios para garantizar el adecuado desarrollo de la audiencia: impedir la fuga o la realización de actos de violencia de parte del imputado o en su contra.

Si la persona está en libertad, asistirá a la audiencia el día y hora en que se determine; en caso de no presentarse, el Órgano jurisdiccional podrá imponerle un medio de apremio y en su caso, previa solicitud del Ministerio Público, ordenar su comparecencia.

Cuando el imputado haya sido vinculado a proceso, se encuentre en libertad, deje de asistir a una audiencia, el Ministerio Público solicitará al Órgano jurisdiccional la imposición de una medida cautelar o la modificación de la ya impuesta.

Artículo 63. Notificación en audiencia

Las resoluciones del Órgano jurisdiccional serán dictadas en forma oral, con expresión de sus fundamentos y motivaciones, quedando los intervinientes en ellas y quienes estaban obligados a asistir formalmente notificados de su emisión, lo que constará en el registro correspondiente en los términos previstos en este Código.

Artículo 64. Excepciones al principio de publicidad

El debate será público, pero el Órgano jurisdiccional podrá resolver excepcionalmente, aun de oficio, que se desarrolle total o parcialmente a puerta cerrada, cuando:

I. Pueda afectar la integridad de alguna de las partes, o de alguna persona citada para participar en él;

II. La seguridad pública o la seguridad nacional puedan verse gravemente afectadas;

III. Peligre un secreto oficial, particular, comercial o industrial, cuya revelación indebida sea punible;

IV. El Órgano jurisdiccional estime conveniente;

V. Se afecte el Interés Superior del Niño y de la Niña en términos de lo establecido por los Tratados y las leyes en la materia, o

VI. Esté previsto en este Código o en otra ley.

La resolución que decrete alguna de estas excepciones será fundada y motivada constando en el registro de la audiencia.

Artículo 65. Continuación de audiencia pública

Una vez desaparecida la causa de excepción prevista en el artículo anterior, se permitirá ingresar nuevamente al público y, el juzgador que presida la audiencia de juicio, informará brevemente sobre el resultado esencial de los actos desarrollados a puerta cerrada.

Artículo 66. Intervención en la audiencia

En las audiencias, el imputado podrá defenderse por sí mismo y deberá estar asistido por un licenciado en derecho o abogado titulado que haya elegido o se le haya designado como Defensor.

El Ministerio Público, el imputado o su Defensor, así como la víctima u ofendido y su Asesor jurídico, podrán intervenir y replicar cuantas veces y en el orden que lo autorice el Órgano jurisdiccional.

El imputado o su Defensor podrán hacer uso de la palabra en último lugar, por lo que el Órgano jurisdiccional que preside la audiencia preguntará siempre al imputado o su Defensor, antes de cerrar el debate o la audiencia misma, si quieren hacer uso de la palabra, concediéndosela en caso afirmativo.

CAPÍTULO III
RESOLUCIONES JUDICIALES

Artículo 67. Resoluciones judiciales

La autoridad judicial pronunciará sus resoluciones en forma de sentencias y autos. Dictará sentencia para decidir en definitiva y poner término al procedimiento y autos en todos los demás casos. Las resoluciones judiciales deberán mencionar a la autoridad que resuelve, el lugar y la fecha en que se dictaron y demás requisitos que este Código prevea para cada caso.

Los autos y resoluciones del Órgano jurisdiccional serán emitidos oralmente y surtirán sus efectos a más tardar al día siguiente. Deberán constar por escrito, después de su emisión oral, los siguientes:

I. Las que resuelven sobre providencias precautorias;

II. Las órdenes de aprehensión y comparecencia;

III. La de control de la detención;

IV. La de vinculación a proceso;

V. La de medidas cautelares;

VI. La de apertura a juicio;

VII. Las que versen sobre sentencias definitivas de los procesos especiales y de juicio;

VIII. Las de sobreseimiento, y

IX. Las que autorizan técnicas de investigación con control judicial previo.

En ningún caso, la resolución escrita deberá exceder el alcance de la emitida oralmente, surtirá sus efectos inmediatamente y deberá dictarse de forma inmediata a su emisión en forma oral, sin exceder de veinticuatro horas, salvo disposición que establezca otro plazo.

Las resoluciones de los tribunales colegiados se tomarán por mayoría de votos. En el caso de que un Juez o Magistrado no esté de acuerdo con la decisión adoptada por la mayoría, deberá emitir su voto particular y podrá hacerlo en la propia audiencia, expresando sucintamente su opinión y deberá formular dentro de los tres días siguientes la versión escrita de su voto para ser integrado al fallo mayoritario.

Artículo 68. Congruencia y contenido de autos y sentencias

Los autos y las sentencias deberán ser congruentes con la petición o acusación formulada y contendrán de manera concisa los antecedentes, los puntos a resolver y que estén debidamente fundados y motivados; deberán ser claros, concisos y evitarán formulismos innecesarios, privilegiando el esclarecimiento de los hechos.

Artículo 69. Aclaración

En cualquier momento, el Órgano jurisdiccional, de oficio o a petición de parte, podrá aclarar los términos oscuros, ambiguos o contradictorios en que estén emitidas las resoluciones judiciales, siempre que tales aclaraciones no impliquen una modificación o alteración del sentido de la resolución.

En la misma audiencia, después de dictada la resolución y hasta dentro de los tres días posteriores a la notificación, las partes podrán solicitar su aclaración, la cual, si procede, deberá efectuarse dentro de las veinticuatro horas siguientes. La solicitud suspenderá el término para interponer los recursos que procedan.

Artículo 70. Firma

Las resoluciones escritas serán firmadas por los jueces o magistrados. No invalidará la resolución el hecho de que el juzgador no la haya firmado oportunamente, siempre que la falta sea suplida y no exista ninguna duda sobre su participación en el acto que debió suscribir, sin perjuicio de la responsabilidad disciplinaria a que haya lugar.

Artículo 71. Copia auténtica

Se considera copia auténtica al documento o registro del original de las sentencias, o de otros actos procesales, que haya sido certificado por la autoridad autorizada para tal efecto.

Cuando, por cualquier causa se destruya, se pierda o sea sustraído el original de las sentencias o de otros actos procesales, la copia auténtica tendrá el valor de aquéllos. Para tal fin, el Órgano jurisdiccional ordenará a quien tenga la copia entregarla, sin perjuicio del derecho de obtener otra en forma gratuita cuando así lo solicite. La reposición del original de la sentencia o de otros actos procesales también podrá efectuarse utilizando los archivos informáticos o electrónicos del juzgado.

Cuando la sentencia conste en medios informáticos, electrónicos, magnéticos o producidos por nuevas tecnologías, la autenticación de la autorización del fallo por el Órgano jurisdiccional, se hará constar a través del medio o forma más adecuada, de acuerdo con el propio sistema utilizado.

Artículo 72. Restitución y renovación

Si no existe copia de las sentencias o de otros actos procesales el Órgano jurisdiccional ordenará que se repongan, para lo cual recibirá de las partes los datos y medios de prueba que evidencien su preexistencia y su contenido. Cuando esto sea imposible, ordenará la renovación de los mismos, señalando el modo de realizarla.

CAPÍTULO IV
COMUNICACIÓN ENTRE AUTORIDADES

Artículo 73. Regla general de la comunicación entre autoridades

El Órgano jurisdiccional o el Ministerio Público, de manera fundada y motivada, podrán solicitar el auxilio a otra autoridad para la práctica de un acto procedimental. Dicha solicitud podrá realizarse por cualquier medio que garantice su autenticidad. La autoridad requerida colaborará y tramitará sin demora los requerimientos que reciba.

Artículo 74. Colaboración procesal

Los actos de colaboración entre el Ministerio Público o la Policía con autoridades federales o de alguna Entidad federativa, se sujetarán a lo previsto en la Constitución, en el presente Código, así como a las disposiciones contenidas en otras normas y convenios de colaboración que se hayan emitido o suscrito de conformidad con ésta.

Artículo 75. Exhortos y requisitorias

Cuando tengan que practicarse actos procesales fuera del ámbito territorial del Órgano jurisdiccional que conozca del asunto, éste solicitará su cumplimiento por medio de exhorto, si la autoridad requerida es de la misma jerarquía que la requirente, o por medio de requisitoria, si ésta es inferior. La comunicación que deba hacerse a autoridades no judiciales se hará por cualquier medio de comunicación expedito y seguro que garantice su autenticidad, siendo aplicable en lo conducente lo previsto en el artículo siguiente.

Artículo 76. Empleo de los medios de comunicación

Para el envío de oficios, exhortos o requisitorias, el Órgano jurisdiccional, el Ministerio Público, o la Policía, podrán emplear cualquier medio de comunicación idóneo y ágil que ofrezca las condiciones razonables de seguridad, de autenticidad y de confirmación posterior en caso de ser necesario, debiendo expresarse, con toda claridad, la actuación que ha de practicarse, el nombre del imputado si fuere posible, el delito de que se trate, el número único de causa, así como el fundamento de la providencia y, en caso necesario, el aviso de que se mandará la información: el oficio de colaboración y el exhorto o requisitoria que ratifique el mensaje. La autoridad requirente deberá cerciorarse de que el requerido recibió la comunicación que se le dirigió y el receptor resolverá lo conducente, acreditando el origen de la petición y la urgencia de su atención.

Artículo 77. Plazo para el cumplimiento de exhortos y requisitorias

Los exhortos o requisitorias se proveerán dentro de las veinticuatro horas siguientes a su recepción y se despacharán dentro de los tres días siguientes, a no ser que las actuaciones que se hayan de practicar exijan necesariamente mayor tiempo, en cuyo caso, el Juez de control fijará el que crea conveniente y lo notificará al requirente, indicando las razones existentes para la ampliación. Si el Juez de control requerido estima que no es procedente la práctica del acto solicitado, lo hará saber al requirente dentro de las veinticuatro horas siguientes a la recepción de la solicitud, con indicación expresa de las razones que tenga para abstenerse de darle cumplimiento.

Si el Juez de control exhortado o requerido estimare que no debe cumplimentarse el acto solicitado, porque el asunto no resulta ser de su competencia o si tuviere dudas sobre su procedencia, podrá comunicarse con el Órgano jurisdiccional exhortante o requirente, oirá al Ministerio Público y resolverá dentro de los tres días siguientes, promoviendo, en su caso, la competencia respectiva.

Cuando se cumpla una orden de aprehensión, el exhortado o requerido pondrá al detenido, sin dilación alguna, a disposición del Órgano jurisdiccional que libró aquella. Si no fuere posible poner al detenido inmediatamente a disposición del exhortante o requirente, el requerido dará vista al Ministerio Público para que formule la imputación; se decidirá sobre las medidas cautelares que se le soliciten y resolverá su vinculación a proceso, remitirá las actuaciones y, en su caso, al detenido, al Órgano jurisdiccional que haya librado el exhorto dentro de las veinticuatro horas siguientes a la determinación de fondo que adopte.

Cuando un Juez de control no pueda dar cumplimiento al exhorto o requisitoria, por hallarse en otra jurisdicción la persona o las cosas que sean objeto de la diligencia, lo remitirá al Juez de control del lugar en que aquélla o éstas se encuentren, y lo hará saber al exhortante o requirente dentro de las veinticuatro horas siguientes. Si el Juez de control que recibe el exhorto o requisitoria del juzgador originalmente exhortado, resuelve desahogarlo, una vez hecho lo devolverá directamente al exhortante.

Las autoridades exhortadas o requeridas remitirán las diligencias o actos procesales practicados o requeridos por cualquier medio que garantice su autenticidad.

Artículo 78. Exhortos de tribunales extranjeros

(REFORMADO PRIMER PÁRRAFO, D.O.F. 17 DE JUNIO DE 2016)

Las solicitudes que provengan de tribunales extranjeros, deberán ser tramitadas de conformidad con el Título XI del presente Código.

Toda solicitud que se reciba del extranjero en idioma distinto del español deberá acompañarse de su traducción.

Artículo 79. Exhortos internacionales que requieran homologación

Los exhortos internacionales que se reciban sólo requerirán homologación cuando implique ejecución coactiva sobre personas, bienes o derechos. Los exhortos relativos a notificaciones, recepción de pruebas y a otros asuntos de mero trámite se diligenciarán sin formar incidente.

Artículo 80. Actos procesales en el extranjero

Los exhortos que se remitan al extranjero serán comunicaciones oficiales escritas que contendrán la petición de realización de las actuaciones necesarias en el procedimiento en que se expidan. Dichas comunicaciones contendrán los datos e información necesaria, las constancias y demás anexos procedentes según sea el caso.

Los exhortos serán transmitidos al Órgano jurisdiccional requerido a través de los funcionarios consulares o agentes diplomáticos, o por la autoridad competente del Estado requirente o requerido según sea el caso.

Podrá encomendarse la práctica de diligencias en países extranjeros a los funcionarios consulares de la República por medio de oficio.

Artículo 81. Demora o rechazo de requerimientos

Cuando la cumplimentación de un requerimiento de cualquier naturaleza fuere demorada o rechazada injustificadamente, la autoridad requirente podrá dirigirse al superior jerárquico de la autoridad que deba cumplimentar dicho requerimiento a fin de que, de considerarlo procedente, ordene o gestione su tramitación inmediata.

CAPÍTULO V
NOTIFICACIONES Y CITACIONES

Artículo 82. Formas de notificación

Las notificaciones se practicarán personalmente, por lista, estrado o boletín judicial según corresponda y por edictos:

I. Personalmente podrán ser:

a) En Audiencia;

b) Por alguno de los medios tecnológicos señalados por el interesado o su representante legal;

c) En las instalaciones del Órgano jurisdiccional, o

d) En el domicilio que éste establezca para tal efecto. Las realizadas en domicilio se harán de conformidad con las reglas siguientes:

1) El notificador deberá cerciorarse de que se trata del domicilio señalado. Acto seguido, se requerirá la presencia del interesado o su representante legal. Una vez que cualquiera de ellos se haya identificado, le entregará copia del auto o la resolución que deba notificarse y recabará su firma, asentando los datos del documento oficial con el que se identifique. Asimismo, se deberán

asentar en el acta de notificación, los datos de identificación del servidor público que la practique;

2) De no encontrarse el interesado o su representante legal en la primera notificación, el notificador dejará citatorio con cualquier persona que se encuentre en el domicilio, para que el interesado espere a una hora fija del día hábil siguiente. Si la persona a quien haya de notificarse no atendiere el citatorio, la notificación se entenderá con cualquier persona que se encuentre en el domicilio en que se realice la diligencia y, de negarse ésta a recibirla o en caso de encontrarse cerrado el domicilio, se realizará por instructivo que se fijará en un lugar visible del domicilio, y

3) En todos los casos deberá levantarse acta circunstanciada de la diligencia que se practique;

II. Lista, Estrado o Boletín Judicial según corresponda, y

III. Por edictos, cuando se desconozca la identidad o domicilio del interesado, en cuyo caso se publicará por una sola ocasión en el medio de publicación oficial de la Federación o de las Entidades federativas y en un periódico de circulación nacional, los cuales deberán contener un resumen de la resolución que deba notificarse.

Las notificaciones previstas en la fracción I de este artículo surtirán efectos al día siguiente en que hubieren sido practicadas y las efectuadas en las fracciones II y III surtirán efectos el día siguiente de su publicación.

Artículo 83. Medios de notificación

Los actos que requieran una intervención de las partes se podrán notificar mediante fax y correo electrónico, debiendo imprimirse copia de envío y recibido, y agregarse al registro, o bien se guardará en el sistema electrónico existente para tal efecto; asimismo, podrá notificarse a las partes por teléfono o cualquier otro medio, de conformidad con las disposiciones previstas en las leyes orgánicas o, en su caso, los acuerdos emitidos por los órganos competentes, debiendo dejarse constancia de ello.

El uso de los medios a que hace referencia este artículo, deberá asegurar que las notificaciones se hagan en el tiempo establecido y se transmita con claridad, precisión y en forma completa el contenido de la resolución o de la diligencia ordenada.

En la notificación de las resoluciones judiciales se podrá aceptar el uso de la firma digital.

Artículo 84. Regla general sobre notificaciones

Las resoluciones deberán notificarse personalmente a quien corresponda, dentro de las veinticuatro horas siguientes a que se hayan dictado. Se tendrán por notificadas las personas que se presenten a la audiencia donde se dicte la resolución o se desahoguen las respectivas diligencias.

Cuando la notificación deba hacerse a una persona con discapacidad o cualquier otra circunstancia que le impida comprender el alcance de la notificación, deberá realizarse en los términos establecidos en el presente Código.

Artículo 85. Lugar para las notificaciones

Al comparecer en el procedimiento, las partes deberán señalar domicilio dentro del lugar en donde éste se sustancie y en su caso, manifestarse sobre la forma más conveniente para ser notificados conforme a los medios establecidos en este Código.

El Ministerio Público, Defensor y Asesor jurídico, cuando éstos últimos sean públicos, serán notificados en sus respectivas oficinas, siempre que éstas se encuentren dentro de la jurisdicción del Órgano jurisdiccional que ordene la notificación, salvo que hayan presentado solicitud de ser notificadas por fax, por correo electrónico, por teléfono o por cualquier otro medio. En caso de que las oficinas se encuentren fuera de la jurisdicción, deberán señalar domicilio dentro de dicha jurisdicción.

Si el imputado estuviere detenido, será notificado en el lugar de su detención.

Las partes que no señalaren domicilio o el medio para ser notificadas o no informen de su cambio, serán notificadas de conformidad con lo señalado en la fracción II del artículo 82 de este Código.

Artículo 86. Notificaciones a Defensores o Asesores jurídicos

Cuando se designe Defensor o Asesor jurídico y éstos sean particulares, las notificaciones deberán ser dirigidas a éstos, sin perjuicio de notificar al imputado y a la víctima u ofendido, según sea el caso, cuando la ley o la naturaleza del acto así lo exijan.

Cuando el imputado tenga varios Defensores, deberá notificarse al representante común, en caso de que lo hubiere, sin perjuicio de que otros acudan a la oficina del Ministerio Público o del Órgano jurisdiccional para ser notificados. La misma disposición se aplicará a los Asesores jurídicos.

Artículo 87. Forma especial de notificación

La notificación realizada por medios electrónicos surtirá efecto el mismo día a aquel en que por sistema se confirme que recibió el archivo electrónico correspondiente.

Asimismo, podrá notificarse mediante otros sistemas autorizados en la ley de la materia, siempre que no causen indefensión. También podrá notificarse por correo certificado y el plazo correrá a partir del día siguiente hábil en que fue recibida la notificación.

Artículo 88. Nulidad de la notificación

La notificación podrá ser nula cuando cause indefensión y no se cumplan las formalidades previstas en el presente Código.

Artículo 89. Validez de la notificación

Si a pesar de no haberse hecho la notificación en la forma prevista en este ordenamiento, la persona que deba ser notificada se muestra sabedora de la misma, ésta surtirá efectos legales.

Artículo 90. Citación

Toda persona está obligada a presentarse ante el Órgano jurisdiccional o ante el Ministerio Público, cuando sea citada. Quedan exceptuados de esa obligación el Presidente de la República y los servidores públicos a que se refieren los párrafos primero y quinto del artículo 111 de la Constitución, el Consejero Jurídico del Ejecutivo, los magistrados y jueces y las personas imposibilitadas físicamente ya sea por su edad, por enfermedad grave o alguna otra que dificulte su comparecencia.

Cuando haya que examinar a los servidores públicos o a las personas señaladas en el párrafo anterior, el Órgano jurisdiccional dispondrá que dicho testimonio sea desahogado en el juicio por sistemas de reproducción a distancia de imágenes y sonidos o cualquier otro medio que permita su trasmisión, en sesión privada.

La citación a quien desempeñe un empleo, cargo o comisión en el servicio público, distintos a los señalados en este artículo, se hará por conducto del superior jerárquico respectivo, a menos que para garantizar el éxito de la comparecencia se requiera que la citación se realice en forma distinta.

En el caso de cualquier persona que se haya desempeñado como servidor público y no sea posible su localización, el Órgano jurisdiccional solicitará a la institución donde haya prestado sus servicios la información del domicilio, número telefónico, y en su caso, los datos necesarios para su localización, a efecto de que comparezca a la audiencia respectiva.

Artículo 91. Forma de realizar las citaciones

Cuando sea necesaria la presencia de una persona para la realización de un acto procesal, la autoridad que conoce del asunto deberá ordenar su citación mediante oficio, correo certificado o telegrama con aviso de entrega en el domicilio proporcionado, cuando menos con cuarenta y ocho horas de anticipación a la celebración del acto.

También podrá citarse por teléfono al testigo o perito que haya manifestado expresamente su voluntad para que se le cite por este medio, siempre que haya proporcionado su número, sin perjuicio de que si no es posible realizar tal citación, se pueda realizar por alguno de los otros medios señalados en este Capítulo.

En caso de que las partes ofrezcan como prueba a un testigo o perito, deberán presentarlo el día y hora señalados, salvo que soliciten al Órgano jurisdiccional que por su conducto sea citado en virtud de que se encuentran imposibilitados para su comparecencia debido a la naturaleza de las circunstancias.

En caso de que las partes, estando obligadas a presentar a sus testigos o peritos, no cumplan con dicha comparecencia, se les tendrá por desistidos de la prueba, a menos que justifiquen la imposibilidad que se tuvo para presentarlos, dentro de las veinticuatro horas siguientes a la fecha fijada para la comparecencia de sus testigos o peritos.

La citación deberá contener:

I. La autoridad y el domicilio ante la que deberá presentarse;

II. El día y hora en que debe comparecer;

III. El objeto de la misma;

IV. El procedimiento del que se deriva;

V. La firma de la autoridad que la ordena, y

VI. El apercibimiento de la imposición de un medio de apremio en caso de incumplimiento.

Artículo 92. Citación al imputado

Siempre que sea requerida la presencia del imputado para realizar un acto procesal por el Órgano jurisdiccional, según corresponda, lo citará junto con su Defensor a comparecer.

La citación deberá contener, además de los requisitos señalados en el artículo anterior, el domicilio, el número telefónico y en su caso, los datos necesarios para comunicarse con la autoridad que ordene la citación.

Artículo 93. Comunicación de actuaciones del Ministerio Público

Cuando en el curso de una investigación el Ministerio Público deba comunicar alguna actuación a una persona, podrá hacerlo por cualquier medio que garantice la recepción del mensaje. Serán aplicables, en lo que corresponda, las disposiciones de este Código.

CAPÍTULO VI
PLAZOS

Artículo 94. Reglas generales

Los actos procedimentales serán cumplidos en los plazos establecidos, en los términos que este Código autorice.

Los plazos sujetos al arbitrio judicial serán determinados conforme a la naturaleza del procedimiento y a la importancia de la actividad que se deba de desarrollar, teniendo en cuenta los derechos de las partes.

No se computarán los días sábados, los domingos ni los días que sean determinados inhábiles por los ordenamientos legales aplicables, salvo que se trate de los actos relativos a providencias precautorias, puesta del imputado a disposición del Órgano jurisdiccional, resolver la legalidad de la detención, formulación de la imputación, resolver sobre la procedencia de las medidas cautelares en su caso y decidir sobre la procedencia de su vinculación a proceso, para tal efecto todos los días se computarán como hábiles.

Con la salvedad de la excepción prevista en el párrafo anterior, los demás plazos que venzan en día inhábil, se tendrán por prorrogados hasta el día hábil siguiente.

Los plazos establecidos en horas correrán de momento a momento y los establecidos en días a partir del día en que surte efectos la notificación.

Artículo 95. Renuncia o abreviación

Las partes en cuyo favor se haya establecido un plazo podrán renunciar a él o consentir su abreviación mediante manifestación expresa. En caso de que el plazo sea común para las partes, para proceder en los mismos términos, todos los interesados deberán expresar su voluntad en el mismo sentido.

Cuando sea el Ministerio Público el que renuncie a un plazo o consienta en su abreviación, deberá oírse a la víctima u ofendido para que manifieste lo que a su interés convenga.

Artículo 96. Reposición del plazo

La parte que no haya podido observar un plazo por causa no atribuible a él, podrá solicitar de manera fundada y motivada su reposición total o parcial, con el fin de realizar el acto omitido o ejercer la facultad concedida por la ley, dentro de las veinticuatro horas siguientes a aquel en que el perjudicado tenga conocimiento fehaciente del acto cuya reposición del plazo se pretenda. El Órgano jurisdiccional podrá ordenar la reposición una vez que haya escuchado a las partes.

CAPÍTULO VII
NULIDAD DE ACTOS PROCEDIMENTALES

Artículo 97. Principio general

Cualquier acto realizado con violación de derechos humanos será nulo y no podrá ser saneado, ni convalidado y su nulidad deberá ser declarada de oficio por el Órgano jurisdiccional al momento de advertirla o a petición de parte en cualquier momento.

Los actos ejecutados en contravención de las formalidades previstas en este Código podrán ser declarados nulos, salvo que el defecto haya sido saneado o convalidado, de acuerdo con lo señalado en el presente Capítulo.

Artículo 98. Solicitud de declaración de nulidad sobre actos ejecutados en contravención de las formalidades

La solicitud de declaración de nulidad deberá estar fundada y motivada y presentarse por escrito dentro de los dos días siguientes a aquel en que el perjudicado tenga conocimiento fehaciente del acto cuya invalidación se pretenda. Si el vicio se produjo en una actuación realizada en audiencia y el afectado estuvo presente, deberá presentarse verbalmente antes del término de la misma audiencia.

En caso de que el acto declarado nulo se encuentre en los supuestos establecidos en la parte final del artículo 101 de este Código, se ordenará su reposición.

Artículo 99. Saneamiento

Los actos ejecutados con inobservancia de las formalidades previstas en este Código podrán ser saneados, reponiendo el acto, rectificando el error o realizando el acto omitido a petición del interesado.

La autoridad judicial que constate un defecto formal saneable en cualquiera de sus actuaciones, lo comunicará al interesado y le otorgará un plazo para corregirlo, el cual no será mayor de tres días. Si el acto no quedare saneado en dicho plazo, el Órgano jurisdiccional resolverá lo conducente.

La autoridad judicial podrá corregir en cualquier momento de oficio, o a petición de parte, los errores puramente formales contenidos en sus actuaciones o resoluciones, respetando siempre los derechos y garantías de los intervinientes.

Se entenderá que el acto se ha saneado cuando, no obstante la irregularidad, ha conseguido su fin respecto de todos los interesados.

Artículo 100. Convalidación

(REFORMADO PRIMER PÁRRAFO, D.O.F. 17 DE JUNIO DE 2016)

Los actos ejecutados con inobservancia de las formalidades previstas en este Código que afectan al Ministerio Público, la víctima u ofendido o el imputado, quedarán convalidados cuando:

I. Las partes hayan aceptado, expresa o tácitamente, los efectos del acto;

(REFORMADA, D.O.F. 17 DE JUNIO DE 2016)

II. Ninguna de las partes hayan solicitado su saneamiento en los términos previstos en este Código, o

III. Dentro de las veinticuatro horas siguientes de haberse realizado el acto, la parte que no hubiere estado presente o participado en él no solicita su saneamiento. En caso de que por las especiales circunstancias del caso no hubiera sido posible advertir en forma oportuna el defecto en la realización del acto procesal, el interesado deberá solicitar en forma justificada el saneamiento del acto, dentro de las veinticuatro horas siguientes a que haya tenido conocimiento del mismo.

(REFORMADO, D.O.F. 17 DE JUNIO DE 2016)

Lo anterior, siempre y cuando no se afecten derechos fundamentales del imputado o la víctima u ofendido.

Artículo 101. Declaración de nulidad

Cuando haya sido imposible sanear o convalidar un acto, en cualquier momento el Órgano jurisdiccional, a petición de parte, en forma fundada y motivada, deberá declarar su nulidad, señalando en su resolución los efectos de la declaratoria de nulidad, debiendo especificar los actos a los que alcanza la nulidad por su relación con el acto anulado. El Tribunal de enjuiciamiento no podrá declarar la nulidad de actos realizados en las etapas previas al juicio, salvo las excepciones previstas en este Código.

Para decretar la nulidad de un acto y disponer su reposición, no basta la simple infracción de la norma, sino que se requiere, además, que:

I. Se haya ocasionado una afectación real a alguna de las partes, y

II. Que la reposición resulte esencial para garantizar el cumplimiento de los derechos o los intereses del sujeto afectado.

Artículo 102. Sujetos legitimados

Sólo podrá solicitar la declaración de nulidad el interviniente perjudicado por un vicio en el procedimiento, siempre que no hubiere contribuido a causarlo.

CAPÍTULO VIII
GASTOS DE PRODUCCIÓN DE PRUEBA

Artículo 103. Gastos de producción de prueba

Tratándose de la prueba pericial, el Órgano jurisdiccional ordenará, a petición de parte, la designación de peritos de instituciones públicas, las que estarán obligadas a practicar el peritaje correspondiente, siempre que no exista impedimento material para ello.

CAPÍTULO IX
MEDIOS DE APREMIO

Artículo 104. Imposición de medios de apremio

El Órgano jurisdiccional y el Ministerio Público podrán disponer de los siguientes medios de apremio para el cumplimiento de los actos que ordenen en el ejercicio de sus funciones:

I. El Ministerio Público contará con las siguientes medidas de apremio:

a) Amonestación;

b) Multa de veinte a mil días de salario mínimo vigente en el momento y lugar en que se cometa la falta que amerite una medida de apremio. Tratándose de jornaleros, obreros y trabajadores que perciban salario mínimo, la multa no deberá exceder de un día de salario y tratándose de trabajadores no asalariados, de un día de su ingreso;

c) Auxilio de la fuerza pública, o

d) Arresto hasta por treinta y seis horas;

II. El Órgano jurisdiccional contará con las siguientes medidas de apremio:

a) Amonestación;

b) Multa de veinte a cinco mil días de salario mínimo vigente en el momento y lugar en que se cometa la falta que amerite una medida de apremio. Tratándose de jornaleros, obreros y trabajadores que perciban salario mínimo, la multa no deberá exceder de un día de salario y tratándose de trabajadores no asalariados, de un día de su ingreso;

c) Auxilio de la fuerza pública, o

d) Arresto hasta por treinta y seis horas.

El Órgano jurisdiccional también podrá ordenar la expulsión de las personas de las instalaciones donde se lleve a cabo la diligencia.

La resolución que determine la imposición de medidas de apremio deberá estar fundada y motivada.

La imposición del arresto sólo será procedente cuando haya mediado apercibimiento del mismo y éste sea debidamente notificado a la parte afectada.

El Órgano jurisdiccional y el Ministerio Público podrán dar vista a las autoridades competentes para que se determinen las responsabilidades que en su caso procedan en los términos de la legislación aplicable.

TÍTULO V
SUJETOS DEL PROCEDIMIENTO Y SUS AUXILIARES

CAPÍTULO I
DISPOSICIONES COMUNES

Artículo 105. Sujetos de procedimiento penal

Son sujetos del procedimiento penal los siguientes:

I. La víctima u ofendido;

II. El Asesor jurídico;

III. El imputado;

IV. El Defensor;
V. El Ministerio Público;
VI. La Policía;
VII. El Órgano jurisdiccional, y
VIII. La autoridad de supervisión de medidas cautelares y de la suspensión condicional del proceso.

Los sujetos del procedimiento que tendrán la calidad de parte en los procedimientos previstos en este Código, son el imputado y su Defensor, el Ministerio Público, la víctima u ofendido y su Asesor jurídico.

Artículo 106. Reserva sobre la identidad

En ningún caso se podrá hacer referencia o comunicar a terceros no legitimados la información confidencial relativa a los datos personales de los sujetos del procedimiento penal o de cualquier persona relacionada o mencionada en éste.

Toda violación al deber de reserva por parte de los servidores públicos, será sancionada por la legislación aplicable.

En los casos de personas sustraídas de la acción de la justicia, se admitirá la publicación de los datos que permitan la identificación del imputado para ejecutar la orden judicial de aprehensión o de comparecencia.

Artículo 107. Probidad

Los sujetos del procedimiento que intervengan en calidad de parte, deberán conducirse con probidad, evitando los planteamientos dilatorios de carácter formal o cualquier abuso en el ejercicio de las facultades o derechos que este Código les concede.

El Órgano jurisdiccional procurará que en todo momento se respete la regularidad del procedimiento, el ejercicio de las facultades o derechos en términos de ley y la buena fé.

CAPÍTULO II
VÍCTIMA U OFENDIDO

Artículo 108. Víctima u ofendido

Para los efectos de este Código, se considera víctima del delito al sujeto pasivo que resiente directamente sobre su persona la afectación producida por la conducta delictiva. Asimismo, se considerará ofendido a la persona física o moral titular del bien jurídico lesionado o puesto en peligro por la acción u omisión prevista en la ley penal como delito.

En los delitos cuya consecuencia fuera la muerte de la víctima o en el caso en que ésta no pudiera ejercer personalmente los derechos que este Código le otorga, se considerarán como ofendidos, en el siguiente orden, el o la cónyuge, la concubina o concubinario, el conviviente, los parientes por consanguinidad en la línea recta ascendente o descendente sin limitación de grado, por afinidad y civil, o cualquier otra persona que tenga relación afectiva con la víctima.

La víctima u ofendido, en términos de la Constitución y demás ordenamientos aplicables, tendrá todos los derechos y prerrogativas que en éstas se le reconocen.

Artículo 109. Derechos de la víctima u ofendido

En los procedimientos previstos en este Código, la víctima u ofendido tendrán los siguientes derechos:

I. A ser informado de los derechos que en su favor le reconoce la Constitución;

(REFORMADA, D.O.F. 25 DE ABRIL DE 2023)

II. A que el Ministerio Público y sus auxiliares así como el Órgano jurisdiccional les faciliten el acceso a la justicia y les presten los servicios que constitucionalmente tienen encomendados con legalidad, honradez, lealtad, imparcialidad, profesionalismo, eficiencia, perspectiva de género y eficacia y con la debida diligencia;

III. A contar con información sobre los derechos que en su beneficio existan, como ser atendidos por personal del mismo sexo, o del sexo que la víctima elija, cuando así lo requieran y recibir desde la comisión del delito atención médica y psicológica de urgencia, así como asistencia jurídica a través de un Asesor jurídico;

IV. A comunicarse, inmediatamente después de haberse cometido el delito con un familiar, e incluso con su Asesor jurídico;

V. A ser informado, cuando así lo solicite, del desarrollo del procedimiento penal por su Asesor jurídico, el Ministerio Público y/o, en su caso, por el Juez o Tribunal;

VI. A ser tratado con respeto y dignidad;

VII. A contar con un Asesor jurídico gratuito en cualquier etapa del procedimiento, en los términos de la legislación aplicable;

VIII. A recibir trato sin discriminación a fin de evitar que se atente contra la dignidad humana y se anulen o menoscaben sus derechos y libertades, por lo que la protección de sus derechos se hará sin distinción alguna;

IX. A acceder a la justicia de manera pronta, gratuita e imparcial respecto de sus denuncias o querellas;

X. A participar en los mecanismos alternativos de solución de controversias;

XI. A recibir gratuitamente la asistencia de un intérprete o traductor desde la denuncia hasta la conclusión del procedimiento penal, cuando la víctima u ofendido pertenezca a un grupo étnico o pueblo indígena o no conozca o no comprenda el idioma español;

XII. En caso de tener alguna discapacidad, a que se realicen los ajustes al procedimiento penal que sean necesarios para salvaguardar sus derechos;

XIII. A que se le proporcione asistencia migratoria cuando tenga otra nacionalidad;

XIV. A que se le reciban todos los datos o elementos de prueba pertinentes con los que cuente, tanto en la investigación como en el proceso, a que se desahoguen las diligencias correspondientes, y a intervenir en el juicio e interponer los recursos en los términos que establece este Código;

XV. A intervenir en todo el procedimiento por sí o a través de su Asesor jurídico, conforme lo dispuesto en este Código;

XVI. A que se le provea protección cuando exista riesgo para su vida o integridad personal;

XVII. A solicitar la realización de actos de investigación que en su caso correspondan, salvo que el Ministerio Público considere que no es necesario, debiendo fundar y motivar su negativa;

XVIII. A recibir atención médica y psicológica o a ser canalizado a instituciones que le proporcionen estos servicios, así como a recibir protección especial de su integridad física y psíquica cuando así lo solicite, o cuando se trate de delitos que así lo requieran;

XIX. A solicitar medidas de protección, providencias precautorias y medidas cautelares;

XX. A solicitar el traslado de la autoridad al lugar en donde se encuentre, para ser interrogada o participar en el acto para el cual fue citada, cuando por su edad, enfermedad grave o por alguna otra imposibilidad física o psicológica se dificulte su comparecencia, a cuyo fin deberá requerir la dispensa, por sí o por un tercero, con anticipación;

XXI. A impugnar por sí o por medio de su representante, las omisiones o negligencia que cometa el Ministerio Público en el desempeño de sus funciones de investigación, en los términos previstos en este Código y en las demás disposiciones legales aplicables;

XXII. A tener acceso a los registros de la investigación durante el procedimiento, así como a obtener copia gratuita de éstos, salvo que la información esté sujeta a reserva así determinada por el Órgano jurisdiccional;

XXIII. A ser restituido en sus derechos, cuando éstos estén acreditados;

XXIV. A que se le garantice la reparación del daño durante el procedimiento en cualquiera de las formas previstas en este Código;

XXV. A que se le repare el daño causado por la comisión del delito, pudiendo solicitarlo directamente al Órgano jurisdiccional, sin perjuicio de que el Ministerio Público lo solicite;

XXVI. Al resguardo de su identidad y demás datos personales cuando sean menores de edad, se trate de delitos de violación contra la libertad y el normal desarrollo psicosexual, violencia familiar, secuestro, trata de personas o cuando a juicio del Órgano jurisdiccional sea necesario para su protección, salvaguardando en todo caso los derechos de la defensa;

XXVII. A ser notificado del desistimiento de la acción penal y de todas las resoluciones que finalicen el procedimiento, de conformidad con las reglas que establece este Código;

XXVIII. A solicitar la reapertura del proceso cuando se haya decretado su suspensión, y

XXIX. Los demás que establezcan este Código y otras leyes aplicables.

En el caso de que las víctimas sean personas menores de dieciocho años, el Órgano jurisdiccional o el Ministerio Público tendrán en cuenta los principios del interés superior de los niños o adolescentes, la prevalencia de sus derechos, su protección integral y los derechos consagrados en la Constitución, en los Tratados, así como los previstos en el presente Código.

Para los delitos que impliquen violencia contra las mujeres, se deberán observar todos los derechos que en su favor establece la Ley General de Acceso de las Mujeres a una Vida Libre de Violencia y demás disposiciones aplicables.

Artículo 110. Designación de Asesor jurídico

En cualquier etapa del procedimiento, las víctimas u ofendidos podrán designar a un Asesor jurídico, el cual deberá ser licenciado en derecho o abogado titulado, quien deberá acreditar su profesión desde el inicio de su intervención mediante cédula profesional. Si la víctima u ofendido no puede designar uno particular, tendrá derecho a uno de oficio.

Cuando la víctima u ofendido perteneciere a un pueblo o comunidad indígena, el Asesor jurídico deberá tener conocimiento de su lengua y cultura y, en caso de que no fuere posible, deberá actuar asistido de un intérprete que tenga dicho conocimiento.

La intervención del Asesor jurídico será para orientar, asesorar o intervenir legalmente en el procedimiento penal en representación de la víctima u ofendido.

En cualquier etapa del procedimiento, las víctimas podrán actuar por sí o a través de su Asesor jurídico, quien sólo promoverá lo que previamente informe a su representado. El Asesor jurídico intervendrá en representación de la víctima u ofendido en igualdad de condiciones que el Defensor.

Artículo 111. Restablecimiento de las cosas al estado previo

En cualquier estado del procedimiento, la víctima u ofendido podrá solicitar al Órgano jurisdiccional, ordene como medida provisional, cuando la naturaleza del hecho lo permita, la restitución de sus bienes, objetos, instrumentos o productos del delito, o la reposición o restablecimiento de las cosas al estado que tenían antes del hecho, siempre que haya suficientes elementos para decidirlo.

CAPÍTULO III
IMPUTADO

Artículo 112. Denominación

Se denominará genéricamente imputado a quien sea señalado por el Ministerio Público como posible autor o partícipe de un hecho que la ley señale como delito.

Además, se denominará acusado a la persona contra quien se ha formulado acusación y sentenciado a aquel sobre quien ha recaído una sentencia aunque no haya sido declarada firme.

Artículo 113. Derechos del imputado

El imputado tendrá los siguientes derechos:

I. A ser considerado y tratado como inocente hasta que se demuestre su responsabilidad;

II. A comunicarse con un familiar y con su Defensor cuando sea detenido, debiendo brindarle el Ministerio Público todas las facilidades para lograrlo;

III. A declarar o a guardar silencio, en el entendido que su silencio no podrá ser utilizado en su perjuicio;

IV. A estar asistido de su Defensor al momento de rendir su declaración, así como en cualquier otra actuación y a entrevistarse en privado previamente con él;

V. A que se le informe, tanto en el momento de su detención como en su comparecencia ante el Ministerio Público o el Juez de control, los hechos que se le imputan y los derechos que le asisten, así como, en su caso, el motivo de la privación de su libertad y el servidor público que la ordenó, exhibiéndosele, según corresponda, la orden emitida en su contra;

VI. A no ser sometido en ningún momento del procedimiento a técnicas ni métodos que atenten contra su dignidad, induzcan o alteren su libre voluntad;

VII. A solicitar ante la autoridad judicial la modificación de la medida cautelar que se le haya impuesto, en los casos en que se encuentre en prisión preventiva, en los supuestos señalados por este Código;

(REFORMADA, D.O.F. 17 DE JUNIO DE 2016)

VIII. A tener acceso él y su defensa, salvo las excepciones previstas en la ley, a los registros de la investigación, así como a obtener copia gratuita, registro fotográfico o electrónico de los mismos, en términos de los artículos 218 y 219 de este Código.

IX. A que se le reciban los medios pertinentes de prueba que ofrezca, concediéndosele el tiempo necesario para tal efecto y auxiliándosele para obtener la comparecencia de las personas cuyo testimonio solicite y que no pueda presentar directamente, en términos de lo establecido por este Código;

X. A ser juzgado en audiencia por un Tribunal de enjuiciamiento, antes de cuatro meses si se tratare de delitos cuya pena máxima no exceda de dos años de prisión, y antes de un año si la pena excediere de ese tiempo, salvo que solicite mayor plazo para su defensa;

XI. A tener una defensa adecuada por parte de un licenciado en derecho o abogado titulado, con cédula profesional, al cual elegirá libremente incluso desde el momento de su detención y, a falta de éste, por el Defensor público que le corresponda, así como a reunirse o entrevistarse con él en estricta confidencialidad;

XII. A ser asistido gratuitamente por un traductor o intérprete en el caso de que no comprenda o hable el idioma español; cuando el imputado perteneciere a un pueblo o comunidad indígena, el Defensor deberá tener conocimiento de su lengua y cultura y, en caso de que no fuere posible, deberá actuar asistido de un intérprete de la cultura y lengua de que se trate;

XIII. A ser presentado ante el Ministerio Público o ante el Juez de control, según el caso, inmediatamente después de ser detenido o aprehendido;

XIV. A no ser expuesto a los medios de comunicación;

XV. A no ser presentado ante la comunidad como culpable;

XVI. A solicitar desde el momento de su detención, asistencia social para los menores de edad o personas con discapacidad cuyo cuidado personal tenga a su cargo;

XVII. A obtener su libertad en el caso de que haya sido detenido, cuando no se ordene la prisión preventiva, u otra medida cautelar restrictiva de su libertad;

XVIII. A que se informe a la embajada o consulado que corresponda cuando sea detenido, y se le proporcione asistencia migratoria cuando tenga nacionalidad extranjera, y

XIX. Los demás que establezca este Código y otras disposiciones aplicables.

Los plazos a que se refiere la fracción X de este artículo, se contarán a partir de la audiencia inicial hasta el momento en que sea dictada la sentencia emitida por el Órgano jurisdiccional competente.

Cuando el imputado tenga a su cuidado menores de edad, personas con discapacidad, o adultos mayores que dependan de él, y no haya otra persona que pueda ejercer ese cuidado, el Ministerio Público deberá canalizarlos a instituciones de asistencia social que correspondan, a efecto de recibir la protección.

Artículo 114. Declaración del imputado

El imputado tendrá derecho a declarar durante cualquier etapa del procedimiento. En este caso, podrá hacerlo ante el Ministerio Público o ante el Órgano jurisdiccional, con pleno respeto a los derechos que lo amparan y en presencia de su Defensor.

En caso que el imputado manifieste a la Policía su deseo de declarar sobre los hechos que se investigan, ésta deberá comunicar dicha situación al Ministerio Público para que se reciban sus manifestaciones con las formalidades previstas en este Código.

CAPÍTULO IV
DEFENSOR

Artículo 115. Designación de Defensor

El Defensor podrá ser designado por el imputado desde el momento de su detención, mismo que deberá ser licenciado en derecho o abogado titulado con cédula profesional. A falta de éste o ante la omisión de su designación, será nombrado el Defensor público que corresponda.

La intervención del Defensor no menoscabará el derecho del imputado de intervenir, formular peticiones y hacer las manifestaciones que estime pertinentes.

Artículo 116. Acreditación

Los Defensores designados deberán acreditar su profesión ante el Órgano jurisdiccional desde el inicio de su intervención en el procedimiento, mediante cédula profesional legalmente expedida por la autoridad competente.

Artículo 117. Obligaciones del Defensor

Son obligaciones del Defensor:

I. Entrevistar al imputado para conocer directamente su versión de los hechos que motivan la investigación, a fin de ofrecer los datos y medios de prueba pertinentes que sean necesarios para llevar a cabo una adecuada defensa;

II. Asesorar al imputado sobre la naturaleza y las consecuencias jurídicas de los hechos punibles que se le atribuyen;

III. Comparecer y asistir jurídicamente al imputado en el momento en que rinda su declaración, así como en cualquier diligencia o audiencia que establezca la ley;

IV. Analizar las constancias que obren en la carpeta de investigación, a fin de contar con mayores elementos para la defensa;

V. Comunicarse directa y personalmente con el imputado, cuando lo estime conveniente, siempre y cuando esto no altere el desarrollo normal de las audiencias;

VI. Recabar y ofrecer los medios de prueba necesarios para la defensa;

VII. Presentar los argumentos y datos de prueba que desvirtúen la existencia del hecho que la ley señala como delito, o aquellos que permitan hacer valer la procedencia de alguna causal de inimputabilidad, sobreseimiento o excluyente de responsabilidad a favor del imputado y la prescripción de la acción penal o cualquier otra causal legal que sea en beneficio del imputado;

VIII. Solicitar el no ejercicio de la acción penal;

IX. Ofrecer los datos o medios de prueba en la audiencia correspondientes y promover la exclusión de los ofrecidos por el Ministerio Público o la víctima u ofendido cuando no se ajusten a la ley;

X. Promover a favor del imputado la aplicación de mecanismos alternativos de solución de controversias o formas anticipadas de terminación del proceso penal, de conformidad con las disposiciones aplicables;

XI. Participar en la audiencia de juicio, en la que podrá exponer sus alegatos de apertura, desahogar las pruebas ofrecidas, controvertir las de los otros intervinientes, hacer las objeciones que procedan y formular sus alegatos finales;

XII. Mantener informado al imputado sobre el desarrollo y seguimiento del procedimiento o juicio;

XIII. En los casos en que proceda, formular solicitudes de procedimientos especiales;

XIV. Guardar el secreto profesional en el desempeño de sus funciones;

XV. Interponer los recursos e incidentes en términos de este Código y de la legislación aplicable y, en su caso, promover el juicio de Amparo;

XVI. Informar a los imputados y a sus familiares la situación jurídica en que se encuentre su defensa, y

XVII. Las demás que señalen las leyes.

Artículo 118. Nombramiento posterior

Durante el transcurso del procedimiento el imputado podrá designar a un nuevo Defensor, sin embargo, hasta en tanto el nuevo Defensor no comparezca a aceptar el cargo conferido, el Órgano jurisdiccional o el Ministerio Público le designarán al imputado un Defensor público, a fin de no dejarlo en estado de indefensión.

Artículo 119. Inadmisibilidad y apartamiento

En ningún caso podrá nombrarse como Defensor del imputado a cualquier persona que sea coimputada del acusado, haya sido sentenciada por el mismo hecho o imputada por ser autor o partícipe del encubrimiento o favorecimiento del mismo hecho.

Artículo 120. Renuncia y abandono

Cuando el Defensor renuncie o abandone la defensa, el Ministerio Público o el Órgano jurisdiccional le harán saber al imputado que tiene derecho a designar a otro Defensor; sin embargo, en tanto no lo designe o no quiera o no pueda nombrarlo, se le designará un Defensor público.

Artículo 121. Garantía de la Defensa técnica

Siempre que el Órgano jurisdiccional advierta que existe una manifiesta y sistemática incapacidad técnica del Defensor, prevendrá al imputado para que designe otro.

Si se trata de un Defensor privado, el imputado contará con tres días para designar un nuevo Defensor. Si prevenido el imputado, no se designa otro, un Defensor público será asignado para colaborar en su defensa.

Si se trata de un Defensor público, con independencia de la responsabilidad en que incurriere, se dará vista al superior jerárquico para los efectos de sustitución.

En ambos casos se otorgará un término que no excederá de diez días para que se desarrolle una defensa adecuada a partir del acto que suscitó el cambio.

Artículo 122. Nombramiento del Defensor público

(REFORMADO, D.O.F. 17 DE JUNIO DE 2016)

Cuando el imputado no pueda o se niegue a designar un Defensor particular, el Ministerio Público solicitará a la autoridad competente se nombre un Defensor público; si es ante el Órgano jurisdiccional éste designará al defensor público, que lleve la representación de la defensa desde el primer acto en que intervenga. Será responsabilidad del defensor la oportuna comparecencia.

Artículo 123. Número de Defensores

El imputado podrá designar el número de Defensores que considere conveniente, los cuales, en las audiencias, tomarán la palabra en orden y deberán actuar en todo caso con respeto.

Artículo 124. Defensor común

La defensa de varios imputados en un mismo proceso por un Defensor común no será admisible, a menos que se acredite que no existe incompatibilidad ni conflicto de intereses de las defensas de los imputados. Si se autoriza el Defensor común y la incompatibilidad se advierte en el curso del proceso, será corregida de oficio y se proveerá lo necesario para reemplazar al Defensor.

Artículo 125. Entrevista con los detenidos

El imputado que se encuentre detenido por cualquier circunstancia, antes de rendir declaración tendrá derecho a entrevistarse oportunamente y en forma privada con su Defensor, cuando así lo solicite, en el lugar que para tal efecto se designe. La autoridad del conocimiento tiene la obligación de implementar todo lo necesario para el libre ejercicio de este derecho.

Artículo 126. Entrevista con otras personas

Si antes de una audiencia, con motivo de su preparación, el Defensor tuviera necesidad de entrevistar a una persona o interviniente del procedimiento que se niega a recibirlo, podrá solicitar el auxilio judicial, explicándole las razones por las que se hace necesaria la entrevista. El Órgano jurisdiccional, en caso de considerar fundada la solicitud, expedirá la orden para que dicha persona sea entrevistada por el Defensor en el lugar y tiempo que aquélla establezca o el propio Órgano jurisdiccional determine. Esta autorización no se concederá en aquellos casos en que, a solicitud del Ministerio Público, el Órgano jurisdiccional estime que la víctima o los testigos deben estar sujetos a protocolos especiales de protección.

CAPÍTULO V
MINISTERIO PÚBLICO

Artículo 127. Competencia del Ministerio Público

Compete al Ministerio Público conducir la investigación, coordinar a las Policías y a los servicios periciales durante la investigación, resolver sobre el ejercicio de la acción penal en la forma establecida por la ley y, en su caso, ordenar las diligencias pertinentes y útiles para demostrar, o no, la existencia del delito y la responsabilidad de quien lo cometió o participó en su comisión.

Artículo 128. Deber de lealtad

El Ministerio Público deberá actuar durante todas las etapas del procedimiento en las que intervenga con absoluto apego a lo previsto en la Constitución, en este Código y en la demás legislación aplicable.

El Ministerio Público deberá proporcionar información veraz sobre los hechos, sobre los hallazgos en la investigación y tendrá el deber de no ocultar a los intervinientes elemento alguno que pudiera resultar favorable para la posición que ellos asumen, sobre todo cuando resuelva no incorporar alguno de esos elementos al procedimiento, salvo la reserva que en determinados casos la ley autorice en las investigaciones.

Artículo 129. Deber de objetividad y debida diligencia

La investigación debe ser objetiva y referirse tanto a los elementos de cargo como de descargo y conducida con la debida diligencia, a efecto de garantizar el respeto de los derechos de las partes y el debido proceso.

Al concluir la investigación complementaria puede solicitar el sobreseimiento del proceso, o bien, en la audiencia de juicio podrá concluir solicitando la absolución o una condena más leve que aquella que sugiere la acusación, cuando en ésta surjan elementos que conduzcan a esa conclusión, de conformidad con lo previsto en este Código.

Durante la investigación, tanto el imputado como su Defensor, así como la víctima o el ofendido, podrán solicitar al Ministerio Público todos aquellos actos de investigación que consideraren pertinentes y útiles para el esclarecimiento de los hechos. El Ministerio Público dentro del plazo de tres días resolverá sobre dicha solicitud. Para tal efecto, podrá disponer que se lleven a cabo las diligencias que se estimen conducentes para efectos de la investigación.

El Ministerio Público podrá, con pleno respeto a los derechos que lo amparan y en presencia del Defensor, solicitar la comparecencia del imputado y/u ordenar su declaración, cuando considere que es relevante para esclarecer la existencia del hecho delictivo y la probable participación o intervención.

Artículo 130. Carga de la prueba

La carga de la prueba para demostrar la culpabilidad corresponde a la parte acusadora, conforme lo establezca el tipo penal.

Artículo 131. Obligaciones del Ministerio Público

Para los efectos del presente Código, el Ministerio Público tendrá las siguientes obligaciones:

I. Vigilar que en toda investigación de los delitos se cumpla estrictamente con los derechos humanos reconocidos en la Constitución y en los Tratados;

II. Recibir las denuncias o querellas que le presenten en forma oral, por escrito, o a través de medios digitales, incluso mediante denuncias anónimas en términos de las disposiciones legales aplicables, sobre hechos que puedan constituir algún delito;

III. Ejercer la conducción y el mando de la investigación de los delitos, para lo cual deberá coordinar a las Policías y a los peritos durante la misma;

IV. Ordenar o supervisar, según sea el caso, la aplicación y ejecución de las medidas necesarias para impedir que se pierdan, destruyan o alteren los indicios, una vez que tenga noticia del mismo, así como cerciorarse de que se han seguido las reglas y protocolos para su preservación y procesamiento;

(REFORMADA, D.O.F. 25 DE ABRIL DE 2023)

V. Iniciar la investigación correspondiente cuando así proceda y, en su caso, ordenar la recolección de indicios y medios de prueba que deberán servir para sus respectivas resoluciones y las del Órgano jurisdiccional, así como recabar los elementos necesarios que determinen el daño causado por el delito y la cuantificación del mismo para los efectos de su reparación. Cuando se trate del delito de feminicidio se deberán aplicar los protocolos previstos para tales efectos;

VI. Ejercer funciones de investigación respecto de los delitos en materias concurrentes, cuando ejerza la facultad de atracción y en los demás casos que las leyes lo establezcan;

VII. Ordenar a la Policía y a sus auxiliares, en el ámbito de su competencia, la práctica de actos de investigación conducentes para el esclarecimiento del hecho delictivo, así como analizar las que dichas autoridades hubieren practicado;

VIII. Instruir a las Policías sobre la legalidad, pertinencia, suficiencia y contundencia de los indicios recolectados o por recolectar, así como las demás actividades y diligencias que deben ser llevadas a cabo dentro de la investigación;

IX. Requerir informes o documentación a otras autoridades y a particulares, así como solicitar la práctica de peritajes y diligencias para la obtención de otros medios de prueba;

X. Solicitar al Órgano jurisdiccional la autorización de actos de investigación y demás actuaciones que sean necesarias dentro de la misma;

XI. Ordenar la detención y la retención de los imputados cuando resulte procedente en los términos que establece este Código;

XII. Brindar las medidas de seguridad necesarias, a efecto de garantizar que las víctimas u ofendidos o testigos del delito puedan llevar a cabo la identificación del imputado sin riesgo para ellos;

XIII. Determinar el archivo temporal y el no ejercicio de la acción penal, así como ejercer la facultad de no investigar en los casos autorizados por este Código;

XIV. Decidir la aplicación de criterios de oportunidad en los casos previstos en este Código;

XV. Promover las acciones necesarias para que se provea la seguridad y proporcionar el auxilio a víctimas, ofendidos, testigos, jueces, magistrados, agentes del Ministerio Público, Policías, peritos y, en general, a todos los sujetos que con motivo de su intervención en el procedimiento, cuya vida o integridad corporal se encuentren en riesgo inminente;

XVI. Ejercer la acción penal cuando proceda;

XVII. Poner a disposición del Órgano jurisdiccional a las personas detenidas dentro de los plazos establecidos en el presente Código;

XVIII. Promover la aplicación de mecanismos alternativos de solución de controversias o formas anticipadas de terminación del proceso penal, de conformidad con las disposiciones aplicables;

XIX. Solicitar las medidas cautelares aplicables al imputado en el proceso, en atención a las disposiciones conducentes y promover su cumplimiento;

XX. Comunicar al Órgano jurisdiccional y al imputado los hechos, así como los datos de prueba que los sustentan y la fundamentación jurídica, atendiendo al objetivo o finalidad de cada etapa del procedimiento;

XXI. Solicitar a la autoridad judicial la imposición de las penas o medidas de seguridad que correspondan;

XXII. Solicitar el pago de la reparación del daño a favor de la víctima u ofendido del delito, sin perjuicio de que éstos lo pudieran solicitar directamente;

(REFORMADA, D.O.F. 25 DE ABRIL DE 2023)

XXIII. Actuar en estricto apego a los principios de legalidad, objetividad, eficiencia, profesionalismo, honradez, perspectiva de género y respeto a los derechos humanos reconocidos en la Constitución;

(ADICIONADA, D.O.F. 25 DE ABRIL DE 2023)

XXIII Bis. Tratándose de delitos por razón de género, se deberá investigar con perspectiva de género, y

XXIV. Las demás que señale este Código y otras disposiciones aplicables.

CAPÍTULO VI
POLICÍA

Artículo 132. Obligaciones del Policía

(REFORMADO PRIMER PÁRRAFO, D.O.F. 25 DE ABRIL DE 2023)

El Policía actuará bajo la conducción y mando del Ministerio Público en la investigación de los delitos en estricto apego a los principios de legalidad, objetividad, eficiencia, profesionalismo, honradez, perspectiva de género y respeto a los derechos humanos reconocidos en la Constitución.

Para los efectos del presente Código, el Policía tendrá las siguientes obligaciones:

I. Recibir las denuncias sobre hechos que puedan ser constitutivos de delito e informar al Ministerio Público por cualquier medio y de forma inmediata de las diligencias practicadas;

II. Recibir denuncias anónimas e inmediatamente hacerlo del conocimiento del Ministerio Público a efecto de que éste coordine la investigación;

III. Realizar detenciones en los casos que autoriza la Constitución, haciendo saber a la persona detenida los derechos que ésta le otorga;

IV. Impedir que se consumen los delitos o que los hechos produzcan consecuencias ulteriores. Especialmente estará obligada a realizar todos los actos necesarios para evitar una agresión real, actual o inminente y sin derecho en protección de bienes jurídicos de los gobernados a quienes tiene la obligación de proteger;

V. Actuar bajo el mando del Ministerio Público en el aseguramiento de bienes relacionados con la investigación de los delitos;

VI. Informar sin dilación por cualquier medio al Ministerio Público sobre la detención de cualquier persona, e inscribir inmediatamente las detenciones en el registro que al efecto establezcan las disposiciones aplicables;

VII. Practicar las inspecciones y otros actos de investigación, así como reportar sus resultados al Ministerio Público. En aquellos que se requiera autorización judicial, deberá solicitarla a través del Ministerio Público;

VIII. Preservar el lugar de los hechos o del hallazgo y en general, realizar todos los actos necesarios para garantizar la integridad de los indicios. En su caso deberá dar aviso a la Policía con capacidades para procesar la escena del hecho y al Ministerio Público conforme a las disposiciones previstas en este Código y en la legislación aplicable;

IX. Recolectar y resguardar objetos relacionados con la investigación de los delitos, en los términos de la fracción anterior;

X. Entrevistar a las personas que pudieran aportar algún dato o elemento para la investigación;

XI. Requerir a las autoridades competentes y solicitar a las personas físicas o morales, informes y documentos para fines de la investigación. En caso de negativa, informará al Ministerio Público para que determine lo conducente;

XII. Proporcionar atención a víctimas u ofendidos o testigos del delito. Para tal efecto, deberá:

a) Prestar protección y auxilio inmediato, de conformidad con las disposiciones aplicables;

b) Informar a la víctima u ofendido sobre los derechos que en su favor se establecen;

(REFORMADO, D.O.F. 25 DE ABRIL DE 2023)

c) Procurar que reciban atención médica y psicológica cuando sea necesaria;

(REFORMADO, D.O.F. 25 DE ABRIL DE 2023)

d) Adoptar las medidas que se consideren necesarias, en el ámbito de su competencia, tendientes a evitar que se ponga en peligro su integridad física y psicológica, y

(ADICIONADO, D.O.F. 25 DE ABRIL DE 2023)

e) Tratándose de delitos por razón de género, deberá actuar con perspectiva de género.

(ADICIONADA, D.O.F. 25 DE ABRIL DE 2023)

XII Bis. Cuando se trate de delitos por motivo de género se deberán aplicar los protocolos previstos para tales efectos;

XIII. Dar cumplimiento a los mandamientos ministeriales y jurisdiccionales que les sean instruidos;

XIV. Emitir el informe policial y demás documentos, de conformidad con las disposiciones aplicables. Para tal efecto se podrá apoyar en los conocimientos que resulten necesarios, sin que ello tenga el carácter de informes periciales, y

XV. Las demás que le confieran este Código y otras disposiciones aplicables.

CAPÍTULO VII
JUECES Y MAGISTRADOS

Artículo 133. Competencia jurisdiccional

Para los efectos de este Código, la competencia jurisdiccional comprende a los siguientes órganos:

I. Juez de control, con competencia para ejercer las atribuciones que este Código le reconoce desde el inicio de la etapa de investigación hasta el dictado del auto de apertura a juicio;

II. Tribunal de enjuiciamiento, que preside la audiencia de juicio y dictará la sentencia, y

III. Tribunal de alzada, que conocerá de los medios de impugnación y demás asuntos que prevé este Código.

Artículo 134. Deberes comunes de los jueces

En el ámbito de sus respectivas competencias y atribuciones, son deberes comunes de los jueces y magistrados, los siguientes:

I. Resolver los asuntos sometidos a su consideración con la debida diligencia, dentro de los términos previstos en la ley y con sujeción a los principios que deben regir el ejercicio de la función jurisdiccional;

II. Respetar, garantizar y velar por la salvaguarda de los derechos de quienes intervienen en el procedimiento;

III. Guardar reserva sobre los asuntos relacionados con su función, aun después de haber cesado en el ejercicio del cargo;

IV. Atender oportuna y debidamente las peticiones dirigidas por los sujetos que intervienen dentro del procedimiento penal;

V. Abstenerse de presentar en público al imputado o acusado como culpable si no existiera condena;

(REFORMADA, D.O.F. 25 DE ABRIL DE 2023)

VI. Mantener el orden en las salas de audiencias;

(ADICIONADA, D.O.F. 25 DE ABRIL DE 2023)

VI Bis. Tratándose de delitos por razón de género, se deberá juzgar con perspectiva de género;

(ADICIONADA, D.O.F. 25 DE ABRIL DE 2023)

VI Ter. Cuando se trate de delitos por motivo de género se deberán aplicar los protocolos para juzgar con perspectiva de género, y

VII. Los demás establecidos en la Ley Orgánica, en este Código y otras disposiciones aplicables.

Artículo 135. La queja y su procedencia

Procederá queja en contra del juzgador de primera instancia por no realizar un acto procesal dentro del plazo señalado por este Código. La queja podrá ser promovida por cualquier parte del procedimiento y se tramitará sin perjuicio de las otras consecuencias legales que tenga la omisión del juzgador.

(REFORMADO, D.O.F. 17 DE JUNIO DE 2016)

La queja será interpuesta ante el Órgano jurisdiccional omiso; éste tiene un plazo de veinticuatro horas para subsanar dicha omisión, o bien, realizar un informe breve y conciso sobre las razones por las cuales no se ha verificado el acto procesal o la formalidad exigidos por la norma omitida y remitir el recurso y dicho informe al Órgano jurisdiccional competente.

(REFORMADO, D.O.F. 17 DE JUNIO DE 2016)

La autoridad jurisdiccional competente tramitará y resolverá en un plazo no mayor a tres días en los términos de las disposiciones aplicables.

(REFORMADO, D.O.F. 17 DE JUNIO DE 2016)

En ningún caso, el Órgano jurisdiccional competente para resolver la queja podrá ordenar al Órgano Jurisdiccional omiso los términos y las condiciones en que deberá subsanarse la omisión, debiéndose limitar su resolución a que se realice el acto omitido.

CAPÍTULO VIII
AUXILIARES DE LAS PARTES

Artículo 136. Consultores técnicos

Si por las circunstancias del caso, las partes que intervienen en el procedimiento consideran necesaria la asistencia de un consultor en una ciencia, arte o técnica, así lo plantearán al Órgano jurisdiccional. El consultor técnico podrá acompañar en las audiencias a la parte con quien colabora, para apoyarla técnicamente.

TÍTULO VI
MEDIDAS DE PROTECCIÓN DURANTE LA INVESTIGACIÓN, FORMAS DE CONDUCCIÓN DEL IMPUTADO AL PROCESO Y MEDIDAS CAUTELARES

CAPÍTULO I
MEDIDAS DE PROTECCIÓN Y PROVIDENCIAS PRECAUTORIAS

Artículo 137. Medidas de protección

El Ministerio Público, bajo su más estricta responsabilidad, ordenará fundada y motivadamente la aplicación de las medidas de protección idóneas cuando estime que el imputado representa un riesgo inminente en contra de la seguridad de la víctima u ofendido. Son medidas de protección las siguientes:

I. Prohibición de acercarse o comunicarse con la víctima u ofendido;

II. Limitación para asistir o acercarse al domicilio de la víctima u ofendido o al lugar donde se encuentre;

III. Separación inmediata del domicilio;

IV. La entrega inmediata de objetos de uso personal y documentos de identidad de la víctima que tuviera en su posesión el probable responsable;

V. La prohibición de realizar conductas de intimidación o molestia a la víctima u ofendido o a personas relacionados con ellos;

VI. Vigilancia en el domicilio de la víctima u ofendido;

VII. Protección policial de la víctima u ofendido;

VIII. Auxilio inmediato por integrantes de instituciones policiales, al domicilio en donde se localice o se encuentre la víctima u ofendido en el momento de solicitarlo;

IX. Traslado de la víctima u ofendido a refugios o albergues temporales, así como de sus descendientes, y

X. El reingreso de la víctima u ofendido a su domicilio, una vez que se salvaguarde su seguridad.

Dentro de los cinco días siguientes a la imposición de las medidas de protección previstas en las fracciones I, II y III deberá celebrarse audiencia en la que el juez podrá cancelarlas, o bien, ratificarlas o modificarlas mediante la imposición de las medidas cautelares correspondientes.

En caso de incumplimiento de las medidas de protección, el Ministerio Público podrá imponer alguna de las medidas de apremio previstas en este Código.

En la aplicación de estas medidas tratándose de delitos por razón de género, se aplicarán de manera supletoria la Ley General de Acceso de las Mujeres a una Vida Libre de Violencia.

Artículo 138. Providencias precautorias para la restitución de derechos de la víctima

Para garantizar la reparación del daño, la víctima, el ofendido o el Ministerio Público, podrán solicitar al juez las siguientes providencias precautorias:

I. El embargo de bienes, y

II. La inmovilización de cuentas y demás valores que se encuentren dentro del sistema financiero.

El juez decretará las providencias precautorias, siempre y cuando, de los datos de prueba expuestos por el Ministerio Público y la víctima u ofendido, se desprenda la posible reparación del daño y la probabilidad de que el imputado será responsable de repararlo.

Decretada la providencia precautoria, podrá revisarse, modificarse, sustituirse o cancelarse a petición del imputado o de terceros interesados, debiéndose escuchar a la víctima u ofendido y al Ministerio Público.

Las providencias precautorias serán canceladas si el imputado garantiza o paga la reparación del daño; si fueron decretadas antes de la audiencia inicial y el Ministerio Público no las promueve, o no solicita orden de aprehensión en el término que señala este Código; si se declara fundada la solicitud de cancelación de embargo planteada por la persona en contra de la cual se decretó o de un tercero, o si se dicta sentencia absolutoria, se decreta el sobreseimiento o se absuelve de la reparación del daño.

La providencia precautoria se hará efectiva a favor de la víctima u ofendido cuando la sentencia que condene a reparar el daño cause ejecutoria. El embargo se regirá en lo conducente por las reglas generales del embargo previstas en el Código Federal de Procedimientos Civiles.

Artículo 139. Duración de las medidas de protección y providencias precautorias

La imposición de las medidas de protección y de las providencias precautorias tendrá una duración máxima de sesenta días naturales, prorrogables hasta por treinta días.

Cuando hubiere desaparecido la causa que dio origen a la medida decretada, el imputado, su Defensor o en su caso el Ministerio Público, podrán solicitar al Juez de control que la deje sin efectos.

CAPÍTULO II
LIBERTAD DURANTE LA INVESTIGACIÓN

Artículo 140. Libertad durante la investigación

En los casos de detención por flagrancia, cuando se trate de delitos que no merezcan prisión preventiva oficiosa y el Ministerio Público determine que no solicitará prisión preventiva como medida cautelar, podrá disponer la libertad del imputado o imponerle una medida de protección en los términos de lo dispuesto por este Código.

Cuando el Ministerio Público decrete la libertad del imputado, lo prevendrá a fin de que se abstenga de molestar o afectar a la víctima u ofendido y a los testigos del hecho, a no obstaculizar la investigación y comparecer cuantas veces sea citado para la práctica de diligencias de investigación, apercibiéndolo con imponerle medidas de apremio en caso de desobediencia injustificada.

CAPÍTULO III
FORMAS DE CONDUCCIÓN DEL IMPUTADO AL PROCESO

SECCIÓN I
CITATORIO, ÓRDENES DE COMPARECENCIA Y APREHENSIÓN

Artículo 141. Citatorio, orden de comparecencia y aprehensión

Cuando se haya presentado denuncia o querella de un hecho que la ley señale como delito, el Ministerio Público anuncie que obran en la carpeta de investigación datos que establezcan que se ha cometido ese hecho y exista la probabilidad de que el imputado lo haya cometido o participado en su comisión, el Juez de control, a solicitud del Ministerio Público, podrá ordenar:

I. Citatorio al imputado para la audiencia inicial;

II. Orden de comparecencia, a través de la fuerza pública, en contra del imputado que habiendo sido citado previamente a una audiencia no haya comparecido, sin justificación alguna, y

III. Orden de aprehensión en contra de una persona cuando el Ministerio Público advierta que existe la necesidad de cautela.

En la clasificación jurídica que realice el Ministerio Público se especificará el tipo penal que se atribuye, el grado de ejecución del hecho, la forma de intervención y la naturaleza dolosa o culposa de la conducta, sin perjuicio de que con posterioridad proceda la reclasificación correspondiente.

También podrá ordenarse la aprehensión de una persona cuando resista o evada la orden de comparecencia judicial y el delito que se le impute merezca pena privativa de la libertad.

La autoridad judicial declarará sustraído a la acción de la justicia al imputado que, sin causa justificada, no comparezca a una citación judicial, se fugue del establecimiento o lugar donde esté detenido o se ausente de su domicilio sin aviso, teniendo la obligación de darlo. En cualquier caso, la declaración dará lugar a la emisión de una orden de aprehensión en contra del imputado que se haya sustraído de la acción de la justicia.

El Juez podrá dictar orden de reaprehensión en caso de que el Ministerio Público lo solicite para detener a un imputado cuya extradición a otro país hubiera dado lugar a la suspensión de un procedimiento penal, cuando en el Estado requirente el procedimiento para el cual fue extraditado haya concluido.

El Ministerio Público podrá solicitar una orden de aprehensión en el caso de que se incumpla una medida cautelar, en los términos del artículo 174, y el Juez de control la podrá dictar en el caso de que lo estime estrictamente necesario.

Artículo 142. Solicitud de las órdenes de comparecencia o de aprehensión

En la solicitud de orden de comparecencia o de aprehensión se hará una relación de los hechos atribuidos al imputado, sustentada en forma precisa en los registros correspondientes y se expondrán las razones por las que considera que se actualizaron las exigencias señaladas en el artículo anterior.

Las solicitudes se formularán por cualquier medio que garantice su autenticidad, o en audiencia privada con el Juez de control.

Artículo 143. Resolución sobre solicitud de orden de aprehensión o comparecencia

(REFORMADO PRIMER PÁRRAFO, D.O.F. 17 DE JUNIO DE 2016)

El Juez de control resolverá la solicitud de orden de aprehensión o comparecencia en audiencia, o a través del sistema informático; en ambos casos con la debida secrecía, y se pronunciará sobre cada uno de los elementos planteados en la solicitud.

(ADICIONADO, D.O.F. 17 DE JUNIO DE 2016)

En el primer supuesto, la solicitud deberá ser resuelta en la misma audiencia, que se fijará dentro de las veinticuatro horas a partir de la solicitud, exclusivamente con la presencia del Ministerio Público.

(ADICIONADO, D.O.F. 17 DE JUNIO DE 2016)

En el segundo supuesto, dentro de un plazo máximo de veinticuatro horas, siguientes al momento en que se haya recibido la solicitud.

En caso de que la solicitud de orden de aprehensión o comparecencia no reúna alguno de los requisitos exigibles, el Juez de control prevendrá en la misma audiencia o por el sistema informático al Ministerio Público para que haga las precisiones o aclaraciones correspondientes, ante lo cual el Juez de control podrá dar una clasificación jurídica distinta a los hechos que se planteen o a la participación que tuvo el imputado en los mismos. No se concederá la orden de aprehensión cuando el Juez de control considere que los hechos que señale el Ministerio Público en su solicitud resulten no constitutivos de delito.

Si la resolución se registra por medios diversos al escrito, los puntos resolutivos de la orden de aprehensión deberán transcribirse y entregarse al Ministerio Público.

Artículo 144. Desistimiento de la acción penal

El Ministerio Público podrá solicitar el desistimiento de la acción penal en cualquier etapa del procedimiento, hasta antes de dictada la resolución de segunda instancia.

La solicitud de desistimiento debe contar con la autorización del Titular de la Procuraduría o del funcionario que en él delegue esa facultad.

El Ministerio Público expondrá brevemente en audiencia ante el Juez de control, Tribunal de enjuiciamiento o Tribunal de alzada, los motivos del desistimiento de la acción penal. La autoridad judicial resolverá de manera inmediata y decretará el sobreseimiento.

En caso de desistimiento de la acción penal, la victima u ofendido podrán impugnar la resolución emitida por el Juez de control, Tribunal de enjuiciamiento o Tribunal de alzada.

Artículo 145. Ejecución y cancelación de la orden de comparecencia y aprehensión

La orden de aprehensión se entregará física o electrónicamente al Ministerio Público, quien la ejecutará por conducto de la Policía. Los agentes policiales que ejecuten una orden judicial de aprehensión pondrán al detenido inmediatamente a disposición del Juez de control que hubiere expedido la orden, en área distinta a la destinada para el cumplimiento de la prisión preventiva o de sanciones privativas de libertad, informando a éste acerca de la fecha, hora y lugar en que ésta se efectuó, debiendo a su vez, entregar al imputado una copia de la misma.

Los agentes policiales deberán informar de inmediato al Ministerio Público sobre la ejecución de la orden de aprehensión para efectos de que éste solicite la celebración de la audiencia inicial a partir de la formulación de imputación.

Los agentes policiales que ejecuten una orden judicial de comparecencia pondrán al imputado inmediatamente a disposición del Juez de control que hubiere expedido la orden, en la sala donde ha de formularse la imputación, en la fecha y hora señalada para tales efectos. La Policía deberá informar al Ministerio Público acerca de la fecha, hora y lugar en que se cumplió la orden, debiendo a su vez, entregar al imputado una copia de la misma.

Cuando por cualquier razón la Policía no pudiera ejecutar la orden de comparecencia, deberá informarlo al Juez de control y al Ministerio Público, en la fecha y hora señaladas para celebración de la audiencia inicial.

El Ministerio Público podrá solicitar la cancelación de una orden de aprehensión o la reclasificación de la conducta o hecho por los cuales hubiese ejercido la acción penal, cuando estime su improcedencia por la aparición de nuevos datos.

La solicitud de cancelación deberá contar con la autorización del titular de la Procuraduría o del funcionario que en él delegue esta facultad.

El Ministerio Público solicitará audiencia privada ante el Juez de control en la que formulará su petición exponiendo los nuevos datos; el Juez de control resolverá de manera inmediata.

La cancelación no impide que continúe la investigación y que posteriormente vuelva a solicitarse orden de aprehensión, salvo que por la naturaleza del hecho en que se funde la cancelación, deba sobreseerse el proceso.

La cancelación de la orden de aprehensión podrá ser apelada por la víctima o el ofendido.

SECCIÓN II
FLAGRANCIA Y CASO URGENTE

Artículo 146. Supuestos de flagrancia

Se podrá detener a una persona sin orden judicial en caso de flagrancia. Se entiende que hay flagrancia cuando:

I. La persona es detenida en el momento de estar cometiendo un delito, o

II. Inmediatamente después de cometerlo es detenida, en virtud de que:

a) Es sorprendida cometiendo el delito y es perseguida material e ininterrumpidamente, o

b) Cuando la persona sea señalada por la víctima u ofendido, algún testigo presencial de los hechos o quien hubiere intervenido con ella en la comisión del delito y cuando tenga en su poder instrumentos, objetos, productos del delito o se cuente con información o indicios que hagan presumir fundadamente que intervino en el mismo.

Para los efectos de la fracción II, inciso b), de este precepto, se considera que la persona ha sido detenida en flagrancia por señalamiento, siempre y cuando, inmediatamente después de cometer el delito no se haya interrumpido su búsqueda o localización.

Artículo 147. Detención en caso de flagrancia

Cualquier persona podrá detener a otra en la comisión de un delito flagrante, debiendo entregar inmediatamente al detenido a la autoridad más próxima y ésta con la misma prontitud al Ministerio Público.

Los cuerpos de seguridad pública estarán obligados a detener a quienes cometan un delito flagrante y realizarán el registro de la detención.

La inspección realizada por los cuerpos de seguridad al imputado deberá conducirse conforme a los lineamientos establecidos para tal efecto en el presente Código.

En este caso o cuando reciban de cualquier persona o autoridad a una persona detenida, deberán ponerla de inmediato ante el Ministerio Público, quien realizará el registro de la hora a la cual lo están poniendo a disposición.

Artículo 148. Detención en flagrancia por delitos que requieran querella

Cuando se detenga a una persona por un hecho que pudiera constituir un delito que requiera querella de la parte ofendida, será informado inmediatamente quien pueda presentarla. Se le concederá para tal efecto un plazo razonable, de acuerdo con las circunstancias del caso, que en ningún supuesto podrá ser mayor de doce horas, contadas a partir de que la víctima u ofendido fue notificado o de veinticuatro horas a partir de su detención en caso de que no fuera posible su localización. Si transcurridos estos plazos no se presenta la querella, el detenido será puesto en libertad de inmediato.

En caso de que la víctima u ofendido tenga imposibilidad física de presentar su querella, se agotará el plazo legal de detención del imputado. En este caso serán los parientes por consanguinidad hasta el tercer grado o por afinidad en primer grado, quienes podrán legitimar la querella, con independencia de que la víctima u ofendido la ratifique o no con posterioridad.

Artículo 149. Verificación de flagrancia del Ministerio Público

En los casos de flagrancia, el Ministerio Público deberá examinar las condiciones en las que se realizó la detención inmediatamente después de que la persona sea puesta a su disposición. Si la detención no fue realizada conforme a lo previsto en la Constitución y en este Código, dispondrá la libertad inmediata de la persona y, en su caso, velará por la aplicación de las sanciones disciplinarias o penales que correspondan.

Así también, durante el plazo de retención el Ministerio Público analizará la necesidad de dicha medida y realizará los actos de investigación que considere necesarios para, en su caso, ejercer la acción penal.

Artículo 150. Supuesto de caso urgente

Sólo en casos urgentes el Ministerio Público podrá, bajo su responsabilidad y fundando y expresando los datos de prueba que motiven su proceder, ordenar la detención de una persona, siempre y cuando concurran los siguientes supuestos:

I. Existan datos que establezcan la existencia de un hecho señalado como delito grave y que exista la probabilidad de que la persona lo cometió o participó en su comisión. Se califican como graves, para los efectos de la detención por caso urgente, los delitos señalados como de prisión preventiva oficiosa en este Código o en la legislación aplicable así como aquellos cuyo término medio aritmético sea mayor de cinco años de prisión;

II. Exista riesgo fundado de que el imputado pueda sustraerse de la acción de la justicia, y

III. Por razón de la hora, lugar o cualquier otra circunstancia, no pueda ocurrir ante la autoridad judicial, o que de hacerlo, el imputado pueda evadirse.

Los delitos previstos en la fracción I de este artículo, se considerarán graves, aún tratándose de tentativa punible.

Los oficiales de la Policía que ejecuten una orden de detención por caso urgente, deberán hacer el registro de la detención y presentar inmediatamente al imputado ante el Ministerio Público que haya emitido dicha orden, quien procurará que el imputado sea presentado sin demora ante el Juez de control.

El Juez de control determinará la legalidad del mandato del Ministerio Público y su cumplimiento al realizar el control de la detención. La violación de esta disposición será sancionada conforme a las disposiciones aplicables y la persona detenida será puesta en inmediata libertad.

Para los efectos de este artículo, el término medio aritmético es el cociente que se obtiene de sumar la pena de prisión mínima y la máxima del delito consumado que se trate y dividirlo entre dos.

Artículo 151. Asistencia consular

(REFORMADO PRIMER PÁRRAFO, D.O.F. 17 DE JUNIO DE 2016)

En el caso de que el detenido sea extranjero, el Ministerio Público le hará saber sin demora y le garantizará su derecho a recibir asistencia consular, por lo que se le permitirá comunicarse a las Embajadas o Consulados del país respecto de los que sea nacional; y deberá notificar a las propias Embajadas o Consulados la detención de dicha persona, registrando constancia de ello, salvo que el imputado acompañado de su Defensor expresamente solicite que no se realice esta notificación.

El Ministerio Público y la Policía deberán informar a quien lo solicite, previa identificación, si un extranjero está detenido y, en su caso, la autoridad a cuya disposición se encuentre y el motivo.

Artículo 152. Derechos que asisten al detenido

Las autoridades que ejecuten una detención por flagrancia o caso urgente deberán asegurarse de que la persona tenga pleno y claro conocimiento del ejercicio de los derechos citados a continuación, en cualquier etapa del período de custodia:

I. El derecho a informar a alguien de su detención;

II. El derecho a consultar en privado con su Defensor;

III. El derecho a recibir una notificación escrita que establezca los derechos establecidos en las fracciones anteriores y las medidas que debe tomar para la obtención de asesoría legal;

IV. El derecho a ser colocado en una celda en condiciones dignas y con acceso a aseo personal;

V. El derecho a no estar detenido desnudo o en prendas íntimas;

VI. Cuando, para los fines de la investigación sea necesario que el detenido entregue su ropa, se le proveerán prendas de vestir, y

VII. El derecho a recibir atención clínica si padece una enfermedad física, se lesiona o parece estar sufriendo de un trastorno mental.

CAPÍTULO IV
MEDIDAS CAUTELARES

SECCIÓN I
DISPOSICIONES GENERALES

Artículo 153. Reglas generales de las medidas cautelares

Las medidas cautelares serán impuestas mediante resolución judicial, por el tiempo indispensable para asegurar la presencia del imputado en el procedimiento, garantizar la seguridad de la víctima u ofendido o del testigo, o evitar la obstaculización del procedimiento.

Corresponderá a las autoridades competentes de la Federación y de las entidades federativas, para medidas cautelares, vigilar que el mandato de la autoridad judicial sea debidamente cumplido.

Artículo 154. Procedencia de medidas cautelares

El Juez podrá imponer medidas cautelares a petición del Ministerio Público o de la víctima u ofendido, en los casos previstos por este Código, cuando ocurran las circunstancias siguientes:

I. Formulada la imputación, el propio imputado se acoja al término constitucional, ya sea éste de una duración de setenta y dos horas o de ciento cuarenta y cuatro, según sea el caso, o

II. Se haya vinculado a proceso al imputado.

(REFORMADO, D.O.F. 17 DE JUNIO DE 2016)

En caso de que el Ministerio Público, la víctima, el asesor jurídico, u ofendido, solicite una medida cautelar durante el plazo constitucional, dicha cuestión deberá resolverse inmediatamente después de formulada la imputación. Para tal efecto, las partes podrán ofrecer aquellos medios de prueba pertinentes para analizar la procedencia de la medida solicitada, siempre y cuando la misma sea susceptible de ser desahogada en las siguientes veinticuatro horas.

Artículo 155. Tipos de medidas cautelares

A solicitud del Ministerio Público o de la víctima u ofendido, el juez podrá imponer al imputado una o varias de las siguientes medidas cautelares:

I. La presentación periódica ante el juez o ante autoridad distinta que aquél designe;

II. La exhibición de una garantía económica;

III. El embargo de bienes;

IV. La inmovilización de cuentas y demás valores que se encuentren dentro del sistema financiero;

V. La prohibición de salir sin autorización del país, de la localidad en la cual reside o del ámbito territorial que fije el juez;

VI. El sometimiento al cuidado o vigilancia de una persona o institución determinada o internamiento a institución determinada;

VII. La prohibición de concurrir a determinadas reuniones o acercarse o ciertos lugares;

VIII. La prohibición de convivir, acercarse o comunicarse con determinadas personas, con las víctimas u ofendidos o testigos, siempre que no se afecte el derecho de defensa;

IX. La separación inmediata del domicilio;

X. La suspensión temporal en el ejercicio del cargo cuando se le atribuye un delito cometido por servidores públicos;

XI. La suspensión temporal en el ejercicio de una determinada actividad profesional o laboral;

XII. La colocación de localizadores electrónicos;

XIII. El resguardo en su propio domicilio con las modalidades que el juez disponga, o

XIV. La prisión preventiva.

Las medidas cautelares no podrán ser usadas como medio para obtener un reconocimiento de culpabilidad o como sanción penal anticipada.

Artículo 156. Proporcionalidad

El Juez de control, al imponer una o varias de las medidas cautelares previstas en este Código, deberá tomar en consideración los argumentos que las partes ofrezcan o la justificación que el Ministerio Público realice, aplicando el criterio de mínima intervención según las circunstancias particulares de cada persona, en términos de lo dispuesto en el artículo 19 de la Constitución.

Para determinar la idoneidad y proporcionalidad de la medida, se podrá tomar en consideración el análisis de evaluación de riesgo realizado por personal especializado en la materia, de manera objetiva, imparcial y neutral en términos de la legislación aplicable.

En la resolución respectiva, el Juez de control deberá justificar las razones por las que la medida cautelar impuesta es la que resulta menos lesiva para el imputado.

Artículo 157. Imposición de medidas cautelares

Las solicitudes de medidas cautelares serán resueltas por el Juez de control, en audiencia y con presencia de las partes.

El Juez de control podrá imponer una de las medidas cautelares previstas en este Código, o combinar varias de ellas según resulte adecuado al caso, o imponer una diversa a la solicitada siempre que no sea más grave. Sólo el Ministerio Público podrá solicitar la prisión preventiva, la cual no podrá combinarse con otras medidas cautelares previstas en este Código, salvo el embargo precautorio o la inmovilización de cuentas y demás valores que se encuentren en el sistema financiero.

En ningún caso el Juez de control está autorizado a aplicar medidas cautelares sin tomar en cuenta el objeto o la finalidad de las mismas ni a aplicar medidas más graves que las previstas en el presente Código.

Artículo 158. Debate de medidas cautelares

Formulada la imputación, en su caso, o dictado el auto de vinculación a proceso a solicitud del Ministerio Público, de la víctima o de la defensa, se discutirá lo relativo a la necesidad de imposición o modificación de medidas cautelares.

Artículo 159. Contenido de la resolución

La resolución que establezca una medida cautelar deberá contener al menos lo siguiente:

I. La imposición de la medida cautelar y la justificación que motivó el establecimiento de la misma;

II. Los lineamientos para la aplicación de la medida, y

III. La vigencia de la medida.

Artículo 160. Impugnación de las decisiones judiciales

Todas las decisiones judiciales relativas a las medidas cautelares reguladas por este Código son apelables.

Artículo 161. Revisión de la medida

Cuando hayan variado de manera objetiva las condiciones que justificaron la imposición de una medida cautelar, las partes podrán solicitar al Órgano jurisdiccional, la revocación, sustitución o modificación de la misma, para lo cual el Órgano jurisdiccional citará a todos los intervinientes a una audiencia con el fin de abrir debate sobre la subsistencia de las condiciones o circunstancias que se tomaron en cuenta para imponer la medida y la necesidad, en su caso, de mantenerla y resolver en consecuencia.

Artículo 162. Audiencia de revisión de las medidas cautelares

De no ser desechada de plano la solicitud de revisión, la audiencia se llevará a cabo dentro de las cuarenta y ocho horas siguientes contadas a partir de la presentación de la solicitud.

Artículo 163. Medios de prueba para la imposición y revisión de la medida

Las partes pueden invocar datos u ofrecer medios de prueba para que se imponga, confirme, modifique o revoque, según el caso, la medida cautelar.

Artículo 164. Evaluación y supervisión de medidas cautelares

La evaluación y supervisión de medidas cautelares distintas a la prisión preventiva corresponderá a la autoridad de supervisión de medidas cautelares y de la suspensión condicional del proceso que se regirá por los principios de neutralidad, objetividad, imparcialidad y confidencialidad.

La información que se recabe con motivo de la evaluación de riesgo no puede ser usada para la investigación del delito y no podrá ser proporcionada al Ministerio Público. Lo anterior, salvo que se trate de un delito que está en curso o sea inminente su comisión, y peligre la integridad personal o la vida de una persona, el entrevistador quedará relevado del deber de confidencialidad y podrá darlo a conocer a los agentes encargados de la persecución penal.

Para decidir sobre la necesidad de la imposición o revisión de las medidas cautelares, la autoridad de supervisión de medidas cautelares y de la suspensión condicional del proceso proporcionará a las partes la información necesaria para ello, de modo que puedan hacer la solicitud correspondiente al Órgano jurisdiccional.

Para tal efecto, la autoridad de supervisión de medidas cautelares y de la suspensión condicional del proceso, tendrá acceso a los sistemas y bases de datos del Sistema Nacional de Información y demás de carácter público, y contará con una base de datos para dar seguimiento al cumplimiento de las medidas cautelares distintas a la prisión preventiva.

Las partes podrán obtener la información disponible de la autoridad competente cuando así lo solicite, previo a la audiencia para debatir la solicitud de medida cautelar.

La supervisión de la prisión preventiva quedará a cargo de la autoridad penitenciaria en los términos de la ley de la materia.

Artículo 165. Aplicación de la prisión preventiva

Sólo por delito que merezca pena privativa de libertad habrá lugar a prisión preventiva. La prisión preventiva será ordenada conforme a los términos y las condiciones de este Código.

(REFORMADO, D.O.F. 17 DE JUNIO DE 2016)

La prisión preventiva no podrá exceder del tiempo que como máximo de pena fije la ley al delito que motivare el proceso y en ningún caso será superior a dos años, salvo que su prolongación se deba al ejercicio del derecho de defensa del imputado. Si cumplido este término no se ha pronunciado sentencia, el imputado será puesto en libertad de inmediato mientras se sigue el proceso, sin que ello obste para imponer otras medidas cautelares.

Artículo 166. Excepciones

En el caso de que el imputado sea una persona mayor de setenta años de edad o afectada por una enfermedad grave o terminal, el Órgano jurisdiccional podrá ordenar que la prisión preventiva se ejecute en el domicilio de la persona imputada o, de ser el caso, en un centro médico o geriátrico, bajo las medidas cautelares que procedan.

De igual forma, procederá lo previsto en el párrafo anterior, cuando se trate de mujeres embarazadas, o de madres durante la lactancia.

No gozarán de la prerrogativa prevista en los dos párrafos anteriores, quienes a criterio del Juez de control puedan sustraerse de la acción de la justicia o manifiesten una conducta que haga presumible su riesgo social.

Artículo 167. Causas de procedencia

El Ministerio Público sólo podrá solicitar al Juez de control la prisión preventiva o el resguardo domiciliario cuando otras medidas cautelares no sean suficientes para garantizar la comparecencia del imputado en el juicio, el desarrollo de la investigación, la protección de la víctima, de los testigos o de la comunidad así como cuando el imputado esté siendo procesado o haya sido sentenciado previamente por la comisión de un delito doloso, siempre y cuando la causa diversa no sea acumulable o conexa en los términos del presente Código.

En el supuesto de que el imputado esté siendo procesado por otro delito distinto de aquel en el que se solicite la prisión preventiva, deberá analizarse si ambos procesos son susceptibles de acumulación, en cuyo caso la existencia de proceso previo no dará lugar por si sola a la procedencia de la prisión preventiva.

(REFORMADO, D.O.F. 19 DE FEBRERO DE 2021)

El Juez de control en el ámbito de su competencia, ordenará la prisión preventiva oficiosamente en los casos de abuso o violencia sexual contra menores, delincuencia organizada, homicidio doloso, feminicidio, violación, secuestro, trata de personas, robo de casa habitación, uso de programas sociales con fines electorales, corrupción tratándose de los delitos de enriquecimiento ilícito y ejercicio abusivo de funciones, robo al transporte de carga en cualquiera de sus modalidades, delitos en materia de hidrocarburos, petrolíferos o petroquímicos, delitos en materia de desaparición forzada de personas y desaparición cometida por particulares, delitos cometidos con medios violentos como armas y explosivos, delitos en materia de armas de fuego y explosivos de uso exclusivo del Ejército, la Armada y la Fuerza Aérea, así como los delitos graves que determine la ley en contra de la seguridad de la nación, el libre desarrollo de la personalidad, y de la salud.

(REFORMADO [N. DE E. ANTES PÁRRAFOS CUARTO Y QUINTO], D.O.F. 19 DE FEBRERO DE 2021)

Las leyes generales de salud, secuestro, trata de personas, delitos electorales y desaparición forzada de personas y desaparición cometida por particulares, así como las leyes federales para prevenir y sancionar los delitos cometidos en materia de hidrocarburos, armas de fuego y explosivos, y contra la delincuencia organizada, establecerán los supuestos que ameriten prisión preventiva oficiosa de conformidad con lo dispuesto por el párrafo segundo del artículo 19 de la Constitución Política de los Estados Unidos Mexicanos.

Se consideran delitos que ameritan prisión preventiva oficiosa, los previstos en el Código Penal Federal de la manera siguiente:

I. Homicidio doloso previsto en los artículos 302 en relación al 307, 313, 315, 315 Bis, 320 y 323;

II. Genocidio, previsto en el artículo 149 Bis;

III. Violación prevista en los artículos 265, 266 y 266 Bis;

IV. Traición a la patria, previsto en los artículos 123, 124, 125 y 126;

V. Espionaje, previsto en los artículos 127 y 128;

VI. Terrorismo, previsto en los artículos 139 al 139 Ter y terrorismo internacional previsto en los artículos 148 Bis al 148 Quater;

VII. Sabotaje, previsto en el artículo 140, párrafo primero;

VIII. Los previstos en los artículos 142, párrafo segundo y 145;

IX. Corrupción de personas menores de dieciocho años de edad o de personas que no tienen capacidad para comprender el significado del hecho o de personas que no tienen capacidad para resistirlo, previsto en el artículo 201; Pornografía de personas menores de dieciocho años de edad o de personas que no tienen capacidad para comprender el significado del hecho o de personas que no tienen capacidad para resistirlo, previsto en el artículo 202; Turismo sexual en contra de personas menores de dieciocho años de edad o de personas que no tienen capacidad para comprender el significado del hecho o de personas que no tienen capacidad para resistirlo, previsto en los artículos 203 y 203 Bis; Lenocinio de personas menores de dieciocho años de edad o de personas que no tienen capacidad para comprender el significado del hecho o de personas que no tienen capacidad para resistirlo, previsto en el artículo 204 y Pederastia, previsto en el artículo 209 Bis;

X. Tráfico de menores, previsto en el artículo 366 Ter;

(REFORMADA, D.O.F. 19 DE FEBRERO DE 2021)

XI. Contra la salud, previsto en los artículos 194, 195, 196 Ter, 197, párrafo primero y 198, parte primera del párrafo tercero;

(ADICIONADA, D.O.F. 19 DE FEBRERO DE 2021)

XII. Abuso o violencia sexual contra menores, previsto en los artículos 261 en relación con el 260;

(ADICIONADA, D.O.F. 19 DE FEBRERO DE 2021)

XIII. Feminicidio, previsto en el artículo 325;

(ADICIONADA, D.O.F. 19 DE FEBRERO DE 2021)

XIV. Robo a casa habitación, previsto en el artículo 381 Bis;

(ADICIONADA, D.O.F. 19 DE FEBRERO DE 2021)

XV. Ejercicio abusivo de funciones, previsto en las fracciones I y II del primer párrafo del artículo 220, en relación con su cuarto párrafo;

(ADICIONADA, D.O.F. 19 DE FEBRERO DE 2021)

XVI. Enriquecimiento ilícito previsto en el artículo 224, en relación con su séptimo párrafo, y

(ADICIONADA, D.O.F. 19 DE FEBRERO DE 2021)

XVII. Robo al transporte de carga, en cualquiera de sus modalidades, previsto en los artículos 376 Ter y 381, fracción XVII.

(ADICIONADO [N. DE E. CON SUS FRACCIONES], D.O.F. 8 DE NOVIEMBRE DE 2019)

Se consideran delitos que ameritan prisión preventiva oficiosa, los previstos en el Código Fiscal de la Federación, de la siguiente manera:

I. Contrabando y su equiparable, de conformidad con lo dispuesto en los artículos 102 y 105, fracciones I y IV, cuando estén a las sanciones previstas en las fracciones II o III, párrafo segundo, del artículo 104, exclusivamente cuando sean calificados;

II. Defraudación fiscal y su equiparable, de conformidad con lo dispuesto en los artículos 108 y 109, cuando el monto de lo defraudado supere 3 veces lo dispuesto en la fracción III del artículo 108 del Código Fiscal de la Federación, exclusivamente cuando sean calificados, y

III. La expedición, venta, enajenación, compra o adquisición de comprobantes fiscales que amparen operaciones inexistentes, falsas o actos jurídicos simulados, de conformidad con lo dispuesto en el artículo 113 Bis del Código

Fiscal de la Federación, exclusivamente cuando las cifras, cantidad o valor de los comprobantes fiscales, superen 3 veces lo establecido en la fracción III del artículo 108 del Código Fiscal de la Federación.

(REFORMADO, D.O.F. 19 DE FEBRERO DE 2021)

El juez no impondrá la prisión preventiva oficiosa y la sustituirá por otra medida cautelar, únicamente cuando lo solicite el Ministerio Público por no resultar proporcional para garantizar la comparecencia del imputado en el proceso, el desarrollo de la investigación, la protección de la víctima y de los testigos o de la comunidad o bien, cuando exista voluntad de las partes para celebrar un acuerdo reparatorio de cumplimiento inmediato, siempre que se trate de alguno de los delitos en los que sea procedente dicha forma de solución alterna del procedimiento. La solicitud deberá contar con la autorización del titular de la Fiscalía o de la persona funcionaria en la cual delegue esa facultad.

(ADICIONADO, D.O.F. 19 DE FEBRERO DE 2021)

Si la prisión preventiva oficiosa ya hubiere sido impuesta, pero las partes manifiestan la voluntad de celebrar un acuerdo reparatorio de cumplimiento inmediato, el Ministerio Público solicitará al juez la sustitución de la medida cautelar para que las partes concreten el acuerdo con el apoyo del Órgano especializado en la materia.

(ADICIONADO, D.O.F. 19 DE FEBRERO DE 2021)

En los casos en los que la víctima u ofendido y la persona imputada deseen participar en un Mecanismo Alternativo de Solución de Controversias, y no sea factible modificar la medida cautelar de prisión preventiva, por existir riesgo de que el imputado se sustraiga del procedimiento o lo obstaculice, el o la Juez de Control podrá derivar el asunto al Órgano especializado en la materia, para promover la reparación del daño y concretar el acuerdo correspondiente.

Artículo 168. Peligro de sustracción del imputado

Para decidir si está garantizada o no la comparecencia del imputado en el proceso, el Juez de control tomará en cuenta, especialmente, las siguientes circunstancias:

I. El arraigo que tenga en el lugar donde deba ser juzgado determinado por el domicilio, residencia habitual, asiento de la familia y las facilidades para abandonar el lugar o permanecer oculto. La falsedad sobre el domicilio del imputado constituye presunción de riesgo de fuga;

II. El máximo de la pena que en su caso pudiera llegar a imponerse de acuerdo al delito de que se trate y la actitud que voluntariamente adopta el imputado ante éste;

III. El comportamiento del imputado posterior al hecho cometido durante el procedimiento o en otro anterior, en la medida que indique su voluntad de someterse o no a la persecución penal;

IV. La inobservancia de medidas cautelares previamente impuestas, o

V. El desacato de citaciones para actos procesales y que, conforme a derecho, le hubieran realizado las autoridades investigadoras o jurisdiccionales.

Artículo 169. Peligro de obstaculización del desarrollo de la investigación

Para decidir acerca del peligro de obstaculización del desarrollo de la investigación, el Juez de control tomará en cuenta la circunstancia del hecho imputado y los elementos aportados por el Ministerio Público para estimar como probable que, de recuperar su libertad, el imputado:

I. Destruirá, modificará, ocultará o falsificará elementos de prueba;

II. Influirá para que coimputados, testigos o peritos informen falsamente o se comporten de manera reticente o inducirá a otros a realizar tales comportamientos, o

III. Intimidará, amenazará u obstaculizará la labor de los servidores públicos que participan en la investigación.

Artículo 170. Riesgo para la víctima u ofendido, testigos o para la comunidad

La protección que deba proporcionarse a la víctima u ofendido, a los testigos o a la comunidad, se establecerá a partir de la valoración que haga el Juez de control respecto de las circunstancias del hecho y de las condiciones particulares en que se encuentren dichos sujetos, de las que puedan derivarse la existencia de un riesgo fundado de que se cometa contra dichas personas un acto que afecte su integridad personal o ponga en riesgo su vida.

Artículo 171. Pruebas para la imposición, revisión, sustitución, modificación o cese de la prisión preventiva

Las partes podrán invocar datos u ofrecer medios de prueba con el fin de solicitar la imposición, revisión, sustitución, modificación o cese de la prisión preventiva.

En todos los casos se estará a lo dispuesto por este Código en lo relativo a la admisión y desahogo de medios de prueba.

Los medios de convicción allegados tendrán eficacia únicamente para la resolución de las cuestiones que se hubieren planteado.

Artículo 172. Presentación de la garantía

Al decidir sobre la medida cautelar consistente en garantía económica, el Juez de control previamente tomará en consideración la idoneidad de la medida solicitada por el Ministerio Público. Para resolver sobre dicho monto, el Juez de control deberá tomar en cuenta el peligro de sustracción del imputado a juicio, el peligro de obstaculización del desarrollo de la investigación y el riesgo para la víctima u ofendido, para los testigos o para la comunidad. Adicionalmente deberá considerar las características del imputado, su capacidad económica, la posibilidad de cumplimiento de las obligaciones procesales a su cargo.

El Juez de control hará la estimación de modo que constituya un motivo eficaz para que el imputado se abstenga de incumplir sus obligaciones y deberá fijar un plazo razonable para exhibir la garantía.

Artículo 173. Tipo de garantía

La garantía económica podrá constituirse de las siguientes maneras:

I. Depósito en efectivo;

II. Fianza de institución autorizada;

III. Hipoteca;

IV. Prenda;

V. Fideicomiso, o

VI. Cualquier otra que a criterio del Juez de control cumpla suficientemente con esta finalidad.

El Juez de control podrá autorizar la sustitución de la garantía impuesta al imputado por otra equivalente previa audiencia del Ministerio Público, la víctima u ofendido, si estuviese presente.

Las garantías económicas se regirán por las reglas generales previstas en el Código Civil Federal o de las Entidades federativas, según corresponda y demás legislaciones aplicables.

El depósito en efectivo será equivalente a la cantidad señalada como garantía económica y se hará en la institución de crédito autorizada para ello; sin embargo, cuando por razones de la hora o por tratarse de día inhábil no pueda constituirse el depósito, el Juez de control recibirá la cantidad en efectivo, asentará registro de ella y la ingresará el primer día hábil a la institución de crédito autorizada.

Artículo 174. Incumplimiento del imputado de las medidas cautelares

Cuando el supervisor de la medida cautelar detecte un incumplimiento de una medida cautelar distinta a la garantía económica o de prisión preventiva, deberá informar a las partes de forma inmediata a efecto de que en su caso puedan solicitar la revisión de la medida cautelar.

(REFORMADO, D.O.F. 17 DE JUNIO DE 2016)

El Ministerio Público que reciba el reporte de la autoridad de supervisión de medidas cautelares y de la suspensión condicional del proceso, deberá solicitar audiencia para revisión de la medida cautelar impuesta en el plazo más breve posible y en su caso, solicite la comparecencia del imputado o una orden de aprehensión.

(ADICIONADO, D.O.F. 17 DE JUNIO DE 2016)

En caso que el imputado notificado por cualquier medio no comparezca injustificadamente a la audiencia a la que fue citado, el Ministerio Público deberá solicitar la orden de aprehensión o comparecencia.

(ADICIONADO, D.O.F. 17 DE JUNIO DE 2016)

La justificación de la inasistencia por parte del imputado deberá presentarse a más tardar al momento de la audiencia.

(REFORMADO, D.O.F. 17 DE JUNIO DE 2016)

En el caso de que al imputado se le haya impuesto como medida cautelar una garantía económica y, exhibida ésta sea citado para comparecer ante el juez e incumpla la cita, se requerirá al garante para que presente al imputado en un plazo no mayor a ocho días, advertidos, el garante y el imputado, de que si no lo hicieren o no justificaren la incomparecencia, se hará efectiva la garantía a favor del Fondo de Ayuda, Asistencia y Reparación Integral o sus equivalentes en las entidades federativas, previstos en la Ley General de Víctimas.

(REFORMADO, D.O.F. 17 DE JUNIO DE 2016)

Si el imputado es sorprendido infringiendo una medida cautelar de las establecidas en las fracciones V, VII, VIII, IX, XII y XIII del artículo 155 de este Código, el supervisor de la medida cautelar deberá dar aviso inmediatamente y por cualquier medio, al Juez de control quien con la misma inmediatez ordenará su arresto con fundamento en el inciso d), fracción II del artículo 104 de este Código, para que dentro de la duración de este sea llevado ante él en audiencia con las partes, con el fin de que se revise la medida cautelar; siempre y cuando se le haya apercibido que de incumplir con la medida cautelar se le impondría dicha medida de apremio.

Artículo 175. Cancelación de la garantía

La garantía se cancelará y se devolverán los bienes afectados por ella, cuando:

I. Se revoque la decisión que la decreta;

II. Se dicte el sobreseimiento o la sentencia absolutoria, o

III. El imputado se someta a la ejecución de la pena o la garantía no deba ejecutarse.

CAPÍTULO V
DE LA SUPERVISIÓN DE LAS MEDIDAS CAUTELARES

SECCIÓN I
DE LA AUTORIDAD DE SUPERVISIÓN DE MEDIDAS CAUTELARES Y DE LA SUSPENSIÓN CONDICIONAL DEL PROCESO

(REFORMADO SU EPÍGRAFE, D.O.F. 17 DE JUNIO DE 2016)

Artículo 176. Naturaleza y objeto

(ADICIONADO, D.O.F. 17 DE JUNIO DE 2016)

La Autoridad de supervisión de medidas cautelares y de la suspensión condicional del proceso, tendrá por objeto realizar la evaluación de riesgo del imputado, así como llevar a cabo el seguimiento de las medidas cautelares y de la suspensión condicional del proceso, en caso de que no sea una institución de seguridad pública se podrá auxiliar de la instancia policial correspondiente para el desarrollo de sus funciones.

(REFORMADO, D.O.F. 17 DE JUNIO DE 2016)

Esta autoridad deberá proporcionar a las partes información sobre la evaluación de riesgos que representa el imputado y el seguimiento de las medidas cautelares y de la suspensión condicional del proceso que le soliciten.

Artículo 177. Obligaciones de la autoridad de supervisión de medidas cautelares y de la suspensión condicional del proceso

La autoridad de supervisión de medidas cautelares y de la suspensión condicional del proceso tendrá las siguientes obligaciones:

I. Supervisar y dar seguimiento a las medidas cautelares impuestas, distintas a la prisión preventiva, y las condiciones a cargo del imputado en caso de suspensión condicional del proceso, así como hacer sugerencias sobre cualquier cambio que amerite alguna modificación de las medidas u obligaciones impuestas;

II. Entrevistar periódicamente a la víctima o testigo del delito, con el objeto de dar seguimiento al cumplimiento de la medida cautelar impuesta o las condiciones de la suspensión condicional del proceso y canalizarlos, en su caso, a la autoridad correspondiente;

III. Realizar entrevistas así como visitas no anunciadas en el domicilio o en el lugar en donde se encuentre el imputado;

IV. Verificar la localización del imputado en su domicilio o en el lugar en donde se encuentre, cuando la modalidad de la medida cautelar o de la suspensión condicional del proceso impuesta por la autoridad judicial así lo requiera;

V. Requerir que el imputado proporcione muestras, sin previo aviso, para detectar el posible uso de alcohol o drogas prohibidas, o el resultado del examen de las mismas en su caso, cuando la modalidad de la suspensión condicional del proceso impuesta por la autoridad judicial así lo requiera;

VI. Supervisar que las personas e instituciones públicas y privadas a las que la autoridad judicial encargue el cuidado del imputado, cumplan las obligaciones contraídas;

VII. Solicitar al imputado la información que sea necesaria para verificar el cumplimiento de las medidas y obligaciones impuestas;

VIII. Revisar y sugerir el cambio de las condiciones de las medidas impuestas al imputado, de oficio o a solicitud de parte, cuando cambien las circunstancias originales que sirvieron de base para imponer la medida;

IX. Informar a las partes aquellas violaciones a las medidas y obligaciones impuestas que estén debidamente verificadas, y puedan implicar la modificación o revocación de la medida o suspensión y sugerir las modificaciones que estime pertinentes;

X. Conservar actualizada una base de datos sobre las medidas cautelares y obligaciones impuestas, su seguimiento y conclusión;

XI. Solicitar y proporcionar información a las oficinas con funciones similares de la Federación o de Entidades federativas dentro de sus respectivos ámbitos de competencia;

XII. Ejecutar las solicitudes de apoyo para la obtención de información que le requieran las oficinas con funciones similares de la Federación o de las Entidades federativas en sus respectivos ámbitos de competencia;

XIII. Canalizar al imputado a servicios sociales de asistencia, públicos o privados, en materias de salud, empleo, educación, vivienda y apoyo jurídico, cuando la modalidad de la medida cautelar o de la suspensión condicional del proceso impuesta por la autoridad judicial así lo requiera, y

XIV. Las demás que establezca la legislación aplicable.

Artículo 178. Riesgo de incumplimiento de medida cautelar distinta a la prisión preventiva

En el supuesto de que la autoridad de supervisión de medidas cautelares y de la suspensión condicional del proceso, advierta que existe un riesgo objetivo en (sic) inminente de fuga o de afectación a la integridad personal de los intervinientes, deberá informar a las partes de forma inmediata a efecto de que en su caso puedan solicitar al Juez de control la revisión de la medida cautelar.

Artículo 179. Suspensión de la medida cautelar

Cuando se determine la suspensión condicional de proceso, la autoridad judicial deberá suspender las medidas cautelares impuestas, las que podrán continuar en los mismos términos o modificarse, si el proceso se reanuda, de acuerdo con las peticiones de las partes y la determinación judicial.

Artículo 180. Continuación de la medida cautelar en caso de sentencia condenatoria recurrida

Cuando el sentenciado recurra la sentencia condenatoria, continuará el seguimiento de las medidas cautelares impuestas hasta que cause estado la sentencia, sin perjuicio de que puedan ser sujetas de revisión de conformidad con las reglas de este Código.

Artículo 181. Seguimiento de medidas cautelares en caso de suspensión del proceso

Cuando el proceso sea suspendido en virtud de que la autoridad judicial haya determinado la sustracción de la acción de la justicia, las medidas cautelares continuarán vigentes, salvo las que resulten de imposible cumplimiento.

En caso de que el proceso se suspenda por la falta de un requisito de procedibilidad, las medidas cautelares continuarán vigentes por el plazo que determine la autoridad judicial que no podrá exceder de cuarenta y ocho horas.

Si el imputado es declarado inimputable, se citará a una audiencia de revisión de la medida cautelar proveyendo, en su caso, la aplicación de ajustes razonables solicitados por las partes.

Artículo 182. Registro de actividades de supervisión

Se llevará un registro, por cualquier medio fidedigno, de las actividades necesarias que permitan a la autoridad de supervisión de medidas cautelares y de la suspensión condicional del proceso tener certeza del cumplimiento o incumplimiento de las obligaciones impuestas.

LIBRO SEGUNDO
DEL PROCEDIMIENTO

TÍTULO I
SOLUCIONES ALTERNAS Y FORMAS DE TERMINACIÓN ANTICIPADA

CAPÍTULO I
DISPOSICIONES COMUNES

(REFORMADO, D.O.F. 29 DE DICIEMBRE DE 2014)

Artículo 183. Principio general

En los asuntos sujetos a procedimiento abreviado se aplicarán las disposiciones establecidas en este Título.

En todo lo no previsto en este Título, y siempre que no se opongan al mismo, se aplicarán las reglas del proceso ordinario.

Para las salidas alternas y formas de terminación anticipada, la autoridad competente contará con un registro para dar seguimiento al cumplimiento de los acuerdos reparatorios, los procesos de suspensión condicional del proceso, y el procedimiento abreviado, dicho registro deberá ser consultado por el Ministerio Público y la autoridad judicial antes de solicitar y conceder, respectivamente, alguna forma de solución alterna del procedimiento o de terminación anticipada del proceso.

Artículo 184. Soluciones alternas

Son formas de solución alterna del procedimiento:

I. El acuerdo reparatorio, y

II. La suspensión condicional del proceso.

Artículo 185. Formas de terminación anticipada del proceso

El procedimiento abreviado será considerado una forma de terminación anticipada del proceso.

CAPÍTULO II
ACUERDOS REPARATORIOS

(REFORMADO, D.O.F. 29 DE DICIEMBRE DE 2014)

Artículo 186. Definición

Los acuerdos reparatorios son aquéllos celebrados entre la víctima u ofendido y el imputado que, una vez aprobados por el Ministerio Público o el Juez de control y cumplidos en sus términos, tienen como efecto la extinción de la acción penal.

Artículo 187. Control sobre los acuerdos reparatorios

Procederán los acuerdos reparatorios únicamente en los casos siguientes:

(REFORMADA, D.O.F. 29 DE DICIEMBRE DE 2014)

I. Delitos que se persiguen por querella, por requisito equivalente de parte ofendida o que admiten el perdón de la víctima o el ofendido;

II. Delitos culposos, o

III. Delitos patrimoniales cometidos sin violencia sobre las personas.

(REFORMADO, D.O.F. 8 DE NOVIEMBRE DE 2019)

No procederán los acuerdos reparatorios en los casos en que el imputado haya celebrado anteriormente otros acuerdos por hechos que correspondan a los mismos delitos dolosos, tampoco procederán cuando se trate de delitos de violencia familiar o sus equivalentes en las Entidades federativas. Tampoco serán procedentes los acuerdos reparatorios para las hipótesis previstas en las fracciones I, II y III del párrafo séptimo del artículo 167 del presente Código.

(ADICIONADO [N. DE E. REFORMADO], D.O.F. 17 DE JUNIO DE 2016)

Tampoco serán procedentes en caso de que el imputado haya incumplido previamente un acuerdo reparatorio, salvo que haya sido absuelto.

(REFORMADO, D.O.F. 29 DE DICIEMBRE DE 2014)

Artículo 188. Procedencia

Los acuerdos reparatorios procederán desde la presentación de la denuncia o querella hasta antes de decretarse el auto de apertura de juicio. En el caso de que se haya dictado el auto de vinculación a proceso y hasta antes de que se haya dictado el auto de apertura a juicio, el Juez de control, a petición de las partes, podrá suspender el proceso penal hasta por treinta días para que las partes puedan concretar el acuerdo con el apoyo de la autoridad competente especializada en la materia.

En caso de que la concertación se interrumpa, cualquiera de las partes podrá solicitar la continuación del proceso.

Artículo 189. Oportunidad

Desde su primera intervención, el Ministerio Público o en su caso, el Juez de control, podrán invitar a los interesados a que suscriban un acuerdo reparatorio en los casos en que proceda, de conformidad con lo dispuesto en el presente Código, debiendo explicarles a las partes los efectos del acuerdo.

Las partes podrán acordar acuerdos reparatorios de cumplimiento inmediato o diferido. En caso de señalar que el cumplimiento debe ser diferido y no señalar plazo específico, se entenderá que el plazo será por un año. El plazo para el cumplimiento de las obligaciones suspenderá el trámite del proceso y la prescripción de la acción penal.

(REFORMADO, D.O.F. 29 DE DICIEMBRE DE 2014)

Si el imputado incumple sin justa causa las obligaciones pactadas, la investigación o el proceso, según corresponda, continuará como si no se hubiera celebrado acuerdo alguno.

La información que se genere como producto de los acuerdos reparatorios no podrá ser utilizada en perjuicio de las partes dentro del proceso penal.

El juez decretará la extinción de la acción una vez aprobado el cumplimiento pleno de las obligaciones pactadas en un acuerdo reparatorio, haciendo las veces de sentencia ejecutoriada.

Artículo 190. Trámite

(REFORMADO PRIMER PÁRRAFO, D.O.F. 29 DE DICIEMBRE DE 2014)

Los acuerdos reparatorios deberán ser aprobados por el Juez de control a partir de la etapa de investigación complementaria y por el Ministerio Publico en la etapa de investigación inicial. En este último supuesto, las partes tendrán derecho a acudir ante el Juez de control, dentro de los cinco días siguientes a que se haya aprobado el acuerdo reparatorio, cuando estimen que el mecanismo alternativo de solución de controversias no se desarrolló conforme a las disposiciones previstas en la ley de la materia. Si el Juez de control determina como válidas las pretensiones de las partes, podrá declarar como no celebrado el acuerdo reparatorio y, en su caso, aprobar la modificación acordada entre las partes.

Previo a la aprobación del acuerdo reparatorio, el Juez de control o el Ministerio Público verificarán que las obligaciones que se contraen no resulten notoriamente desproporcionadas y que los intervinientes estuvieron en condiciones de igualdad para negociar y que no hayan actuado bajo condiciones de intimidación, amenaza o coacción.

CAPÍTULO III
SUSPENSIÓN CONDICIONAL DEL PROCESO

Artículo 191. Definición

Por suspensión condicional del proceso deberá entenderse el planteamiento formulado por el Ministerio Público o por el imputado, el cual contendrá un plan detallado sobre el pago de la reparación del daño y el sometimiento del imputado a una o varias de las condiciones que refiere este Capítulo, que garanticen una efectiva tutela de los derechos de la víctima u ofendido y que en caso de cumplirse, pueda dar lugar a la extinción de la acción penal.

Artículo 192. Procedencia

La suspensión condicional del proceso, a solicitud del imputado o del Ministerio Público con acuerdo de aquél, procederá en los casos en que se cubran los requisitos siguientes:

(REFORMADA, D.O.F. 17 DE JUNIO DE 2016)

I. Que el auto de vinculación a proceso del imputado se haya dictado por un delito cuya media aritmética de la pena de prisión no exceda de cinco años;

(REFORMADA, D.O.F. 17 DE JUNIO DE 2016)

II. Que no exista oposición fundada de la víctima y ofendido, y

(ADICIONADA, D.O.F. 17 DE JUNIO DE 2016)

III. Que hayan transcurrido dos años desde el cumplimiento o cinco años desde el incumplimiento, de una suspensión condicional anterior, en su caso.

(REFORMADO, D.O.F. 17 DE JUNIO DE 2016)

Lo señalado en la fracción III del presente artículo, no procederá cuando el imputado haya sido absuelto en dicho procedimiento.

(ADICIONADO, D.O.F. 8 DE NOVIEMBRE DE 2019)

La suspensión condicional será improcedente para las hipótesis previstas en las fracciones I, II y III del párrafo séptimo del artículo 167 del presente Código.

Artículo 193. Oportunidad

Una vez dictado el auto de vinculación a proceso, la suspensión condicional del proceso podrá solicitarse en cualquier momento hasta antes de acordarse la apertura de juicio, y no impedirá el ejercicio de la acción civil ante los tribunales respectivos.

Artículo 194. Plan de reparación

En la audiencia en donde se resuelva sobre la solicitud de suspensión condicional del proceso, el imputado deberá plantear, un plan de reparación del daño causado por el delito y plazos para cumplirlo.

Artículo 195. Condiciones por cumplir durante el periodo de suspensión condicional del proceso

El Juez de control fijará el plazo de suspensión condicional del proceso, que no podrá ser inferior a seis meses ni superior a tres años, y determinará imponer al imputado una o varias de las condiciones que deberá cumplir, las cuales en forma enunciativa más no limitativa se señalan:

I. Residir en un lugar determinado;

II. Frecuentar o dejar de frecuentar determinados lugares o personas;

III. Abstenerse de consumir drogas o estupefacientes o de abusar de las bebidas alcohólicas;

IV. Participar en programas especiales para la prevención y el tratamiento de adicciones;

V. Aprender una profesión u oficio o seguir cursos de capacitación en el lugar o la institución que determine el Juez de control;

VI. Prestar servicio social a favor del Estado o de instituciones de beneficencia pública;

VII. Someterse a tratamiento médico o psicológico, de preferencia en instituciones públicas;

VIII. Tener un trabajo o empleo, o adquirir, en el plazo que el Juez de control determine, un oficio, arte, industria o profesión, si no tiene medios propios de subsistencia;

IX. Someterse a la vigilancia que determine el Juez de control;

X. No poseer ni portar armas;

XI. No conducir vehículos;

XII. Abstenerse de viajar al extranjero;

XIII. Cumplir con los deberes de deudor alimentario, o

XIV. Cualquier otra condición que, a juicio del Juez de control, logre una efectiva tutela de los derechos de la víctima.

Para fijar las condiciones, el Juez de control podrá disponer que el imputado sea sometido a una evaluación previa. El Ministerio Público, la víctima u ofendido, podrán proponer al Juez de control condiciones a las que consideran debe someterse el imputado.

El Juez de control preguntará al imputado si se obliga a cumplir con las condiciones impuestas y, en su caso, lo prevendrá sobre las consecuencias de su inobservancia.

Artículo 196. Trámite

La víctima u ofendido serán citados a la audiencia en la fecha que señale el Juez de control. La incomparecencia de éstos no impedirá que el Juez resuelva sobre la procedencia y términos de la solicitud.

En su resolución, el Juez de control fijará las condiciones bajo las cuales se suspende el proceso o se rechaza la solicitud y aprobará el plan de reparación propuesto, mismo que podrá ser modificado por el Juez de control en la audiencia. La sola falta de recursos del imputado no podrá ser utilizada como razón suficiente para rechazar la suspensión condicional del proceso.

(REFORMADO, D.O.F. 17 DE JUNIO DE 2016)

La información que se genere como producto de la suspensión condicional del proceso no podrá ser utilizada en caso de continuar el proceso penal.

Artículo 197. Conservación de los registros de investigación y medios de prueba

En los procesos suspendidos de conformidad con las disposiciones establecidas en el presente Capítulo, el Ministerio Público tomará las medidas necesarias para evitar la pérdida, destrucción o ineficacia de los registros y medios de prueba conocidos y los que soliciten los sujetos que intervienen en el proceso.

Artículo 198. Revocación de la suspensión condicional del proceso

Si el imputado dejara de cumplir injustificadamente las condiciones impuestas, no cumpliera con el plan de reparación, o posteriormente fuera condenado por sentencia ejecutoriada por delito doloso o culposo, siempre que el proceso suspendido se refiera a delito de esta naturaleza, el Juez de control, previa petición del agente del Ministerio Público o de la víctima u ofendido, convocará a las partes a una audiencia en la que se debatirá sobre la procedencia de la revocación de la suspensión condicional del proceso, debiendo resolver de inmediato lo que proceda.

El Juez de control también podrá ampliar el plazo de la suspensión condicional del proceso hasta por dos años más. Esta extensión del término podrá imponerse por una sola vez.

Si la víctima u ofendido hubiese recibido pagos durante la suspensión condicional del proceso y ésta en forma posterior fuera revocada, el monto total a que ascendieran dichos pagos deberán ser destinados al pago de la indemnización por daños y perjuicios que en su caso corresponda a la víctima u ofendido.

La obligación de cumplir con las condiciones derivadas de la suspensión condicional del proceso, así como el plazo otorgado para tal efecto se interrumpirán mientras el imputado esté privado de su libertad por otro proceso. Una vez que el imputado obtenga su libertad, éstos se reanudarán.

Si el imputado estuviera sometido a otro proceso y goza de libertad, la obligación de cumplir con las condiciones establecidas para la suspensión condicional del proceso así como el plazo otorgado para tal efecto, continuarán vigentes; sin embargo, no podrá decretarse la extinción de la acción penal hasta en tanto quede firme la resolución que lo exime de responsabilidad dentro del otro proceso.

Artículo 199. Cesación provisional de los efectos de la suspensión condicional del proceso

La suspensión condicional del proceso interrumpirá los plazos para la prescripción de la acción penal del delito de que se trate.

Cuando las condiciones establecidas por el Juez de control para la suspensión condicional del proceso, así como el plan de reparación hayan sido cumplidas por el imputado dentro del plazo establecido para tal efecto sin que se hubiese revocado dicha suspensión condicional del proceso, se extinguirá la acción penal, para lo cual el Juez de control deberá decretar de oficio o a petición de parte el sobreseimiento.

Artículo 200. Verificación de la existencia de un acuerdo previo

Previo al comienzo de la audiencia de suspensión condicional del proceso, el Ministerio Público deberá consultar en los registros respectivos si el imputado en forma previa fue parte de algún mecanismo de solución alterna o suscribió acuerdos reparatorios, debiendo incorporar en los registros de investigación el resultado de la consulta e informar en la audiencia de los mismos.

CAPÍTULO IV
PROCEDIMIENTO ABREVIADO

Artículo 201. Requisitos de procedencia y verificación del Juez

Para autorizar el procedimiento abreviado, el Juez de control verificará en audiencia los siguientes requisitos:

I. Que el Ministerio Público solicite el procedimiento, para lo cual se deberá formular la acusación y exponer los datos de prueba que la sustentan. La acusación deberá contener la enunciación de los hechos que se atribuyen al acusado, su clasificación jurídica y grado de intervención, así como las penas y el monto de reparación del daño;

II. Que la víctima u ofendido no presente oposición. Sólo será vinculante para el juez la oposición que se encuentre fundada, y

III. Que el imputado:

a) Reconozca estar debidamente informado de su derecho a un juicio oral y de los alcances del procedimiento abreviado;

b) Expresamente renuncie al juicio oral;

c) Consienta la aplicación del procedimiento abreviado;

d) Admita su responsabilidad por el delito que se le imputa;

e) Acepte ser sentenciado con base en los medios de convicción que exponga el Ministerio Público al formular la acusación.

Artículo 202. Oportunidad

El Ministerio Público podrá solicitar la apertura del procedimiento abreviado después de que se dicte el auto de vinculación a proceso y hasta antes de la emisión del auto de apertura a juicio oral.

A la audiencia se deberá citar a todas las partes. La incomparecencia de la víctima u ofendido debidamente citados no impedirá que el Juez de control se pronuncie al respecto.

Cuando el acusado no haya sido condenado previamente por delito doloso y el delito por el cual se lleva a cabo el procedimiento abreviado es sancionado con pena de prisión cuya media aritmética no exceda de cinco años, incluidas sus calificativas atenuantes o agravantes, el Ministerio Público podrá solicitar la reducción de hasta una mitad de la pena mínima en los casos de delitos dolosos y hasta dos terceras partes de la pena mínima en el caso de delitos culposos, de la pena de prisión que le correspondiere al delito por el cual acusa.

En cualquier caso, el Ministerio Público podrá solicitar la reducción de hasta un tercio de la mínima en los casos de delitos dolosos y hasta en una mitad de la mínima en el caso de delitos culposos, de la pena de prisión. Si al momento de esta solicitud, ya existiere acusación formulada por escrito, el Ministerio Público podrá modificarla oralmente en la audiencia donde se resuelva sobre el procedimiento abreviado y en su caso solicitar la reducción de las penas, para el efecto de permitir la tramitación del caso conforme a las reglas previstas en el presente Capítulo.

El Ministerio Público al solicitar la pena en los términos previstos en el presente artículo, deberá observar el Acuerdo que al efecto emita el Procurador.

Artículo 203. Admisibilidad

En la misma audiencia, el Juez de control admitirá la solicitud del Ministerio Público cuando verifique que concurran los medios de convicción que corroboren la imputación, en términos de la fracción VII, del apartado A del artículo 20 de la Constitución. Serán medios de convicción los datos de prueba que se desprendan de los registros contenidos en la carpeta de investigación.

Si el procedimiento abreviado no fuere admitido por el Juez de control, se tendrá por no formulada la acusación oral que hubiere realizado el Ministerio Público, lo mismo que las modificaciones que, en su caso, hubiera realizado a su respectivo escrito y se continuará de acuerdo con las disposiciones previstas para el procedimiento ordinario. Asimismo, el Juez de control ordenará que todos los antecedentes relativos al planteamiento, discusión y resolución de la solicitud de procedimiento abreviado sean eliminados del registro.

Si no se admite la solicitud por inconsistencias o incongruencias en los planteamientos del Ministerio Público, éste podrá presentar nuevamente la solicitud una vez subsanados los defectos advertidos.

Artículo 204. Oposición de la víctima u ofendido

La oposición de la víctima u ofendido sólo será procedente cuando se acredite ante el Juez de control que no se encuentra debidamente garantizada la reparación del daño.

Artículo 205. Trámite del procedimiento

Una vez que el Ministerio Público ha realizado la solicitud del procedimiento abreviado y expuesto la acusación con los datos de prueba respectivos, el Juez de control resolverá la oposición que hubiere expresado la víctima u ofendido, observará el cumplimiento de los requisitos establecidos en el artículo 201, fracción III, correspondientes al imputado y verificará que los elementos de convicción que sustenten la acusación se encuentren debidamente integrados en la carpeta de investigación, previo a resolver sobre la autorización del procedimiento abreviado.

Una vez que el Juez de control haya autorizado dar trámite al procedimiento abreviado, escuchará al Ministerio Público, a la víctima u ofendido o a su Asesor jurídico, de estar presentes y después a la defensa; en todo caso, la exposición final corresponderá siempre al acusado.

Artículo 206. Sentencia

Concluido el debate, el Juez de control emitirá su fallo en la misma audiencia, para lo cual deberá dar lectura y explicación pública a la sentencia, dentro del plazo de cuarenta y ocho horas, explicando de forma concisa los fundamentos y motivos que tomó en consideración.

No podrá imponerse una pena distinta o de mayor alcance a la que fue solicitada por el Ministerio Público y aceptada por el acusado.

El juez deberá fijar el monto de la reparación del daño, para lo cual deberá expresar las razones para aceptar o rechazar las objeciones que en su caso haya formulado la víctima u ofendido.

Artículo 207. Reglas generales

La existencia de varios coimputados no impide la aplicación de estas reglas en forma individual.

CAPÍTULO V
DE LA SUPERVISIÓN DE LAS CONDICIONES IMPUESTAS EN LA SUSPENSIÓN CONDICIONAL DEL PROCESO

Artículo 208. Reglas para las obligaciones de la suspensión condicional del proceso

Para el seguimiento de las obligaciones previstas en el artículo 195, fracciones III, IV, V, VI, VIII y XIII las instituciones públicas y privadas designadas por la autoridad judicial, informarán a la autoridad de supervisión de medidas cautelares y de la suspensión condicional del proceso sobre su cumplimiento.

Artículo 209. Notificación de las obligaciones de la suspensión condicional del proceso

Concluida la audiencia y aprobada la suspensión condicional del proceso y las obligaciones que deberá cumplir el imputado, se notificará a la autoridad de supervisión de medidas cautelares y de la suspensión condicional del proceso, con el objeto de que ésta dé inicio al proceso de supervisión. Para tal efecto, se le deberá proporcionar la información de las condiciones impuestas.

Artículo 210. Notificación del incumplimiento

Cuando considere que se ha actualizado un incumplimiento injustificado, la autoridad de supervisión de medidas cautelares y de la suspensión condicional del proceso enviará el reporte de incumplimiento a las partes para que soliciten la audiencia de revocación de la suspensión ante el juez competente.

Si el juez determina la revocación de la suspensión condicional del proceso, concluirá la supervisión de la autoridad de supervisión de medidas cautelares y de la suspensión condicional del proceso.

El Ministerio Público que reciba el reporte de la autoridad de supervisión de medidas cautelares y de la suspensión condicional del proceso, deberá solicitar audiencia para pedir la revisión de las condiciones u obligaciones impuestas a la brevedad posible.

TÍTULO II
PROCEDIMIENTO ORDINARIO

CAPÍTULO ÚNICO
ETAPAS DEL PROCEDIMIENTO

Artículo 211. Etapas del procedimiento penal

El procedimiento penal comprende las siguientes etapas:

I. La de investigación, que comprende las siguientes fases:

a) Investigación inicial, que comienza con la presentación de la denuncia, querella u otro requisito equivalente y concluye cuando el imputado queda a disposición del Juez de control para que se le formule imputación, e

b) Investigación complementaria, que comprende desde la formulación de la imputación y se agota una vez que se haya cerrado la investigación;

II. La intermedia o de preparación del juicio, que comprende desde la formulación de la acusación hasta el auto de apertura del juicio, y

III. La de juicio, que comprende desde que se recibe el auto de apertura a juicio hasta la sentencia emitida por el Tribunal de enjuiciamiento.

La investigación no se interrumpe ni se suspende durante el tiempo en que se lleve a cabo la audiencia inicial hasta su conclusión o durante la víspera de la ejecución de una orden de aprehensión. El ejercicio de la acción inicia con la solicitud de citatorio a audiencia inicial, puesta a disposición del detenido ante la autoridad judicial o cuando se solicita la orden de aprehensión o comparecencia, con lo cual el Ministerio Público no perderá la dirección de la investigación.

El proceso dará inicio con la audiencia inicial, y terminará con la sentencia firme.

TÍTULO III
ETAPA DE INVESTIGACIÓN

CAPÍTULO I
DISPOSICIONES COMUNES A LA INVESTIGACIÓN

Artículo 212. Deber de investigación penal

Cuando el Ministerio Público tenga conocimiento de la existencia de un hecho que la ley señale como delito, dirigirá la investigación penal, sin que pueda suspender, interrumpir o hacer cesar su curso, salvo en los casos autorizados en la misma.

La investigación deberá realizarse de manera inmediata, eficiente, exhaustiva, profesional e imparcial, libre de estereotipos y discriminación, orientada a explorar todas las líneas de investigación posibles que permitan allegarse de datos para el esclarecimiento del hecho que la ley señala como delito, así como la identificación de quien lo cometió o participó en su comisión.

Artículo 213. Objeto de la investigación

La investigación tiene por objeto que el Ministerio Público reúna indicios para el esclarecimiento de los hechos y, en su caso, los datos de prueba para sustentar el ejercicio de la acción penal, la acusación contra el imputado y la reparación del daño.

Artículo 214. Principios que rigen a las autoridades de la investigación

Las autoridades encargadas de desarrollar la investigación de los delitos se regirán por los principios de legalidad, objetividad, eficiencia, profesionalismo, honradez, lealtad y respeto a los derechos humanos reconocidos en la Constitución y en los Tratados.

Artículo 215. Obligación de suministrar información

Toda persona o servidor público está obligado a proporcionar oportunamente la información que requieran el Ministerio Público y la Policía en el ejercicio de sus funciones de investigación de un hecho delictivo concreto. En caso de ser citados para ser entrevistados por el Ministerio Público o la Policía, tienen obligación de comparecer y sólo podrán excusarse en los casos expresamente previstos en la ley. En caso de incumplimiento, se incurrirá en responsabilidad y será sancionado de conformidad con las leyes aplicables.

Artículo 216. Proposición de actos de investigación

Durante la investigación, tanto el imputado cuando haya comparecido o haya sido entrevistado, como su Defensor, así como la víctima u ofendido, podrán solicitar al Ministerio Público todos aquellos actos de investigación que consideraren pertinentes y útiles para el esclarecimiento de los hechos. El Ministerio Público ordenará que se lleven a cabo aquellos que sean conducentes. La solicitud deberá resolverse en un plazo máximo de tres días siguientes a la fecha en que se haya formulado la petición al Ministerio Público.

Artículo 217. Registro de los actos de investigación

El Ministerio Público y la Policía deberán dejar registro de todas las actuaciones que se realicen durante la investigación de los delitos, utilizando al efecto cualquier medio que permita garantizar que la información recabada sea completa, íntegra y exacta, así como el acceso a la misma por parte de los sujetos que de acuerdo con la ley tuvieren derecho a exigirlo.

Cada acto de investigación se registrará por separado, y será firmado por quienes hayan intervenido. Si no quisieren o no pudieren firmar, se imprimirá su huella digital. En caso de que esto no sea posible o la persona se niegue a imprimir su huella, se hará constar el motivo.

El registro de cada actuación deberá contener por lo menos la indicación de la fecha, hora y lugar en que se haya efectuado, identificación de los servidores públicos y demás personas que hayan intervenido y una breve descripción de la actuación y, en su caso, de sus resultados.

Artículo 218. Reserva de los actos de investigación

(REFORMADO, D.O.F. 17 DE JUNIO DE 2016)

Los registros de la investigación, así como todos los documentos, independientemente de su contenido o naturaleza, los objetos, los registros de voz e imágenes o cosas que le estén relacionados, son estrictamente reservados, por lo que únicamente las partes, podrán tener acceso a los mismos, con las limitaciones establecidas en este Código y demás disposiciones aplicables.

(ADICIONADO, D.O.F. 17 DE JUNIO DE 2016)

La víctima u ofendido y su Asesor Jurídico podrán tener acceso a los registros de la investigación en cualquier momento.

(ADICIONADO, D.O.F. 17 DE JUNIO DE 2016)

El imputado y su defensor podrán tener acceso a ellos cuando se encuentre detenido, sea citado para comparecer como imputado o sea sujeto de un acto de molestia y se pretenda recibir su entrevista, a partir de este momento ya no podrán mantenerse en reserva los registros para el imputado o su Defensor a fin de no afectar su derecho de defensa. Para los efectos de este párrafo, se entenderá como acto de molestia lo dispuesto en el artículo 266 de este Código.

(REFORMADO, D.O.F. 17 DE JUNIO DE 2016)

En ningún caso la reserva de los registros podrá hacerse valer en perjuicio del imputado y su Defensor, una vez dictado el auto de vinculación a proceso, salvo lo previsto en este Código o en las leyes especiales.

(ADICIONADO, D.O.F. 17 DE JUNIO DE 2016)

Para efectos de acceso a la información pública gubernamental, el Ministerio Público únicamente deberá proporcionar una versión pública de las determinaciones de no ejercicio de la acción penal, archivo temporal o de aplicación de un criterio de oportunidad, siempre que haya transcurrido un plazo igual al de prescripción de los delitos de que se trate, de conformidad con lo dispuesto en el Código Penal Federal o estatal correspondiente, sin que pueda ser menor de tres años, ni mayor de doce años, contado a partir de que dicha determinación haya quedado firme.

Artículo 219. Acceso a los registros y la audiencia inicial

Una vez convocados a la audiencia inicial, el imputado y su Defensor tienen derecho a consultar los registros de la investigación y a obtener copia, con la oportunidad debida para preparar la defensa. En caso que el Ministerio Público se niegue a permitir el acceso a los registros o a la obtención de las copias, podrán acudir ante el Juez de control para que resuelva lo conducente.

Artículo 220. Excepciones para el acceso a la información

El Ministerio Público podrá solicitar excepcionalmente al Juez de control que determinada información se mantenga bajo reserva aún después de la vinculación a proceso, cuando sea necesario para evitar la destrucción, alteración u ocultamiento de pruebas, la intimidación, amenaza o influencia a los testigos del hecho, para asegurar el éxito de la investigación, o para garantizar la protección de personas o bienes jurídicos.

Si el Juez de control considera procedente la solicitud, así lo resolverá y determinará el plazo de la reserva, siempre que la información que se solicita sea reservada, sea oportunamente revelada para no afectar el derecho de defensa. La reserva podrá ser prorrogada cuando sea estrictamente necesario, pero no podrá prolongarse hasta después de la formulación de la acusación.

CAPÍTULO II
INICIO DE LA INVESTIGACIÓN

Artículo 221. Formas de inicio

La investigación de los hechos que revistan características de un delito podrá iniciarse por denuncia, por querella o por su equivalente cuando la ley lo exija. El Ministerio Público y la Policía están obligados a proceder sin mayores requisitos a la investigación de los hechos de los que tengan noticia.

Tratándose de delitos que deban perseguirse de oficio, bastará para el inicio de la investigación la comunicación que haga cualquier persona, en la que se haga del conocimiento de la autoridad investigadora los hechos que pudieran ser constitutivos de un delito.

Tratándose de informaciones anónimas, la Policía constatará la veracidad de los datos aportados mediante los actos de investigación que consideren conducentes para este efecto. De confirmarse la información, se iniciará la investigación correspondiente.

Cuando el Ministerio Público tenga conocimiento de la probable comisión de un hecho delictivo cuya persecución dependa de querella o de cualquier otro requisito equivalente que deba formular alguna autoridad, lo comunicará por escrito y de inmediato a ésta, a fin de que resuelva lo que a sus facultades o atribuciones corresponda. Las autoridades harán saber por escrito al Ministerio Público la determinación que adopten.

El Ministerio Público podrá aplicar el criterio de oportunidad en los casos previstos por las disposiciones legales aplicables o no iniciar investigación cuando resulte evidente que no hay delito que perseguir. Las decisiones del Ministerio Público serán impugnables en los términos que prevé este Código.

Artículo 222. Deber de denunciar

Toda persona a quien le conste que se ha cometido un hecho probablemente constitutivo de un delito está obligada a denunciarlo ante el Ministerio Público y en caso de urgencia ante cualquier agente de la Policía.

Quien en ejercicio de funciones públicas tenga conocimiento de la probable existencia de un hecho que la ley señale como delito, está obligado a denunciarlo inmediatamente al Ministerio Público, proporcionándole todos los datos que tuviere, poniendo a su disposición a los imputados, si hubieren sido detenidos en flagrancia. Quien tenga el deber jurídico de denunciar y no lo haga, será acreedor a las sanciones correspondientes.

(ADICIONADO, D.O.F. 17 DE JUNIO DE 2016)

Cuando el ejercicio de las funciones públicas a que se refiere el párrafo anterior, correspondan a la coadyuvancia con las autoridades responsables de la seguridad pública, además de cumplir con lo previsto en dicho párrafo, la intervención de los servidores públicos respectivos deberá limitarse a preservar el lugar de los hechos hasta el arribo de las autoridades competentes y, en su caso, adoptar las medidas a su alcance para que se brinde atención médica de urgencia a los heridos si los hubiere, así como poner a disposición de la autoridad a los detenidos por conducto o en coordinación con la policía.

No estarán obligados a denunciar quienes al momento de la comisión del delito detenten el carácter de tutor, curador, pupilo, cónyuge, concubina o concubinario, conviviente del imputado, los parientes por consanguinidad o por afinidad en la línea recta ascendente o descendente hasta el cuarto grado y en la colateral por consanguinidad o afinidad, hasta el segundo grado inclusive.

Artículo 223. Forma y contenido de la denuncia

La denuncia podrá formularse por cualquier medio y deberá contener, salvo los casos de denuncia anónima o reserva de identidad, la identificación del denunciante, su domicilio, la narración circunstanciada del hecho, la indicación de quién o quiénes lo habrían cometido y de las personas que lo hayan presenciado o que tengan noticia de él y todo cuanto le constare al denunciante.

En el caso de que la denuncia se haga en forma oral, se levantará un registro en presencia del denunciante, quien previa lectura que se haga de la misma, lo firmará junto con el servidor público que la reciba. La denuncia escrita será firmada por el denunciante.

En ambos casos, si el denunciante no pudiere firmar, estampará su huella digital, previa lectura que se le haga de la misma.

Artículo 224. Trámite de la denuncia

Cuando la denuncia sea presentada directamente ante el Ministerio Público, éste iniciará la investigación conforme a las reglas previstas en este Código.

Cuando la denuncia sea presentada ante la Policía, ésta informará de dicha circunstancia al Ministerio Público en forma inmediata y por cualquier medio, sin perjuicio de realizar las diligencias urgentes que se requieran dando cuenta de ello en forma posterior al Ministerio Público.

Artículo 225. Querella u otro requisito equivalente

La querella es la expresión de la voluntad de la víctima u ofendido o de quien legalmente se encuentre facultado para ello, mediante la cual manifiesta expresamente ante el Ministerio Público su pretensión de que se inicie la investigación de uno o varios hechos que la ley señale como delitos y que requieran de este requisito de procedibilidad para ser investigados y, en su caso, se ejerza la acción penal correspondiente.

La querella deberá contener, en lo conducente, los mismos requisitos que los previstos para la denuncia. El Ministerio Público deberá cerciorarse que éstos se encuentren debidamente satisfechos para, en su caso, proceder en los términos que prevé el presente Código. Tratándose de requisitos de procedibilidad equivalentes, el Ministerio Público deberá realizar la misma verificación.

Artículo 226. Querella de personas menores de edad o que no tienen capacidad para comprender el significado del hecho

Tratándose de personas menores de dieciocho años, o de personas que no tengan la capacidad de comprender el significado del hecho, la querella podrá ser presentada por quienes ejerzan la patria potestad o la tutela o sus representantes legales, sin perjuicio de que puedan hacerlo por sí mismos, por sus hermanos o un tercero, cuando se trate de delitos cometidos en su contra por quienes ejerzan la patria potestad, la tutela o sus propios representantes.

CAPÍTULO III
TÉCNICAS DE INVESTIGACIÓN

Artículo 227. Cadena de custodia

La cadena de custodia es el sistema de control y registro que se aplica al indicio, evidencia, objeto, instrumento o producto del hecho delictivo, desde su localización, descubrimiento o aportación, en el lugar de los hechos o del hallazgo, hasta que la autoridad competente ordene su conclusión.

Con el fin de corroborar los elementos materiales probatorios y la evidencia física, la cadena de custodia se aplicará teniendo en cuenta los siguientes factores: identidad, estado original, condiciones de recolección, preservación, empaque y traslado; lugares y fechas de permanencia y los cambios que en cada custodia se hayan realizado; igualmente se registrará el nombre y la identificación de todas las personas que hayan estado en contacto con esos elementos.

Artículo 228. Responsables de cadena de custodia

La aplicación de la cadena de custodia es responsabilidad de quienes en cumplimiento de las funciones propias de su encargo o actividad, en los términos de ley, tengan contacto con los indicios, vestigios, evidencias, objetos, instrumentos o productos del hecho delictivo.

Cuando durante el procedimiento de cadena de custodia los indicios, huellas o vestigios del hecho delictivo, así como los instrumentos, objetos o productos del delito se alteren, no perderán su valor probatorio, a menos que la autoridad competente verifique que han sido modificados de tal forma que hayan perdido su eficacia para acreditar el hecho o circunstancia de que se trate. Los indicios, huellas o vestigios del hecho delictivo, así como los instrumentos, objetos o productos del delito deberán concatenarse con otros medios probatorios para tal fin. Lo anterior, con independencia de la responsabilidad en que pudieran incurrir los servidores públicos por la inobservancia de este procedimiento.

Artículo 229. Aseguramiento de bienes, instrumentos, objetos o productos del delito

Los instrumentos, objetos o productos del delito, así como los bienes en que existan huellas o pudieran tener relación con éste, siempre que guarden relación directa con el lugar de los hechos o del hallazgo, serán asegurados durante el desarrollo de la investigación, a fin de que no se alteren, destruyan o desaparezcan. Para tales efectos se establecerán controles específicos para su resguardo, que atenderán como mínimo a la naturaleza del bien y a la peligrosidad de su conservación.

Artículo 230. Reglas sobre el aseguramiento de bienes

El aseguramiento de bienes se realizará conforme a lo siguiente:

I. El Ministerio Público, o la Policía en auxilio de éste, deberá elaborar un inventario de todos y cada uno de los bienes que se pretendan asegurar, firmado por el imputado o la persona con quien se atienda el acto de investigación. Ante su ausencia o negativa, la relación deberá ser firmada por dos testigos presenciales que preferentemente no sean miembros de la Policía y cuando ello suceda, que no hayan participado materialmente en la ejecución del acto;

II. La Policía deberá tomar las providencias necesarias para la debida preservación del lugar de los hechos o del hallazgo y de los indicios, huellas, o vestigios del hecho delictivo, así como de los instrumentos, objetos o productos del delito asegurados, y

(REFORMADA, D.O.F. 9 DE AGOSTO DE 2019)

III. Los bienes asegurados y el inventario correspondiente se pondrán a la brevedad a disposición de la autoridad competente, de conformidad con las disposiciones aplicables. Se deberá informar si los bienes asegurados son indicio, evidencia física, objeto, instrumento o producto del hecho delictivo.

Artículo 231. Notificación del aseguramiento y abandono

El Ministerio Público deberá notificar al interesado o a su representante legal el aseguramiento del objeto, instrumento o producto del delito, dentro de los sesenta días naturales siguientes a su ejecución, entregando o poniendo a su disposición, según sea el caso, una copia del registro de aseguramiento, para que manifieste lo que a su derecho convenga.

(REFORMADO, D.O.F. 9 DE AGOSTO DE 2019)

Cuando se desconozca la identidad o domicilio del interesado, la notificación se hará por dos edictos que se publicarán en el Diario Oficial de la Federación o su equivalente, en el medio de difusión oficial en la Entidad federativa que corresponda y en un periódico de circulación nacional o estatal, según corresponda, con un intervalo de diez días hábiles entre cada publicación. En la notificación se apercibirá al interesado o a su representante legal para que se abstenga de ejercer actos de dominio sobre los bienes asegurados y se le apercibirá que de no manifestar lo que a su derecho convenga, en un término de noventa días naturales siguientes al de la notificación, los bienes causarán abandono a favor del Gobierno Federal o de la Entidad federativa de que se trate, según corresponda.

Transcurrido dicho plazo sin que ninguna persona se haya presentado a deducir derechos sobre los bienes asegurados, el Ministerio Público solicitará al Juez de control que declare el abandono de los bienes y éste citará al interesado, a la víctima u ofendido y al Ministerio Público a una audiencia dentro de los diez días siguientes a la solicitud a que se refiere el párrafo anterior.

La citación a la audiencia se realizará como sigue:

I. Al Ministerio Público, conforme a las reglas generales establecidas en este Código;

II. A la víctima u ofendido, de manera personal y cuando se desconozca su domicilio o identidad, por estrados y boletín judicial, y

III. Al interesado de manera personal y cuando se desconozca su domicilio o identidad, de conformidad con las reglas de la notificación previstas en el presente Código.

El Juez de control, al resolver sobre el abandono, verificará que la notificación realizada al interesado haya cumplido con las formalidades que prevé este Código; que haya transcurrido el plazo correspondiente y que no se haya presentado persona alguna ante el Ministerio Público a deducir derechos sobre los bienes asegurados o que éstos no hayan sido reconocidos o que no se hubieren cubierto los requerimientos legales.

(REFORMADA, D.O.F. 9 DE AGOSTO DE 2019)

La declaratoria de abandono será notificada, en su caso, a la autoridad competente que tenga los bienes bajo su administración para efecto de que sean destinados al Gobierno Federal o de la Entidad federativa que corresponda, en términos de las disposiciones aplicables.

Artículo 232. Custodia y disposición de los bienes asegurados

Cuando los bienes que se aseguren hayan sido previamente embargados, intervenidos, secuestrados o asegurados, se notificará el nuevo aseguramiento a las autoridades que hayan ordenado dichos actos. Los bienes continuarán en custodia de quien se haya designado para ese fin, y a disposición de la autoridad judicial o del Ministerio Público para los efectos del procedimiento penal. De levantarse el embargo, intervención, secuestro o aseguramiento previos, quien los tenga bajo su custodia, los entregará a la autoridad competente para efectos de su administración.

Sobre los bienes asegurados no podrán ejercerse actos de dominio por sus propietarios, depositarios, interventores o administradores, durante el tiempo que dure el aseguramiento en el procedimiento penal, salvo los casos expresamente señalados por las disposiciones aplicables.

El aseguramiento no implica modificación alguna a los gravámenes o limitaciones de dominio existentes con anterioridad sobre los bienes.

Artículo 233. Registro de los bienes asegurados

Se hará constar en los registros públicos que correspondan, de conformidad con las disposiciones aplicables:

I. El aseguramiento de bienes inmuebles, derechos reales, aeronaves, embarcaciones, empresas, negociaciones, establecimientos, acciones, partes sociales, títulos bursátiles y cualquier otro bien o derecho susceptible de registro o constancia, y

II. El nombramiento del depositario, interventor o administrador, de los bienes a que se refiere la fracción anterior.

El registro o su cancelación se realizarán sin más requisito que el oficio que para tal efecto emita la autoridad judicial o el Ministerio Público.

Artículo 234. Frutos de los bienes asegurados

A los frutos o rendimientos de los bienes durante el tiempo del aseguramiento, se les dará el mismo tratamiento que a los bienes asegurados que los generen.

Ni el aseguramiento de bienes ni su conversión a numerario implican que éstos entren al erario público.

(REFORMADO PRIMER PÁRRAFO, D.O.F. 12 DE ENERO DE 2016)

Artículo 235. Aseguramiento de narcóticos y productos relacionados con delitos de propiedad intelectual, derechos de autor e hidrocarburos.

Cuando se aseguren narcóticos previstos en cualquier disposición, productos relacionados con delitos de propiedad intelectual y derechos de autor o bienes que impliquen un alto costo o peligrosidad por su conservación, si esta medida es procedente, el Ministerio Público ordenará su destrucción, previa autorización o intervención de las autoridades correspondientes, debiendo previamente fotografiarlos o videograbarlos, así como levantar un acta en la que se haga constar la naturaleza, peso, cantidad o volumen y demás características de éstos, debiéndose recabar muestras del mismo para que obren en los registros de la investigación que al efecto se inicie.

(ADICIONADO, D.O.F. 12 DE ENERO DE 2016)

Cuando se aseguren hidrocarburos, petrolíferos o petroquímicos y demás activos, se pondrán a disposición del Ministerio Público de la Federación, quien sin dilación alguna procederá a su entrega a los asignatarios, contratistas o permisionarios, o a quien resulte procedente, quienes estarán obligados a recibirlos en los mismos términos, para su destino final, previa inspección en la que se determinará la naturaleza, volumen y demás características de éstos; conservando muestras representativas para la elaboración de los dictámenes periciales que hayan de producirse en la carpeta de investigación y en proceso, según sea el caso.

Artículo 236. Objetos de gran tamaño

Los objetos de gran tamaño, como naves, aeronaves, vehículos automotores, máquinas, grúas y otros similares, después de ser examinados por peritos para recoger indicios que se hallen en ellos, podrán ser videograbados o fotografiados en su totalidad y se registrarán del mismo modo los sitios en donde se hallaron huellas, rastros, narcóticos, armas, explosivos o similares que puedan ser objeto o producto de delito.

Artículo 237. Aseguramiento de objetos de gran tamaño

Los objetos mencionados en el artículo precedente, después de que sean examinados, fotografiados, o videograbados podrán ser devueltos, con o sin reservas, al propietario, poseedor o al tenedor legítimo según el caso, previa demostración de la calidad invocada, siempre y cuando no hayan sido medios eficaces para la comisión del delito.

Artículo 238. Aseguramiento de flora y fauna

Las especies de flora y fauna de reserva ecológica que se aseguren, serán provistas de los cuidados necesarios y depositados en zoológicos, viveros o en instituciones análogas, considerando la opinión de la dependencia competente o institución de educación superior o de investigación científica.

Artículo 239. Requisitos para el aseguramiento de vehículos

Tratándose de delitos culposos ocasionados con motivo del tránsito de vehículos, estos se entregarán en depósito a quien se legitime como su propietario o poseedor.

Previo a la entrega del vehículo, el Ministerio Público debe cerciorarse:

I. Que el vehículo no tenga reporte de robo;

II. Que el vehículo no se encuentre relacionado con otro hecho delictivo;

III. Que se haya dado oportunidad a la otra parte de solicitar y practicar los peritajes necesarios, y

IV. Que no exista oposición fundada para la devolución por parte de terceros, o de la aseguradora.

Artículo 240. Aseguramiento de vehículos

En caso de que se presente alguno de los supuestos anteriores, el Ministerio Público podrá ordenar el aseguramiento y resguardo del vehículo hasta en tanto se esclarecen los hechos, sujeto a la aprobación judicial en términos de lo previsto por este Código.

(ADICIONADO, D.O.F. 9 DE AGOSTO DE 2019)

En la aprobación judicial se determinará si los bienes asegurados son indicio, evidencia física, objeto, instrumento o producto del hecho delictivo, determinando su conservación o su administración, en términos de las disposiciones aplicables.

Artículo 241. Aseguramiento de armas de fuego o explosivos

Cuando se aseguren armas de fuego o explosivos se hará del conocimiento de la Secretaría de la Defensa Nacional, así como de las demás autoridades que establezcan las disposiciones legales aplicables.

(NOTA: EL 22 DE MARZO DE 2018, EL PLENO DE LA SUPREMA CORTE DE JUSTICIA DE LA NACIÓN, EN EL APARTADO VI, SUBAPARTADO 3, Y APARTADO VII, ASÍ COMO EN EL RESOLUTIVO CUARTO DE LA SENTENCIA DICTADA AL RESOLVER LA ACCIÓN DE INCONSTITUCIONALIDAD 10/2014 Y SU ACUMULADA 11/2014, DECLARÓ LA INVALIDEZ DE ESTE ARTÍCULO, LA CUAL SURTIÓ EFECTOS EL 25 DE JUNIO DE 2018 DE ACUERDO A LAS CONSTANCIAS QUE OBRAN EN LA SECRETARÍA GENERAL DE ACUERDOS DE LA SUPREMA CORTE DE JUSTICIA DE LA NACIÓN. DICHA SENTENCIA PUEDE SER CONSULTADA EN LA DIRECCIÓN ELECTRÓNICA http://www2.scjn.gob.mx/).

Artículo 242. Aseguramiento de bienes o derechos relacionados con operaciones financieras

El Ministerio Público o a solicitud de la Policía podrá ordenar la suspensión, o el aseguramiento de cuentas, títulos de crédito y en general cualquier bien o derecho relativos a operaciones que las instituciones financieras establecidas en el país celebren con sus clientes y dará aviso inmediato a la autoridad encargada de la administración de los bienes asegurados y a las autoridades competentes, quienes tomarán las medidas necesarias para evitar que los titulares respectivos realicen cualquier acto contrario al aseguramiento.

Artículo 243. Efectos del aseguramiento en actividades lícitas

El aseguramiento no será causa para el cierre o suspensión de actividades de empresas, negociaciones o establecimientos con actividades lícitas.

(ADICIONADO, D.O.F. 12 DE ENERO DE 2016)

Tratándose de los delitos que refiere la Ley Federal para Prevenir y Sancionar los Delitos Cometidos en Materia de Hidrocarburos, el Ministerio Público de la Federación, asegurará el establecimiento mercantil o empresa prestadora del servicio e inmediatamente notificará al Servicio de Administración y Enajenación de Bienes con la finalidad de que el establecimiento mercantil o empresa asegurada le sea transferida.

(ADICIONADO, D.O.F. 12 DE ENERO DE 2016)

Previo a que la empresa sea transferida al Servicio de Administración y Enajenación de Bienes, se retirará el producto ilícito de los contenedores del establecimiento o empresa y se suministrarán los hidrocarburos lícitos con el objeto de continuar las actividades, siempre y cuando la empresa cuente con los recursos para la compra del producto; suministro que se llevará a cabo una vez que la empresa haya sido transferida al Servicio de Administración y Enajenación de Bienes para su administración.

(ADICIONADO, D.O.F. 12 DE ENERO DE 2016)

En caso de que el establecimiento o empresa prestadora del servicio corresponda a un franquiciatario o permisionario, el aseguramiento constituirá causa justa para que el franquiciante pueda dar por terminados los contratos respectivos en términos de la Ley de la Propiedad Industrial, y tratándose del permisionario, el otorgante del permiso pueda revocarlo. Para lo anterior, previamente la autoridad ministerial o judicial deberá determinar su destino.

Artículo 244. Cosas no asegurables

No estarán sujetas al aseguramiento las comunicaciones y cualquier información que se genere o intercambie entre el imputado y las personas que no están obligadas a declarar como testigos por razón de parentesco, secreto profesional o cualquiera otra establecida en la ley. En todo caso, serán inadmisibles como fuente de información o medio de prueba.

No habrá lugar a estas excepciones cuando existan indicios de que las personas mencionadas en este artículo, distintas al imputado, estén involucradas como autoras o partícipes del hecho punible o existan indicios fundados de que están encubriéndolo ilegalmente.

Artículo 245. Causales de procedencia para la devolución de bienes asegurados

La devolución de bienes asegurados procede en los casos siguientes:

I. Cuando el Ministerio Público resuelva el no ejercicio de la acción penal, la aplicación de un criterio de oportunidad, la reserva o archivo temporal, se abstenga de acusar, o levante el aseguramiento de conformidad con las disposiciones aplicables, o

II. Cuando la autoridad judicial levante el aseguramiento o no decrete el decomiso, de conformidad con las disposiciones aplicables.

(ADICIONADO, D.O.F. 9 DE AGOSTO DE 2019)

La devolución se realizará en el estado físico de conservación que conforme a su naturaleza adquiera el bien, o el valor del mismo.

Artículo 246. Entrega de bienes

Las autoridades deberán devolver a la persona que acredite o demuestre derechos sobre los bienes que no estén sometidos a decomiso, aseguramiento, restitución o embargo, inmediatamente después de realizar las diligencias conducentes. En todo caso, se dejará constancia mediante fotografías u otros medios que resulten idóneos de estos bienes.

Esta devolución podrá ordenarse en depósito provisional y al poseedor se le podrá imponer la obligación de exhibirlos cuando se le requiera.

(REFORMADO, D.O.F. 9 DE AGOSTO DE 2019)

Dentro de los treinta días siguientes a la notificación del acuerdo de devolución, la autoridad judicial o el Ministerio Público notificarán su resolución al interesado o al representante legal, para que dentro de los diez días siguientes a dicha notificación se presente a recogerlos, bajo el apercibimiento que de no hacerlo, los bienes causarán abandono a favor del Gobierno Federal o de la Entidad federativa de que se trate, según corresponda y se procederá en los términos previstos en este Código.

Cuando se haya hecho constar el aseguramiento de los bienes en los registros públicos, la autoridad que haya ordenado su devolución ordenará su cancelación.

Artículo 247. Devolución de bienes asegurados

La devolución de los bienes asegurados incluirá la entrega de los frutos que, en su caso, hubieren generado.

(ADICIONADO, D.O.F. 9 DE AGOSTO DE 2019)

Previo a la instrucción de devolución, el Ministerio Público deberá revisar que los bienes no hayan causado abandono en los términos establecidos por este Código.

La devolución de numerario comprenderá la entrega del principal y, en su caso, de sus rendimientos durante el tiempo en que haya sido administrado, a la tasa que cubra la Tesorería de la Federación o la instancia correspondiente en las Entidades federativas por los depósitos a la vista que reciba.

La autoridad que haya administrado empresas, negociaciones o establecimientos, al devolverlas rendirá cuentas de la administración que hubiere realizado a la persona que tenga derecho a ello, y le entregará los documentos, objetos, numerario y, en general, todo aquello que haya comprendido la administración.

Previo a la recepción de los bienes por parte del interesado, se dará oportunidad a éste para que revise e inspeccione las condiciones en que se encuentren los mismos, a efecto de que verifique el inventario correspondiente.

(REFORMADO, D.O.F. 9 DE AGOSTO DE 2019)

Artículo 248. Bienes que hubieren sido convertidos a numerario o sobre los que exista imposibilidad de devolver

Cuando se determine por la autoridad competente la devolución de los bienes que hubieren sido convertidos a numerario o haya imposibilidad para devolverlos, deberá cubrirse a la persona que tenga la titularidad del derecho de devolución el valor de los mismos, de conformidad con la legislación aplicable.

Artículo 249. Aseguramiento por valor equivalente

(NOTA: EL 22 DE MARZO DE 2018, EL PLENO DE LA SUPREMA CORTE DE JUSTICIA DE LA NACIÓN, EN EL APARTADO VI, SUBAPARTADO 4, Y APARTADO VII, ASÍ COMO EN EL RESOLUTIVO CUARTO DE LA SENTENCIA DICTADA AL RESOLVER LA ACCIÓN DE INCONSTITUCIONALIDAD 10/2014 Y SU ACUMULADA 11/2014, DECLARÓ LA INVALIDEZ DE LA PORCIÓN NORMATIVA DE ESTE ARTÍCULO INDICADA CON MAYÚSCULAS, LA CUAL SURTIÓ EFECTOS EL 25 DE JUNIO DE 2018 DE ACUERDO A LAS CONSTANCIAS QUE OBRAN EN LA SECRETARÍA GENERAL DE ACUERDOS DE LA SUPREMA CORTE DE JUSTICIA DE LA NACIÓN. DICHA SENTENCIA PUEDE SER CONSULTADA EN LA DIRECCIÓN ELECTRÓNICA http://www2.scjn.gob.mx/).

En caso de que el producto, los instrumentos u objetos del hecho delictivo hayan desaparecido o no se localicen por causa atribuible al imputado, el Ministerio Público DECRETARÁ O solicitará al Órgano jurisdiccional correspondiente el embargo precautorio, el aseguramiento y, en su caso, el decomiso de bienes propiedad del o de los imputados, así como de aquellos respecto de los cuales se conduzcan como dueños, cuyo valor equivalga a dicho producto, sin menoscabo de las disposiciones aplicables en materia de extinción de dominio.

Artículo 250. Decomiso

La autoridad judicial mediante sentencia en el proceso penal correspondiente, podrá decretar el decomiso de bienes, con excepción de los que hayan causado abandono en los términos de este Código o respecto de aquellos sobre los cuales haya resuelto la declaratoria de extinción de dominio.

(ADICIONADO, D.O.F. 9 DE AGOSTO DE 2019)

Cuando se haya hecho constar el aseguramiento de los bienes en los registros públicos, la autoridad que haya ordenado su decomiso solicitará la inscripción de la sentencia.

(REFORMADO, D.O.F. 9 DE AGOSTO DE 2019)

El numerario decomisado y los recursos que se obtengan por la enajenación de los bienes decomisados, una vez satisfecha la reparación a la víctima, y descontado el porcentaje por concepto de gastos indirectos de operación a que refiere la Ley de Ingresos de la Federación, del ejercicio fiscal que corresponda, a favor del Instituto de Administración de Bienes y Activos, serán entregados en partes iguales al Poder Judicial de la Federación, a la Fiscalía General de la

República, al fondo previsto en la Ley General de Víctimas y al financiamiento de programas sociales conforme a los objetivos establecidos en el Plan Nacional de Desarrollo, u otras políticas públicas prioritarias, conforme lo determine el Gabinete Social de la Presidencia de la República a que se refiere la Ley Orgánica de la Administración Pública Federal a través de la instancia designada para tal efecto. Para el caso del reparto del producto de la extinción de dominio en el fuero común, serán entregados en las mismas proporciones a las instancias equivalentes existentes en cada Entidad federativa.

Artículo 251. Actuaciones en la investigación que no requieren autorización previa del Juez de control

No requieren autorización del Juez de control los siguientes actos de investigación:

I. La inspección del lugar del hecho o del hallazgo;

II. La inspección de lugar distinto al de los hechos o del hallazgo;

III. La inspección de personas;

IV. La revisión corporal;

V. La inspección de vehículos;

VI. El levantamiento e identificación de cadáver;

VII. La aportación de comunicaciones entre particulares;

VIII. El reconocimiento de personas;

IX. La entrega vigilada y las operaciones encubiertas, en el marco de una investigación y en los términos que establezcan los protocolos emitidos para tal efecto por el Procurador;

(REFORMADA, D.O.F. 17 DE JUNIO DE 2016)

X. La entrevista de testigos;

(ADICIONADA, D.O.F. 17 DE JUNIO DE 2016)

XI. Recompensas, en términos de los acuerdos que para tal efecto emite el Procurador, y

XII. Las demás en las que expresamente no se prevea control judicial.

En los casos de la fracción IX, dichas actuaciones deberán ser autorizadas por el Procurador o por el servidor público en quien éste delegue dicha facultad.

Para los efectos de la fracción X de este artículo, cuando un testigo se niegue a ser entrevistado, será citado por el Ministerio Público o en su caso por el Juez de control en los términos que prevé el presente Código.

Artículo 252. Actos de investigación que requieren autorización previa del Juez de control

Con excepción de los actos de investigación previstos en el artículo anterior, requieren de autorización previa del Juez de control todos los actos de investigación que impliquen afectación a derechos establecidos en la Constitución, así como los siguientes:

I. La exhumación de cadáveres;

II. Las órdenes de cateo;

III. La intervención de comunicaciones privadas y correspondencia;

IV. La toma de muestras de fluido corporal, vello o cabello, extracciones de sangre u otros análogos, cuando la persona requerida, excepto la víctima u ofendido, se niegue a proporcionar la misma;

V. El reconocimiento o examen físico de una persona cuando aquélla se niegue a ser examinada, y

VI. Las demás que señalen las leyes aplicables.

CAPÍTULO IV
FORMAS DE TERMINACIÓN DE LA INVESTIGACIÓN

Artículo 253. Facultad de abstenerse de investigar

El Ministerio Público podrá abstenerse de investigar, cuando los hechos relatados en la denuncia, querella o acto equivalente, no fueren constitutivos de delito o cuando los antecedentes y datos suministrados permitan establecer que se encuentra extinguida la acción penal o la responsabilidad penal del imputado. Esta decisión será siempre fundada y motivada.

Artículo 254. Archivo temporal

El Ministerio Público podrá archivar temporalmente aquellas investigaciones en fase inicial en las que no se encuentren antecedentes, datos suficientes o elementos de los que se puedan establecer líneas de investigación que permitan realizar diligencias tendentes a esclarecer los hechos que dieron origen a la investigación. El archivo subsistirá en tanto se obtengan datos que permitan continuarla a fin de ejercitar la acción penal.

Artículo 255. No ejercicio de la acción

(REFORMADO PRIMER PÁRRAFO, D.O.F. 17 DE JUNIO DE 2016)

Antes de la audiencia inicial, el Ministerio Público previa autorización del Procurador o del servidor público en quien se delegue la facultad, podrá decretar el no ejercicio de la acción penal cuando de los antecedentes del caso le permitan concluir que en el caso concreto se actualiza alguna de las causales de sobreseimiento previstas en este Código.

(ADICIONADO, D.O.F. 17 DE JUNIO DE 2016)

La determinación de no ejercicio de la acción penal, para los casos del artículo 327 del presente Código, inhibe una nueva persecución penal por los mismos hechos respecto del indiciado, salvo que sea por diversos hechos o en contra de diferente persona.

Artículo 256. Casos en que operan los criterios de oportunidad

(REFORMADO PRIMER PÁRRAFO, D.O.F. 17 DE JUNIO DE 2016)

Iniciada la investigación y previo análisis objetivo de los datos que consten en la misma, conforme a las disposiciones normativas de cada Procuraduría, el Ministerio Público, podrá abstenerse de ejercer la acción penal con base en la aplicación de criterios de oportunidad, siempre que, en su caso, se hayan reparado o garantizado los daños causados a la víctima u ofendido.

La aplicación de los criterios de oportunidad será procedente en cualquiera de los siguientes supuestos:

I. Se trate de un delito que no tenga pena privativa de libertad, tenga pena alternativa o tenga pena privativa de libertad cuya punibilidad máxima sea de cinco años de prisión, siempre que el delito no se haya cometido con violencia;

II. Se trate de delitos de contenido patrimonial cometidos sin violencia sobre las personas o de delitos culposos, siempre que el imputado no hubiere actuado en estado de ebriedad, bajo el influjo de narcóticos o de cualquier otra sustancia que produzca efectos similares;

III. Cuando el imputado haya sufrido como consecuencia directa del hecho delictivo un daño físico o psicoemocional grave, o cuando el imputado haya contraído una enfermedad terminal que torne notoriamente innecesaria o desproporcional la aplicación de una pena;

(REFORMADA, D.O.F. 17 DE JUNIO DE 2016)

IV. La pena o medida de seguridad que pudiera imponerse por el hecho delictivo que carezca de importancia en consideración a la pena o medida de seguridad ya impuesta o a la que podría imponerse por otro delito por el que esté siendo procesado con independencia del fuero;

(REFORMADA, D.O.F. 17 DE JUNIO DE 2016)

V. Cuando el imputado aporte información esencial y eficaz para la persecución de un delito más grave del que se le imputa, y se comprometa a comparecer en juicio;

(REFORMADA, D.O.F. 17 DE JUNIO DE 2016)

VI. Cuando, a razón de las causas o circunstancias que rodean la comisión de la conducta punible, resulte desproporcionada o irrazonable la persecución penal.

VII. (DEROGADA, D.O.F. 17 DE JUNIO DE 2016)

(REFORMADO, D.O.F. 8 DE NOVIEMBRE DE 2019)

No podrá aplicarse el criterio de oportunidad en los casos de delitos contra el libre desarrollo de la personalidad, de violencia familiar ni en los casos de delitos fiscales o aquellos que afecten gravemente el interés público. Para el caso de delitos fiscales y financieros, previa autorización de la Secretaría de Hacienda y Crédito Público, a través de la Procuraduría Fiscal de la Federación, únicamente podrá ser aplicado el supuesto de la fracción V, en el caso de que el imputado aporte información fidedigna que coadyuve para la investigación y persecución del beneficiario final del mismo delito, tomando en consideración que será este último quien estará obligado a reparar el daño.

El Ministerio Público aplicará los criterios de oportunidad sobre la base de razones objetivas y sin discriminación, valorando las circunstancias especiales en cada caso, de conformidad con lo dispuesto en el presente Código así como en los criterios generales que al efecto emita el Procurador o equivalente.

La aplicación de los criterios de oportunidad podrán ordenarse en cualquier momento y hasta antes de que se dicte el auto de apertura a juicio.

La aplicación de los criterios de oportunidad deberá ser autorizada por el Procurador o por el servidor público en quien se delegue esta facultad, en términos de la normatividad aplicable.

Artículo 257. Efectos del criterio de oportunidad

La aplicación de los criterios de oportunidad extinguirá la acción penal con respecto al autor o partícipe en cuyo beneficio se dispuso la aplicación de dicho criterio. Si la decisión del Ministerio Público se sustentara en alguno de los supuestos de procedibilidad establecidos en las fracciones I y II del artículo anterior, sus efectos se extenderán a todos los imputados que reúnan las mismas condiciones.

(REFORMADO, D.O.F. 17 DE JUNIO DE 2016)

En el caso de la fracción V del artículo anterior, se suspenderá el ejercicio de la acción penal, así como el plazo de la prescripción de la acción penal, hasta en tanto el imputado comparezca a rendir su testimonio en el procedimiento respecto del que aportó información, momento a partir del cual, el agente del Ministerio Público contará con quince días para resolver definitivamente sobre la procedencia de la extinción de la acción penal.

(REFORMADO, D.O.F. 17 DE JUNIO DE 2016)

En el supuesto a que se refiere la fracción V del artículo anterior, se suspenderá el plazo de la prescripción de la acción penal.

Artículo 258. Notificaciones y control judicial

Las determinaciones del Ministerio Público sobre la abstención de investigar, el archivo temporal, la aplicación de un criterio de oportunidad y el no ejercicio de la acción penal deberán ser notificadas a la víctima u ofendido quienes las podrán impugnar ante el Juez de control dentro de los diez días posteriores a que sean notificadas de dicha resolución. En estos casos, el Juez de control convocará a una audiencia para decidir en definitiva, citando al efecto a la víctima u ofendido, al Ministerio Público y, en su caso, al imputado y a su Defensor. En caso de que la víctima, el ofendido o sus representantes legales no comparezcan a la audiencia a pesar de haber sido debidamente citados, el Juez de control declarará sin materia la impugnación.

La resolución que el Juez de control dicte en estos casos no admitirá recurso alguno.

TÍTULO IV
DE LOS DATOS DE PRUEBA, MEDIOS DE PRUEBA Y PRUEBAS

CAPÍTULO ÚNICO
DISPOSICIONES COMUNES

Artículo 259. Generalidades

Cualquier hecho puede ser probado por cualquier medio, siempre y cuando sea lícito.

Las pruebas serán valoradas por el Órgano jurisdiccional de manera libre y lógica.

Los antecedentes de la investigación recabados con anterioridad al juicio carecen de valor probatorio para fundar la sentencia definitiva, salvo las excepciones expresas previstas por este Código y en la legislación aplicable.

Para efectos del dictado de la sentencia definitiva, sólo serán valoradas aquellas pruebas que hayan sido desahogadas en la audiencia de juicio, salvo las excepciones previstas en este Código.

Artículo 260. Antecedente de investigación

El antecedente de investigación es todo registro incorporado en la carpeta de investigación que sirve de sustento para aportar datos de prueba.

Artículo 261. Datos de prueba, medios de prueba y pruebas

El dato de prueba es la referencia al contenido de un determinado medio de convicción aún no desahogado ante el Órgano jurisdiccional, que se advierta idóneo y pertinente para establecer razonablemente la existencia de un hecho delictivo y la probable participación del imputado.

Los medios o elementos de prueba son toda fuente de información que permite reconstruir los hechos, respetando las formalidades procedimentales previstas para cada uno de ellos.

Se denomina prueba a todo conocimiento cierto o probable sobre un hecho, que ingresando al proceso como medio de prueba en una audiencia y desahogada bajo los principios de inmediación y contradicción, sirve al Tribunal de enjuiciamiento como elemento de juicio para llegar a una conclusión cierta sobre los hechos materia de la acusación.

Artículo 262. Derecho a ofrecer medios de prueba

Las partes tendrán el derecho de ofrecer medios de prueba para sostener sus planteamientos en los términos previstos en este Código.

Artículo 263. Licitud probatoria

Los datos y las pruebas deberán ser obtenidos, producidos y reproducidos lícitamente y deberán ser admitidos y desahogados en el proceso en los términos que establece este Código.

Artículo 264. Nulidad de la prueba

Se considera prueba ilícita cualquier dato o prueba obtenidos con violación de los derechos fundamentales, lo que será motivo de exclusión o nulidad.

Las partes harán valer la nulidad del medio de prueba en cualquier etapa del proceso y el juez o Tribunal deberá pronunciarse al respecto.

Artículo 265. Valoración de los datos y prueba

El Órgano jurisdiccional asignará libremente el valor correspondiente a cada uno de los datos y pruebas, de manera libre y lógica, debiendo justificar adecuadamente el valor otorgado a las pruebas y explicará y justificará su valoración con base en la apreciación conjunta, integral y armónica de todos los elementos probatorios.

TÍTULO V
ACTOS DE INVESTIGACIÓN

CAPÍTULO I
DISPOSICIONES GENERALES SOBRE ACTOS DE MOLESTIA

Artículo 266. Actos de molestia

Todo acto de molestia deberá llevarse a cabo con respeto a la dignidad de la persona en cuestión. Antes de que el procedimiento se lleve a cabo, la autoridad deberá informarle sobre los derechos que le asisten y solicitar su cooperación. Se realizará un registro forzoso sólo si la persona no está dispuesta a cooperar o se resiste. Si la persona sujeta al procedimiento no habla español, la autoridad deberá tomar medidas razonables para brindar a la persona información sobre sus derechos y para solicitar su cooperación.

CAPÍTULO II
ACTOS DE INVESTIGACIÓN

Artículo 267. Inspección

La inspección es un acto de investigación sobre el estado que guardan lugares, objetos, instrumentos o productos del delito.

Será materia de la inspección todo aquello que pueda ser directamente apreciado por los sentidos. Si se considera necesario, la Policía se hará asistir de peritos.

Al practicarse una inspección podrá entrevistarse a las personas que se encuentren presentes en el lugar de la inspección que puedan proporcionar algún dato útil para el esclarecimiento de los hechos. Toda inspección deberá constar en un registro.

Artículo 268. Inspección de personas

En la investigación de los delitos, la Policía podrá realizar la inspección sobre una persona y sus posesiones en caso de flagrancia, o cuando existan indicios de que oculta entre sus ropas o que lleva adheridos a su cuerpo instrumentos, objetos o productos relacionados con el hecho considerado como delito que se investiga. La revisión consistirá en una exploración externa de la persona y sus posesiones. Cualquier inspección que implique una exposición de partes íntimas del cuerpo requerirá autorización judicial. Antes de cualquier inspección, la Policía deberá informar a la persona del motivo de dicha revisión, respetando en todo momento su dignidad.

Artículo 269. Revisión corporal

Durante la investigación, la Policía o, en su caso el Ministerio Público, podrá solicitar a cualquier persona la aportación voluntaria de muestras de fluido corporal, vello o cabello, exámenes corporales de carácter biológico, extracciones de sangre u otros análogos, así como que se le permita obtener imágenes internas o externas de alguna parte del cuerpo, siempre que no implique riesgos para la salud y la dignidad de la persona.

Se deberá informar previamente a la persona el motivo de la aportación y del derecho que tiene a negarse a proporcionar dichas muestras. En los casos de delitos que impliquen violencia contra las mujeres, en los términos de la Ley General de Acceso de las Mujeres a una Vida Libre de Violencia, la inspección corporal deberá ser llevada a cabo en pleno cumplimiento del consentimiento informado de la víctima y con respeto de sus derechos.

Las muestras o imágenes deberán ser obtenidas por personal especializado, mismo que en todo caso deberá de ser del mismo sexo, o del sexo que la persona elija, con estricto apego al respeto a la dignidad y a los derechos humanos y de conformidad con los protocolos que al efecto expida la Procuraduría. Las muestras o imágenes obtenidas serán analizadas y dictaminadas por los peritos en la materia.

Artículo 270. Toma de muestras cuando la persona requerida se niegue a proporcionarlas

Si la persona a la que se le hubiere solicitado la aportación voluntaria de las muestras referidas en el artículo anterior se negara a hacerlo, el Ministerio Público por sí o a solicitud de la Policía podrá solicitar al Órgano jurisdiccional, por cualquier medio, la inmediata autorización de la práctica de dicho acto de investigación, justificando la necesidad de la medida y expresando la persona o personas en quienes haya de practicarse, el tipo y extensión de muestra o imagen a obtener. De concederse la autorización requerida, el Órgano jurisdiccional deberá facultar al Ministerio Público para que, en el caso de que la persona a inspeccionar ya no se encuentre ante él, ordene su localización y comparecencia a efecto de que tenga verificativo el acto correspondiente.

El Órgano jurisdiccional al resolver respecto de la solicitud del Ministerio Público, deberá tomar en consideración el principio de proporcionalidad y motivar la necesidad de la aplicación de dicha medida, en el sentido de que no existe otra menos gravosa para la persona que habrá de ser examinada o para el imputado, que resulte igualmente eficaz e idónea para el fin que se persigue, justificando la misma en atención a la gravedad del hecho que se investiga.

En la toma de muestras podrá estar presente una persona de confianza del examinado o el abogado Defensor en caso de que se trate del imputado, quien será advertido previamente de tal derecho. Tratándose de menores de edad estará presente quien ejerza la patria potestad, la tutela o curatela del sujeto. A falta de alguno de éstos deberá estar presente el Ministerio Público en su calidad de representante social.

En caso de personas inimputables que tengan alguna discapacidad se proveerá de los apoyos necesarios para que puedan tomar la decisión correspondiente.

Cuando exista peligro de desvanecimiento del medio de la prueba, la solicitud se hará por cualquier medio expedito y el Órgano jurisdiccional deberá autorizar inmediatamente la práctica del acto de investigación, siempre que se cumpla con las condiciones señaladas en este artículo.

Artículo 271. Levantamiento e identificación de cadáveres

En los casos en que se presuma muerte por causas no naturales, además de otras diligencias que sean procedentes, se practicará:

I. La inspección del cadáver, la ubicación del mismo y el lugar de los hechos;

II. El levantamiento del cadáver;

III. El traslado del cadáver;

IV. La descripción y peritajes correspondientes, o

V. La exhumación en los términos previstos en este Código y demás disposiciones aplicables.

Cuando de la investigación no resulten datos relacionados con la existencia de algún delito, el Ministerio Público podrá autorizar la dispensa de la necropsia.

Si el cadáver hubiere sido inhumado, se procederá a exhumarlo en los términos previstos en este Código y demás disposiciones aplicables. En todo caso, practicada la inspección o la necropsia correspondiente, se procederá a la sepultura inmediata, pero no podrá incinerarse el cadáver.

Cuando se desconozca la identidad del cadáver, se efectuarán los peritajes idóneos para proceder a su identificación. Una vez identificado, se entregará a los parientes o a quienes invoquen título o motivo suficiente, previa autorización del Ministerio Público, tan pronto la necropsia se hubiere practicado o, en su caso, dispensado.

Artículo 272. Peritajes

Durante la investigación, el Ministerio Público o la Policía con conocimiento de éste, podrá disponer la práctica de los peritajes que sean necesarios para la investigación del hecho. El dictamen escrito no exime al perito del deber de concurrir a declarar en la audiencia de juicio.

Artículo 273. Acceso a los indicios

Los peritos que elaboren los dictámenes tendrán en todo momento acceso a los indicios sobre los que versarán los mismos, o a los que se hará referencia en el interrogatorio.

Artículo 274. Peritaje irreproducible

Cuando se realice un peritaje sobre objetos que se consuman al ser analizados, no se permitirá que se verifique el primer análisis sino sobre la cantidad estrictamente necesaria para ello, a no ser que su existencia sea escasa y los peritos no puedan emitir su opinión sin consumirla por completo. Éste último supuesto o cualquier otro semejante que impida que con posterioridad se practique un peritaje independiente, deberá ser notificado por el Ministerio Público al Defensor del imputado, si éste ya se hubiere designado o al Defensor público, para que si lo estima necesario, los peritos de ambas partes, y de manera conjunta practiquen el examen, o bien, para que el perito de la defensa acuda a presenciar la realización de peritaje.

La pericial deberá ser admitida como medio de prueba, no obstante que el perito designado por el Defensor del imputado no compareciere a la realización del peritaje, o éste omita designar uno para tal efecto.

Artículo 275. Peritajes especiales

Cuando deban realizarse diferentes peritajes a personas agredidas sexualmente o cuando la naturaleza del hecho delictivo lo amerite, deberá integrarse un equipo interdisciplinario con profesionales capacitados en atención a víctimas, con el fin de concentrar en una misma sesión las entrevistas que ésta requiera, para la elaboración del dictamen respectivo.

Artículo 276. Aportación de comunicaciones entre particulares

Las comunicaciones entre particulares podrán ser aportadas voluntariamente a la investigación o al proceso penal, cuando hayan sido obtenidas directamente por alguno de los participantes en la misma.

Las comunicaciones aportadas por los particulares deberán estar estrechamente vinculadas con el delito que se investiga, por lo que en ningún caso el juez admitirá comunicaciones que violen el deber de confidencialidad respecto de los sujetos a que se refiere este Código, ni la autoridad prestará el apoyo a que se refiere el párrafo anterior cuando se viole dicho deber.

No se viola el deber de confidencialidad cuando se cuente con el consentimiento expreso de la persona con quien se guarda dicho deber.

Artículo 277. Procedimiento para reconocer personas

El reconocimiento de personas deberá practicarse con la mayor reserva posible.

El reconocimiento procederá aún sin consentimiento del imputado, pero siempre en presencia de su Defensor. Quien sea citado para efectuar un reconocimiento deberá ser ubicado en un lugar desde el cual no sea visto por las personas susceptibles de ser reconocidas. Se adoptarán las previsiones necesarias para que el imputado no altere u oculte su apariencia.

El reconocimiento deberá presentar al imputado en conjunto con otras personas con características físicas similares salvo que las condiciones de la investigación no lo permitan, lo que deberá quedar asentado en el registro correspondiente de la diligencia. En todos los procedimientos de reconocimiento, el acto deberá realizarse por una autoridad ministerial distinta a la que dirige la investigación. La práctica de filas de identificación se deberá realizar de manera secuencial.

Tratándose de personas menores de edad o tratándose de víctimas u ofendidos por los delitos de secuestro, trata de personas o violación que deban participar en el reconocimiento de personas, el Ministerio Público dispondrá medidas especiales para su participación, con el propósito de salvaguardar su identidad e integridad emocional. En la práctica de tales actos, el Ministerio Público deberá contar, en su caso, con el auxilio de peritos y con la asistencia del representante del menor de edad.

Todos los procedimientos de identificación deberán registrarse y en dicho registro deberá constar el nombre de la autoridad que estuvo a cargo, del testigo ocular, de las personas que participaron en la fila de identificación y, en su caso, del Defensor.

Artículo 278. Pluralidad de reconocimientos

Cuando varias personas deban reconocer a una sola, cada reconocimiento se practicará por separado sin que se comuniquen entre ellas. Si una persona debe reconocer a varias, el reconocimiento de todas podrá efectuarse en un solo acto, siempre que no perjudique la investigación o la defensa.

Artículo 279. Identificación por fotografía

Cuando sea necesario reconocer a una persona que no esté presente, podrá exhibirse su fotografía legalmente obtenida a quien deba efectuar el reconocimiento junto con la de otras personas con características semejantes, observando en lo conducente las reglas de reconocimiento de personas, con excepción de la presencia del Defensor. Se deberá guardar registro de las fotografías exhibidas.

En ningún caso se deberán mostrar al testigo fotografías, retratos computarizados o hechos a mano, o imágenes de identificación facial electrónica si la identidad del imputado es conocida por la Policía y está disponible para participar en una identificación en video, fila de identificación o identificación fotográfica.

Artículo 280. Reconocimiento de objeto

Antes del reconocimiento de un objeto, quien realice la diligencia deberá proceder a su descripción. Acto seguido se presentará el objeto o el registro del mismo para llevar a cabo el reconocimiento.

Artículo 281. Otros reconocimientos

Cuando se deban reconocer voces, sonidos y cuanto pueda ser objeto de percepción sensorial, se observarán, en lo aplicable, las disposiciones previstas para el reconocimiento de personas.

Artículo 282. Solicitud de orden de cateo

Cuando en la investigación el Ministerio Público estime necesaria la práctica de un cateo, en razón de que el lugar a inspeccionar es un domicilio o una propiedad privada, solicitará por cualquier medio la autorización judicial para practicar el acto de investigación correspondiente. En la solicitud, que contará con un registro, se expresará el lugar que ha de inspeccionarse, la persona o personas que han de aprehenderse y los objetos que se buscan, señalando los motivos e indicios que sustentan la necesidad de la orden, así como los servidores públicos que podrán practicar o intervenir en dicho acto de investigación.

Si el lugar a inspeccionar es de acceso público y forma parte del domicilio particular, este último no será sujeto de cateo, a menos que así se haya ordenado.

Artículo 283. Resolución que ordena el cateo

La resolución judicial que ordena el cateo deberá contener cuando menos:

I. El nombre y cargo del Juez de control que lo autoriza y la identificación del proceso en el cual se ordena;

II. La determinación concreta del lugar o los lugares que habrán de ser cateados y lo que se espera encontrar en éstos;

III. El motivo del cateo, debiéndose indicar o expresar los indicios de los que se desprenda la posibilidad de encontrar en el lugar la persona o personas que hayan de aprehenderse o los objetos que se buscan;

IV. El día y la hora en que deba practicarse el cateo o la determinación que de no ejecutarse dentro de los tres días siguientes a su autorización, quedará sin efecto cuando no se precise fecha exacta de realización, y

V. Los servidores públicos autorizados para practicar e intervenir en el cateo.

La petición de orden de cateo deberá ser resuelta por la autoridad judicial de manera inmediata por cualquier medio que garantice su autenticidad, o en audiencia privada con la sola comparecencia del Ministerio Público, en un plazo que no exceda de las seis horas siguientes a que se haya recibido.

Si la resolución se emite o registra por medios diversos al escrito, los puntos resolutivos de la orden de cateo deberán transcribirse y entregarse al Ministerio Público.

Artículo 284. Negativa del cateo

En caso de que el Juez de control niegue la orden, el Ministerio Público podrá subsanar las deficiencias y solicitar nuevamente la orden o podrá apelar la decisión. En este caso la apelación debe ser resuelta en un plazo no mayor de doce horas a partir de que se interponga.

Artículo 285. Medidas de vigilancia

Aún antes de que el Juez de control competente dicte la orden de cateo, el Ministerio Público podrá disponer las medidas de vigilancia o cualquiera otra que no requiera control judicial, que estime conveniente para evitar la fuga del imputado o la sustracción, alteración, ocultamiento o destrucción de documentos o cosas que constituyen el objeto del cateo.

Artículo 286. Cateo en residencia u oficinas públicas

Para la práctica de un cateo en la residencia u oficina de cualquiera de los Poderes Ejecutivo, Legislativo o Judicial de los tres órdenes de gobierno o en su caso organismos constitucionales autónomos, la Policía o el Ministerio Público recabarán la autorización correspondiente en los términos previstos en este Código.

Artículo 287. Cateo en buques, embarcaciones, aeronaves o cualquier medio de transporte extranjero en territorio mexicano

Cuando tenga que practicarse un cateo en buques, embarcaciones, aeronaves o cualquier medio de transporte extranjero en territorio mexicano se observarán además las disposiciones previstas en los Tratados, las leyes y reglamentos aplicables.

Artículo 288. Formalidades del cateo

Será entregada una copia de los puntos resolutivos de la orden de cateo a quien habite o esté en posesión del lugar donde se efectúe, o cuando esté ausente, a su encargado y, a falta de éste, a cualquier persona mayor de edad que se halle en el lugar.

Cuando no se encuentre persona alguna, se fijará la copia de los puntos resolutivos que autorizan el cateo a la entrada del inmueble, debiendo hacerse constar en el acta y se hará uso de la fuerza pública para ingresar.

Al concluir el cateo se levantará acta circunstanciada en presencia de dos testigos propuestos por el ocupante del lugar cateado, o en su ausencia o negativa, por la autoridad que practique el cateo, pero la designación no podrá recaer sobre los elementos que pertenezcan a la autoridad que lo practicó, salvo que no hayan participado en el mismo. Cuando no se cumplan estos requisitos, los elementos encontrados en el cateo carecerán de todo valor probatorio, sin que sirva de excusa el consentimiento de los ocupantes del lugar.

Al terminar el cateo se cuidará que los lugares queden cerrados, y de no ser posible inmediatamente, se asegurará que otras personas no ingresen en el lugar hasta lograr el cierre.

Si para la práctica del cateo es necesaria la presencia de alguna persona diferente a los servidores públicos propuestos para ello, el Ministerio Público, deberá incluir los datos de aquellos así como la motivación correspondiente en la solicitud del acto de investigación.

En caso de autorizarse la presencia de particulares en el cateo, éstos deberán omitir cualquier intervención material en la misma y sólo podrán tener comunicación con el servidor público que dirija la práctica del cateo.

Artículo 289. Descubrimiento de un delito diverso

Si al practicarse un cateo resultare el descubrimiento de un delito distinto del que lo haya motivado, se formará un inventario de aquello que se recoja relacionado con el nuevo delito, observándose en este caso lo relativo a la cadena de custodia y se hará constar esta circunstancia en el registro para dar inicio a una nueva investigación.

Artículo 290. Ingreso de una autoridad a lugar sin autorización judicial

Estará justificado el ingreso a un lugar cerrado sin orden judicial cuando:

I. Sea necesario para repeler una agresión real, actual o inminente y sin derecho que ponga en riesgo la vida, la integridad o la libertad personal de una o más personas, o

II. Se realiza con consentimiento de quien se encuentre facultado para otorgarlo.

En los casos de la fracción II, la autoridad que practique el ingreso deberá informarlo dentro de los cinco días siguientes, ante el Órgano jurisdiccional. A dicha audiencia deberá asistir la persona que otorgó su consentimiento a efectos de ratificarla.

Los motivos que determinaron la inspección sin orden judicial constarán detalladamente en el acta que al efecto se levante.

Artículo 291. Intervención de las comunicaciones privadas

(REFORMADO PRIMER PÁRRAFO, D.O.F. 17 DE JUNIO DE 2016)

Cuando en la investigación el Ministerio Público considere necesaria la intervención de comunicaciones privadas, el Titular de la Procuraduría General de la República, o en quienes éste delegue esta facultad, así como los Procuradores de las entidades federativas, podrán solicitar al Juez federal de control competente, por cualquier medio, la autorización para practicar la intervención, expresando el objeto y necesidad de la misma.

(REFORMADO, D.O.F. 17 DE JUNIO DE 2016)

La intervención de comunicaciones privadas, abarca todo sistema de comunicación, o programas que sean resultado de la evolución tecnológica, que permitan el intercambio de datos, informaciones, audio, video, mensajes, así como archivos electrónicos que graben, conserven el contenido de las conversaciones o registren datos que identifiquen la comunicación, los cuales se pueden presentar en tiempo real.

La solicitud deberá ser resuelta por la autoridad judicial de manera inmediata, por cualquier medio que garantice su autenticidad, o en audiencia privada con la sola comparecencia del Ministerio Público, en un plazo que no exceda de las seis horas siguientes a que la haya recibido.

(ADICIONADO, D.O.F. 17 DE JUNIO DE 2016)

También se requerirá autorización judicial en los casos de extracción de información, la cual consiste en la obtención de comunicaciones privadas, datos de identificación de las comunicaciones; así como la información, documentos, archivos de texto, audio, imagen o video contenidos en cualquier dispositivo, accesorio, aparato electrónico, equipo informático, aparato de almacenamiento y todo aquello que pueda contener información, incluyendo la almacenada en las plataformas o centros de datos remotos vinculados con éstos.

Si la resolución se registra por medios diversos al escrito, los puntos resolutivos de la autorización deberán transcribirse y entregarse al Ministerio Público.

Los servidores públicos autorizados para la ejecución de la medida serán responsables de que se realice en los términos de la resolución judicial.

Artículo 292. Requisitos de la solicitud

La solicitud de intervención deberá estar fundada y motivada, precisar la persona o personas que serán sujetas a la medida; la identificación del lugar o lugares donde se realizará, si fuere posible; el tipo de comunicación a ser intervenida; su duración; el proceso que se llevará a cabo y las líneas, números o aparatos que serán intervenidos, y en su caso, la denominación de la empresa concesionada del servicio de telecomunicaciones a través del cual se realiza la comunicación objeto de la intervención.

El plazo de la intervención, incluyendo sus prórrogas, no podrá exceder de seis meses. Después de dicho plazo, sólo podrán autorizarse nuevas intervenciones cuando el Ministerio Público acredite nuevos elementos que así lo justifiquen.

Artículo 293. Contenido de la resolución judicial que autoriza la intervención de las comunicaciones privadas

En la autorización, el Juez de control determinará las características de la intervención, sus modalidades, límites y en su caso, ordenará a instituciones públicas o privadas modos específicos de colaboración.

Artículo 294. Objeto de la intervención

Podrán ser objeto de intervención las comunicaciones privadas que se realicen de forma oral, escrita, por signos, señales o mediante el empleo de aparatos eléctricos, electrónicos, mecánicos, alámbricos o inalámbricos, sistemas o equipos informáticos, así como por cualquier otro medio o forma que permita la comunicación entre uno o varios emisores y uno o varios receptores.

En ningún caso se podrán autorizar intervenciones cuando se trate de materias de carácter electoral, fiscal, mercantil, civil, laboral o administrativo, ni en el caso de las comunicaciones del detenido con su Defensor.

El Juez podrá en cualquier momento verificar que las intervenciones sean realizadas en los términos autorizados y, en caso de incumplimiento, decretar su revocación parcial o total.

Artículo 295. Conocimiento de delito diverso

Si en la práctica de una intervención de comunicaciones privadas se tuviera conocimiento de la comisión de un delito diverso de aquellos que motivan la medida, se hará constar esta circunstancia en el registro para dar inicio a una nueva investigación.

Artículo 296. Ampliación de la intervención a otros sujetos

Cuando de la intervención de comunicaciones privadas se advierta la necesidad de ampliar a otros sujetos o lugares la intervención, el Ministerio Público competente presentará al propio Juez de control la solicitud respectiva.

Artículo 297. Registro de las intervenciones

Las intervenciones de comunicación deberán ser registradas por cualquier medio que no altere la fidelidad, autenticidad y contenido de las mismas, por la Policía o por el perito que intervenga, a efecto de que aquélla pueda ser ofrecida como medio de prueba en los términos que señala este Código.

Artículo 298. Registro

El registro a que se refiere el artículo anterior contendrá las fechas de inicio y término de la intervención, un inventario pormenorizado de los documentos, objetos y los medios para la reproducción de sonidos o imágenes captadas durante la misma, cuando no se ponga en riesgo a la investigación o a la persona, la identificación de quienes hayan participado en los actos de investigación, así como los demás datos que se consideren relevantes para la investigación. El registro original y el duplicado, así como los documentos que los integran, se numerarán progresivamente y contendrán los datos necesarios para su identificación.

Artículo 299. Conclusión de la intervención

Al concluir la intervención, la Policía o el perito, de manera inmediata, informará al Ministerio Público sobre su desarrollo, así como de sus resultados y levantará el acta respectiva. A su vez, con la misma prontitud el Ministerio Público que haya solicitado la intervención o su prórroga lo informará al Juez de control.

Las intervenciones realizadas sin las autorizaciones antes citadas o fuera de los términos en ellas ordenados, carecerán de valor probatorio, sin perjuicio de la responsabilidad administrativa o penal a que haya lugar.

Artículo 300. Destrucción de los registros

El Órgano jurisdiccional ordenará la destrucción de aquellos registros de intervención de comunicaciones privadas que no se relacionen con los delitos investigados o con otros delitos que hayan ameritado la apertura de una investigación diversa, salvo que la defensa solicite que sean preservados por considerarlos útiles para su labor.

Asimismo, ordenará la destrucción de los registros de intervenciones no autorizadas o cuando éstos rebasen los términos de la autorización judicial respectiva.

Los registros serán destruidos cuando se decrete el archivo definitivo, el sobreseimiento o la absolución del imputado. Cuando el Ministerio Público decida archivar temporalmente la investigación, los registros podrán ser conservados hasta que el delito prescriba.

Artículo 301. Colaboración con la autoridad

Los concesionarios, permisionarios y demás titulares de los medios o sistemas susceptibles de intervención, deberán colaborar eficientemente con la autoridad competente para el desahogo de dichos actos de investigación, de conformidad con las disposiciones aplicables. Asimismo, deberán contar con la capacidad técnica indispensable que atienda las exigencias requeridas por la autoridad judicial para operar una orden de intervención de comunicaciones privadas.

El incumplimiento a este mandato será sancionado conforme a las disposiciones penales aplicables.

Artículo 302. Deber de secrecía

Quienes participen en alguna intervención de comunicaciones privadas deberán observar el deber de secrecía sobre el contenido de las mismas.

(REFORMADO SU EPÍGRAFE, D.O.F. 17 DE JUNIO DE 2016)

Artículo 303. Localización geográfica en tiempo real y solicitud de entrega de datos conservados

(REFORMADO PRIMER PÁRRAFO, D.O.F. 17 DE JUNIO DE 2016)

Cuando el Ministerio Público considere necesaria la localización geográfica en tiempo real o entrega de datos conservados por los concesionarios de telecomunicaciones, los autorizados o proveedores de servicios de aplicaciones y contenidos de los equipos de comunicación móvil asociados a una línea que se encuentra relacionada con los hechos que se investigan, el Procurador, o el servidor público en quien se delegue la facultad, podrá solicitar al Juez de control del fuero correspondiente en su caso, por cualquier medio, requiera a los concesionarios de telecomunicaciones, los autorizados o proveedores de servicios de aplicaciones y contenidos, para que proporcionen con la oportunidad y suficiencia necesaria a la autoridad investigadora, la información solicitada para el inmediato desahogo de dichos actos de investigación. Los datos conservados a que refiere este párrafo se destruirán en caso de que no constituyan medio de prueba idóneo o pertinente.

(ADICIONADO, D.O.F. 17 DE JUNIO DE 2016)

En la solicitud se expresarán los equipos de comunicación móvil relacionados con los hechos que se investigan, señalando los motivos e indicios que sustentan la necesidad de la localización geográfica en tiempo real o la entrega de los datos conservados, su duración y, en su caso, la denominación de la empresa autorizada o proveedora del servicio de telecomunicaciones a través del cual se operan las líneas, números o aparatos que serán objeto de la medida.

(ADICIONADO, D.O.F. 17 DE JUNIO DE 2016)

La petición deberá ser resuelta por la autoridad judicial de manera inmediata por cualquier medio que garantice su autenticidad, o en audiencia privada con la sola comparecencia del Ministerio Público.

(ADICIONADO, D.O.F. 17 DE JUNIO DE 2016)

Si la resolución se emite o registra por medios diversos al escrito, los puntos resolutivos de la orden deberán transcribirse y entregarse al Ministerio Público.

(ADICIONADO, D.O.F. 17 DE JUNIO DE 2016)

En caso de que el Juez de control niegue la orden de localización geográfica en tiempo real o la entrega de los datos conservados, el Ministerio Público podrá subsanar las deficiencias y solicitar nuevamente la orden o podrá apelar la decisión. En este caso la apelación debe ser resuelta en un plazo no mayor de doce horas a partir de que se interponga.

(ADICIONADO, D.O.F. 17 DE JUNIO DE 2016)

Excepcionalmente, cuando esté en peligro la integridad física o la vida de una persona o se encuentre en riesgo el objeto del delito, así como en hechos relacionados con la privación ilegal de la libertad, secuestro, extorsión o delincuencia organizada, el Procurador, o el servidor público en quien se delegue la facultad, bajo su más estricta responsabilidad, ordenará directamente la localización geográfica en tiempo real o la entrega de los datos conservados a los concesionarios de telecomunicaciones, los autorizados o proveedores de servicios de aplicaciones y contenidos, quienes deberán atenderla de inmediato y con la suficiencia necesaria. A partir de que se haya cumplimentado el requerimiento, el Ministerio Público deberá informar al Juez de control competente por cualquier medio que garantice su autenticidad, dentro del plazo de cuarenta y ocho horas, a efecto de que ratifique parcial o totalmente de manera inmediata la subsistencia de la medida, sin perjuicio de que el Ministerio Público continúe con su actuación.

(ADICIONADO, D.O.F. 17 DE JUNIO DE 2016)

Cuando el Juez de control no ratifique la medida a que hace referencia el párrafo anterior, la información obtenida no podrá ser incorporada al procedimiento penal.

(REFORMADO, D.O.F. 17 DE JUNIO DE 2016)

Asimismo el Procurador, o el servidor público en quien se delegue la facultad podrá requerir a los sujetos obligados que establece la Ley Federal de Telecomunicaciones y Radiodifusión, la conservación inmediata de datos contenidos en redes, sistemas o equipos de informática, hasta por un tiempo máximo de noventa días, lo cual deberá realizarse de forma inmediata. La solicitud y entrega de los datos contenidos en redes, sistemas o equipos de informática se llevará a cabo de conformidad por lo previsto por este artículo. Lo anterior sin menoscabo de las obligaciones previstas en materia de conservación de información para las concesionarias y autorizados de telecomunicaciones en términos del artículo 190, fracción II de la Ley Federal de Telecomunicaciones y Radiodifusión.

CAPÍTULO III
PRUEBA ANTICIPADA

Artículo 304. Prueba anticipada

Hasta antes de la celebración de la audiencia de juicio se podrá desahogar anticipadamente cualquier medio de prueba pertinente, siempre que se satisfagan los siguientes requisitos:

I. Que sea practicada ante el Juez de control;

II. Que sea solicitada por alguna de las partes, quienes deberán expresar las razones por las cuales el acto se debe realizar con anticipación a la audiencia de juicio a la que se pretende desahogar y se torna indispensable en virtud de que se estime probable que algún testigo no podrá concurrir a la audiencia de juicio, por vivir en el extranjero, por existir motivo que hiciere temer su muerte, o por su estado de salud o incapacidad física o mental que le impidiese declarar;

III. Que sea por motivos fundados y de extrema necesidad y para evitar la pérdida o alteración del medio probatorio, y

IV. Que se practique en audiencia y en cumplimiento de las reglas previstas para la práctica de pruebas en el juicio.

Artículo 305. Procedimiento para prueba anticipada

La solicitud de desahogo de prueba anticipada podrá plantearse desde que se presenta la denuncia, querella o equivalente y hasta antes de que dé inicio la audiencia de juicio oral.

Cuando se solicite el desahogo de una prueba en forma anticipada, el Órgano jurisdiccional citará a audiencia a todos aquellos que tuvieren derecho a asistir a la audiencia de juicio oral y luego de escucharlos valorará la posibilidad de que la prueba por anticipar no pueda ser desahogada en la audiencia de juicio oral, sin grave riesgo de pérdida por la demora y, en su caso, admitirá y desahogará la prueba en el mismo acto otorgando a las partes todas las facultades previstas para su participación en la audiencia de juicio oral.

El imputado que estuviere detenido será trasladado a la sala de audiencias para que se imponga en forma personal, por teleconferencia o cualquier otro medio de comunicación, de la práctica de la diligencia.

En caso de que todavía no exista imputado identificado se designará un Defensor público para que intervenga en la audiencia.

Artículo 306. Registro y conservación de la prueba anticipada

La audiencia en la que se desahogue la prueba anticipada deberá registrarse en su totalidad. Concluido el desahogo de la prueba anticipada, se entregará el registro correspondiente a las partes.

Si el obstáculo que dio lugar a la práctica del anticipo de prueba no existiera para la fecha de la audiencia de juicio, se desahogará de nueva cuenta el medio de prueba correspondiente en la misma.

Toda prueba anticipada deberá conservarse de acuerdo con las medidas dispuestas por el Juez de control.

TÍTULO VI
AUDIENCIA INICIAL

Artículo 307. Audiencia inicial

En la audiencia inicial se informarán al imputado sus derechos constitucionales y legales, si no se le hubiese informado de los mismos con anterioridad, se realizará el control de legalidad de la detención si correspondiere, se formulará la imputación, se dará la oportunidad de declarar al imputado, se resolverá sobre las solicitudes de vinculación a proceso y medidas cautelares y se definirá el plazo para el cierre de la investigación.

(REFORMADO, D.O.F. 17 DE JUNIO DE 2016)

En caso de que el Ministerio Público o la víctima u ofendido solicite la procedencia de una medida cautelar, dicha cuestión deberá ser resuelta antes de que se dicte la suspensión de la audiencia inicial.

A esta audiencia deberá concurrir el Ministerio Público, el imputado y su Defensor. La víctima u ofendido o su Asesor jurídico, podrán asistir si así lo desean, pero su presencia no será requisito de validez de la audiencia.

Artículo 308. Control de legalidad de la detención

Inmediatamente después de que el imputado detenido en flagrancia o caso urgente sea puesto a disposición del Juez de control, se citará a la audiencia inicial en la que se realizará el control de la detención antes de que se proceda a la formulación de la imputación. El Juez le preguntará al detenido si cuenta con Defensor y en caso negativo, ordenará que se le nombre un Defensor público y le hará saber que tiene derecho a ofrecer datos de prueba, así como acceso a los registros.

El Ministerio Público deberá justificar las razones de la detención y el Juez de control procederá a calificarla, examinará el cumplimiento del plazo constitucional de retención y los requisitos de procedibilidad, ratificándola en caso de encontrarse ajustada a derecho o decretando la libertad en los términos previstos en este Código.

(REFORMADO, D.O.F. 17 DE JUNIO DE 2016)

Ratificada la detención en flagrancia, caso urgente, y cuando se hubiere ejecutado una orden de aprehensión, el imputado permanecerá detenido durante el desarrollo de la audiencia inicial, hasta en tanto no se resuelva si será o no sometido a una medida cautelar.

En caso de que al inicio de la audiencia el agente del Ministerio Público no esté presente, el Juez de control declarará en receso la audiencia hasta por una hora y ordenará a la administración del Poder Judicial para que se comunique con el superior jerárquico de aquél, con el propósito de que lo haga comparecer o lo sustituya. Concluido el receso sin obtener respuesta, se procederá a la inmediata liberación del detenido.

(ADICIONADO, D.O.F. 17 DE JUNIO DE 2016)

La omisión del Ministerio Público o de su superior jerárquico, al párrafo precedente los hará incurrir en las responsabilidades de conformidad con las disposiciones aplicables.

Artículo 309. Oportunidad para formular la imputación a personas detenidas

La formulación de la imputación es la comunicación que el Ministerio Público efectúa al imputado, en presencia del Juez de control, de que desarrolla una investigación en su contra respecto de uno o más hechos que la ley señala como delito.

En el caso de detenidos en flagrancia o caso urgente, después que el Juez de control califique de legal la detención, el Ministerio Público deberá formular la imputación, acto seguido solicitará la vinculación del imputado a proceso sin perjuicio del plazo constitucional que pueda invocar el imputado o su Defensor.

(REFORMADO, D.O.F. 17 DE JUNIO DE 2016)

En el caso de que el Ministerio Público o la víctima u ofendido o el Asesor jurídico solicite una medida cautelar y el imputado se haya acogido al plazo constitucional, el debate sobre medidas cautelares sucederá previo a la suspensión de la audiencia.

El imputado no podrá negarse a proporcionar su completa identidad, debiendo responder las preguntas que se le dirijan con respecto a ésta y se le exhortará para que se conduzca con verdad.

Se le preguntará al imputado si es su deseo proporcionar sus datos en voz alta o si prefiere que éstos sean anotados por separado y preservados en reserva.

Si el imputado decidiera declarar en relación a los hechos que se le imputan, se le informarán sus derechos procesales relacionados con este acto y que lo que declare puede ser utilizado en su contra, se le cuestionará si ha sido asesorado por su Defensor y si su decisión es libre.

Si el imputado decide libremente declarar, el Ministerio Público, el Asesor jurídico de la víctima u ofendido, el acusador privado en su caso y la defensa podrán dirigirle preguntas sobre lo que declaró, pero no estará obligado a responder las que puedan ser en su contra.

En lo conducente se observarán las reglas previstas en este Código para el desahogo de los medios de prueba.

Artículo 310. Oportunidad para formular la imputación a personas en libertad

El agente del Ministerio Público podrá formular la imputación cuando considere oportuna la intervención judicial con el propósito de resolver la situación jurídica del imputado.

Si el Ministerio Público manifestare interés en formular imputación a una persona que no se encontrare detenida, solicitará al Juez de control que lo cite en libertad y señale fecha y hora para que tenga verificativo la audiencia inicial, la que se llevará a cabo dentro de los quince días siguientes a la presentación de la solicitud.

Cuando lo considere necesario, para lograr la presencia del imputado en la audiencia inicial, el agente del Ministerio Público podrá solicitar orden de aprehensión o de comparecencia, según sea el caso y el Juez de control resolverá lo que corresponda. Las solicitudes y resoluciones deberán realizarse en los términos del presente Código.

Artículo 311. Procedimiento para formular la imputación

Una vez que el imputado esté presente en la audiencia inicial, por haberse ordenado su comparecencia, por haberse ejecutado en su contra una orden de aprehensión o ratificado de legal la detención y después de haber verificado el Juez de control que el imputado conoce sus derechos fundamentales dentro del procedimiento penal o, en su caso, después de habérselos dado a conocer, se ofrecerá la palabra al agente del Ministerio Público para que éste exponga al imputado el hecho que se le atribuye, la calificación jurídica preliminar, la fecha, lugar y modo de su comisión, la forma de intervención que haya tenido en el mismo, así como el nombre de su acusador, salvo que, a consideración del Juez de control sea necesario reservar su identidad en los supuestos autorizados por la Constitución y por la ley.

El Juez de control a petición del imputado o de su Defensor, podrá solicitar las aclaraciones o precisiones que considere necesarias respecto a la imputación formulada por el Ministerio Público.

Artículo 312. Oportunidad para declarar

Formulada la imputación, el Juez de control le preguntará al imputado si la entiende y si es su deseo contestar al cargo. En caso de que decida guardar silencio, éste no podrá ser utilizado en su contra. Si el imputado manifiesta su deseo de declarar, su declaración se rendirá conforme a lo dispuesto en este Código. Cuando se trate de varios imputados, sus declaraciones serán recibidas sucesivamente, evitando que se comuniquen entre sí antes de la recepción de todas ellas.

Artículo 313. Oportunidad para resolver la solicitud de vinculación a proceso

Después de que el imputado haya emitido su declaración, o manifestado su deseo de no hacerlo, el agente del Ministerio Público solicitará al Juez de control la oportunidad para discutir medidas cautelares, en su caso, y posteriormente solicitar la vinculación a proceso. Antes de escuchar al agente del Ministerio Público, el Juez de control se dirigirá al imputado y le explicará los momentos en los cuales puede resolverse la solicitud que desea plantear el Ministerio Público.

El Juez de control cuestionará al imputado si desea que se resuelva sobre su vinculación a proceso en esa audiencia dentro del plazo de setenta y dos horas o si solicita la ampliación de dicho plazo. En caso de que el imputado no se acoja al plazo constitucional ni solicite la duplicidad del mismo, el Ministerio Público deberá solicitar y motivar la vinculación del imputado a proceso, exponiendo en la misma audiencia los datos de prueba con los que considera que se establece un hecho que la ley señale como delito y la probabilidad de que el imputado lo cometió o participó en su comisión. El Juez de control otorgará la oportunidad a la defensa para que conteste la solicitud y si considera necesario permitirá la réplica y contrarréplica. Hecho lo anterior, resolverá la situación jurídica del imputado.

Si el imputado manifestó su deseo de que se resuelva sobre su vinculación a proceso dentro del plazo de setenta y dos horas o solicita la ampliación de dicho plazo, el Juez deberá señalar fecha para la celebración de la audiencia de vinculación a proceso dentro de dicho plazo o su prórroga.

(REFORMADO, D.O.F. 17 DE JUNIO DE 2016)

La audiencia de vinculación a proceso deberá celebrarse, según sea el caso, dentro de las setenta y dos o ciento cuarenta y cuatro horas siguientes a que el imputado detenido fue puesto a su disposición o que el imputado compareció a la audiencia de formulación de la imputación.

El Juez de control deberá informar a la autoridad responsable del establecimiento en el que se encuentre internado el imputado si al resolverse su situación jurídica además se le impuso como medida cautelar la prisión preventiva o si se solicita la duplicidad del plazo constitucional. Si transcurrido el plazo constitucional el Juez de control no informa a la autoridad responsable, ésta deberá llamar su atención sobre dicho particular en el acto mismo de concluir el plazo y, si no recibe la constancia mencionada dentro de las tres horas siguientes, deberá poner al imputado en libertad.

(REFORMADO SU EPÍGRAFE, D.O.F. 17 DE JUNIO DE 2016)

Artículo 314. Incorporación de datos y medios de prueba en el plazo constitucional o su ampliación

(REFORMADO PRIMER PÁRRAFO, D.O.F. 17 DE JUNIO DE 2016)

El imputado o su Defensor podrán, durante el plazo constitucional o su ampliación, presentar los datos de prueba que consideren necesarios ante el Juez de control.

(ADICIONADO, D.O.F. 17 DE JUNIO DE 2016)

Exclusivamente en el caso de delitos que ameriten la imposición de la medida cautelar de prisión preventiva oficiosa u otra personal, de conformidad con lo previsto en este Código, el Juez de control podrá admitir el desahogo de medios de prueba ofrecidos por el imputado o su Defensor, cuando, al inicio de la audiencia o su continuación, justifiquen que ello resulta pertinente.

Artículo 315. Continuación de la audiencia inicial

(REFORMADO PRIMER PÁRRAFO, D.O.F. 17 DE JUNIO DE 2016)

La continuación de la audiencia inicial comenzará con la presentación de los datos de prueba aportados por las partes o, en su caso, con el desahogo de los medios de prueba que hubiese ofrecido y justificado el imputado o su defensor en términos del artículo 314 de este Código. Para tal efecto, se seguirán en lo conducente las reglas previstas para el desahogo de pruebas en la audiencia de debate de juicio oral. Desahogada la prueba, si la hubo, se le concederá la palabra en primer término al Ministerio Público, al asesor jurídico de la víctima y luego al imputado. Agotado el debate, el Juez resolverá sobre la vinculación o no del imputado a proceso.

En casos de extrema complejidad, el Juez de control podrá decretar un receso que no podrá exceder de dos horas, antes de resolver sobre la situación jurídica del imputado.

Artículo 316. Requisitos para dictar el auto de vinculación a proceso

El Juez de control, a petición del agente del Ministerio Público, dictará el auto de vinculación del imputado a proceso, siempre que:

I. Se haya formulado la imputación;

II. Se haya otorgado al imputado la oportunidad para declarar;

III. De los antecedentes de la investigación expuestos por el Ministerio Público, se desprendan datos de prueba que establezcan que se ha cometido un hecho que la ley señala como delito y que exista la probabilidad de que el imputado lo cometió o participó en su comisión. Se entenderá que obran datos que establecen que se ha cometido un hecho que la ley señale como delito cuando existan indicios razonables que así permitan suponerlo, y

IV. Que no se actualice una causa de extinción de la acción penal o excluyente del delito.

El auto de vinculación a proceso deberá dictarse por el hecho o hechos que fueron motivo de la imputación, el Juez de control podrá otorgarles una clasificación jurídica distinta a la asignada por el Ministerio Público misma que deberá hacerse saber al imputado para los efectos de su defensa.

El proceso se seguirá forzosamente por el hecho o hechos delictivos señalados en el auto de vinculación a proceso. Si en la secuela de un proceso apareciere que se ha cometido un hecho delictivo distinto del que se persigue, deberá ser objeto de investigación separada, sin perjuicio de que después pueda decretarse la acumulación si fuere conducente.

Artículo 317. Contenido del auto de vinculación a proceso

El auto de vinculación a proceso deberá contener:

I. Los datos personales del imputado;

II. Los fundamentos y motivos por los cuales se estiman satisfechos los requisitos mencionados en el artículo anterior, y

III. El lugar, tiempo y circunstancias de ejecución del hecho que se imputa.

Artículo 318. Efectos del auto de vinculación a proceso

El auto de vinculación a proceso establecerá el hecho o los hechos delictivos sobre los que se continuará el proceso o se determinarán las formas anticipadas de terminación del proceso, la apertura a juicio o el sobreseimiento.

Artículo 319. Auto de no vinculación a proceso

En caso de que no se reúna alguno de los requisitos previstos en este Código, el Juez de control dictará un auto de no vinculación del imputado a proceso y, en su caso, ordenará la libertad inmediata del imputado, para lo cual revocará las providencias precautorias y las medidas cautelares anticipadas que se hubiesen decretado.

El auto de no vinculación a proceso no impide que el Ministerio Público continúe con la investigación y posteriormente formule nueva imputación, salvo que en el mismo se decrete el sobreseimiento.

(REFORMADO, D.O.F. 17 DE JUNIO DE 2016)

Artículo 320. Valor de las actuaciones

Los antecedentes de la investigación y elementos de convicción aportados y desahogados, en su caso, en la audiencia de vinculación a proceso, que sirvan como base para el dictado del auto de vinculación a proceso y de las medidas cautelares, carecen de valor probatorio para fundar la sentencia, salvo las excepciones expresas previstas por este Código.

Artículo 321. Plazo para la investigación complementaria

El Juez de control, antes de finalizar la audiencia inicial determinará previa propuesta de las partes el plazo para el cierre de la investigación complementaria.

El Ministerio Público deberá concluir la investigación complementaria dentro del plazo señalado por el Juez de control, mismo que no podrá ser mayor a dos meses si se tratare de delitos cuya pena máxima no exceda los dos años de prisión, ni de seis meses si la pena máxima excediera ese tiempo o podrá agotar dicha investigación antes de su vencimiento. Transcurrido el plazo para el cierre de la investigación, ésta se dará por cerrada, salvo que el Ministerio Público, la víctima u ofendido o el imputado hayan solicitado justificadamente prórroga del mismo antes de finalizar el plazo, observándose los límites máximos que establece el presente artículo.

En caso de que el Ministerio Público considere cerrar anticipadamente la investigación, informará a la víctima u ofendido o al imputado para que, en su caso, manifiesten lo conducente.

Artículo 322. Prórroga del plazo de la investigación complementaria

De manera excepcional, el Ministerio Público podrá solicitar una prórroga del plazo de investigación complementaria para formular acusación, con la finalidad de lograr una mejor preparación del caso, fundando y motivando su petición. El Juez podrá otorgar la prórroga siempre y cuando el plazo solicitado, sumado al otorgado originalmente, no exceda los plazos señalados en el artículo anterior.

Artículo 323. Plazo para declarar el cierre de la investigación

Transcurrido el plazo para el cierre de la investigación, el Ministerio Público deberá cerrarla o solicitar justificadamente su prórroga al Juez de control, observándose los límites máximos previstos en el artículo 321.

Si el Ministerio Público no declarara cerrada la investigación en el plazo fijado, o no solicita su prórroga, el imputado o la víctima u ofendido podrán solicitar al Juez de control que lo aperciba para que proceda a tal cierre.

Transcurrido el plazo para el cierre de la investigación, ésta se tendrá por cerrada salvo que el Ministerio Público o el imputado hayan solicitado justificadamente prórroga del mismo al Juez.

Artículo 324. Consecuencias de la conclusión del plazo de la investigación complementaria

Una vez cerrada la investigación complementaria, el Ministerio Público dentro de los quince días siguientes deberá:

I. Solicitar el sobreseimiento parcial o total;

II. Solicitar la suspensión del proceso, o

III. Formular acusación.

Artículo 325. Extinción de la acción penal por incumplimiento del plazo

Cuando el Ministerio Público no cumpla con la obligación establecida en el artículo anterior, el Juez de control pondrá el hecho en conocimiento del Procurador o del servidor público en quien haya delegado esta facultad, para que se pronuncie en el plazo de quince días.

Transcurrido este plazo sin que se haya pronunciado, el Juez de control ordenará el sobreseimiento.

Artículo 326. Peticiones diversas a la acusación

Cuando únicamente se formulen peticiones diversas a la acusación del Ministerio Público, el Juez de control resolverá sin sustanciación lo que corresponda, salvo disposición en contrario o que estime indispensable realizar audiencia, en cuyo caso convocará a las partes.

Artículo 327. Sobreseimiento

El Ministerio Público, el imputado o su Defensor podrán solicitar al Órgano jurisdiccional el sobreseimiento de una causa; recibida la solicitud, el Órgano jurisdiccional la notificará a las partes y citará, dentro de las veinticuatro horas siguientes, a una audiencia donde se resolverá lo conducente. La incomparecencia de la víctima u ofendido debidamente citados no impedirá que el Órgano jurisdiccional se pronuncie al respecto.

El sobreseimiento procederá cuando:

I. El hecho no se cometió;

II. El hecho cometido no constituye delito;

III. Apareciere claramente establecida la inocencia del imputado;

IV. El imputado esté exento de responsabilidad penal;

V. Agotada la investigación, el Ministerio Público estime que no cuenta con los elementos suficientes para fundar una acusación;

VI. Se hubiere extinguido la acción penal por alguno de los motivos establecidos en la ley;

VII. Una ley o reforma posterior derogue el delito por el que se sigue el proceso;

VIII. El hecho de que se trata haya sido materia de un proceso penal en el que se hubiera dictado sentencia firme respecto del imputado;

IX. Muerte del imputado, o

X. En los demás casos en que lo disponga la ley.

Artículo 328. Efectos del sobreseimiento

El sobreseimiento firme tiene efectos de sentencia absolutoria, pone fin al procedimiento en relación con el imputado en cuyo favor se dicta, inhibe una nueva persecución penal por el mismo hecho y hace cesar todas las medidas cautelares que se hubieran dictado.

Artículo 329. Sobreseimiento total o parcial

El sobreseimiento será total cuando se refiera a todos los delitos y a todos los imputados, y parcial cuando se refiera a algún delito o a algún imputado, de los varios a que se hubiere extendido la investigación y que hubieren sido objeto de vinculación a proceso.

Si el sobreseimiento fuere parcial, se continuará el proceso respecto de aquellos delitos o de aquellos imputados a los que no se extendiere aquél.

Artículo 330. Facultades del Juez respecto del sobreseimiento

El Juez de control, al pronunciarse sobre la solicitud de sobreseimiento planteada por cualquiera de las partes, podrá rechazarlo o bien decretar el sobreseimiento incluso por motivo distinto del planteado conforme a lo previsto en este Código.

Si la víctima u ofendido se opone a la solicitud de sobreseimiento formulada por el Ministerio Público, el imputado o su Defensor, el Juez de control se pronunciará con base en los argumentos expuestos por las partes y el mérito de la causa.

Si el Juez de control admite las objeciones de la víctima u ofendido, denegará la solicitud de sobreseimiento.

De no mediar oposición, la solicitud de sobreseimiento se declarará procedente sin perjuicio del derecho de las partes a recurrir.

Artículo 331. Suspensión del proceso

El Juez de control competente decretará la suspensión del proceso cuando:

I. Se decrete la sustracción del imputado a la acción de la justicia;

II. Se descubra que el delito es de aquellos respecto de los cuales no se puede proceder sin que sean satisfechos determinados requisitos y éstos no se hubieren cumplido;

III. El imputado adquiera algún trastorno mental temporal durante el proceso, o

IV. En los demás casos que la ley señale.

Artículo 332. Reapertura del proceso al cesar la causal de suspensión

A solicitud del Ministerio Público o de cualquiera de los que intervienen en el proceso, el Juez de control podrá decretar la reapertura del mismo cuando cese la causa que haya motivado la suspensión.

Artículo 333. Reapertura de la investigación

Hasta antes de presentada la acusación, las partes podrán reiterar la solicitud de diligencias de investigación específicas que hubieren formulado al Ministerio Público después de dictado el auto de vinculación a proceso y que éste hubiere rechazado.

Si el Juez de control aceptara la solicitud de las partes, ordenará al Ministerio Público reabrir la investigación y proceder al cumplimiento de las actuaciones en el plazo que le fijará. En dicha audiencia, el Ministerio Público podrá solicitar la ampliación del plazo por una sola vez.

No procederá la solicitud de llevar a cabo actos de investigación que en su oportunidad se hubieren ordenado a petición de las partes y no se hubieren cumplido por negligencia o hecho imputable a ellas, ni tampoco las que fueren impertinentes, las que tuvieren por objeto acreditar hechos públicos y notorios, ni todas aquellas que hubieren sido solicitadas con fines puramente dilatorios.

Vencido el plazo o su ampliación, la investigación sujeta a reapertura se considerará cerrada, o aún antes de ello si se hubieren cumplido las actuaciones que la motivaron, y se procederá de conformidad con lo dispuesto en este Código.

TÍTULO VII
ETAPA INTERMEDIA

CAPÍTULO I
OBJETO

Artículo 334. Objeto de la etapa intermedia

La etapa intermedia tiene por objeto el ofrecimiento y admisión de los medios de prueba, así como la depuración de los hechos controvertidos que serán materia del juicio.

Esta etapa se compondrá de dos fases, una escrita y otra oral. La fase escrita iniciará con el escrito de acusación que formule el Ministerio Público y comprenderá todos los actos previos a la celebración de la audiencia intermedia. La segunda fase dará inicio con la celebración de la audiencia intermedia y culminará con el dictado del auto de apertura a juicio.

Artículo 335. Contenido de la acusación

Una vez concluida la fase de investigación complementaria, si el Ministerio Público estima que la investigación aporta elementos para ejercer la acción penal contra el imputado, presentará la acusación.

La acusación del Ministerio Público, deberá contener en forma clara y precisa:

I. La individualización del o los acusados y de su Defensor;

II. La identificación de la víctima u ofendido y su Asesor jurídico;

III. La relación clara, precisa, circunstanciada y específica de los hechos atribuidos en modo, tiempo y lugar, así como su clasificación jurídica;

IV. La relación de las modalidades del delito que concurrieren;

V. La autoría o participación concreta que se atribuye al acusado;

VI. La expresión de los preceptos legales aplicables;

VII. El señalamiento de los medios de prueba que pretenda ofrecer, así como la prueba anticipada que se hubiere desahogado en la etapa de investigación;

VIII. El monto de la reparación del daño y los medios de prueba que ofrece para probarlo;

IX. La pena o medida de seguridad cuya aplicación se solicita incluyendo en su caso la correspondiente al concurso de delitos;

X. Los medios de prueba que el Ministerio Público pretenda presentar para la individualización de la pena y en su caso, para la procedencia de sustitutivos de la pena de prisión o suspensión de la misma;

XI. La solicitud de decomiso de los bienes asegurados;

XII. La propuesta de acuerdos probatorios, en su caso, y

XIII. La solicitud de que se aplique alguna forma de terminación anticipada del proceso cuando ésta proceda.

La acusación sólo podrá formularse por los hechos y personas señaladas en el auto de vinculación a proceso, aunque se efectúe una distinta clasificación, la cual deberá hacer del conocimiento de las partes.

Si el Ministerio Público o, en su caso, la víctima u ofendido ofrecieran como medios de prueba la declaración de testigos o peritos, deberán presentar una lista identificándolos con nombre, apellidos, domicilio y modo de localizarlos, señalando además los puntos sobre los que versarán los interrogatorios.

(REFORMADO SU EPÍGRAFE, D.O.F. 17 DE JUNIO DE 2016)

Artículo 336. Notificación de la Acusación

(REFORMADO, D.O.F. 17 DE JUNIO DE 2016)

Una vez presentada la acusación, el Juez de control ordenará su notificación a las partes al día siguiente. Con dicha notificación se les entregará copia de la acusación.

(REFORMADO, D.O.F. 17 DE JUNIO DE 2016)

Artículo 337. Descubrimiento probatorio

El descubrimiento probatorio consiste en la obligación de las partes de darse a conocer entre ellas en el proceso, los medios de prueba que pretendan ofrecer en la audiencia de juicio. En el caso del Ministerio Público, el descubrimiento comprende el acceso y copia a todos los registros de la investigación, así como a los lugares y objetos relacionados con ella, incluso de aquellos elementos que no pretenda ofrecer como medio de prueba en el juicio. En el caso del imputado o su defensor, consiste en entregar materialmente copia de los registros al Ministerio Público a su costa, y acceso a las evidencias materiales que ofrecerá en la audiencia intermedia, lo cual deberá realizarse en los términos de este Código.

El Ministerio Público deberá cumplir con esta obligación de manera continua a partir de los momentos establecidos en el párrafo tercero del artículo 218 de este Código, así como permitir el acceso del imputado o su Defensor a los nuevos elementos que surjan en el curso de la investigación, salvo las excepciones previstas en este Código.

La víctima u ofendido, el asesor jurídico y el acusado o su Defensor, deberán descubrir los medios de prueba que pretendan ofrecer en la audiencia del juicio, en los plazos establecidos en los artículos 338 y 340, respectivamente, para lo cual, deberán entregar materialmente copia de los registros y acceso a los medios de prueba, con costo a cargo del Ministerio Público. Tratándose de la prueba pericial, se deberá entregar el informe respectivo al momento de descubrir los medios de prueba a cargo de cada una de las partes, salvo que se justifique que aún no cuenta con ellos, caso en el cual, deberá descubrirlos a más tardar tres días antes del inicio de la audiencia intermedia.

En caso que el acusado o su defensor, requiera más tiempo para preparar el descubrimiento o su caso, podrá solicitar al Juez de control, antes de celebrarse la audiencia intermedia o en la misma audiencia, le conceda un plazo razonable y justificado para tales efectos.

Artículo 338. Coadyuvancia en la acusación

Dentro de los tres días siguientes de la notificación de la acusación formulada por el Ministerio Público, la víctima u ofendido podrán mediante escrito:

I. Constituirse como coadyuvantes en el proceso;

II. Señalar los vicios formales de la acusación y requerir su corrección;

(REFORMADA, D.O.F. 17 DE JUNIO DE 2016)

III. Ofrecer los medios de prueba que estime necesarios para complementar la acusación del Ministerio Público, de lo cual se deberá notificar al acusado;

IV. Solicitar el pago de la reparación del daño y cuantificar su monto.

Artículo 339. Reglas generales de la coadyuvancia

Si la víctima u ofendido se constituyera en coadyuvante del Ministerio Público, le serán aplicables en lo conducente las formalidades previstas para la acusación de aquél. El Juez de control deberá correr traslado de dicha solicitud a las partes.

La coadyuvancia en la acusación por parte de la víctima u ofendido no alterará las facultades concedidas por este Código y demás legislación aplicable al Ministerio Público, ni lo eximirá de sus responsabilidades.

Si se trata de varias víctimas u ofendidos podrán nombrar un representante común, siempre que no exista conflicto de intereses.

Artículo 340. Actuación del imputado en la fase escrita de la etapa intermedia

(REFORMADO PRIMER PÁRRAFO, D.O.F. 17 DE JUNIO DE 2016)

Dentro de los diez días siguientes a que fenezca el plazo para la solicitud de coadyuvancia de la víctima u ofendido, el acusado o su Defensor, mediante escrito dirigido al Juez de control, podrán:

(REFORMADA, D.O.F. 17 DE JUNIO DE 2016)

I. Señalar vicios formales del escrito de acusación y pronunciarse sobre las observaciones del coadyuvante y si lo consideran pertinente, requerir su corrección. No obstante, el acusado o su Defensor podrán señalarlo en la audiencia intermedia;

(ADICIONADA, D.O.F. 17 DE JUNIO DE 2016)

II. Ofrecer los medios de prueba que pretenda se desahoguen en el juicio;

(REFORMADA, D.O.F. 17 DE JUNIO DE 2016)

III. Solicitar la acumulación o separación de acusaciones, y

(REFORMADA, D.O.F. 17 DE JUNIO DE 2016)

IV. Manifestarse sobre los acuerdos probatorios.

(DEROGADO SEGUNDO PÁRRAFO, D.O.F. 17 DE JUNIO DE 2016)

(REFORMADO, D.O.F. 17 DE JUNIO DE 2016)

El escrito del acusado o su Defensor se notificará al Ministerio Público y al coadyuvante dentro de las veinticuatro horas siguientes a su presentación.

Artículo 341. Citación a la audiencia

(REFORMADO PRIMER PÁRRAFO, D.O.F. 17 DE JUNIO DE 2016)

El Juez de control, en el mismo auto en que tenga por presentada la acusación del Ministerio Público, señalará fecha para que se lleve a cabo la audiencia intermedia, la cual deberá tener lugar en un plazo que no podrá ser menor a treinta ni exceder de cuarenta días naturales a partir de presentada la acusación.

Previa celebración de la audiencia intermedia, el Juez de control podrá, por una sola ocasión y a solicitud de la defensa, diferir, hasta por diez días, la celebración de la audiencia intermedia. Para tal efecto, la defensa deberá exponer las razones por las cuales ha requerido dicho diferimiento.

Artículo 342. Inmediación en la audiencia intermedia

La audiencia intermedia será conducida por el Juez de control, quien la presidirá en su integridad y se desarrollará oralmente. Es indispensable la presencia permanente del Juez de control, el Ministerio Público, y el Defensor durante la audiencia.

La víctima u ofendido o su Asesor jurídico deberán concurrir, pero su inasistencia no suspende el acto, aunque si ésta fue injustificada, se tendrá por desistida su pretensión en el caso de que se hubiera constituido como coadyuvante del Ministerio Público.

Artículo 343. Unión y separación de acusación

Cuando el Ministerio Público formule diversas acusaciones que el Juez de control considere conveniente someter a una misma audiencia del debate, y siempre que ello no perjudique el derecho de defensa, podrá unirlas y decretar la apertura de un solo juicio, si ellas están vinculadas por referirse a un mismo hecho, a un mismo acusado o porque deben ser examinadas los mismos medios de prueba.

El Juez de control podrá dictar autos de apertura del juicio separados, para distintos hechos o diferentes acusados que estén comprendidos en una misma acusación, cuando, de ser conocida en una sola audiencia del debate, pudiera provocar graves dificultades en la organización o el desarrollo de la audiencia del debate o afectación del derecho de defensa, y siempre que ello no implique el riesgo de provocar decisiones contradictorias.

Artículo 344. Desarrollo de la audiencia

Al inicio de la audiencia el Ministerio Público realizará una exposición resumida de su acusación, seguida de las exposiciones de la víctima u ofendido y el acusado por sí o por conducto de su Defensor; acto seguido las partes podrán deducir cualquier incidencia que consideren relevante presentar. Asimismo, la Defensa promoverá las excepciones que procedan conforme a lo que se establece en este Código.

Desahogados los puntos anteriores y posterior al establecimiento en su caso de acuerdos probatorios, el Juez se cerciorará de que se ha cumplido con el descubrimiento probatorio a cargo de las partes y, en caso de controversia abrirá debate entre las mismas y resolverá lo procedente.

Si es el caso que el Ministerio Público o la víctima u ofendido ocultaron una prueba favorable a la defensa, el Juez en el caso del Ministerio Público procederá a dar vista a su superior para los efectos conducentes. De igual forma impondrá una corrección disciplinaria a la víctima u ofendido.

Artículo 345. Acuerdos probatorios

Los acuerdos probatorios son aquellos celebrados entre el Ministerio Público y el acusado, sin oposición fundada de la víctima u ofendido, para aceptar como probados alguno o algunos de los hechos o sus circunstancias.

Si la víctima u ofendido se opusieren, el Juez de control determinará si es fundada y motivada la oposición, de lo contrario el Ministerio Público podrá realizar el acuerdo probatorio.

El Juez de control autorizará el acuerdo probatorio, siempre que lo considere justificado por existir antecedentes de la investigación con los que se acredite el hecho.

En estos casos, el Juez de control indicará en el auto de apertura del juicio los hechos que tendrán por acreditados, a los cuales deberá estarse durante la audiencia del juicio oral.

Artículo 346. Exclusión de medios de prueba para la audiencia del debate

Una vez examinados los medios de prueba ofrecidos y de haber escuchado a las partes, el Juez de control ordenará fundadamente que se excluyan de ser rendidos en la audiencia de juicio, aquellos medios de prueba que no se refieran directa o indirectamente al objeto de la investigación y sean útiles para el esclarecimiento de los hechos, así como aquellos en los que se actualice alguno de los siguientes supuestos:

I. Cuando el medio de prueba se ofrezca para generar efectos dilatorios, en virtud de ser:

a) Sobreabundante: por referirse a diversos medios de prueba del mismo tipo, testimonial o documental, que acrediten lo mismo, ya superado, en reiteradas ocasiones;

b) Impertinentes: por no referirse a los hechos controvertidos, o

c) Innecesarias: por referirse a hechos públicos, notorios o incontrovertidos;

II. Por haberse obtenido con violación a derechos fundamentales;

III. Por haber sido declaradas nulas, o

IV. Por ser aquellas que contravengan las disposiciones señaladas en este Código para su desahogo.

En el caso de que el Juez estime que el medio de prueba sea sobreabundante, dispondrá que la parte que la ofrezca reduzca el número de testigos o de documentos, cuando mediante ellos desee acreditar los mismos hechos o circunstancias con la materia que se someterá a juicio.

Asimismo, en los casos de delitos contra la libertad y seguridad sexuales y el normal desarrollo psicosexual, el Juez excluirá la prueba que pretenda rendirse sobre la conducta sexual anterior o posterior de la víctima.

La decisión del Juez de control de exclusión de medios de prueba es apelable.

Artículo 347. Auto de apertura a juicio

Antes de finalizar la audiencia, el Juez de control dictará el auto de apertura de juicio que deberá indicar:

(REFORMADA, D.O.F. 17 DE JUNIO DE 2016)

I. El Tribunal de enjuiciamiento competente para celebrar la audiencia de juicio;

II. La individualización de los acusados;

III. Las acusaciones que deberán ser objeto del juicio y las correcciones formales que se hubieren realizado en ellas, así como los hechos materia de la acusación;

IV. Los acuerdos probatorios a los que hubieren llegado las partes;

V. Los medios de prueba admitidos que deberán ser desahogados en la audiencia de juicio, así como la prueba anticipada;

VI. Los medios de pruebas que, en su caso, deban de desahogarse en la audiencia de individualización de las sanciones y de reparación del daño;

VII. Las medidas de resguardo de identidad y datos personales que procedan en términos de este Código;

VIII. Las personas que deban ser citadas a la audiencia de debate, y

IX. Las medidas cautelares que hayan sido impuestas al acusado.

El Juez de control hará llegar el mismo al Tribunal de enjuiciamiento competente dentro de los cinco días siguientes de haberse dictado y pondrá a su disposición los registros, así como al acusado.

TÍTULO VIII
ETAPA DE JUICIO

CAPÍTULO I
DISPOSICIONES PREVIAS

Artículo 348. Juicio

El juicio es la etapa de decisión de las cuestiones esenciales del proceso. Se realizará sobre la base de la acusación en el que se deberá asegurar la efectiva vigencia de los principios de inmediación, publicidad, concentración, igualdad, contradicción y continuidad.

(REFORMADO, D.O.F. 17 DE JUNIO DE 2016)

Artículo 349. Fecha, lugar, integración y citaciones

El Tribunal de enjuiciamiento una vez que reciba el auto de apertura a juicio oral deberá establecer la fecha para la celebración de la audiencia de debate, la que deberá tener lugar no antes de veinte ni después de sesenta días naturales contados a partir de la emisión del auto de apertura a juicio. Se citará oportunamente a todas las partes para asistir al debate. El acusado deberá ser citado, por lo menos con siete días de anticipación al comienzo de la audiencia.

Artículo 350. Prohibición de intervención

Los jueces que hayan intervenido en alguna etapa del procedimiento anterior a la audiencia de juicio no podrán fungir como Tribunal de enjuiciamiento.

CAPÍTULO II
PRINCIPIOS

Artículo 351. Suspensión

La audiencia de juicio podrá suspenderse en forma excepcional por un plazo máximo de diez días naturales cuando:

I. Se deba resolver una cuestión incidental que no pueda, por su naturaleza, resolverse en forma inmediata;

II. Tenga que practicarse algún acto fuera de la sala de audiencias, incluso porque se tenga la noticia de un hecho inesperado que torne indispensable una investigación complementaria y no sea posible cumplir los actos en el intervalo de dos sesiones;

III. No comparezcan testigos, peritos o intérpretes, deba practicarse una nueva citación y sea imposible o inconveniente continuar el debate hasta que ellos comparezcan, incluso coactivamente por medio de la fuerza pública;

IV. El o los integrantes del Tribunal de enjuiciamiento, el acusado o cualquiera de las partes se enfermen a tal extremo que no puedan continuar interviniendo en el debate;

V. El Defensor, el Ministerio Público o el acusador particular no pueda ser reemplazado inmediatamente en el supuesto de la fracción anterior, o en caso de muerte o incapacidad permanente, o

VI. Alguna catástrofe o algún hecho extraordinario torne imposible su continuación.

El Tribunal de enjuiciamiento verificará la autenticidad de la causal de suspensión invocada, pudiendo para el efecto allegarse de los medios de prueba correspondientes para decidir sobre la suspensión, para lo cual deberá anunciar el día y la hora en que continuará la audiencia, lo que tendrá el efecto de citación para audiencia para todas las partes. Previo a reanudar la audiencia, quien la presida resumirá brevemente los actos cumplidos con anterioridad.

El Tribunal de enjuiciamiento ordenará los aplazamientos que se requieran, indicando la hora en que continuará el debate. No será considerado aplazamiento ni suspensión el descanso de fin de semana y los días inhábiles de acuerdo con la legislación aplicable.

Artículo 352. Interrupción

Si la audiencia de debate de juicio no se reanuda a más tardar al undécimo día después de ordenada la suspensión, se considerará interrumpido y deberá ser reiniciado ante un Tribunal de enjuiciamiento distinto y lo actuado será nulo.

Artículo 353. Motivación

Las decisiones del Tribunal de enjuiciamiento, así como las de su Presidente serán verbales, con expresión de sus fundamentos y motivos cuando el caso lo requiera o las partes así lo soliciten, quedando todos notificados por su emisión.

CAPÍTULO III
DIRECCIÓN Y DISCIPLINA

Artículo 354. Dirección del debate de juicio

El juzgador que preside la audiencia de juicio ordenará y autorizará las lecturas pertinentes, hará las advertencias que correspondan, tomará las protestas legales y moderará la discusión; impedirá intervenciones impertinentes o que no resulten admisibles, sin coartar por ello el ejercicio de la persecución penal o la libertad de defensa. Asimismo, resolverá las objeciones que se formulen durante el desahogo de la prueba.

Si alguna de las partes en el debate se inconformara por la vía de revocación de una decisión del Presidente, lo resolverá el Tribunal.

Artículo 355. Disciplina en la audiencia

El juzgador que preside la audiencia de juicio velará por que se respete la disciplina en la audiencia cuidando que se mantenga el orden, para lo cual solicitará al Tribunal de enjuiciamiento o a los asistentes, el respeto y las consideraciones debidas, corrigiendo en el acto las faltas que se cometan, para lo cual podrá aplicar cualquiera de las siguientes medidas:

I. Apercibimiento;

II. Multa de veinte a cinco mil salarios mínimos;

III. Expulsión de la sala de audiencia;

IV. Arresto hasta por treinta y seis horas, o

V. Desalojo público de la sala de audiencia.

Si el infractor fuere el Ministerio Público, el acusado, su Defensor, la víctima u ofendido, y fuere necesario expulsarlos de la sala de audiencia, se aplicarán las reglas conducentes para el caso de su ausencia.

En caso de que a pesar de las medidas adoptadas no se pudiera reestablecer el orden, quien preside la audiencia la suspenderá hasta en tanto se encuentren reunidas las condiciones que permitan continuar con su curso normal.

(REFORMADO, D.O.F. 17 DE JUNIO DE 2016)

El Tribunal de enjuiciamiento podrá ordenar el arresto hasta por treinta y seis horas ante la contumacia de las obligaciones procesales de las personas que intervienen en un proceso penal que atenten contra el principio de continuidad, derivado de sus incomparecencias injustificadas a audiencia o aquellos actos que impidan que las pruebas puedan desahogarse en tiempo y forma.

CAPÍTULO IV
DISPOSICIONES GENERALES SOBRE LA PRUEBA

Artículo 356. Libertad probatoria

Todos los hechos y circunstancias aportados para la adecuada solución del caso sometido a juicio, podrán ser probados por cualquier medio pertinente producido e incorporado de conformidad con este Código.

Artículo 357. Legalidad de la prueba

La prueba no tendrá valor si ha sido obtenida por medio de actos violatorios de derechos fundamentales, o si no fue incorporada al proceso conforme a las disposiciones de este Código.

Artículo 358. Oportunidad para la recepción de la prueba

La prueba que hubiere de servir de base a la sentencia deberá desahogarse durante la audiencia de debate de juicio, salvo las excepciones expresamente previstas en este Código.

(REFORMADO, D.O.F. 17 DE JUNIO DE 2016)

Artículo 359. Valoración de la prueba

El Tribunal de enjuiciamiento valorará la prueba de manera libre y lógica, deberá hacer referencia en la motivación que realice, de todas las pruebas desahogadas, incluso de aquellas que se hayan desestimado, indicando las razones que se tuvieron para hacerlo. La motivación permitirá la expresión del razonamiento utilizado para alcanzar las conclusiones contenidas en la resolución jurisdiccional. Sólo se podrá condenar al acusado si se llega a la convicción de su culpabilidad más allá de toda duda razonable. En caso de duda razonable, el Tribunal de enjuiciamiento absolverá al imputado.

SECCIÓN I
PRUEBA TESTIMONIAL

Artículo 360. Deber de testificar

Toda persona tendrá la obligación de concurrir al proceso cuando sea citado y de declarar la verdad de cuanto conozca y le sea preguntado; asimismo, no deberá ocultar hechos, circunstancias o cualquier otra información que sea relevante para la solución de la controversia, salvo disposición en contrario.

El testigo no estará en la obligación de declarar sobre hechos por los que se le pueda fincar responsabilidad penal.

Artículo 361. Facultad de abstención

Podrán abstenerse de declarar el tutor, curador, pupilo, cónyuge, concubina o concubinario, conviviente del imputado, la persona que hubiere vivido de forma permanente con el imputado durante por lo menos dos años anteriores al hecho, sus parientes por consanguinidad en la línea recta ascendente o descendente hasta el cuarto grado y en la colateral por consanguinidad hasta el segundo grado inclusive, salvo que fueran denunciantes.

Deberá informarse a las personas mencionadas de la facultad de abstención antes de declarar, pero si aceptan rendir testimonio no podrán negarse a contestar las preguntas formuladas.

Artículo 362. Deber de guardar secreto

Es inadmisible el testimonio de personas que respecto del objeto de su declaración, tengan el deber de guardar secreto con motivo del conocimiento que tengan de los hechos en razón del oficio o profesión, tales como ministros religiosos, abogados, visitadores de derechos humanos, médicos, psicólogos, farmacéuticos y enfermeros, así como los funcionarios públicos sobre información que no es susceptible de divulgación según las leyes de la materia. No obstante, estas personas no podrán negar su testimonio cuando sean liberadas por el interesado del deber de guardar secreto.

En caso de ser citadas, deberán comparecer y explicar el motivo del cual surge la obligación de guardar secreto y de abstenerse de declarar.

Artículo 363. Citación de testigos

Los testigos serán citados para su examinación. En los casos de urgencia, podrán ser citados por cualquier medio que garantice la recepción de la citación, de lo cual se deberá dejar constancia. El testigo podrá presentarse a declarar sin previa cita.

Si el testigo reside en un lugar lejano al asiento del órgano judicial y carece de medios económicos para trasladarse, se dispondrá lo necesario para asegurar su comparecencia.

Tratándose de testigos que sean servidores públicos, la dependencia en la que se desempeñen adoptará las medidas correspondientes para garantizar su comparecencia, en cuyo caso absorberá además los gastos que se generen.

Artículo 364. Comparecencia obligatoria de testigos

Si el testigo debidamente citado no se presentara a la citación o haya temor fundado de que se ausente o se oculte, se le hará comparecer en ese acto por medio de la fuerza pública sin necesidad de agotar ningún otro medio de apremio.

Las autoridades están obligadas a auxiliar oportuna y diligentemente al Tribunal para garantizar la comparecencia obligatoria de los testigos. El Órgano jurisdiccional podrá emplear contra las autoridades los medios de apremio que establece este Código en caso de incumplimiento o retardo a sus determinaciones.

Artículo 365. Excepciones a la obligación de comparecencia

No estarán obligados a comparecer en los términos previstos en los artículos anteriores y podrán declarar en la forma señalada para los testimonios especiales los siguientes:

I. Respecto de los servidores públicos federales, el Presidente de la República; los Secretarios de Estado de la Federación; el Procurador General de la República; los Ministros de la Suprema Corte de Justicia de la Nación, y los Diputados y Senadores del Congreso de la Unión; los Magistrados del Tribunal Electoral del Poder Judicial de la Federación y los Consejeros del Instituto Federal Electoral;

II. Respecto de los servidores públicos estatales, el Gobernador; los Secretarios de Estado; el Procurador General de Justicia o su equivalente; los Diputados de los Congresos locales e integrantes de la Asamblea Legislativa del

Distrito Federal; los Magistrados del Tribunal Superior de Justicia y del Tribunal Estatal Electoral y los Consejeros del Instituto Electoral estatal;

III. Los extranjeros que gozaren en el país de inmunidad diplomática, de conformidad con los Tratados sobre la materia, y

IV. Los que, por enfermedad grave u otro impedimento calificado por el Órgano jurisdiccional estén imposibilitados de hacerlo.

Si las personas enumeradas en las fracciones anteriores renunciaren a su derecho a no comparecer, deberán prestar declaración conforme a las reglas generales previstas en este Código.

Artículo 366. Testimonios especiales

Cuando deba recibirse testimonio de menores de edad víctimas del delito y se tema por su afectación psicológica o emocional, así como en caso de víctimas de los delitos de violación o secuestro, el Órgano jurisdiccional a petición de las partes, podrá ordenar su recepción con el auxilio de familiares o peritos especializados. Para ello deberán utilizarse las técnicas audiovisuales adecuadas que favorezcan evitar la confrontación con el imputado.

Las personas que no puedan concurrir a la sede judicial, por estar físicamente impedidas, serán examinadas en el lugar donde se encuentren y su testimonio será transmitido por sistemas de reproducción a distancia.

Estos procedimientos especiales deberán llevarse a cabo sin afectar el derecho a la confrontación y a la defensa.

Artículo 367. Protección a los testigos

El Órgano jurisdiccional, por un tiempo razonable, podrá ordenar medidas especiales destinadas a proteger la integridad física y psicológica del testigo y sus familiares, mismas que podrán ser renovadas cuantas veces fuere necesario, sin menoscabo de lo dispuesto en la legislación aplicable.

De igual forma, el Ministerio Público o la autoridad que corresponda adoptarán las medidas que fueren procedentes para conferir la debida protección a víctimas, ofendidos, testigos, antes o después de prestadas sus declaraciones, y a sus familiares y en general a todos los sujetos que intervengan en el procedimiento, sin menoscabo de lo dispuesto en la legislación aplicable.

SECCIÓN II
PRUEBA PERICIAL

Artículo 368. Prueba pericial

Podrá ofrecerse la prueba pericial cuando, para el examen de personas, hechos, objetos o circunstancias relevantes para el proceso, fuere necesario o conveniente poseer conocimientos especiales en alguna ciencia, arte, técnica u oficio.

Artículo 369. Título oficial

Los peritos deberán poseer título oficial en la materia relativa al punto sobre el cual dictaminarán y no tener impedimentos para el ejercicio profesional, siempre que la ciencia, el arte, la técnica o el oficio sobre la que verse la pericia en cuestión esté reglamentada; en caso contrario, deberá designarse a una persona de idoneidad manifiesta y que preferentemente pertenezca a un gremio o agrupación relativa a la actividad sobre la que verse la pericia.

No se exigirán estos requisitos para quien declare como testigo sobre hechos o circunstancias que conoció espontáneamente, aunque para informar sobre ellos utilice las aptitudes especiales que posee en una ciencia, arte, técnica u oficio.

Artículo 370. Medidas de protección

En caso necesario, los peritos y otros terceros que deban intervenir en el procedimiento para efectos probatorios, podrán pedir a la autoridad correspondiente que adopte medidas tendentes a que se les brinde la protección prevista para los testigos, en los términos de la legislación aplicable.

SECCIÓN III
DISPOSICIONES GENERALES DEL INTERROGATORIO Y CONTRAINTERROGATORIO

Artículo 371. Declarantes en la audiencia de juicio

Antes de declarar, los testigos no podrán comunicarse entre sí, ni ver, oír o ser informados de lo que ocurra en la audiencia, por lo que permanecerán en una sala distinta a aquella en donde se desarrolle, advertidos de lo anterior por el juzgador que preside la audiencia. Serán llamados en el orden establecido. Esta disposición no aplica al acusado ni a la víctima, salvo cuando ésta deba declarar en juicio como testigo.

El juzgador que presida la audiencia de juicio identificará al perito o testigo, le tomará protesta de conducirse con verdad y le advertirá de las penas que se imponen si se incurre en falsedad de declaraciones.

Durante la audiencia, los peritos y testigos deberán ser interrogados personalmente. Su declaración personal no podrá ser sustituida por la lectura de los registros en que consten anteriores declaraciones, o de otros documentos que las contengan, y sólo deberá referirse a ésta y a las preguntas realizadas por las partes.

Artículo 372. Desarrollo de interrogatorio

Otorgada la protesta y realizada su identificación, el juzgador que presida la audiencia de juicio concederá la palabra a la parte que propuso el testigo, perito o al acusado para que lo interrogue, y con posterioridad a los demás sujetos que intervienen en el proceso, respetándose siempre el orden asignado. La parte contraria podrá inmediatamente después contrainterrogar al testigo, perito o al acusado.

Los testigos, peritos o el acusado responderán directamente a las preguntas que les formulen el Ministerio Público, el Defensor o el Asesor jurídico de la víctima, en su caso. El Órgano jurisdiccional deberá abstenerse de interrumpir dicho interrogatorio salvo que medie objeción fundada de parte, o bien, resulte necesario para mantener el orden y decoro necesarios para la debida diligenciación de la audiencia. Sin perjuicio de lo anterior, el Órgano Jurisdiccional podrá formular preguntas para aclarar lo manifestado por quien deponga, en los términos previstos en este Código.

A solicitud de algunas de las partes, el Tribunal podrá autorizar un nuevo interrogatorio a los testigos que ya hayan declarado en la audiencia, siempre y cuando no hayan sido liberados; al perito se le podrán formular preguntas con el fin de proponerle hipótesis sobre la materia del dictamen pericial, a las que el perito deberá responder atendiéndose a la ciencia, la profesión y los hechos hipotéticos propuestos.

Después del contrainterrogatorio el oferente podrá repreguntar al testigo en relación a lo manifestado. En la materia del contrainterrogatorio la parte contraria podrá recontrainterrogar al testigo respecto de la materia de las preguntas.

Artículo 373. Reglas para formular preguntas en juicio

Toda pregunta deberá formularse de manera oral y versará sobre un hecho específico. En ningún caso se permitirán preguntas ambiguas o poco claras, conclusivas, impertinentes o irrelevantes o argumentativas, que tiendan a ofender al testigo o peritos o que pretendan coaccionarlos.

Las preguntas sugestivas sólo se permitirán a la contraparte de quien ofreció al testigo, en contrainterrogatorio.

(DEROGADO TERCER PÁRRAFO, D.O.F. 17 DE JUNIO DE 2016)

Artículo 374. Objeciones

La objeción de preguntas deberá realizarse antes de que el testigo emita respuesta. El Juez analizará la pregunta y su objeción y en caso de considerar obvia la procedencia de la pregunta resolverá de plano. Contra esta determinación no se admite recurso alguno.

Artículo 375. Testigo hostil

El Tribunal de enjuiciamiento permitirá al oferente de la prueba realizar preguntas sugestivas cuando advierta que el testigo se está conduciendo de manera hostil.

Artículo 376. Lectura para apoyo de memoria o para demostrar o superar contradicciones en audiencia

Durante el interrogatorio y contrainterrogatorio del acusado, del testigo o del perito, podrán leer parte de sus entrevistas, manifestaciones anteriores, documentos por ellos elaborados o cualquier otro registro de actos en los que hubiera participado, realizando cualquier tipo de manifestación, cuando fuera necesario para apoyar la memoria del respectivo declarante, superar o evidenciar contradicciones, o solicitar las aclaraciones pertinentes.

Con el mismo propósito se podrá leer durante la declaración de un perito parte del informe que él hubiere elaborado.

SECCIÓN IV
DECLARACIÓN DEL ACUSADO

Artículo 377. Declaración del acusado en juicio

El acusado podrá rendir su declaración en cualquier momento durante la audiencia. En tal caso, el juzgador que preside la audiencia le permitirá que lo haga libremente o conteste las preguntas de las partes. En este caso se podrán utilizar las declaraciones previas rendidas por el acusado, para apoyo de memoria, evidenciar o superar contradicciones. El Órgano jurisdiccional podrá formularle preguntas destinadas a aclarar su dicho.

El acusado podrá solicitar ser oído, con el fin de aclarar o complementar sus manifestaciones, siempre que preserve la disciplina en la audiencia.

En la declaración del acusado se seguirán, en lo conducente, las mismas reglas para el desarrollo del interrogatorio. El imputado deberá declarar con libertad de movimiento, sin el uso de instrumentos de seguridad, salvo cuando sea absolutamente indispensable para evitar su fuga o daños a otras personas.

Artículo 378. Ausencia del acusado en juicio

Si el acusado decide no declarar en el juicio, ninguna declaración previa que haya rendido puede ser incorporada a éste como prueba, ni se podrán utilizar en el juicio bajo ningún concepto.

Artículo 379. Derechos del acusado en juicio

En el curso del debate, el acusado tendrá derecho a solicitar la palabra para efectuar todas las declaraciones que considere pertinentes, incluso si antes se hubiere abstenido de declarar, siempre que se refieran al objeto del debate.

El juzgador que presida la audiencia de juicio impedirá cualquier divagación y si el acusado persistiera en ese comportamiento, podrá ordenar que sea alejado de la audiencia. El acusado podrá, durante el transcurso del debate, hablar libremente con su Defensor, sin que por ello la audiencia se suspenda; sin embargo, no lo podrá hacer durante su declaración o antes de responder a preguntas que le sean formuladas y tampoco podrá admitir sugerencia alguna.

SECCIÓN V
PRUEBA DOCUMENTAL Y MATERIAL

Artículo 380. Concepto de documento

Se considerará documento a todo soporte material que contenga información sobre algún hecho. Quien cuestione la autenticidad del documento tendrá la carga de demostrar sus afirmaciones. El Órgano jurisdiccional, a solicitud de los interesados, podrá prescindir de la lectura íntegra de documentos o informes escritos, o de la reproducción total de una videograbación o grabación, para leer o reproducir parcialmente el documento o la grabación en la parte conducente.

Artículo 381. Reproducción en medios tecnológicos

En caso de que los datos de prueba o la prueba se encuentren contenidos en medios digitales, electrónicos, ópticos o de cualquier otra tecnología y el Órgano jurisdiccional no cuente con los medios necesarios para su reproducción, la parte que los ofrezca los deberá proporcionar o facilitar. Cuando la parte oferente, previo apercibimiento no provea del medio idóneo para su reproducción, no se podrá llevar a cabo el desahogo de la misma.

Artículo 382. Prevalencia de mejor documento

Cualquier documento que garantice mejorar la fidelidad en la reproducción de los contenidos de las pruebas deberá prevalecer sobre cualquiera otro.

Artículo 383. Incorporación de prueba

Los documentos, objetos y otros elementos de convicción, previa su incorporación a juicio, deberán ser exhibidos al imputado, a los testigos o intérpretes y a los peritos, para que los reconozcan o informen sobre ellos.

Sólo se podrá incorporar a juicio como prueba material o documental aquella que haya sido previamente acreditada.

Artículo 384. Prohibición de incorporación de antecedentes procesales

No se podrá invocar, dar lectura ni admitir o desahogar como medio de prueba al debate ningún antecedente que tenga relación con la proposición, discusión, aceptación, procedencia, rechazo o revocación de una suspensión condicional del proceso, de un acuerdo reparatorio o la tramitación de un procedimiento abreviado.

Artículo 385. Prohibición de lectura e incorporación al juicio de registros de la investigación y documentos

No se podrán incorporar o invocar como medios de prueba ni dar lectura durante el debate, a los registros y demás documentos que den cuenta de actuaciones realizadas por la Policía o el Ministerio Público en la investigación, con excepción de los supuestos expresamente previstos en este Código.

No se podrán incorporar como medio de prueba o dar lectura a actas o documentos que den cuenta de actuaciones declaradas nulas o en cuya obtención se hayan vulnerado derechos fundamentales.

Artículo 386. Excepción para la incorporación por lectura de declaraciones anteriores

Podrán incorporarse al juicio, previa lectura o reproducción, los registros en que consten anteriores declaraciones o informes de testigos, peritos o acusados, únicamente en los siguientes casos:

I. El testigo o coimputado haya fallecido, presente un trastorno mental transitorio o permanente o haya perdido la capacidad para declarar en juicio y, por esa razón, no hubiese sido posible solicitar su desahogo anticipado, o

II. Cuando la incomparecencia de los testigos, peritos o coimputados, fuere atribuible al acusado.

Cualquiera de estas circunstancias deberá ser debidamente acreditada.

Artículo 387. Incorporación de prueba material o documental previamente admitida

De conformidad con el artículo anterior, sólo se podrán incorporar la prueba material y la documental previamente admitidas, salvo las excepciones previstas en este Código.

SECCIÓN VI
OTRAS PRUEBAS

Artículo 388. Otras pruebas

Además de las previstas en este Código, podrán utilizarse otras pruebas cuando no se afecten los derechos fundamentales.

Artículo 389. Constitución del Tribunal en lugar distinto

Cuando así se hubiere solicitado por las partes para la adecuada apreciación de determinadas circunstancias relevantes del caso, el Tribunal de enjuiciamiento podrá constituirse en un lugar distinto a la sala de audiencias.

Artículo 390. Medios de prueba nueva y de refutación

El Tribunal de enjuiciamiento podrá ordenar la recepción de medios de prueba nueva, ya sea sobre hechos supervenientes o de los que no fueron ofrecidos oportunamente por alguna de las partes, siempre que se justifique no haber conocido previamente de su existencia.

Si con ocasión de la rendición de un medio de prueba surgiere una controversia relacionada exclusivamente con su veracidad, autenticidad o integridad, el Tribunal de enjuiciamiento podrá admitir y desahogar nuevos medios de prueba, aunque ellos no hubieren sido ofrecidos oportunamente, siempre que no hubiere sido posible prever su necesidad.

El medio de prueba debe ser ofrecido antes de que se cierre el debate, para lo que el Tribunal de enjuiciamiento deberá salvaguardar la oportunidad de la contraparte del oferente de los medios de prueba supervenientes o de refutación, para preparar los contrainterrogatorios de testigos o peritos, según sea el caso, y para ofrecer la práctica de diversos medios de prueba, encaminados a controvertirlos.

CAPÍTULO V
DESARROLLO DE LA AUDIENCIA DE JUICIO

Artículo 391. Apertura de la audiencia de juicio

En el día y la hora fijados, el Tribunal de enjuiciamiento se constituirá en el lugar señalado para la audiencia. Quien la presida, verificará la presencia de los demás jueces, de las partes, de los testigos, peritos o intérpretes que deban participar en el debate y de la existencia de las cosas que deban exhibirse en él, y la declarará abierta. Advertirá al acusado y al público sobre la importancia y el significado de lo que acontecerá en la audiencia e indicará al acusado que esté atento a ella.

Cuando un testigo o perito no se encuentre presente al iniciar la audiencia, pero haya sido debidamente notificado para asistir en una hora posterior y se tenga la certeza de que comparecerá, el debate podrá iniciarse.

El juzgador que presida la audiencia de juicio señalará las acusaciones que deberán ser objeto del juicio contenidas en el auto de su apertura y los acuerdos probatorios a que hubiesen llegado las partes.

Artículo 392. Incidentes en la audiencia de juicio

Los incidentes promovidos en el transcurso de la audiencia de debate de juicio se resolverán inmediatamente por el Tribunal de enjuiciamiento, salvo que por su naturaleza sea necesario suspender la audiencia.

Las decisiones que recayeren sobre estos incidentes no serán susceptibles de recurso alguno.

Artículo 393. División del debate único

Si la acusación tuviere por objeto varios hechos punibles atribuidos a uno o más imputados, el Tribunal de enjuiciamiento podrá disponer, incluso a solicitud de parte, que los debates se lleven a cabo separadamente, pero en forma continua.

El Tribunal de enjuiciamiento podrá disponer la división de un debate en ese momento y de la misma manera, cuando resulte conveniente para resolver adecuadamente sobre la pena y para una mejor defensa de los acusados.

Artículo 394. Alegatos de apertura

Una vez abierto el debate, el juzgador que presida la audiencia de juicio concederá la palabra al Ministerio Público para que exponga de manera concreta y oral la acusación y una descripción sumaria de las pruebas que utilizará para demostrarla. Acto seguido se concederá la palabra al Asesor jurídico de la víctima u ofendido, si lo hubiere, para los mismos efectos. Posteriormente se ofrecerá la palabra al Defensor, quien podrá expresar lo que al interés del imputado convenga en forma concreta y oral.

Artículo 395. Orden de recepción de las pruebas en la audiencia de juicio

Cada parte determinará el orden en que desahogará sus medios de prueba. Corresponde recibir primero los medios de prueba admitidos al Ministerio Público, posteriormente los de la víctima u ofendido del delito y finalmente los de la defensa.

Artículo 396. Oralidad en la audiencia de juicio

La audiencia de juicio será oral en todo momento.

Artículo 397. Decisiones en la audiencia

Las determinaciones del Tribunal de enjuiciamiento serán emitidas oralmente. En las audiencias se presume la actuación legal de las partes y del Órgano jurisdiccional, por lo que no es necesario invocar los preceptos legales en que se fundamenten, salvo los casos en que durante las audiencias alguna de las partes solicite la fundamentación expresa de la parte contraria o de la autoridad judicial porque exista duda sobre ello. En las resoluciones escritas se deberán invocar los preceptos en que se fundamentan.

Artículo 398. Reclasificación jurídica

Tanto en el alegato de apertura como en el de clausura, el Ministerio Público podrá plantear una reclasificación respecto del delito invocado en su escrito de acusación. En este supuesto, el juzgador que preside la audiencia dará al imputado y a su Defensor la oportunidad de expresarse al respecto, y les informará sobre su derecho a pedir la suspensión del debate para ofrecer nuevas pruebas o preparar su intervención. Cuando este derecho sea ejercido, el Tribunal de enjuiciamiento suspenderá el debate por un plazo que, en ningún caso, podrá exceder del establecido para la suspensión del debate previsto por este Código.

Artículo 399. Alegatos de clausura y cierre del debate

Concluido el desahogo de las pruebas, el juzgador que preside la audiencia de juicio otorgará sucesivamente la palabra al Ministerio Público, al Asesor jurídico de la víctima u ofendido del delito y al Defensor, para que expongan sus alegatos de clausura. Acto seguido, se otorgará al Ministerio Público y al Defensor la posibilidad de replicar y duplicar. La réplica sólo podrá referirse a lo expresado por el Defensor en su alegato de clausura y la dúplica a lo expresado por el Ministerio Público o a la víctima u ofendido del delito en la réplica. Se otorgará la palabra por último al acusado y al final se declarará cerrado el debate.

CAPÍTULO VI
DELIBERACIÓN, FALLO Y SENTENCIA

Artículo 400. Deliberación

Inmediatamente después de concluido el debate, el Tribunal de enjuiciamiento ordenará un receso para deliberar en forma privada, continua y aislada, hasta emitir el fallo correspondiente. La deliberación no podrá exceder de veinticuatro horas ni suspenderse, salvo en caso de enfermedad grave del Juez o miembro del Tribunal. En este caso, la suspensión de la deliberación no podrá ampliarse por más de diez días hábiles, luego de los cuales se deberá reemplazar al Juez o integrantes del Tribunal y realizar el juicio nuevamente.

Artículo 401. Emisión de fallo

Una vez concluida la deliberación, el Tribunal de enjuiciamiento se constituirá nuevamente en la sala de audiencias, después de ser convocadas oralmente o por cualquier medio todas las partes, con el propósito de que el Juez relator comunique el fallo respectivo.

El fallo deberá señalar:

I. La decisión de absolución o de condena;

II. Si la decisión se tomó por unanimidad o por mayoría de miembros del Tribunal, y

III. La relación sucinta de los fundamentos y motivos que lo sustentan.

En caso de condena, en la misma audiencia de comunicación del fallo se señalará la fecha en que se celebrará la audiencia de individualización de las sanciones y reparación del daño, dentro de un plazo que no podrá exceder de cinco días.

En caso de absolución, el Tribunal de enjuiciamiento podrá aplazar la redacción de la sentencia hasta por un plazo de cinco días, la que será comunicada a las partes.

Comunicada a las partes la decisión absolutoria, el Tribunal de enjuiciamiento dispondrá en forma inmediata el levantamiento de las medidas cautelares que se hubieren decretado en contra del imputado y ordenará se tome nota de ese levantamiento en todo índice o registro público y policial en el que figuren, así como su inmediata libertad sin que puedan mantenerse dichas medidas para la realización de trámites administrativos. También se ordenará la cancelación de las garantías de comparecencia y reparación del daño que se hayan otorgado.

El Tribunal de enjuiciamiento dará lectura y explicará la sentencia en audiencia pública. En caso de que en la fecha y hora fijadas para la celebración de dicha audiencia no asistiere persona alguna, se dispensará de la lectura y la explicación y se tendrá por notificadas a todas las partes.

Artículo 402. Convicción del Tribunal de enjuiciamiento

El Tribunal de enjuiciamiento apreciará la prueba según su libre convicción extraída de la totalidad del debate, de manera libre y lógica; sólo serán valorables y sometidos a la crítica racional, los medios de prueba obtenidos lícitamente e incorporados al debate conforme a las disposiciones de este Código.

En la sentencia, el Tribunal de enjuiciamiento deberá hacerse cargo en su motivación de toda la prueba producida, incluso de aquella que hubiere desestimado, indicando en tal caso las razones que hubiere tenido en cuenta para hacerlo. Esta motivación deberá permitir la reproducción del razonamiento utilizado para alcanzar las conclusiones a que llegare la sentencia.

Nadie podrá ser condenado, sino cuando el Tribunal que lo juzgue adquiera la convicción más allá de toda duda razonable, de que el acusado es responsable de la comisión del hecho por el que siguió el juicio. La duda siempre favorece al acusado.

No se podrá condenar a una persona con el sólo mérito de su propia declaración.

Artículo 403. Requisitos de la sentencia

La sentencia contendrá:

I. La mención del Tribunal de enjuiciamiento y el nombre del Juez o los Jueces que lo integran;

II. La fecha en que se dicta;

III. Identificación del acusado y la víctima u ofendido;

IV. La enunciación de los hechos y de las circunstancias o elementos que hayan sido objeto de la acusación y, en su caso, los daños y perjuicios reclamados, la pretensión reparatoria y las defensas del imputado;

V. Una breve y sucinta descripción del contenido de la prueba;

VI. La valoración de los medios de prueba que fundamenten las conclusiones alcanzadas por el Tribunal de enjuiciamiento;

VII. Las razones que sirvieren para fundar la resolución;

VIII. La determinación y exposición clara, lógica y completa de cada uno de los hechos y circunstancias que se consideren probados y de la valoración de las pruebas que fundamenten dichas conclusiones;

IX. Los resolutivos de absolución o condena en los que, en su caso, el Tribunal de enjuiciamiento se pronuncie sobre la reparación del daño y fije el monto de las indemnizaciones correspondientes, y

X. La firma del Juez o de los integrantes del Tribunal de enjuiciamiento.

Artículo 404. Redacción de la sentencia

Si el Órgano jurisdiccional es colegiado, una vez emitida y expuesta, la sentencia será redactada por uno de sus integrantes. Los jueces resolverán por unanimidad o por mayoría de votos, pudiendo fundar separadamente sus conclusiones o en forma conjunta si estuvieren de acuerdo. El voto disidente será redactado por su autor. La sentencia señalará el nombre de su redactor.

La sentencia producirá sus efectos desde el momento de su explicación y no desde su formulación escrita.

Artículo 405. Sentencia absolutoria

En la sentencia absolutoria, el Tribunal de enjuiciamiento ordenará que se tome nota del levantamiento de las medidas cautelares, en todo índice o registro público y policial en el que figuren, y será ejecutable inmediatamente.

En su sentencia absolutoria el Tribunal de enjuiciamiento determinará la causa de exclusión del delito, para lo cual podrá tomar como referencia, en su caso, las causas de atipicidad, de justificación o inculpabilidad, bajo los rubros siguientes:

I. Son causas de atipicidad: la ausencia de voluntad o de conducta, la falta de alguno de los elementos del tipo penal, el consentimiento de la víctima que recaiga sobre algún bien jurídico disponible, el error de tipo vencible que recaiga sobre algún elemento del tipo penal que no admita, de acuerdo con el catálogo de delitos susceptibles de configurarse de forma culposa previsto en la legislación penal aplicable, así como el error de tipo invencible;

II. Son causas de justificación: el consentimiento presunto, la legítima defensa, el estado de necesidad justificante, el ejercicio de un derecho y el cumplimiento de un deber, o

III. Son causas de inculpabilidad: el error de prohibición invencible, el estado de necesidad disculpante, la inimputabilidad, y la inexigibilidad de otra conducta.

De ser el caso, el Tribunal de enjuiciamiento también podrá tomar como referencia que el error de prohibición vencible solamente atenúa la culpabilidad y con ello atenúa también la pena, dejando subsistente la presencia del dolo, igual como ocurre en los casos de exceso de legítima defensa e imputabilidad disminuida.

Artículo 406. Sentencia condenatoria

La sentencia condenatoria fijará las penas, o en su caso la medida de seguridad, y se pronunciará sobre la suspensión de las mismas y la eventual aplicación de alguna de las medidas alternativas a la privación o restricción de libertad previstas en la ley.

La sentencia que condenare a una pena privativa de la libertad, deberá expresar con toda precisión el día desde el cual empezará a contarse y fijará el tiempo de detención o prisión preventiva que deberá servir de base para su cumplimiento.

La sentencia condenatoria dispondrá también el decomiso de los instrumentos o efectos del delito o su restitución, cuando fuere procedente.

El Tribunal de enjuiciamiento condenará a la reparación del daño.

Cuando la prueba producida no permita establecer con certeza el monto de los daños y perjuicios, o de las indemnizaciones correspondientes, el Tribunal de enjuiciamiento podrá condenar genéricamente a reparar los daños y los perjuicios y ordenar que se liquiden en ejecución de sentencia por vía incidental, siempre que éstos se hayan demostrado, así como su deber de repararlos.

El Tribunal de enjuiciamiento solamente dictará sentencia condenatoria cuando exista convicción de la culpabilidad del sentenciado, bajo el principio general de que la carga de la prueba para demostrar la culpabilidad corresponde a la parte acusadora, conforme lo establezca el tipo penal de que se trate.

Al dictar sentencia condenatoria se indicarán los márgenes de la punibilidad del delito y quedarán plenamente acreditados los elementos de la clasificación jurídica; es decir, el tipo penal que se atribuye, el grado de la ejecución del hecho, la forma de intervención y la naturaleza dolosa o culposa de la conducta, así como el grado de lesión o puesta en riesgo del bien jurídico.

La sentencia condenatoria hará referencia a los elementos objetivos, subjetivos y normativos del tipo penal correspondiente, precisando si el tipo penal se consumó o se realizó en grado de tentativa, así como la forma en que el sujeto activo haya intervenido para la realización del tipo, según se trate de alguna forma de autoría o de participación, y la naturaleza dolosa o culposa de la conducta típica.

En toda sentencia condenatoria se argumentará por qué el sentenciado no está favorecido por ninguna de las causas de la atipicidad, justificación o inculpabilidad; igualmente, se hará referencia a las agravantes o atenuantes que hayan concurrido y a la clase de concurso de delitos si fuera el caso.

Artículo 407. Congruencia de la sentencia

La sentencia de condena no podrá sobrepasar los hechos probados en juicio.

Artículo 408. Medios de prueba en la individualización de sanciones y reparación del daño

El desahogo de los medios de prueba para la individualización de sanciones y reparación del daño procederá después de haber resuelto sobre la responsabilidad del sentenciado.

El debate comenzará con el desahogo de los medios de prueba que se hubieren admitido en la etapa intermedia. En el desahogo de los medios de prueba serán aplicables las normas relativas al juicio oral.

Artículo 409. Audiencia de individualización de sanciones y reparación del daño

Después de la apertura de la audiencia de individualización de los intervinientes, el Tribunal de enjuiciamiento señalará la materia de la audiencia, y dará la palabra a las partes para que expongan, en su caso, sus alegatos de apertura. Acto seguido, les solicitará a las partes que determinen el orden en que desean el desahogo de los medios de prueba y declarará abierto el debate. Éste iniciará con el desahogo de los medios de prueba y continuará con los alegatos de clausura de las partes.

Cerrado el debate, el Tribunal de enjuiciamiento deliberará brevemente y procederá a manifestarse con respecto a la sanción a imponer al sentenciado y sobre la reparación del daño causado a la víctima u ofendido. Asimismo, fijará las penas y se pronunciará sobre la eventual aplicación de alguna de las medidas alternativas a la pena de prisión o sobre su suspensión, e indicará en qué forma deberá, en su caso, repararse el daño. Dentro de los cinco días siguientes a esta audiencia, el Tribunal redactará la sentencia.

La ausencia de la víctima que haya sido debidamente notificada no será impedimento para la celebración de la audiencia.

Artículo 410. Criterios para la individualización de la sanción penal o medida de seguridad

El Tribunal de enjuiciamiento al individualizar las penas o medidas de seguridad aplicables deberá tomar en consideración lo siguiente:

Dentro de los márgenes de punibilidad establecidos en las leyes penales, el Tribunal de enjuiciamiento individualizará la sanción tomando como referencia la gravedad de la conducta típica y antijurídica, así como el grado de culpabilidad del sentenciado. Las medidas de seguridad no accesorias a la pena y las consecuencias jurídicas aplicables a las personas morales, serán individualizadas tomando solamente en consideración la gravedad de la conducta típica y antijurídica.

La gravedad de la conducta típica y antijurídica estará determinada por el valor del bien jurídico, su grado de afectación, la naturaleza dolosa o culposa de la conducta, los medios empleados, las circunstancias de tiempo, modo, lugar u ocasión del hecho, así como por la forma de intervención del sentenciado.

El grado de culpabilidad estará determinado por el juicio de reproche, según el sentenciado haya tenido, bajo las circunstancias y características del hecho, la posibilidad concreta de comportarse de distinta manera y de respetar la norma jurídica quebrantada. Si en un mismo hecho intervinieron varias personas, cada una de ellas será sancionada de acuerdo con el grado de su propia culpabilidad.

Para determinar el grado de culpabilidad también se tomarán en cuenta los motivos que impulsaron la conducta del sentenciado, las condiciones fisiológicas y psicológicas específicas en que se encontraba en el momento de la comisión del hecho, la edad, el nivel educativo, las costumbres, las condiciones sociales y culturales, así como los vínculos de parentesco, amistad o relación que guarde con la víctima u ofendido. Igualmente se tomarán en cuenta las demás circunstancias especiales del sentenciado, víctima u ofendido, siempre que resulten relevantes para la individualización de la sanción.

Se podrán tomar en consideración los dictámenes periciales y otros medios de prueba para los fines señalados en el presente artículo.

Cuando el sentenciado pertenezca a un grupo étnico o pueblo indígena se tomarán en cuenta, además de los aspectos anteriores, sus usos y costumbres.

En caso de concurso real se impondrá la sanción del delito más grave, la cual podrá aumentarse con las penas que la ley contempla para cada uno de los delitos restantes, sin que exceda de los máximos señalados en la ley penal aplicable. En caso de concurso ideal, se impondrán las sanciones correspondientes al delito que merezca la mayor penalidad, las cuales podrán aumentarse sin rebasar la mitad del máximo de la duración de las penas correspondientes de los delitos restantes, siempre que las sanciones aplicables sean de la misma naturaleza; cuando sean de diversa naturaleza, podrán imponerse las consecuencias jurídicas señaladas para los restantes delitos. No habrá concurso cuando las conductas constituyan un delito continuado; sin embargo, en estos casos se aumentará la sanción penal hasta en una mitad de la correspondiente al máximo del delito cometido.

El aumento o la disminución de la pena, fundados en las relaciones personales o en las circunstancias subjetivas del autor de un delito, no serán aplicables a los demás sujetos que intervinieron en aquél. Sí serán aplicables las que se fundamenten en circunstancias objetivas, siempre que los demás sujetos tengan conocimiento de ellas.

Artículo 411. Emisión y exposición de las sentencias

El Tribunal de enjuiciamiento deberá explicar toda sentencia de absolución o condena.

Artículo 412. Sentencia firme

En cuanto no sean oportunamente recurridas, las resoluciones judiciales quedarán firmes y serán ejecutables sin necesidad de declaración alguna.

Artículo 413. Remisión de la sentencia

El Tribunal de enjuiciamiento dentro de los tres días siguientes a aquél en que la sentencia condenatoria quede firme, deberá remitir copia autorizada de la misma al Juez que le corresponda la ejecución correspondiente y a las autoridades penitenciarias que intervienen en el procedimiento de ejecución para su debido cumplimiento.

Dicha disposición también será aplicable en los casos de las sentencias condenatorias dictadas en el procedimiento abreviado.

TÍTULO IX
PERSONAS INIMPUTABLES

CAPÍTULO ÚNICO
PROCEDIMIENTO PARA PERSONAS INIMPUTABLES

Artículo 414. Procedimiento para la aplicación de ajustes razonables en la audiencia inicial

Si en el curso de la audiencia inicial, aparecen indicios de que el imputado está en alguno de los supuestos de inimputabilidad previstos en la Parte General del Código Penal aplicable, cualquiera de las partes podrá solicitar al Juez de control que ordene la práctica de peritajes que determinen si efectivamente es inimputable y en caso de serlo, si la inimputabilidad es permanente o transitoria y, en su caso, si ésta fue provocada por el imputado. La audiencia continuará con las mismas reglas generales pero se proveerán los ajustes razonables que determine el Juez de control para garantizar el acceso a la justicia de la persona.

En los casos en que la persona se encuentre retenida, el Ministerio Público deberá aplicar ajustes razonables para evitar un mayor grado de vulnerabilidad y el respeto a su integridad personal. Para tales efectos, estará en posibilidad de solicitar la práctica de aquellos peritajes que permitan determinar el tipo de inimputabilidad que tuviere, así como si ésta es permanente o transitoria y, si es posible definir si fue provocada por el propio retenido.

Artículo 415. Identificación de los supuestos de inimputabilidad

Si el imputado ha sido vinculado a proceso y se estima que está en una situación de inimputabilidad, las partes podrán solicitar al Juez de control que se lleven a cabo los peritajes necesarios para determinar si se acredita tal extremo, así como si la inimputabilidad que presente pudo ser propiciada o no por la persona.

Artículo 416. Ajustes al procedimiento

Si se determina el estado de inimputabilidad del sujeto, el procedimiento ordinario se aplicará observando las reglas generales del debido proceso con los ajustes del procedimiento que en el caso concreto acuerde el Juez de control, escuchando al Ministerio Público y al Defensor, con el objeto de acreditar la participación de la persona inimputable en el hecho atribuido y, en su caso, determinar la aplicación de las medidas de seguridad que se estimen pertinentes.

En caso de que el estado de inimputabilidad cese, se continuará con el procedimiento ordinario sin los ajustes respectivos.

Artículo 417. Medidas cautelares aplicables a inimputables

Se podrán imponer medidas cautelares a personas inimputables, de conformidad con las reglas del proceso ordinario, con los ajustes del procedimiento que disponga el Juez de control para el caso en que resulte procedente.

El solo hecho de ser imputable no será razón suficiente para imponer medidas cautelares.

Artículo 418. Prohibición de procedimiento abreviado

El procedimiento abreviado no será aplicable a personas inimputables.

Artículo 419. Resolución del caso

Comprobada la existencia del hecho que la ley señala como delito y que el inimputable intervino en su comisión, ya sea como autor o como partícipe, sin que a su favor opere alguna causa de justificación prevista en los códigos sustantivos, el Tribunal de enjuiciamiento resolverá el caso indicando que hay base suficiente para la imposición de la medida de seguridad que resulte aplicable; asimismo, le corresponderá al Órgano jurisdiccional determinar la individualización de la medida, en atención a las necesidades de prevención especial positiva, respetando los criterios de proporcionalidad y de mínima intervención. Si no se acreditan estos requisitos, el Tribunal de enjuiciamiento absolverá al inimputable.

La medida de seguridad en ningún caso podrá tener mayor duración a la pena que le pudiera corresponder en caso de que sea imputable.

TÍTULO X
PROCEDIMIENTOS ESPECIALES

CAPÍTULO I
PUEBLOS Y COMUNIDADES INDÍGENAS

Artículo 420. Pueblos y comunidades indígenas

Cuando se trate de delitos que afecten bienes jurídicos propios de un pueblo o comunidad indígena o bienes personales de alguno de sus miembros, y tanto el imputado como la víctima, o en su caso sus familiares, acepten el modo en el que la comunidad, conforme a sus propios sistemas normativos en la regulación y solución de sus conflictos internos proponga resolver el conflicto, se declarará la extinción de la acción penal, salvo en los casos en que la solución no considere la perspectiva de género, afecte la dignidad de las personas, el interés superior de los niños y las niñas o del derecho a una vida libre de violencia hacia la mujer.

En estos casos, cualquier miembro de la comunidad indígena podrá solicitar que así se declare ante el Juez competente.

Se excluyen de lo anterior, los delitos previstos para prisión preventiva oficiosa en este Código y en la legislación aplicable.

CAPÍTULO II
PROCEDIMIENTO PARA PERSONAS JURÍDICAS

(REFORMADO SU EPÍGRAFE, D.O.F. 17 DE JUNIO DE 2016)

Artículo 421. Ejercicio de la acción penal y responsabilidad penal autónoma

(ADICIONADO, D.O.F. 17 DE JUNIO DE 2016)

Las personas jurídicas serán penalmente responsables, de los delitos cometidos a su nombre, por su cuenta, en su beneficio o a través de los medios que ellas proporcionen, cuando se haya determinado que además existió inobservancia del debido control en su organización. Lo anterior con independencia de la responsabilidad penal en que puedan incurrir sus representantes o administradores de hecho o de derecho.

(REFORMADO, D.O.F. 17 DE JUNIO DE 2016)

El Ministerio Público podrá ejercer la acción penal en contra de las personas jurídicas con excepción de las instituciones estatales, independientemente de la acción penal que pudiera ejercer contra las personas físicas involucradas en el delito cometido.

(ADICIONADO, D.O.F. 17 DE JUNIO DE 2016)

No se extinguirá la responsabilidad penal de las personas jurídicas cuando se transformen, fusionen, absorban o escindan. En estos casos, el traslado de la pena podrá graduarse atendiendo a la relación que se guarde con la persona jurídica originariamente responsable del delito.

(ADICIONADO, D.O.F. 17 DE JUNIO DE 2016)

La responsabilidad penal de la persona jurídica tampoco se extinguirá mediante su disolución aparente, cuando continúe su actividad económica y se mantenga la identidad sustancial de sus clientes, proveedores, empleados, o de la parte más relevante de todos ellos.

(ADICIONADO, D.O.F. 17 DE JUNIO DE 2016)

Las causas de exclusión del delito o de extinción de la acción penal, que pudieran concurrir en alguna de las personas físicas involucradas, no afectará el procedimiento contra las personas jurídicas, salvo en los casos en que la persona física y la persona jurídica hayan cometido o participado en los mismos hechos y estos no hayan sido considerados como aquellos que la ley señala como delito, por una resolución judicial previa. Tampoco podrá afectar el procedimiento el hecho de que alguna persona física involucrada se sustraiga de la acción de la justicia.

(ADICIONADO, D.O.F. 17 DE JUNIO DE 2016)

Las personas jurídicas serán penalmente responsables únicamente por la comisión de los delitos previstos en el catálogo dispuesto en la legislación penal de la federación y de las entidades federativas.

(REFORMADO, D.O.F. 17 DE JUNIO DE 2016)

Artículo 422. Consecuencias jurídicas

A las personas jurídicas, con personalidad jurídica propia, se les podrá aplicar una o varias de las siguientes sanciones:

I. Sanción pecuniaria o multa;

II. Decomiso de instrumentos, objetos o productos del delito;

III. Publicación de la sentencia;

IV. Disolución, o

V. Las demás que expresamente determinen las leyes penales conforme a los principios establecidos en el presente artículo.

Para los efectos de la individualización de las sanciones anteriores, el Órgano jurisdiccional deberá tomar en consideración lo establecido en el artículo 410 de este ordenamiento y el grado de culpabilidad correspondiente de conformidad con los aspectos siguientes:

a) La magnitud de la inobservancia del debido control en su organización y la exigibilidad de conducirse conforme a la norma;

b) El monto de dinero involucrado en la comisión del hecho delictivo, en su caso;

c) La naturaleza jurídica y el volumen de negocios anual de la persona moral;

d) El puesto que ocupaban, en la estructura de la persona jurídica, la persona o las personas físicas involucradas en la comisión del delito;

e) El grado de sujeción y cumplimiento de las disposiciones legales y reglamentarias, y

f) El interés público de las consecuencias sociales y económicas o, en su caso, los daños que pudiera causar a la sociedad, la imposición de la pena.

Para la imposición de la sanción relativa a la disolución, el órgano jurisdiccional deberá ponderar además de lo previsto en este artículo, que la imposición de dicha sanción sea necesaria para garantizar la seguridad pública o nacional, evitar que se ponga en riesgo la economía nacional o la salud pública o que con ella se haga cesar la comisión de delitos.

Las personas jurídicas, con o sin personalidad jurídica propia, que hayan cometido o participado en la comisión de un hecho típico y antijurídico, podrá imponérseles una o varias de las siguientes consecuencias jurídicas:

I. Suspensión de sus actividades;

II. Clausura de sus locales o establecimientos;

III. Prohibición de realizar en el futuro las actividades en cuyo ejercicio se haya cometido o participado en su comisión;

IV. Inhabilitación temporal consistente en la suspensión de derechos para participar de manera directa o por interpósita persona en procedimientos de contratación del sector público;

V. Intervención judicial para salvaguardar los derechos de los trabajadores o de los acreedores, o

VI. Amonestación pública.

En este caso el Órgano jurisdiccional deberá individualizar las consecuencias jurídicas establecidas en este apartado, conforme a lo dispuesto en el presente artículo y a lo previsto en el artículo 410 de este Código.

Artículo 423. Formulación de la imputación y vinculación a proceso

(REFORMADO PRIMER PÁRRAFO, D.O.F. 17 DE JUNIO DE 2016)

Cuando el Ministerio Público tenga conocimiento de la posible comisión de un delito en los que se encuentre involucrada alguna persona jurídica, en los términos previstos en este Código, iniciará la investigación correspondiente.

(REFORMADO, D.O.F. 17 DE JUNIO DE 2016)

En caso de que durante la investigación se ejecute el aseguramiento de bienes el Ministerio Público, dará vista al representante de la persona jurídica a efecto de hacerle saber sus derechos y manifieste lo que a su derecho convenga.

(DEROGADO TERCER PÁRRAFO, D.O.F. 17 DE JUNIO DE 2016)

(ADICIONADO, D.O.F. 17 DE JUNIO DE 2016)

Para los efectos de este Capítulo, el Órgano jurisdiccional podrá dictar como medidas cautelares la suspensión de las actividades, la clausura temporal de los locales o establecimientos, así como la intervención judicial.

(ADICIONADO, D.O.F. 17 DE JUNIO DE 2016)

En la audiencia inicial llevada a cabo para formular imputación a la persona física, se darán a conocer, en su caso, al representante de la persona jurídica, asistido por el Defensor, los cargos que se formulen en contra de su representado, para que dicho representante o su Defensor manifiesten lo que a su derecho convenga.

(ADICIONADO, D.O.F. 17 DE JUNIO DE 2016)

El representante de la persona jurídica, asistido por el Defensor designado, podrá participar en todos los actos del procedimiento. En tal virtud se les notificarán todos los actos que tengan derecho a conocer, se les citarán a las audiencias, podrán ofrecer medios de prueba, desahogar pruebas, promover incidentes, formular alegatos e interponer los recursos procedentes en contra de las resoluciones que a la persona jurídica perjudiquen.

(ADICIONADO, D.O.F. 17 DE JUNIO DE 2016)

En ningún caso el representante de la persona jurídica que tenga el carácter de imputado podrá representarla.

(ADICIONADO, D.O.F. 17 DE JUNIO DE 2016)

En su caso el Órgano jurisdiccional podrá vincular a proceso a la persona jurídica.

(REFORMADO, D.O.F. 17 DE JUNIO DE 2016)

Artículo 424. Formas de terminación anticipada

Durante el proceso, para determinar la responsabilidad penal de las personas jurídicas a que se refiere este Capítulo, se podrán aplicar las soluciones alternas y las formas anticipadas de terminación del proceso y, en lo conducente los procedimientos especiales previstos en este Código.

Artículo 425. Sentencias

(REFORMADO PRIMER PÁRRAFO, D.O.F. 17 DE JUNIO DE 2016)

En la sentencia que se dicte el Órgano jurisdiccional resolverá lo pertinente a la persona física imputada, con independencia a la responsabilidad penal de la persona jurídica, imponiendo la sanción procedente.

En lo no previsto por este Capítulo, se aplicarán en lo que sea compatible, las reglas del procedimiento ordinario previstas en este Código.

CAPÍTULO III
ACCIÓN PENAL POR PARTICULAR

Artículo 426. Acción penal por particulares

El ejercicio de la acción penal corresponde al Ministerio Público, pero podrá ser ejercida por los particulares que tengan la calidad de víctima u ofendido en los casos y conforme a lo dispuesto en este Código.

Artículo 427. Acumulación de causas

Sólo procederá la acumulación de procedimientos de acción penal por particulares con procedimientos de acción penal pública cuando se trate de los mismos hechos y exista identidad de partes.

Artículo 428. Supuestos y condiciones en los que procede la acción penal por particulares

La víctima u ofendido podrá ejercer la acción penal únicamente en los delitos perseguibles por querella, cuya penalidad sea alternativa, distinta a la privativa de la libertad o cuya punibilidad máxima no exceda de tres años de prisión.

La víctima u ofendido podrá acudir directamente ante el Juez de control, ejerciendo acción penal por particulares en caso que cuente con datos que permitan establecer que se ha cometido un hecho que la ley señala como delito y exista probabilidad de que el imputado lo cometió o participó en su comisión. En tal caso deberá aportar para ello los datos de prueba que sustenten su acción, sin necesidad de acudir al Ministerio Público.

Cuando en razón de la investigación del delito sea necesaria la realización de actos de molestia que requieran control judicial, la víctima u ofendido deberá acudir ante el Juez de control. Cuando el acto de molestia no requiera control judicial, la víctima u ofendido deberá acudir ante el Ministerio Público para que éste los realice. En ambos supuestos, el Ministerio Público continuará con la investigación y, en su caso, decidirá sobre el ejercicio de la acción penal.

Artículo 429. Requisitos formales y materiales

El ejercicio de la acción penal por particular hará las veces de presentación de la querella y deberá sustentarse en audiencia ante el Juez de control con los requisitos siguientes:

I. El nombre y el domicilio de la víctima u ofendido;

II. Si la víctima o el ofendido son una persona jurídica, se indicará su razón social y su domicilio, así como el de su representante legal;

III. El nombre del imputado y, en su caso, cualquier dato que permita su localización;

IV. El señalamiento de los hechos que se consideran delictivos, los datos de prueba que los establezcan y determinen la probabilidad de que el imputado los cometió o participó en su comisión, los que acrediten los daños causados y su monto aproximado, así como aquellos que establezcan la calidad de víctima u ofendido;

V. Los fundamentos de derecho en que se sustenta la acción, y

VI. La petición que se formula, expresada con claridad y precisión.

Artículo 430. Contenido de la petición

El particular al ejercer la acción penal ante el Juez de control podrá solicitar lo siguiente:

I. La orden de comparecencia en contra del imputado o su citación a la audiencia inicial, y

II. El reclamo de la reparación del daño.

Artículo 431. Admisión

En la audiencia, el Juez de control constatará que se cumplen los requisitos formales y materiales para el ejercicio de la acción penal particular.

De no cumplirse con alguno de los requisitos formales exigidos, el Juez de control prevendrá al particular para su cumplimiento dentro de la misma audiencia y de no ser posible, dentro de los tres días siguientes. De no subsanarse o de ser improcedente su pretensión, se tendrá por no interpuesta la acción penal y no podrá volver a ejercerse por parte del particular por esos mismos hechos.

Admitida la acción penal promovida por el particular, el Juez de control ordenará la citación del imputado a la audiencia inicial, apercibido que en caso de no asistir se ordenará su comparecencia o aprehensión, según proceda.

El imputado deberá ser citado a la audiencia inicial a más tardar dentro de las cuarenta y ocho horas siguientes a aquella en la que se fije la fecha de celebración de la misma.

La audiencia inicial deberá celebrarse dentro de los cinco a diez días siguientes a aquel en que se tenga admitida la acción penal, informándole al imputado en el momento de la citación el derecho que tiene de designar y asistir acompañado de un Defensor de su elección y que de no hacerlo se le nombrará un Defensor público.

Artículo 432. Reglas generales

Si la víctima u ofendido decide ejercer la acción penal, por ninguna causa podrá acudir al Ministerio Público a solicitar su intervención para que investigue los mismos hechos.

La carga de la prueba para acreditar la existencia del delito y la responsabilidad del imputado corresponde al particular que ejerza la acción penal. Las partes, en igualdad procesal, podrán aportar todo elemento de prueba con que cuenten e interponer los medios de impugnación que legalmente procedan.

A la acusación de la víctima u ofendido, le serán aplicables las reglas previstas para la acusación presentada por el Ministerio Público.

De igual forma, salvo disposición legal en contrario, en la substanciación de la acción penal promovida por particulares, se observarán en todo lo que resulte aplicable las disposiciones relativas al procedimiento, previstas en este Código y los mecanismos alternativos de solución de controversias.

TÍTULO XI
ASISTENCIA JURÍDICA INTERNACIONAL EN MATERIA PENAL

CAPÍTULO I
DISPOSICIONES GENERALES

Artículo 433. Disposiciones generales

Los Estados Unidos Mexicanos prestarán a cualquier Estado extranjero que lo requiera o autoridad ministerial o judicial, tanto en el ámbito federal como del fuero común, la más amplia ayuda relacionada con la investigación, el procesamiento y la sanción de delitos que correspondan a la jurisdicción de éste.

La ejecución de las solicitudes se realizará según la legislación de los Estados Unidos Mexicanos, y la misma será desahogada a la mayor brevedad posible. Las autoridades que intervengan actuarán con la mayor diligencia con la finalidad de cumplir con lo solicitado en la asistencia jurídica.

Artículo 434. Ámbito de aplicación

La asistencia jurídica internacional tiene como finalidad brindar apoyo entre las autoridades competentes en relación con asuntos de naturaleza penal.

De conformidad con los compromisos internacionales suscritos por el Estado mexicano en materia de asistencia jurídica, así como de los respectivos ordenamientos internos, se deberá prestar la mayor colaboración para la investigación y persecución de los delitos, y en cualquiera de las actuaciones comprendidas en el marco de procedimientos del orden penal que sean competencia de las autoridades de la parte requirente en el momento en que la asistencia sea solicitada.

La asistencia jurídica sólo podrá ser invocada para la obtención de medios de prueba ordenados por la autoridad investigadora, o bien la judicial para mejor proveer, pero jamás para las ofrecidas por los imputados o sus defensas, aún cuando sean aceptadas o acordadas favorablemente por las autoridades judiciales.

Artículo 435. Trámite y resolución

Los procedimientos establecidos en este Capítulo se deberán aplicar para el trámite y resolución de cualquier solicitud de asistencia jurídica que se reciba del extranjero, cuando no exista Tratado internacional. Si existiera Tratado entre el Estado requirente y los Estados Unidos Mexicanos, las disposiciones de éste, regirán el trámite y desahogo de la solicitud de asistencia jurídica.

Todo aquello que no esté contemplado de manera específica en un Tratado de asistencia jurídica, se aplicará lo dispuesto en este Código.

Artículo 436. Principios

La asistencia jurídica internacional deberá regirse por los siguientes principios:

I. Conexidad. Toda petición de asistencia para ser procedente necesariamente debe estar vinculada a una investigación o proceso en curso;

II. Especificidad. Las solicitudes de asistencia jurídica internacional deben contener hechos concretos y requerimientos precisos;

III. Identidad de Normas. Se prestará la asistencia con independencia de que el hecho que motiva la solicitud constituya o no delito según las leyes del Estado requerido. Se exceptúa de lo anterior el supuesto de que la asistencia se solicite para la ejecución de las medidas de aseguramiento o embargo, cateo o registro domiciliario o decomiso o incautación, en cuyo caso será necesario que el hecho que da lugar al procedimiento sea también considerado como delito por la legislación del Estado requerido, y

IV. Reciprocidad. Consiste en la colaboración internacional entre Estados soberanos en los que priva la igualdad.

Artículo 437. Autoridad Central

La Autoridad Central en materia de asistencia jurídica internacional será la Procuraduría General de la República quien ejercerá las atribuciones establecidas en este Código.

Cualquier solicitud de asistencia jurídica formulada con base en los instrumentos internacionales vigentes, de conformidad con el principio de reciprocidad internacional, podrá presentarse para su trámite y atención ante la Autoridad Central, o a través de la vía diplomática.

Artículo 438. Reciprocidad

En ausencia de convenio o Tratado internacional, los Estados Unidos Mexicanos prestarán ayuda bajo el principio de reciprocidad internacional, la cual estará subordinada a la existencia u ofrecimiento por parte del Estado o autoridad requirente a cooperar en casos similares. Dicho compromiso deberá asentarse por escrito en los términos que para tales efectos establezca la Autoridad Central.

Artículo 439. Alcances

La asistencia jurídica comprenderá:

I. Notificación de documentos procesales;

II. Obtención de pruebas;

III. Intercambio de información e iniciación de procedimientos penales en la parte requerida;

IV. Localización e identificación de personas y objetos;

V. Recepción de declaraciones y testimonios, así como práctica de dictámenes periciales;

VI. Ejecución de órdenes de cateo o registro domiciliario y demás medidas cautelares; aseguramiento de objetos, productos o instrumentos del delito;

VII. Citación de imputados, testigos, víctimas y peritos para comparecer voluntariamente ante autoridad competente en la parte requirente;

VIII. Citación y traslado temporal de personas privadas de libertad en la parte requerida, a fin de comparecer como testigos o víctimas ante la parte requirente, o para otras actuaciones procesales indicadas en la solicitud de asistencia;

IX. Entrega de documentos, objetos y otros medios de prueba;

X. Autorización de la presencia o participación, durante la ejecución de una solicitud de asistencia jurídica de representantes de las autoridades competentes del Estado o autoridad requirente, y

XI. Cualquier otra forma de asistencia, siempre y cuando no esté prohibida por la legislación mexicana.

Artículo 440. Denegación o aplazamiento

La asistencia jurídica solicitada podrá ser denegada cuando:

I. El cumplimiento de la solicitud pueda contravenir la seguridad y el orden público;

II. El cumplimiento de la solicitud sea contrario a la legislación nacional;

III. La ejecución de la solicitud sea contraria a las obligaciones internacionales adquiridas por los Estados Unidos Mexicanos;

IV. La solicitud se refiera a delitos del fuero militar;

V. La solicitud se refiera a un delito que sea considerado de carácter político por el Gobierno mexicano;

VI. La solicitud de asistencia jurídica se refiera a un delito sancionado con pena de muerte, a menos que la parte requirente otorgue garantías suficientes de que no se impondrá la pena de muerte o de que, si se impone, no será ejecutada;

VII. La solicitud de asistencia jurídica se refiera a hechos con base en los cuales la persona sujeta a investigación o a proceso haya sido definitivamente absuelta o condenada por la parte requerida.

Se podrá diferir el cumplimiento de la solicitud de asistencia jurídica cuando la Autoridad Central considere que su ejecución puede perjudicar u obstaculizar una investigación o procedimiento judicial en curso.

En caso de denegar o diferir la asistencia jurídica, la Autoridad Central lo informará a la parte requirente, expresando los motivos de tal decisión.

Artículo 441. Solicitudes

Toda solicitud de asistencia deberá formularse por escrito y en tratándose de casos urgentes la misma podrá ser enviada a la Autoridad Central por fax, correo electrónico o mediante cualquier otro medio de comunicación permitido, bajo el compromiso de remitir el documento original a la brevedad posible. Tratándose de solicitudes provenientes de autoridades extranjeras, la misma deberá estar acompañada de su respectiva traducción al idioma español.

Artículo 442. Requisitos esenciales

Se tienen como requisitos mínimos que toda petición de asistencia jurídica debe contener, los siguientes:

I. La identidad de la autoridad que hace la solicitud;

II. El asunto y la naturaleza de la investigación, el procedimiento o diligencia;

III. Una breve relatoría de los hechos;

IV. El propósito para el que se requieren las pruebas; la información o la actuación;

V. Los métodos de ejecución a seguirse;

VI. De ser posible, la identidad, ubicación y nacionalidad de toda persona interesada, y

VII. La transcripción de las disposiciones legales aplicables.

Artículo 443. Ejecución de las solicitudes de asistencia jurídica de autoridad extranjera

La Autoridad Central analizará si la solicitud de asistencia jurídica cumple con los requisitos esenciales y si se encuentra apegada a los términos del convenio o Tratado internacional, si lo hubiere en su caso procederá al desahogo de la misma de acuerdo con las formas y procedimientos especiales indicados en la solicitud por la parte requirente, salvo cuando éstos sean incompatibles con la legislación interna.

La Autoridad Central remitirá oportunamente la información o la actuación y, en su caso, las pruebas obtenidas como resultado de la ejecución de la solicitud a la parte requirente.

Cuando no sea posible cumplir con la solicitud, en todo o en parte, la Autoridad Central lo hará saber inmediatamente a la parte requirente e informará de las razones que impidan su ejecución.

Artículo 444. Confidencialidad y limitaciones en el uso de la información

La Autoridad Central, así como aquellas autoridades que tengan conocimiento o participen en la ejecución y desahogo de alguna solicitud de asistencia, están obligadas a mantener confidencialidad sobre el contenido de la misma y de los documentos que la sustenten.

La obtención de información y pruebas suministradas en atención a una solicitud de asistencia jurídica internacional, sólo podrán ser utilizadas para el objetivo por el que fue solicitada y para la investigación o proceso judicial que se trate, salvo que se obtenga el consentimiento expreso y por escrito del Estado o la autoridad requirente para su uso con fines diversos.

CAPÍTULO II
FORMAS ESPECÍFICAS DE ASISTENCIA

Artículo 445. Notificación de documentos procesales

En aquellas asistencias que tengan como finalidad la notificación de documentos, se deberá especificar el nombre y domicilio de la persona o personas a quienes se deba notificar.

Cuando la notificación tenga por objeto hacer del conocimiento alguna diligencia o actuación con una fecha determinada, la misma deberá enviarse con una anticipación razonable respecto de la fecha de la diligencia.

En todos los casos, la Autoridad Central, sin demora, procederá a realizar o tramitar la notificación de documentos procesales aportados por el Estado o la autoridad requirente, en la forma y términos solicitados.

La autoridad que realice la notificación levantará un acta circunstanciada o bien una declaración fechada y firmada por el destinatario, en la que conste el hecho, la fecha y la forma de notificación.

Artículo 446. Recepción de testimonios o declaraciones de personas

La autoridad requirente deberá proporcionar el nombre completo de la persona a quien deberá recabarse su declaración o testimonio, el domicilio en donde se le puede ubicar, su fecha de nacimiento y un pliego de preguntas a contestar.

Artículo 447. Suministro de documentos, registros o pruebas

En la solicitud de asistencia, el Estado o la autoridad requirente deberá indicar la ubicación de los registros o documentos requeridos, y tratándose de instituciones financieras, el nombre y en la medida de lo posible el número de cuenta respectivo, este último requisito podrá variar de conformidad con el convenio o Tratado que aplique en su caso.

Artículo 448. Localización e identificación de personas u objetos

A petición de la parte requirente, la parte requerida adoptará todas las medidas contempladas en su legislación para la localización e identificación de personas y objetos indicados en la solicitud, y mantendrá informada a la requirente del avance y los resultados de sus investigaciones.

Artículo 449. Cateo, inmovilización y aseguramiento de bienes

En el caso de diligencias ordenadas por autoridades judiciales que tengan como finalidad la realización de un cateo o medidas tendentes a la inmovilización y aseguramiento de bienes, el Estado o autoridad requirente deberá proporcionar:

I. La ubicación exacta de los bienes;

II. Tratándose de instituciones financieras, el nombre y la dirección de la institución y el número de cuenta respectiva;

III. La documentación en donde se acredite la relación entre las medidas solicitadas y los elementos de prueba con los que se cuente, y

IV. Las razones y argumentos que se tienen para creer que los objetos, productos o instrumentos de un delito se encuentran en el territorio de la parte requerida.

Artículo 450. Videoconferencia

Se podrá solicitar la declaración de personas a través del sistema de videoconferencias. Para tal efecto, el procedimiento se efectuará de acuerdo con la legislación vigente, dichas declaraciones se recibirán en audiencia por el Órgano jurisdiccional y con las formalidades del desahogo de prueba.

Artículo 451. Traslado de personas detenidas

Cuando sea necesaria la presencia de una persona que está detenida en el territorio de la parte requerida, el Estado o la autoridad requirente deberá manifestar las causas suficientes que acrediten la necesidad del traslado a efecto de hacer del conocimiento, y en caso de que resulte procedente, obtener la autorización por parte de la autoridad ante la cual la persona detenida se encuentra a disposición.

Igualmente, para los efectos de traslado es requisito indispensable contar con el consentimiento expreso de la persona detenida; en este caso, el Estado o la autoridad requirente se deberá comprometer a tener bajo su custodia a la persona y tramitar su retorno en cuanto la solicitud de asistencia haya culminado, por lo que deberá establecerse entre la autoridad requerida y la autoridad requirente un acuerdo en el que se fije una fecha para su regreso, la cual podrá ser prorrogable sólo en caso de no existir impedimento legal alguno.

Artículo 452. Decomiso de bienes

En caso de que la asistencia se refiera al decomiso de bienes relacionados con la comisión de un delito o cualquiera otra figura con los mismos efectos, el Estado o la autoridad requirente deberá presentar conjuntamente con la solicitud una copia de la orden de decomiso debidamente certificada por el funcionario que la expidió, así como información sobre las pruebas que sustenten la base sobre la cual se dictó la orden de decomiso e indicación de que la sentencia es firme.

En el caso de solicitudes de asistencia jurídica provenientes del extranjero, además de los requisitos antes señalados y los estipulados en el convenio o

Tratado del que se trate, dicho procedimiento será desahogado en los términos establecidos por este Código para regular la figura de decomiso.

Artículo 453. Presencia y participación de representantes de la parte requirente en la ejecución

Cuando el Estado o la autoridad requirente solicite autorización para la presencia y participación de sus representantes en calidad de observadores, será facultad discrecional de la Autoridad Central requerida el otorgamiento de dicha autorización.

En caso de emitir la aprobación respectiva, la Autoridad Central informará con antelación al Estado o a la autoridad requirente sobre la fecha y el lugar de la ejecución de la solicitud.

El Estado o la autoridad requirente remitirá la relación de los nombres, cargos y motivo de la presencia de sus representantes, con un plazo razonable de anticipación a la fecha de la ejecución de la solicitud.

La diligencia a desahogar será conducida en todo momento por el agente del Ministerio Público designado para tal efecto, quien de considerarlo procedente podrá permitir que los representantes del Estado o la autoridad requirente formulen preguntas u observaciones por su conducto.

Artículo 454. Gastos de cumplimentación

El Estado mexicano sufragará todos los gastos relacionados con el cumplimiento de una solicitud de asistencia jurídica internacional, salvo los honorarios legales de peritos y los relacionados con el traslado de testigos.

La Autoridad Central tiene la facultad de determinar, de acuerdo con la naturaleza de la solicitud, aquellos casos en los que no sea posible cubrir el costo de su desahogo, lo que comunicará de inmediato al Estado o a la autoridad requirente para que sufrague los mismos, o en su defecto decida o no continuar cumplimentando la petición.

CAPÍTULO III
DE LA ASISTENCIA INFORMAL

Artículo 455. Asistencia informal

Toda aquella información o documentación que puede ser obtenida de manera informal por la Autoridad Central, sin que medie una solicitud oficial basada en un convenio o Tratado internacional ni formalidad alguna, es una asistencia informal.

Este tipo de información o documentación sólo servirá como indicio a la autoridad investigadora y en ningún caso podrá formalizarse, a menos que sea requerida mediante la figura de asistencia jurídica internacional, cubriendo todos los requisitos señalados en los convenios y Tratados de conformidad con los preceptos establecidos en el presente Código.

TÍTULO XII
RECURSOS

CAPÍTULO I
DISPOSICIONES COMUNES

Artículo 456. Reglas generales

Las resoluciones judiciales podrán ser recurridas sólo por los medios y en los casos expresamente establecidos en este Código.

(ADICIONADO, D.O.F. 17 DE JUNIO DE 2016)

Para efectos de su impugnación, se entenderán como resoluciones judiciales, las emitidas oralmente o por escrito.

El derecho de recurrir corresponderá tan sólo a quien le sea expresamente otorgado y pueda resultar afectado por la resolución.

En el procedimiento penal sólo se admitirán los recursos de revocación y apelación, según corresponda.

Artículo 457. Condiciones de interposición

Los recursos se interpondrán en las condiciones de tiempo y forma que se determinan en este Código, con indicación específica de la parte impugnada de la resolución recurrida.

Artículo 458. Agravio

Las partes sólo podrán impugnar las decisiones judiciales que pudieran causarles agravio, siempre que no hayan contribuido a provocarlo.

El recurso deberá sustentarse en la afectación que causa el acto impugnado, así como en los motivos que originaron ese agravio.

Artículo 459. Recurso de la víctima u ofendido

La víctima u ofendido, aunque no se haya constituido como coadyuvante, podrá impugnar por sí o a través del Ministerio Público, las siguientes resoluciones:

I. Las que versen sobre la reparación del daño causado por el delito, cuando estime que hubiere resultado perjudicado por la misma;

II. Las que pongan fin al proceso, y

III. Las que se produzcan en la audiencia de juicio, sólo si en este último caso hubiere participado en ella.

Cuando la víctima u ofendido solicite al Ministerio Público que interponga los recursos que sean pertinentes y éste no presente la impugnación, explicará por escrito al solicitante la razón de su proceder a la mayor brevedad.

Artículo 460. Pérdida y preclusión del derecho a recurrir y desistimiento

Se tendrá por perdido el derecho a recurrir una resolución judicial cuando se ha consentido expresamente la resolución contra la cual procediere.

Precluye el derecho a recurrir una resolución judicial cuando, una vez concluido el plazo que la ley señala para interponer algún recurso, éste no se haya interpuesto.

Quienes hubieren interpuesto un recurso podrán desistir de él antes de su resolución. En todo caso, los efectos del desistimiento no se extenderán a los demás recurrentes o a los adherentes del recurso.

El Ministerio Público podrá desistirse del recurso interpuesto mediante determinación motivada y fundada en términos de las disposiciones aplicables. Para que el desistimiento del Defensor sea válido se requerirá la autorización expresa del imputado.

Artículo 461. Alcance del recurso

El Órgano jurisdiccional ante el cual se haga valer el recurso, dará trámite al mismo y corresponderá al Tribunal de alzada competente que deba resolverlo, su admisión o desechamiento, y sólo podrá pronunciarse sobre los agravios expresados por los recurrentes, quedando prohibido extender el examen de la decisión recurrida a cuestiones no planteadas en ellos o más allá de los límites del recurso, a menos que se trate de un acto violatorio de derechos fundamentales del imputado. En caso de que el Órgano jurisdiccional no encuentre violaciones a derechos fundamentales que, en tales términos, deba reparar de oficio, no estará obligado a dejar constancia de ello en la resolución.

Si sólo uno de varios imputados por el mismo delito interpusiera algún recurso contra una resolución, la decisión favorable que se dictare aprovechará a los demás, a menos que los fundamentos fueren exclusivamente personales del recurrente.

Artículo 462. Prohibición de modificación en perjuicio

Cuando el recurso ha sido interpuesto sólo por el imputado o su Defensor, no podrá modificarse la resolución recurrida en perjuicio del imputado.

Artículo 463. Efectos de la interposición de los recursos

La interposición de un recurso no suspenderá la ejecución de la decisión, salvo las excepciones previstas en este Código.

Artículo 464. Rectificación

Los errores de derecho en la fundamentación de la sentencia o resolución impugnadas que no hayan influido en la parte resolutiva, así como los errores de forma en la transcripción, en la designación o el cómputo de las penas no anularán la resolución, pero serán corregidos en cuanto sean advertidos o señalados por alguna de las partes, o aún de oficio.

CAPÍTULO II
RECURSOS EN PARTICULAR

SECCIÓN I
REVOCACIÓN

Artículo 465. Procedencia del recurso de revocación

El recurso de revocación procederá en cualquiera de las etapas del procedimiento penal en las que interviene la autoridad judicial en contra de las resoluciones de mero trámite que se resuelvan sin sustanciación.

El objeto de este recurso será que el mismo Órgano jurisdiccional que dictó la resolución impugnada, la examine de nueva cuenta y dicte la resolución que corresponda.

Artículo 466. Trámite

El recurso de revocación se interpondrá oralmente, en audiencia o por escrito, conforme a las siguientes reglas:

I. Si el recurso se hace valer contra las resoluciones pronunciadas durante audiencia, deberá promoverse antes de que termine la misma. La tramitación se efectuará verbalmente, de inmediato y de la misma manera se pronunciará el fallo, o

II. Si el recurso se hace valer contra resoluciones dictadas fuera de audiencia, deberá interponerse por escrito en un plazo de dos días siguientes a la notificación de la resolución impugnada, expresando los motivos por los cuales se solicita. El Órgano jurisdiccional se pronunciará de plano, pero podrá oír previamente a las demás partes dentro del plazo de dos días de interpuesto el recurso, si se tratara de un asunto cuya complejidad así lo amerite.

La resolución que decida la revocación interpuesta oralmente en audiencia, deberá emitirse de inmediato; la resolución que decida la revocación interpuesta por escrito deberá emitirse dentro de los tres días siguientes a su interposición; en caso de que el Órgano jurisdiccional cite a audiencia por la complejidad del caso, resolverá en ésta.

SECCIÓN II
APELACIÓN

APARTADO I
REGLAS GENERALES DE LA APELACIÓN

Artículo 467. Resoluciones del Juez de control apelables

Serán apelables las siguientes resoluciones emitidas por el Juez de control:

I. Las que nieguen el anticipo de prueba;

II. Las que nieguen la posibilidad de celebrar acuerdos reparatorios o no los ratifiquen;

III. La negativa o cancelación de orden de aprehensión;

IV. La negativa de orden de cateo;

V. Las que se pronuncien sobre las providencias precautorias o medidas cautelares;

VI. Las que pongan término al procedimiento o lo suspendan;

VII. El auto que resuelve la vinculación del imputado a proceso;

VIII. Las que concedan, nieguen o revoquen la suspensión condicional del proceso;

IX. La negativa de abrir el procedimiento abreviado;

X. La sentencia definitiva dictada en el procedimiento abreviado, o

XI. Las que excluyan algún medio de prueba.

Artículo 468. Resoluciones del Tribunal de enjuiciamiento apelables

Serán apelables las siguientes resoluciones emitidas por el Tribunal de enjuiciamiento:

I. Las que versen sobre el desistimiento de la acción penal por el Ministerio Público;

II. La sentencia definitiva en relación a aquellas consideraciones contenidas en la misma, distintas a la valoración de la prueba siempre y cuando no comprometan el principio de inmediación, o bien aquellos actos que impliquen una violación grave del debido proceso.

Artículo 469. Solicitud de registro para apelación

Inmediatamente después de pronunciada la resolución judicial que se pretenda apelar, las partes podrán solicitar copia del registro de audio y video de la audiencia en la que fue emitida sin perjuicio de obtener copia de la versión escrita que se emita en los términos establecidos en el presente Código.

Artículo 470. Inadmisibilidad del recurso

El Tribunal de alzada declarará inadmisible el recurso cuando:

I. Haya sido interpuesto fuera del plazo;

II. Se deduzca en contra de resolución que no sea impugnable por medio de apelación;

III. Lo interponga persona no legitimada para ello, o

IV. El escrito de interposición carezca de fundamentos de agravio o de peticiones concretas.

APARTADO II
TRÁMITE DE APELACIÓN

Artículo 471. Trámite de la apelación

El recurso de apelación contra las resoluciones del Juez de control se interpondrá por escrito ante el mismo Juez que dictó la resolución, dentro de los tres días contados a partir de aquel en el que surta efectos la notificación si se tratare de auto o cualquier otra providencia y de cinco días si se tratare de sentencia definitiva.

En los casos de apelación sobre el desistimiento de la acción penal por el Ministerio Público se interpondrá ante el Tribunal de enjuiciamiento que dictó la resolución dentro de los tres días contados a partir de que surte efectos la notificación. El recurso de apelación en contra de las sentencias definitivas dictadas por el Tribunal de enjuiciamiento se interpondrá ante el Tribunal que conoció del juicio, dentro de los diez días siguientes a la notificación de la resolución impugnada, mediante escrito en el que se precisarán las disposiciones violadas y los motivos de agravio correspondientes.

En el escrito de interposición de recurso deberá señalarse el domicilio o autorizar el medio para ser notificado; en caso de que el Tribunal de alzada competente para conocer de la apelación tenga su sede en un lugar distinto al del proceso, las partes deberán fijar un nuevo domicilio en la jurisdicción de aquél para recibir notificaciones o el medio para recibirlas.

Los agravios deberán expresarse en el mismo escrito de interposición del recurso; el recurrente deberá exhibir una copia para el registro y una para cada una de las otras partes. Si faltan total o parcialmente las copias, se le requerirá para que presente las omitidas dentro del término de veinticuatro horas. En caso de que no las exhiba, el Órgano jurisdiccional las tramitará e impondrá al promovente multa de diez a ciento cincuenta días de salario, excepto cuando éste sea el imputado o la víctima u ofendido.

Interpuesto el recurso, el Órgano jurisdiccional deberá correr traslado del mismo a las partes para que se pronuncien en un plazo de tres días respecto de los agravios expuestos y señalen domicilio o medios en los términos del segundo párrafo del presente artículo.

Al interponer el recurso, al contestarlo o al adherirse a él, los interesados podrán manifestar en su escrito su deseo de exponer oralmente alegatos aclaratorios sobre los agravios ante el Tribunal de alzada.

Artículo 472. Efecto del recurso

Por regla general la interposición del recurso no suspende la ejecución de la resolución judicial impugnada.

En el caso de la apelación contra la exclusión de pruebas, la interposición del recurso tendrá como efecto inmediato suspender el plazo de remisión del auto de apertura de juicio al Tribunal de enjuiciamiento, en atención a lo que resuelva el Tribunal de alzada competente.

Artículo 473. Derecho a la adhesión

Quien tenga derecho a recurrir podrá adherirse, dentro del término de tres días contados a partir de recibido el traslado, al recurso interpuesto por cualquiera de las otras partes, siempre que cumpla con los demás requisitos formales de interposición. Quien se adhiera podrá formular agravios. Sobre la adhesión se correrá traslado a las demás partes en un término de tres días.

Artículo 474. Envío a Tribunal de alzada competente

Concluidos los plazos otorgados a las partes para la sustanciación del recurso de apelación, el Órgano jurisdiccional enviará los registros correspondientes al Tribunal de alzada que deba conocer del mismo.

Artículo 475. Trámite del Tribunal de alzada

Recibidos los registros correspondientes del recurso de apelación, el Tribunal de alzada se pronunciará de plano sobre la admisión del recurso.

Artículo 476. Emplazamiento a las otras partes

Si al interponer el recurso, al contestarlo o al adherirse a él, alguno de los interesados manifiesta en su escrito su deseo de exponer oralmente alegatos aclaratorios sobre los agravios, o bien cuando el Tribunal de alzada lo estime pertinente, decretará lugar y fecha para la celebración de la audiencia, la que deberá tener lugar dentro de los cinco y quince días después de que fenezca el término para la adhesión.

El Tribunal de alzada, en caso de que las partes soliciten exponer oralmente alegatos aclaratorios o en caso de considerarlo pertinente, citará a audiencia de alegatos para la celebración de la audiencia para que las partes expongan oralmente sus alegatos aclaratorios sobre agravios, la que deberá tener lugar dentro de los cinco días después de admitido el recurso.

Artículo 477. Audiencia

Una vez abierta la audiencia, se concederá la palabra a la parte recurrente para que exponga sus alegatos aclaratorios sobre los agravios manifestados por escrito, sin que pueda plantear nuevos conceptos de agravio.

En la audiencia, el Tribunal de alzada podrá solicitar aclaraciones a las partes sobre las cuestiones planteadas en sus escritos.

Artículo 478. Conclusión de la audiencia

La sentencia que resuelva el recurso al que se refiere esta sección, podrá ser dictada de plano, en audiencia o por escrito dentro de los tres días siguientes a la celebración de la misma.

Artículo 479. Sentencia

La sentencia confirmará, modificará o revocará la resolución impugnada, o bien ordenará la reposición del acto que dio lugar a la misma.

En caso de que la apelación verse sobre exclusiones probatorias, el Tribunal de alzada requerirá el auto de apertura al Juez de control, para que en su caso se incluya el medio o medios de prueba indebidamente excluidos, y hecho lo anterior lo remita al Tribunal de enjuiciamiento competente.

Artículo 480. Efectos de la apelación por violaciones graves al debido proceso

Cuando el recurso de apelación se interponga por violaciones graves al debido proceso, su finalidad será examinar que la sentencia se haya emitido sobre la base de un proceso sin violaciones a derechos de las partes y determinar, si corresponde, cuando resulte estrictamente necesario, ordenar la reposición de actos procesales en los que se hayan violado derechos fundamentales.

Artículo 481. Materia del recurso

Interpuesto el recurso de apelación por violaciones graves al debido proceso, no podrán invocarse nuevas causales de reposición del procedimiento; sin embargo, el Tribunal de alzada podrá hacer valer y reparar de oficio, a favor del sentenciado, las violaciones a sus derechos fundamentales.

Artículo 482. Causas de reposición

Habrá lugar a la reposición del procedimiento por alguna de las causas siguientes:

I. Cuando en la tramitación de la audiencia de juicio oral o en el dictado de la sentencia se hubieren infringido derechos fundamentales asegurados por la Constitución, las leyes que de ella emanen y los Tratados;

II. Cuando no se desahoguen las pruebas que fueron admitidas legalmente, o no se desahoguen conforme a las disposiciones previstas en este Código;

III. Cuando si se hubiere violado el derecho de defensa adecuada o de contradicción siempre y cuando trascienda en la valoración del Tribunal de enjuiciamiento y que cause perjuicio;

IV. Cuando la audiencia del juicio hubiere tenido lugar en ausencia de alguna de las personas cuya presencia continuada se exija bajo sanción de nulidad;

V. Cuando en el juicio oral hubieren sido violadas las disposiciones establecidas por este Código sobre publicidad, oralidad y concentración del juicio, siempre que se vulneren derechos de las partes, o

VI. Cuando la sentencia hubiere sido pronunciada por un Tribunal de enjuiciamiento incompetente o que, en los términos de este Código, no garantice su imparcialidad.

En estos supuestos, el Tribunal de alzada determinará, de acuerdo con las circunstancias particulares del caso, si ordena la reposición parcial o total del juicio.

La reposición total de la audiencia de juicio deberá realizarse íntegramente ante un Tribunal de enjuiciamiento distinto. Tratándose de la reposición parcial, el Tribunal de alzada determinará si es posible su realización ante el mismo Órgano jurisdiccional u otro distinto, tomando en cuenta la garantía de la inmediación y el principio de objetividad del Órgano jurisdiccional, establecidos en las fracciones II y IV del Apartado A del artículo 20 de la Constitución y el artículo 9o. de este Código.

Para la declaratoria de nulidad y la reposición será aplicable también lo dispuesto en los artículos 97 a 102 de este Código.

En ningún caso habrá reposición del procedimiento cuando el agravio se fundamente en la inobservancia de derechos procesales que no vulneren derechos fundamentales o que no trasciendan a la sentencia.

Artículo 483. Causas para modificar o revocar la sentencia

Será causa de nulidad de la sentencia la transgresión a una norma de fondo que implique una violación a un derecho fundamental.

En estos casos, el Tribunal de alzada modificará o revocará la sentencia. Sin embargo, si ello compromete el principio de inmediación, ordenará la reposición del juicio, en los términos del artículo anterior.

Artículo 484. Prueba

Podrán ofrecerse medios de prueba cuando el recurso se fundamente en un defecto del proceso y se discuta la forma en que fue llevado a cabo un acto, en contraposición a lo señalado en las actuaciones, en el acta o registros del debate, o en la sentencia.

También es admisible la prueba propuesta por el imputado o en su favor, incluso relacionada con la determinación de los hechos que se discuten, cuando sea indispensable para sustentar el agravio que se formula.

Las partes podrán ofrecer medio de prueba esencial para resolver el fondo del reclamo, sólo cuando tengan el carácter de superveniente.

TÍTULO XIII
RECONOCIMIENTO DE INOCENCIA DEL SENTENCIADO Y ANULACIÓN DE SENTENCIA

CAPÍTULO ÚNICO
PROCEDENCIA

Artículo 485. Causas de extinción de la acción penal

La pretensión punitiva y la potestad para ejecutar las penas y medidas de seguridad se extinguirán por las siguientes causas:

I. Cumplimiento de la pena o medida de seguridad;

II. Muerte del acusado o sentenciado;

III. Reconocimiento de inocencia del sentenciado o anulación de la sentencia;

IV. Perdón de la persona ofendida en los delitos de querella o por cualquier otro acto equivalente;

V. Indulto;

VI. Amnistía;

VII. Prescripción;

VIII. Supresión del tipo penal;

IX. Existencia de una sentencia anterior dictada en proceso instaurado por los mismos hechos, o

X. El cumplimiento del criterio de oportunidad o la solución alterna correspondiente.

Artículo 486. Reconocimiento de inocencia

Procederá cuando después de dictada la sentencia aparezcan pruebas de las que se desprenda, en forma plena, que no existió el delito por el que se dictó la condena o que, existiendo éste, el sentenciado no participó en su comisión, o bien cuando se desacrediten formalmente, en sentencia irrevocable, las pruebas en las que se fundó la condena.

Artículo 487. Anulación de la sentencia

La anulación de la sentencia ejecutoria procederá en los casos siguientes:

I. Cuando el sentenciado hubiere sido condenado por los mismos hechos en juicios diversos, en cuyo caso se anulará la segunda sentencia, y

II. Cuando una ley se derogue, o se modifique el tipo penal o en su caso, la pena por la que se dictó sentencia o la sanción impuesta, procediendo a aplicar la más favorable al sentenciado.

La sola causación del resultado no podrá fundamentar, por sí sola, la responsabilidad penal. Por su parte los tipos penales estarán limitados a la exclusiva protección de los bienes jurídicos necesarios para la adecuada convivencia social.

Artículo 488. Solicitud de declaración de inocencia o anulación de la sentencia

El sentenciado que se crea con derecho a obtener el reconocimiento de su inocencia o la anulación de la sentencia por concurrir alguna de las causas señaladas en los artículos anteriores, acudirá al Tribunal de alzada que fuere competente para conocer del recurso de apelación; le expondrá detalladamente por escrito la causa en que funda su petición y acompañarán a su solicitud las pruebas que correspondan u ofrecerá exhibirlas en la audiencia respectiva.

En relación con las pruebas, si el recurrente no tuviere en su poder los documentos que pretenda presentar, deberá indicar el lugar donde se encuentren y solicitar al Tribunal de alzada que se recaben.

Al presentar su solicitud, el sentenciado designará a un licenciado en Derecho o abogado con cédula profesional como Defensor en este procedimiento, conforme a las disposiciones conducentes de este Código; si no lo hace, el Tribunal de alzada le nombrará un Defensor público.

Artículo 489. Trámite

Recibida la solicitud, el Tribunal de alzada que corresponda pedirá inmediatamente los registros del proceso al juzgado de origen o a la oficina en que se encuentren y, en caso de que el promovente haya protestado exhibir las pruebas, se le otorgará un plazo no mayor de diez días para su recepción.

Recibidos los registros y, en su caso las pruebas del promovente, el Tribunal de alzada citará al Ministerio Público, al solicitante y a su Defensor, así como a la víctima u ofendido y a su Asesor jurídico, a una audiencia que se celebrará dentro de los cinco días siguientes al recibo de los registros y de las pruebas. En dicha audiencia se desahogarán las pruebas ofrecidas por el promovente y se escuchará a éste y al Ministerio Público, para que cada uno formule sus alegatos.

Dentro de los cinco días siguientes a la formulación de los alegatos y a la conclusión de la audiencia, el Tribunal de alzada dictará sentencia. Si se declara fundada la solicitud de reconocimiento de inocencia o modificación de sentencia, el Tribunal de alzada resolverá anular la sentencia impugnada y dará aviso al Tribunal de enjuiciamiento que condenó, para que haga la anotación correspondiente en la sentencia y publicará una síntesis del fallo en los estrados del Tribunal; asimismo, informará de esta resolución a la autoridad competente encargada de la ejecución penal, para que en su caso sin más trámite ponga en libertad absoluta al sentenciado y haga cesar todos los efectos de la sentencia anulada, o bien registre la modificación de la pena comprendida en la nueva sentencia.

Artículo 490. Indemnización

En caso de que se dicte reconocimiento de inocencia, en ella misma se resolverá de oficio sobre la indemnización que proceda en términos de las disposiciones aplicables. La indemnización sólo podrá acordarse a favor del beneficiario o de sus herederos, según el caso.

TRANSITORIOS

Artículo Primero. Declaratoria

Para los efectos señalados en el párrafo tercero del artículo segundo transitorio del Decreto por el que se reforman y adicionan diversas disposiciones de la Constitución Política de los Estados Unidos Mexicanos, publicado en el Diario Oficial de la Federación el 18 de junio de 2008, se declara que la presente legislación recoge el sistema procesal penal acusatorio y entrará en vigor de acuerdo con los artículos siguientes.

Artículo Segundo. Vigencia

Este Código entrará en vigor a nivel federal gradualmente en los términos previstos en la Declaratoria que al efecto emita el Congreso de la Unión previa solicitud conjunta del Poder Judicial de la Federación, la Secretaría de Gobernación y de la Procuraduría General de la República, sin que pueda exceder del 18 de junio de 2016.

En el caso de las Entidades federativas y del Distrito Federal, el presente Código entrará en vigor en cada una de ellas en los términos que establezca la

Declaratoria que al efecto emita el órgano legislativo correspondiente, previa solicitud de la autoridad encargada de la implementación del Sistema de Justicia Penal Acusatorio en cada una de ellas.

En todos los casos, entre la Declaratoria a que se hace referencia en los párrafos anteriores y la entrada en vigor del presente Código deberán mediar sesenta días naturales.

Artículo Tercero. Abrogación

(REFORMADO PRIMER PÁRRAFO, D.O.F. 17 DE JUNIO DE 2016)

El Código Federal de Procedimientos Penales publicado en el Diario Oficial de la Federación el 30 de agosto de 1934, y los de las respectivas entidades federativas vigentes a la entrada en vigor del presente Decreto, quedarán abrogados para efectos de su aplicación en los procedimientos penales que se inicien a partir de la entrada en vigor del presente Código, sin embargo respecto a los procedimientos penales que a la entrada en vigor del presente ordenamiento se encuentren en trámite, continuarán su sustanciación de conformidad con la legislación aplicable en el momento del inicio de los mismos.

(DEROGADO SEGUNDO PÁRRAFO, D.O.F. 17 DE JUNIO DE 2016)

(ADICIONADO, D.O.F. 17 DE JUNIO DE 2016)

En consecuencia el presente Código será aplicable para los procedimientos penales que se inicien a partir de su entrada en vigor, con independencia de que los hechos hayan sucedido con anterioridad a la entrada en vigor del mismo.

Artículo Cuarto. Derogación tácita de preceptos incompatibles

Quedan derogadas todas las normas que se opongan al presente Decreto, con excepción de las leyes relativas a la jurisdicción militar así como de la Ley Federal contra la Delincuencia Organizada.

Artículo Quinto. Convalidación o regularización de actuaciones

Cuando por razón de competencia por fuero o territorio, se realicen actuaciones conforme a un fuero o sistema procesal distinto al que se remiten, podrá el Órgano jurisdiccional receptor convalidarlas, siempre que de manera, fundada y motivada, se concluya que se respetaron las garantías esenciales del debido proceso en el procedimiento de origen.

Asimismo, podrán regularizarse aquellas actuaciones que también de manera fundada y motivada el Órgano jurisdiccional que las recibe, determine que las mismas deban ajustarse a las formalidades del sistema procesal al cual se incorporarán.

Artículo Sexto. Prohibición de acumulación de procesos

No procederá la acumulación de procesos penales, cuando alguno de ellos se esté tramitando conforme al presente Código y el otro proceso conforme al código abrogado.

Artículo Séptimo. De los planes de implementación y del presupuesto

El Consejo de la Judicatura Federal, el Instituto de la Defensoría Pública Federal, la Procuraduría General de la República, la Secretaría de Gobernación, la Secretaría de Hacienda y Crédito Público y toda dependencia de las Entidades federativas a la que se confieran responsabilidades directas o indirectas por la entrada en vigor de este Código, deberán elaborar los planes y programas necesarios para una adecuada y correcta implementación del mismo y deberán establecer dentro de los proyectos de presupuesto respectivos, a partir del año que se proyecte, las partidas necesarias para atender la ejecución de esos programas, las obras de infraestructura, la contratación de personal, la capacitación y todos los demás requerimientos que sean necesarios para cumplir los objetivos para la implementación del sistema penal acusatorio.

Artículo Octavo. Legislación complementaria

En un plazo que no exceda de doscientos setenta días naturales después de publicado el presente Decreto, la Federación y las entidades federativas deberán publicar las reformas a sus leyes y demás normatividad complementaria que resulten necesarias para la implementación de este ordenamiento.

Artículo Noveno. Auxilio procesal

Cuando una autoridad penal reciba por exhorto, mandamiento o comisión, una solicitud para la realización de un acto procesal, deberá seguir los procedimientos legales vigentes para la autoridad que remite la solicitud, salvo excepción justificada.

Artículo Décimo. Cuerpos especializados de Policía

La Federación y las entidades federativas a la entrada en vigor del presente ordenamiento, deberán contar con cuerpos especializados de Policía con capacidades para procesar la escena del hecho probablemente delictivo, hasta en tanto se capacite a todos los cuerpos de Policía para realizar tales funciones.

Artículo Décimo Primero. Adecuación normativa y operativa

A la entrada en vigor del presente Código, en aquellos lugares donde se inicie la operación del proceso penal acusatorio, tanto en el ámbito federal como en el estatal, se deberá contar con el equipamiento necesario y con protocolos de investigación y de actuación del personal sustantivo y los manuales de procedimientos para el personal administrativo, pudiendo preverse la homologación de criterios metodológicos, técnicos y procedimentales, para lo cual podrán coordinarse los órganos y demás autoridades involucradas.

Artículo Décimo Segundo. Comité para la Evaluación y Seguimiento de la Implementación del Nuevo Sistema

El Consejo de Coordinación para la Implementación del Sistema de Justicia Penal, instancia de coordinación nacional creada por mandato del artículo noveno transitorio del Decreto de reformas y adiciones a la Constitución Política de los Estados Unidos Mexicanos publicado el 18 de junio de 2008, constituirá un Comité para la Evaluación y Seguimiento de la Implementación del Nuevo Sistema, el cual remitirá un informe semestral al señalado Consejo.

Artículo Décimo Tercero. Revisión legislativa

A partir de la entrada en vigor del Código Nacional de Procedimientos Penales, el Poder Judicial de la Federación, la Procuraduría General de la República, la Comisión Nacional de Seguridad, la Comisión Nacional de Tribunales Superiores de Justicia de los Estados Unidos Mexicanos y la Conferencia Nacional de Procuradores remitirán, de manera semestral, la información indispensable a efecto de que las Comisiones de Justicia de ambas Cámaras del Congreso de la Unión evalúen el funcionamiento y operatividad de las disposiciones contenidas en el presente Código.

México, D.F., a 5 de febrero de 2014. Sen. Raúl Cervantes Andrade, Presidente. Dip. Ricardo Anaya Cortés, Presidente. Sen. Lilia Guadalupe Merodio Reza, Secretaria. Dip. Javier Orozco Gómez, Secretario. Rúbricas."

En cumplimiento de lo dispuesto por la fracción I del Artículo 89 de la Constitución Política de los Estados Unidos Mexicanos, y para su debida publicación y observancia, expido el presente Decreto en la Residencia del Poder Ejecutivo Federal, en la Ciudad de México, Distrito Federal, a cuatro de marzo de dos mil catorce. Enrique Peña Nieto. Rúbrica. El Secretario de Gobernación, Miguel Ángel Osorio Chong. Rúbrica.